Mätzler · Todesermittlung

Armin Mätzler, geb. 1930 in Dresden, Leitender Kriminaldirektor a.D. Seit 38 Jahren im Polizeidienst. Nach mehreren Jahren Dienst bei der Schutzpolizei 1960 Eintritt in die Kriminalpolizei. Sachbearbeiter für Todesermittlungsverfahren und Tötungsdelikte. 13 Jahre Leiter der Dienststelle für Todesermittlungsverfahren und Tötungsdelikte, ständiger Leiter der Mordkommission der Kriminalhauptstelle Düsseldorf. Ab 1983 Leiter einer Kriminalgruppe mit der Zuständigkeit für Todesermittlungen und Tötungsdelikte, Brandstiftung, erpresserischen Menschenraub, Geiselnahme, Vermißtensachen, Sexualdelikte, Rauschgiftkriminalität, Erpressung, Sprengstoff- und Waffendelikte, gefährliche und schwere Körperverletzung. Seit 1985 Leiter der Abteilung Kriminalpolizei beim Polizeipräsidenten in Köln.

Verfasser zahlreicher Veröffentlichungen, insbesondere in der Fachzeitschrift „Kriminalistik", zum Thema „Todesermittlungen und Tötungsdelikte".

Die Deutsche Bibliothek – CIP-Einheitsaufnahme

Mätzler, Armin:
Todesermittlung – Polizeiliche Aufklärungsarbeit.
Grundlagen und Fälle / von Armin Mätzler.
– Heidelberg : Kriminalistik-Verlag. – 1997.
(Grundlagen ; Bd. 22)
ISBN 3-7832-0197-7

Satz: C. Gottemeyer, Leonberg
Druck und Verarbeitung: Druckerei Lokay, Reinheim
ISBN 3-7832-0197-7

Vorwort

Dieses Buch will weder das für den kriminalpolizeilichen Sachbearbeiter für Todesermittlungsverfahren notwendige Studium rechtsmedizinischer Fachliteratur ersetzen, noch erhebt es Anspruch, alle im Zusammenhang mit der Leichensachbearbeitung möglicherweise auftretenden Besonderheiten angesprochen, ihre Vielschichtigkeit umfassend dargestellt zu haben. Es hat auch nicht das Ziel, in einer Art Längsschnitt, die Gesamtheit der kriminalpolizeilichen Arbeit beim unnatürlichen Todesfall aufzuzeigen.

Das Buch soll vielmehr dem nicht ständig mit der Bearbeitung von Todesermittlungsverfahren betrauten Beamten, dem auf diesem Arbeitsgebiet nicht Spezialisierten, dem Unerfahrenen Hilfe und Anregung geben, den vorliegenden Sachverhalt am Leichenfundort richtig zu beurteilen, die dem jeweiligen Fall angemessenen ersten Maßnahmen zu treffen, Fehler zu vermeiden, die die Aufklärung des oft dubiosen Geschehens erschweren, wenn nicht gar in Frage stellen können.

Es gehört zu den schwierigsten kriminalpolizeilichen Aufgaben, den vorliegenden Sachverhalt am Ort eines ungeklärten Todesfalles richtig zu beurteilen. Jedesmal erneut wird hierbei der Beamte mit der Frage konfrontiert, ob ein natürlicher Tod, ein Unglücksfall, Selbstmord oder Mord vorliegt.

Werden die Leichenerscheinungen falsch beurteilt, der Tatbefund falsch gedeutet, kann das dazu führen, daß ein Mord nicht erkannt wird – mit allen sich daraus ergebenden Konsequenzen.

Die Probleme liegen nicht dort, wo es darum geht, einen Mord zu bearbeiten, sondern dort, wo es darum geht, ihn zu erkennen.

Düsseldorf, im April 1997 *Armin Mätzler*

Geleitwort zur Vorauflage

Kriminalistisches Wissen kann man sich aneignen, kriminalistische Erfahrung aber kann man nicht erlernen, man muß sie machen, muß sie selbst erfahren. Als erstes nämlich wird der unerfahrene (kriminal-)polizeiliche Sachbearbeiter am Tatort erkennen, daß unendlich viele Fehlermöglichkeiten wie unsichtbare Fallen auf ihn lauern. Erst der wirklich Erfahrene, der ebenso an eigenen wie an fremden Fehlern gewachsen ist, wird Fehler vermeiden können.

Todesermittlungen wiegen im Blickfeld der Öffentlichkeit schwerer als andere, der Bürger mißt den Wert (kriminal-)polizeilicher Arbeit an der Aufklärung von „Mord"-Sachen. Aber gerade auf dem kriminalpolizeilichen Spezialgebiet der Bearbeitung von Tötungsdelikten, die weniger als 0,1 Prozent der Gesamtkriminalität ausmachen, bietet sich für die meisten Kriminalisten die geringste Möglichkeit, eigene Erfahrungen zu machen. Und doch muß jeder jederzeit damit rechnen, ein Todesermittlungsverfahren führen zu müssen. Was also liegt – so paradox das auch klingen mag – näher, als den Versuch zu unternehmen, Erfahrungen des einen an andere weiterzugeben. Wenn derartiges aber überhaupt möglich ist, kann es nur durch einen Kriminalisten erfolgen, der ein wirklich „erfahrener Hase" auf dem Gebiet der Bearbeitung von Todesermittlungssachen ist und der eine „unendliche" Zahl von Fällen selbst „erlebt" hat.

Ein solcher erfahrener Kriminalist ist Armin Mätzler, der nicht nur viele Jahre, sondern über zwei Jahrzehnte unmittelbar praktisch tätig war und zu einem Spezialisten wurde, der weit über die Grenzen seines räumlichen Tätigkeitsgebietes, der Kriminalhauptstelle Düsseldorf, hinaus durch viele Veröffentlichungen bekannt wurde und dessen Rat von Juristen, Kriminalisten wie Kriminologen und Wissenschaftlern anderer Disziplinen gesucht wird.

Mögen Generationen heranwachsender Kriminalisten die zahlreichen Fälle, die Mätzler ihnen „aufbereitet", nacherleben, um möglichst viele seiner Erfahrungen gegenwärtig zu haben, wenn sie selbst – vielleicht sogar plötzlich und unvorbereitet – Todesermittlungen zu führen haben; ich bin sicher, dieses Buch wird ihnen helfen, Fehler in Ermittlungsverfahren weitgehend zu vermeiden.

Düsseldorf, im Februar 1985 *Dr. Bernd Wehner*

Inhaltsverzeichnis

I. Einführung

1. Fehlerquellen bei der Bearbeitung von Todesermittlungsverfahren

In jedem Monat sterben in Düsseldorf, einer Stadt von etwa 600 000 Einwohnern, ca. 700 Menschen.

Bei jedem dieser Todesfälle hat sich ein Angehöriger, hilfsweise derjenige, in dessen Wohnung der Todesfall eingetreten ist, der Hausbesitzer, Anstaltsleiter oder, wenn der Tod auf einem Schiff geschehen ist, der Schiffsführer darum zu bemühen, daß über den Eintritt des Todes eine ärztliche Bescheinigung ausgestellt wird, die wiederum dem Standesamt einzureichen ist. Und erst wenn dort die Eintragung des Sterbefalls vorgenommen worden ist, darf die Bestattung der Leiche erfolgen, so die nordrhein-westfälische Verordnung über das Leichenwesen vom 1.1.1981.

Das Leichenwesen ist, sieht man von wenigen Bestimmungen der Strafprozeßordnung, des Strafgesetzbuches, des Bürgerlichen Gesetzbuches und des Bundesseuchengesetzes ab, landesgesetzlich geregelt.

Allen diesen Gesetzen ist gemeinsam, daß in einem Todesfall ein Arzt hinzugezogen werden muß, der eine Leichenschau vorzunehmen und über den Eintritt des Todes eine ärztliche Bescheinigung auszustellen hat.

Nur in Schleswig-Holstein gilt insoweit eine Sonderregelung. Auf den Inseln, auf denen kein Arzt ansässig ist und die verkehrsmäßig schwer zu erreichen sind, darf die Leichenschau von einer anderen geeigneten Person vorgenommen werden.

Die Leichenschau dient zunächst zur Feststellung des Todes. Daneben schreiben aber die gesetzlichen Bestimmungen aller Bundesländer vor, daß der die Leichenschau vornehmende Arzt auch Feststellungen zur Todesart zu treffen, also zu prüfen hat, ob ein „natürlicher“ oder ein „nicht natürlicher“ Tod vorliegt.

In den Fällen, in denen der hinzugezogene Arzt den Tod als „nicht natürlich“ oder „nicht aufgeklärt“ bescheinigt oder wenn der Leichnam eines Unbekannten gefunden wird, erfolgt eine Überprüfung des Sterbefalles durch die Polizei.

Polizeiliche Ermittlungen, die in Sterbefällen geführt werden, haben stets das Ziel, ein mögliches Fremdverschulden am Tode des Verstorbenen entweder festzustellen oder aber sicher auszuschließen oder die Leiche eines Unbekannten zu identifizieren.

Ob ein Todesfall in diesem Sinne polizeilich überprüft wird, entscheidet also in erster Linie der zum Leichenfundort gerufene Arzt. Bescheinigt der den Tod als „natürlich", so finden keine weiteren Untersuchungen statt, der Sterbefall wird beim Standesamt als „natürlicher Tod" beurkundet, die Bestattung des Leichnams kann erfolgen.

Eine der wesentlichen Rechtsgrundlagen für die Durchführung von Todesermittlungsverfahren ist der *§ 159 StPO.*

§ 159 StPO – unnatürlicher Tod

„(1) Sind Anhaltspunkte dafür vorhanden, daß jemand eines nicht natürlichen Todes gestorben ist, oder wird der Leichnam eines Unbekannten gefunden, so sind die Polizei- und Gemeindebehörden zur sofortigen Anzeige an die Staatsanwaltschaft oder an den Amtsrichter verpflichtet.

(2) Zur Bestattung ist die schriftliche Genehmigung der Staatsanwaltschaft oder des Amtsrichters erforderlich."

Nicht natürlicher Tod liegt vor, wenn das Ableben nicht alters- oder krankheitsbedingt ist. Unter diesen Begriff fallen deshalb alle vorsätzlichen und fahrlässigen Tötungen ebenso wie tödliche Unfälle aller Art, Selbstmorde und alle die Fälle, die deshalb ungeklärt sind, weil auf Anhieb keine sicheren Anhaltspunkte für einen natürlichen Tod gegeben sind.

Ob Eigen- oder Fremdverschulden vorliegt, läßt das Gesetz völlig außer Betracht, zumal dies ohnehin meist erst durch polizeiliche Ermittlungen und die Obduktion der Leiche geklärt werden kann.

§ 159 StPO schafft damit – gewissermaßen im Vorfeld des § 163 StPO – die Möglichkeit, einen Sterbefall kritisch zu überprüfen. Die Polizei darf und muß selbst dann tätig werden, wenn die in § 163 StPO genannten Voraussetzungen nicht (oder noch nicht) vorliegen.

In der täglichen Praxis bedeutet dies, daß in allen Fällen, in denen der zum Leichenfundort gerufene Arzt keine eindeutige Todesursache feststellen kann, polizeiliche Ermittlungen durchgeführt werden müssen und das Ergebnis dieser Nachforschungen der Staatsanwaltschaft vorzulegen ist.

In den Fällen, in denen ein Sterbefall polizeilich überprüft wird, ist die Leiche in aller Regel eines der wichtigsten Beweismittel. Die Leiche ist daher stets sicherzustellen oder in Verwahrung zu nehmen. Rechtsgrundlagen hierfür sind die §§ 94 ff. StPO.

1.1 Problematik der ärztlichen Leichenschau

Die Feststellung des Todes

Nach den landesgesetzlichen Bestimmungen kann jeder niedergelassene Arzt als Leichenschauer fungieren.

Gegen diese gesetzlichen Regelungen, die die Ärzte generell verpflichten, Todesbescheinigungen ohne Rücksicht auf Spezialkenntnisse und Erfahrungen auszustellen, richtet sich in letzter Zeit zunehmend Kritik. Vielen der zum Leichenfundort gerufenen Ärzte fehlen die notwendigen rechtsmedizinischen Kenntnisse zur Beurteilung der vielfältigen Leichenerscheinungen. Sie werden häufig als notdiensttuende Ärzte zu einem Leblosen gerufen, den sie nie vorher gesehen haben, von dem sie weder die Lebensumstände noch die Art möglicherweise vorangegangener Erkrankungen wissen, und dann sollen sie dort, oft unter ungünstigen Umständen, den Tod, dessen Ursache, das Fehlen möglichen Fremdverschuldens und anderes zweifelsfrei feststellen. Dabei mangelt es ihnen oft schon an dem Wissen um die sicheren und unsicheren Todeszeichen. Ein Stern-Reporter hat vor einiger Zeit wahllos 22 Ärzte angerufen und sie nach den sicheren und unsicheren Todeszeichen befragt. Nur vier von ihnen waren in der Lage, diese Frage zu beantworten.

Immer wieder kann man beobachten, daß nach althergebrachten unsicheren Methoden zwischen Leben und Tod unterschieden wird; daß Stillstand der Atmung, Pulslosigkeit, Veränderungen an Augen und Pupillen, das Fehlen von Nervenreflexen als Beweis des Todeseintritts angesehen werden, obwohl längst bekannt ist, daß Kreislauf und Funktion des Nervensystems beim Vorliegen besonderer

Umstände, häufig bei Vergiftungen, derart schwach sein können, daß ihre Tätigkeit kaum noch wahrnehmbar ist.

In der Folge werden einige aus einer Vielzahl wahllos herausgegriffene Fälle dargestellt, die die gemachten Aussagen belegen.

Die lebenden „Toten“

Fall 1:

Eine 60 Jahre alte Apothekerin wurde in ihrer Wohnung von einer Freundin in scheinbar leblosem Zustand aufgefunden. Die Auffindesituation (Abschiedsbrief, leeres Behältnis eines barbitursäurehaltigen Schlafmittels, Becher mit weißlichen Anhaftungen) ließen auf einen Selbstmord schließen.

Man rief einen Arzt, der auch wenig später erschien und den Tod der Frau feststellte. Der Arzt bat, die Polizei zu verständigen. Da er wenig Zeit habe und außerdem keine Todesbescheinigung bei sich führe, solle doch die Polizei bei ihm vorbeikommen und die Todesbescheinigung abholen.

Der zum Selbstmordtatort entsandte Kriminalbeamte stellte bei der angeblich Toten deutliche vitale Reaktionen fest (der Brustkorb hob und senkte sich) und veranlaßte daraufhin die sofortige Überführung der Frau in ein Krankenhaus. Die behandelnden Ärzte erklärten am gleichen Tage, die Frau habe eine gute Überlebenschance. Sie verstarb jedoch in den Nachmittagsstunden des darauffolgenden Tages an toxischem Herz- und Kreislaufversagen, wie bei der anschließenden Sektion festgestellt wurde.

Fall 2:

Eine 41 Jahre alte Frau schrieb abends einen Abschiedsbrief, setzte sich in der Garage in ihr Auto und schluckte eine Überdosis Schlaftabletten. Am anderen Morgen wurde sie aufgefunden und von einem Arzt, nachdem er den Puls gefühlt und „irgendwie das Genick untersucht“ hatte, für tot erklärt. Weil Anhaltspunkte für einen „nicht natürlichen“ Tod vorlagen, unterrichtete der Mediziner die Polizei von dem Vorfall mit dem Hinweis, er habe „die Leiche im Fahrzeug belassen“. Die scheinbar Tote lebt heute noch.

Den Kriminalbeamten war bei der „Leichenbesichtigung“ eine leichte Bewegung an der rechten Halsseite aufgefallen.

Nach sechstägigem Klinikaufenthalt und zweimaliger Blutwäsche war die Frau wieder bewußtseinsklar.

Fall 3:

Ein Notarzt hielt eine 23jährige mangels Puls- oder Atemtätigkeit und mittels Pupillentest für tot. Wohl beobachtete er ein „intervallartiges Absinken des Unterkiefers“ und „Bewegungen im Bauchbereich“, die er jedoch als „Zwerchfellkrämpfe nach klinisch eingetretenem Tod“ deutete. Einen zweifelnden Polizisten belehrte er, es handele sich um eine Schnappatmung, dies gäbe es öfters. Wiederbelebungsversuche stabilisierten immerhin vorübergehend die Atmung, das Elektrokardiogramm zeigte regelmäßige Zuckungen – wenn auch nur für kurze Zeit[1].

Fall 4:

Abends begab sich eine 80 Jahre alte, alleinstehende Frau, nachdem sie in der Wohnung ihrer im gleichen Hause wohnenden Enkelkinder das Abendessen eingenommen hatte, in ihre im dritten Stockwerk gelegene Wohnung.

Am nächsten Morgen wurde sie gegen 06.45 Uhr von ihrem Enkelsohn, mit Nachthemd und Strümpfen bekleidet, vor dem in der Nacht nicht benutzten Bett auf dem Fußboden liegend, aufgefunden. Die alte Frau war nicht ansprechbar. Der Enkelsohn, der versuchte ihren Puls zu fühlen, konnte einen solchen nicht feststellen. Er rief den Notdienst versehenden Arzt.

Der Arzt traf gegen 09.00 Uhr ein. Nachdem er die Frau untersucht hatte, erklärte er sie für tot und bescheinigte einen „natürlichen" Tod. Er stellte die Todesbescheinigung aus und bescheinigte als Todeszeit 02.00 Uhr. Zur Todesursache schrieb er, daß die Frau an Herzversagen verstorben sei.

Der Enkelsohn rief eine Bestattungsfirma, deren Mitarbeiter die „Tote" entkleideten, ihr ein Totenhemd anzogen, sie kämmten und die Hände falteten. Plötzlich bewegte sich die Frau. Sie atmete voll durch und bewegte Arme und Beine.

Um 10.25 Uhr wurde sie in einem Krankenhaus aufgenommen, wo man bei den weiteren Untersuchungen in der Magenspülflüssigkeit und im Harn verschiedene Barbiturate nachwies. Es lag eine Überdosierung von Schlafmitteln vor.

Dreizehn Tage später konnte die Frau von der Intensivstation auf die Normalstation des Krankenhauses verlegt werden.

Sie befand sich außer Lebensgefahr.

Fall 5:

Eine 74 Jahre alte Frau mußte zwei Tage im Leichenkeller verbringen, weil die Krankenhausärzte sie für tot erklärt hatten. Die Frau war nach einem Herzinfarkt in das Krankenhaus gebracht worden, wo man ihren Tod feststellte. Die „Leiche" wurde, lediglich mit einem Leinentuch bedeckt, bei 10 Grad Raumtemperatur im Leichenkeller abgelegt. Krankenhausangestellte, die zwei Tage später einen Toten in die Leichenhalle brachten, beobachteten zufällig, daß sich die Frau unter dem Laken bewegte.

So bekam die Tochter der Frau zweieinhalb Tage nach der Todesnachricht von einer Ärztin des Krankenhaus mitgeteilt, daß die Mutter doch nicht verstorben sei.

1 Der Spiegel, 51/77, „Scheintod", „Tiefe Seufzer".

Und so beklagte auch der Tübinger Rechtsmediziner Mallach[2] zu Recht, daß in Deutschland das „Leichenschaugeschäft" ... jedem Dr. Hinz und Dr. Kunz überlassen werde. Er wies darauf hin, daß allein in Baden-Württemberg innerhalb eines Jahres viermal Totenscheine für noch Lebende ausgestellt worden seien. Man muß wohl hinzufügen, daß in diesen vier Fällen rein zufällig die Fehldiagnosen erkannt wurden.

Die Schuld an solchem Fehlverhalten gibt Mallach nicht so sehr seinen Mediziner-Kollegen, sondern den in allen Bundesländern ungenügenden gesetzlichen Regelungen des Leichenwesens, denen gemeinsam ist, daß jeder niedergelassene Arzt als Leichenschauer fungieren darf, „selbst Hautärzte und Orthopäden, die bei Todesfeststellungen kaum Erfahrung haben".

Es soll nun nicht in Überlegungen eingetreten werden, wie oft wohl derartige Fehldiagnosen von im Umgang mit Leichen unerfahrenen oder nachlässigen Ärzten gestellt werden mögen, ohne daß dies – weil „natürlicher Tod" bescheinigt wurde – von den die „Leichenschau" noch einmal wiederholenden oder richtiger gesagt: erst durchführenden Kriminalbeamten mehr oder weniger rechtzeitig erkannt wird.

Immerhin stellt die Polizei in Düsseldorf und anderswo nur in etwa 10 Prozent aller Sterbefälle Ermittlungen zur Todesursache, d. h. richtiger gesagt dahingehend an, ob ein Verschulden Dritter am Tode des Verstorbenen vorliegt.

Von den Umständen und der Vorgeschichte aller anderen Todesfälle erhält die Polizei keinerlei Kenntnis, weil der zum Leichenfundort gerufene Arzt den Tod als „natürlich" bescheinigt und damit von vornherein jede weitere amtliche Untersuchung ausschaltet.

Natürlicher oder gewaltsamer Tod?

Es muß in diesem Zusammenhang die Frage aufgeworfen werden, wie hoch wohl die Fehlerquote bei der ärztlichen Beurteilung der oft viel schwieriger zu beantwortenden Frage sein mag, ob natürlicher oder gewaltsamer Tod vorliegt. Es steckt ja keineswegs immer

2 Der Spiegel, 51/77.

das Beil im Schädel. Wie oft sieht der Leichenfundort völlig harmlos aus, und Verdachtsgründe ergeben sich erst bei einer sorgfältigen Besichtigung der Leiche durch den in der Beurteilung der vielfältigen Leichenerscheinungen Erfahrenen oder durch eine Überprüfung der Gesamtsituation.

Jeder, der über eine gewisse Erfahrung verfügt weiß zudem, daß es schlechterdings unmöglich ist, die Todesursache eines Menschen allein durch eine äußere Besichtigung zu diagnostizieren. Die Fehlerquote ist hierbei nach einschlägigen Untersuchungen erschreckend hoch.

Erfahrungen, die man auch in Österreich gemacht hat, wo sogenannte sanitätspolizeiliche Obduktionen dann gesetzlich vorgeschrieben sind, wenn der den Tod feststellende Arzt im Rahmen der Leichenschau keine eindeutige Todesursache feststellen kann. Ergeben sich bei der Obduktion Hinweise auf ein Fremdverschulden, wird dies der Staatsanwaltschaft mitgeteilt, die dann eine gerichtliche Leichenöffnung veranlaßt.

Häufig wird hierbei ein erheblicher Unterschied zwischen Leichenschaubefund und Obduktionsergebnis festgestellt. So waren beispielsweise in Wien 1992 54,6 Prozent und 1993 41,7 Prozent der CO-Vergiftungen von Leichenschauärzten nicht erkannt worden, obwohl gerade in solchen Fällen die auffallend hellroten Leichenflecke ein recht eindeutiger Hinweis sind.

Fall 1:

Ein 66 Jahre alter, schwer herzkranker und an Depressionen leidender Gärtner wurde von seinem Sohn tot im Bett aufgefunden. Die zugezogene Hausärztin, die den Verstorbenen am Abend vorher noch behandelt hatte, bescheinigte den „natürlichen Tod" des Mannes. Der Bestatter, der die Leiche abholen wollte, fand vor dem Bett auf dem Boden liegend eine Pistole und verständigte daraufhin die Polizei. Die Ermittlungen ergaben, daß sich der Mann selbst erschossen hatte.

Fall 2:

Die Leiche eines Schlossers wurde in seiner Wohnung aufgefunden. An der linken Brustseite des Mannes fand sich ein erbsgroßer, dunkelfarbiger Hautdefekt. Das Unterhemd zeigte an der linken Vorderseite eine kleine Stofflücke. Blut war nicht zu sehen. Der den Tod feststellende Arzt erklärte: „Die auf der Brust sichtbare Prellmarke muß schon etwas älteren Datums sein und ist mit Sicherheit keine tödliche Verletzung." Die Leichenöffnung ergab als Todesursache einen Herzschuß.

Fall 3:

Ein schwer herzkranker Bauer erhängte sich in seiner Scheune. Seine Frau, die ihn gefunden hatte, nahm ihn von dem Strang und verschwieg den Selbstmord aus Angst vor Schande. Der Hausarzt bescheinigte ohne nähere Untersuchungen den „natürlichen Tod“ des Mannes. Da er die Leiche nicht entkleidete, übersah er die von einem Rollkragenpullover verdeckte Strangulationsfurche. Erst der Leichenbestatter erkannte die Veränderungen am Hals des Toten und alarmierte die Polizei.

Man muß den Mut der Ärzte bewundern, die, ohne die Leiche zu entkleiden, „natürlichen Tod“ bescheinigen und damit Verletzungen am Körper, die ja Anzeichen eines gewaltsamen Todes sein können, eindeutig verneinen, ohne daß sie diesen Körper einer Inspektion unterzogen haben.

Einschüsse mit kleinkalibrigen Waffen in die Brust- oder Bauchhöhlen sieht man oft kaum. Die Haut zieht sich wieder zusammen, die Menschen verbluten nach innen. Kein Tropfen Blut weist auf ein Tötungsdelikt hin.

Würge- oder Strangulationsmerkmale fehlen in aller Regel dann, wenn zwischen dem Hals und der würgenden Hand oder dem strangulierendem Werkzeug ein Kleidungsstück gelegen hat. Winzige, flohstichartige Blutungen in den Augenbindehäuten und der Mundschleimhaut sind oft die einzigen äußeren Hinweise auf einen möglichen Erstickungsvorgang.

Natürlich geht dies in den meisten Fällen gut, denn die Mehrzahl aller Menschen stirbt ja wohl auf natürliche Weise, und oftmals kannte der den Tod feststellende Arzt ja auch die Krankenvorgeschichte des Verstorbenen oder hat wenigstens Gelegenheit, vor Ausstellen der Todesbescheinigung mit dem zuletzt behandelnden Arzt zu sprechen.

Völlig sicher ist aber, daß eine gewisse Anzahl von Tötungsdelikten deshalb nicht erkannt wird, weil die den Tod bescheinigenden Ärzte über ungenügende rechtsmedizinische Kenntnisse verfügen und/oder weil sie die Leichenschau höchst oberflächlich durchführen. Oder aber, weil sie – wie es W. Jansen, Direktor des Instituts für Rechtsmedizin der Universität Hamburg, formulierte – „Auseinandersetzungen mit den Angehörigen der Toten fürchten und nicht glücklich sind, wenn sie durch die ermittelnde Polizei befragt werden“.

Wie groß die Zahl der hierdurch nicht erkannten Tötungsdelikte ist, darüber gehen die Meinungen auseinander, weil sich kein exakter

Nachweis über die wirkliche Höhe der Dunkelziffer bei Kapitalverbrechen erbringen läßt. Man kann nur aus den immer wieder rein zufällig entdeckten Tötungsdelikten die notwendigen Schlüsse ziehen.

Untersucht man solche Zufallsentdeckungen, so muß man zunächst einmal feststellen, daß der Täter in der Regel nichts getan hatte, um das Verbrechen zu verschleiern. Daß die Tötungen dennoch nicht erkannt wurden oder werden, liegt aber nicht nur an der oft mangelnden Erfahrung und häufig wenig qualifizierten Leichenschau der den Tod feststellenden Ärzte, sie liegt auch darin begründet, daß Tatbestände durch die Polizei falsch beurteilt werden, daß Tötungsdelikte als Unglücksfälle oder Selbstmorde gedeutet werden oder aber daß Morde als Vermißtenfälle in den Karteien verschwinden, obwohl die Menschen nie wieder auftauchen.

Geradezu klassisch hierfür ist der Fall Seefeld. Seefeld, dem sicherlich eine weit größere Zahl von Kindermorden zugerechnet werden muß, wurde 1936 wegen 11 ihm nachgewiesener Knabenmorde zum Tode verurteilt. Überprüft man diese 11 Morde, so fällt auf, daß in nahezu allen Fällen Leichenerscheinungen und Tatbestände von Polizei und Medizinern falsch gedeutet wurden mit der Folge, daß Seefeld weiter töten konnte.

Die Frage, ob ein Fall Seefeld auch heute noch möglich sein könnte, muß sicherlich mit „ja" beantwortet werden. Diese Knabenmorde waren ja vor allem deshalb nicht aufgefallen, weil niemand, weder Ärzte noch Kriminalpolizei, ernsthaft an ein Kapitalverbrechen geglaubt hatten.

Auch heute noch, wo der Informationsfluß, trotz dezentralisierter Polizei, recht gut ist, wo mit Hilfe der EDV Daten von früher unvorstellbarem Ausmaß gespeichert, miteinander verknüpft und ausgewertet werden können, werden ja solche Geschehnisse nur dann registriert, wenn sie als Tötungsdelikte erkannt werden.

In dem Augenblick, wo der hinzugezogene Arzt keine Anzeichen für einen gewaltsamen Tod zu erkennen glaubt oder wo der Tatbefund von der Kriminalpolizei falsch gedeutet wird, verschwinden diese Fälle unregistriert und unausgewertet in der Versenkung, es sei denn, der tatsächliche Sachverhalt wird durch Zufall entdeckt, wie z. B. im Fall F. in Dortmund.

Zunächst nicht entdeckte Tötungsdelikte

Fall 1:
Blutsturz oder Tötung durch Schuß

Ein Arzt war in eine Wohnung gerufen worden, um den Tod eines Mannes festzustellen. Der Blutaustritt aus dem Mund des Toten ließ den Arzt fragen, ob der Verstorbene krank gewesen sei. Auf die Auskunft, daß es sich um einen Lungenkranken gehandelt habe, rief der Arzt bei dem behandelnden Lungenarzt an und teilte diesem den Befund (Austritt von hellrotem Blut aus dem Mund) mit. Beide Ärzte „einigten" sich auf Blutsturz infolge offener Tbc. So wurde auch die Todesursache in der Todesbescheinigung testiert. Als die Leichenträger Stunden später den Toten abholten, entfiel der Kleidung ein Geschoß. F. war durch einen relativen Nahschuß in den Rücken getötet worden; die Kugel hatte den Hals durchschlagen (Blutaustritt aus dem Mund!) und war am Kinn wieder ausgetreten (Ausschußverletzung durch Blutaustritt aus dem Munde überdeckt!)[3].

Fall 2:
Natürlicher Tod oder Tod infolge mehrerer Messerstiche

Vergleichbar der Fall H., der sich vor einiger Zeit in Hannover zugetragen hat. Auch hier entdeckten rein zufällig die Mitarbeiter eines Beerdigungsinstitutes die Verletzungen am Körper der 74 Jahre alten Hauswirtin Margarethe H., als sie deren Leiche in den Sarg legen wollten. Die Tote wies insgesamt 11 Messerstiche auf. Kurz vorher hatte eine Ärztin den natürlichen Tod der Frau bescheinigt.

Fall 3:
Selbststötung mittels Schlafmittel – Tötung durch Stich in das Herz

Morgens wurde ein Polizeibeamter in einen Villenvorort von Düsseldorf gerufen. Dort war in der Nacht zuvor eine Gartenumfriedung umgefahren worden und man nahm an, daß dies der im Nachbarhaus wohnende, 24 Jahre alte Verwaltungsangestellte Heinrich R. getan haben könnte. R. öffnete nicht, und als der Beamte durch das offenstehende Fenster blickte, sah er den Wohnungsinhaber leblos am Boden liegen. Der hinzugezogene Arzt stellte fest, daß ein Selbstmord vorlag und schrieb in die Todesbescheinigung als Todesursache: „Überdosierung von Schlafmitteln". Verletzungen hatte er an der Leiche nicht festgestellt. Die Überprüfung dieser ärztlichen Feststellungen durch den hinzugerufenen Kriminalbeamten ergab, daß R. durch einen Stich in das Herz getötet und beraubt worden war.

Fall 4:
Natürlicher Tod oder vorsätzliche Tötung durch Nahrungsentzug

Anfang Juli wurde ein Ehepaar von Nachbarn wegen des Verdachts der Vernachlässigung eines Kindes angezeigt. Bei den Ermittlungen wurde fest-

---

3 Wehner, B., Die Latenz der Straftaten, 1957/1, S. 29.

gestellt, daß Anfang März ein anderes Kind der Eheleute verstorben war. Von Zeugen, die dieses Kind zu Lebzeiten gesehen hatten, wurde es als völlig abgemagert und ausgehungert beschrieben.

Der damals zu dem toten Kinde gerufene Arzt hatte den Tod als „natürlich" bescheinigt. Unter der Rubrik „Welches Leiden hat den Tod unmittelbar herbeigeführt?" hatte er „Auszehrung" geschrieben. Der Tod des Kindes war beim Standesamt ohne Beanstandung beurkundet worden.

Die kriminalpolizeilichen Untersuchungen führten zu dem Ergebnis, daß die Mutter dem Kinde vorsätzlich die Nahrung vorenthalten hatte. Das Kind war verhungert. Die Mutter wurde wegen Mordes verurteilt.

Fall 5:
Ein 84jähriger Rentner wurde mit einer Kopfverletzung, die er sich nach den Angaben der Angehörigen bei einem Sturz zugezogen hatte, in ein Krankenhaus eingeliefert. Der Mann starb zwei Tage später. Bei der Obduktion der Leiche stellte man fest, daß der Tote einen Kopfschuß aufwies. Der Stiefsohn des nunmehr Verstorbenen hatte seinen Vater am Sylvesterabend mit einer Pistole ins Auge geschossen. Das Projektil war am Hinterkopf ausgetreten. Weder der hinzugezogene Notarzt noch die behandelnden Ärzte im Krankenhaus hatten die Schußverletzungen am Schädel erkannt.

1.2 Problematik der „vertraulichen" Todesbescheinigung

Inhaltliche Gestaltung der Todesbescheinigung

Bevor andere Schwachstellen in der Leichensachbearbeitung angesprochen werden, sollen einige Sätze zur Problematik der „vertraulichen Todesbescheinigung" gesagt werden. Die Todesbescheinigung enthält in Nordrhein-Westfalen wie in allen anderen Bundesländern einen offenen und einen verschlossenen Teil. Die erste, offene Seite der Bescheinigung dient der Beurkundung des Sterbefalles für das Standesamt. Die zweite, geschlossene Seite beinhaltet ärztliche Angaben zur klinischen Todesursache, der Krankheit oder der Verletzung, die den Tod herbeigeführt hat, das Ergebnis einer möglicherweise stattgefundenen Sektion, zusätzliche Angabe über eventuelle Unfälle, Vergiftungen, Gewalteinwirkungen und besondere Angaben bei Neugeborenen, Kleinkindern und Frauen.

Die hier gemachten Eintragungen sollen der Erstellung einer zuverlässigen Todesursachen-Statistik unter Wahrung der ärztlichen Schweigepflicht dienen.

Die Todesbescheinigung wird den Angehörigen oder den sonst verpflichteten Personen zur Vorlage beim Standesamt ausgehändigt. Nach Eintragung in das Sterbebuch wird die Todesbescheinigung dem zuständigen Gesundheitsamt übersandt und erst dort wird deren verschlossener Teil geöffnet.

Zweifellos sind diese „vertraulichen Todesbescheinigungen" Ausfluß eines Konfliktes, in dem sich manche Ärzte im Hinblick auf ihre Aussage als Leichenschauarzt und ihre Schweigepflicht zu befinden glauben.

Immer wieder wird seitens der Ärzte geltend gemacht, daß der freie Arzt, der weder innerdienstlich als Amtsarzt noch vertraglich als Leichenschauer auf Dauer Pflichten eigener Art übernehme, durch die Leichenschau, verbunden mit den in den das Leichenwesen regelnden Gesetzen von ihm verlangten Aufgaben, in eine Rolle gezwungen werde, welche sonst kein Privatmann und damit eigentlich erst recht kein Arzt übernehmen brauche.

Anzeige- und Mitteilungspflicht des Arztes?

Sicher ist, daß es keine Anzeigepflicht für begangene Delikte gibt. Das ergibt sich eindeutig als Umkehrschluß aus der Strafbestimmung des § 138 StGB, der nur von der Nichtanzeige drohender Verbrechen spricht und dabei in § 139 StGB den Arzt sogar noch privilegiert. Strafvereitelung liegt nur dort vor, wo aktive Verschleierungshandlungen vorgenommen werden; Strafvereitelung im Amte kommt nur dort in Betracht, wo staatsanwaltschaftliche oder polizeiliche Beamte Spuren nicht nachgehen.

Sonst aber darf jedermann Beichten, die ihm gemacht werden, und Tatanzeichen, die er sieht, für sich behalten.

Die Ärzte wenden sich mit Nachdruck dagegen, daß ihnen die Meldung von Hieb-, Stich-, Stoß-, Schuß- und Abortusverletzungen oder Anzeichen von Kindesmißhandlungen auferlegt werden könnte. Sie argumentieren, daß der Arzt zwar das Recht haben müsse, dort sein Schweigen zu brechen, wo er Schlimmeres verhüten wolle. Man dürfe dieses Recht aber nicht in ein „Muß" umwandeln, da der Arzt weder Gehilfe der Polizei noch umgekehrt Sklave seiner Pflicht sei, schweigend großes Unrecht anzusehen.

Dieses müsse auch für einen Arzt gelten, der einen Toten untersuche. Natürlich müsse er sagen, ob der von ihm untersuchte Mensch tot sei, weil er ja keinen Scheintoten begraben lassen dürfe, da er sich ja sonst der fahrlässigen Tötung schuldig mache; weshalb ein Mensch tot sei, werde er zwar im Zweifel sagen, falls er keinen Grund dafür sehe, zu schweigen – aber melden müsse er nicht![4]

Bestellung amtlicher Leichenbeschauer

Um diesem Dilemma zu begegnen, in das der hinzugezogene Arzt immer wieder gerät, und um sicherzustellen, daß nur noch rechtsmedizinisch ausreichend geschulte Ärzte am Leichenfundort die entscheidenden Feststellungen treffen können, sollte man endlich dazu kommen, amtliche Leichenbeschauer zu bestellen und/oder die bereits im Jahre 1983 zu dieser Problematik gefaßte Entschließung der Generalstaatsanwälte der Bundesrepublik Deutschland politisch umsetzen.

Sie hat folgenden, noch heute gültigen Wortlaut: *„Die Generalstaatsanwälte stellen mit Besorgnis fest, daß die Leichenschau in der zur Zeit vorwiegend normierten Form – wonach grundsätzlich jeder Arzt zu ihrer Durchführung befugt ist – die sichere Feststellung nichtnatürlicher Todesfälle nicht gewährleistet. Sie sind der Auffassung, daß hierdurch die Erkennung und Verfolgung von Straftaten gegen das Leben und damit ein gravierendes rechtsstaatliches Interesse gefährdet ist. Sie halten es für dringlich, die gesetzlichen Vorschriften der Länder, soweit nicht schon geschehen, dahingehend zu ändern, daß nicht mehr jeder Arzt, sondern lediglich eine aus den zugelassenen Ärzten ausgewählte, ausreichende Anzahl besonders hierfür ausgebildeter Ärzte zur Durchführung der Leichenschau berechtigt sein soll“.*

Drei Jahre später griffen die Justizminister und -senatoren in ihrer 57. Konferenz diesen Vorschlag der Generalstaatsanwälte auf und erklärten, *daß die das Leichenwesen regelnden gesetzlichen Bestimmungen der Länder, die jeden Arzt zur Leichenschau berechtigen nach Zahl und Art zu unvertretbaren Fehlern bei der Feststellung nichtnatürlicher Todesfälle führen. Hierdurch seien nicht nur das Grundrecht auf Leben und körperliche Unversehrtheit, sondern auch die Belange der Strafverfolgung wesentlich beeinträchtigt.* Sie baten die Konferenz der Gesundheitsminister sich der Problematik

4 Anzeigen des Leichenschauarztes im Konflikt mit den Schweigepflichten und Schweigerechten des Arztes, Dtsch. med. Wschr. 92. Jg.

anzunehmen und zu prüfen, ob und gegebenenfalls welche Maßnahmen in Betracht kommen, bestehende Mängel abzustellen.

Die in einigen Ländern bisher durchgeführten gesetzliche Neufassung des Leichenwesens sind unzureichend, auch wenn, wie z. B. in Bremen und in Sachsen, den Ärzten nunmehr vorgeschrieben wird, daß sie die Leichen zu entkleiden und die Leichenschau am unbekleideten Körper durchzuführen haben. *Noch immer ist jeder Arzt berechtigt und teilweise sogar verpflichtet, am Leichenfundort durch eine bloße äußere Besichtigung unter anderem die Frage zu beantworten, ob ein natürliches Geschehen Ursache des Todes war oder aber ob Anhaltspunkte für einen nichtnatürlichen Tod vorliegen.*

Da der Inhalt des Begriffes „nichtnatürlicher Tod“ aber nicht nur die Kenntnis der medizinischen Besonderheiten erfordert, sondern auch die darüber hinausgehende Erfahrung voraussetzt, welche Umstände am Leichenfundort Anzeichen für ein Tötungsdelikt sein können, sind die die Leichenschau durchführenden Ärzte in aller Regel überfordert. Morde bleiben möglicherweise unerkannt, mit der Folge, daß die Täter weitere derartige Delikte begehen können.

In diesem Zusammenhang muß sicherlich auf das besondere Problem bei der Leichenschau im Krankenhaus hingewiesen werden, denn hier sind, da nach den landesgesetzlichen Regelungen des Leichenwesens „jeder“ Arzt zur Ausstellung der Todesbescheinigung berechtigt ist, Therapeut und Leichenschauarzt oftmals identisch.

Der Arzt hat mit der Angabe von Todesart und Todesursache häufig über die Qualität seiner eigenen Arbeit zu befinden. Nach diagnostischen und therapeutischen Eingriffen kommen der Leichenschauarzt oder seine Mitarbeiter unter Umständen als Beschuldigte in Frage. Ein ordnungsgemäß ausgefüllter Totenschein ist in solchen Fällen gleichbedeutend mit einer Selbstanzeige.

In Nordrhein-Westfalen sind die Gesundheitsämter durch einen Erlaß des Ministers für Arbeit, Gesundheit und Soziales gehalten, immer dann die Polizei zu benachrichtigen, wenn trotz Eintragung eines natürlichen Todes auf dem offenen Teil der Todesbescheinigung sich aus den Eintragungen im vertraulichen Teil Anhaltspunkte für die Annahme eines Todes aus nicht natürlicher Ursache ergeben.

Diese Regelung hat sich in der Praxis jedoch als unzureichend erwiesen. Meist gehen solche Mitteilungen des Gesundheitsamtes erst dann bei der Polizei ein, wenn die Toten bereits bestattet sind. Abgesehen davon, daß die Ermittlungen durch die zwischenzeitlich verstrichene Zeit erschwert werden, sind Leichenschau und eventuell daraus resultierende Untersuchungen nicht mehr möglich, es sei denn, man entschließt sich, die Leiche zu exhumieren.

Auswirkungen mangelhafter Deckungsgleichheit ärztlicher Angaben zwischen dem offenen und dem vertraulichen Teil der Todesbescheinigung

Nun ist es aber keineswegs so, daß Abweichungen zwischen den Eintragungen auf dem offenen Teil der Todesbescheinigung und dem verschlossenen Teil nur auf die mit der ärztlichen Schweigepflicht im Zusammenhang stehenden Umstände zurückzuführen sind.

Es treten vor allem immer wieder dort Schwierigkeiten auf, wo Menschen nach Haus- oder Betriebsunfällen, nach Selbstmordversuchen, Vergiftungen oder ähnlichem, nach mehr oder weniger langem Krankenhausaufenthalt an Herz- und Kreislaufversagen oder infolge einer sogenannten Bettlungenentzündung versterben.

Zweifellos sterben diese Leute eines „natürlichen" Todes, aber ihr Tod ist in aller Regel mittelbare Folge des vorangegangenen Unfalls, des Selbstmordversuches, der Vergiftung, möglicherweise des Mordversuches. Der Hinweis auf dieses vorangegangene Geschehen wird aber immer wieder auf dem offenen Teil der Todesbescheinigung unterlassen. Dort erscheint dann unter der Rubrik „Todesart" die Eintragung „natürlicher Tod" und nur im vertraulichen Teil der Bescheinigung wird auf das hingewiesen, was sofort hätte kriminalpolizeiliche Ermittlungen auslösen müssen.

1.3 Fehlerquellen in der polizeilichen Todesermittlung

Probleme der kriminalistischen Beurteilung

Bisher haben sich die Ausführungen vor allem mit Schwachstellen im Leichenwesen befaßt, die dort vorhanden sind, wo in der Leichenschau unzureichend ausgebildete Ärzte über das Vorliegen eines natürlichen oder nicht natürlichen Todes zu befinden haben.

Die folgenden Ausführungen wenden sich nunmehr jenen Fehlerquellen zu, die im Bereich der polizeilichen Todesermittlungen zu suchen sind. Erfahrungsgemäß kann jedoch die berechtigte Ansicht vertreten werden, daß in jenen Fällen, in denen erst einmal kriminalpolizeiliche Ermittlungen aufgenommen worden sind, die Chancen, ein Tötungsdelikt zu erkennen, recht groß sind.

Die Gefahr, daß Fehler gemacht, Leichenerscheinungen falsch beurteilt werden, der Tatbestand falsch gedeutet wird, dürfte dort besonders groß sein, wo nicht ständig in der Leichensachbearbeitung tätige Beamte mit der Bearbeitung von Todesermittlungsverfahren betraut werden, wie dies vor allem in ländlichen Bereichen oder in kleineren Polizeibehörden oder aber in den Großstädten außerhalb der normalen Dienstzeit der Fall ist.

Es gehört nun einmal zu den schwierigsten kriminalpolizeilichen Aufgaben, den Sachverhalt am Leichenfundort richtig zu beurteilen. Diese oft genug mit Blut, Schmutz und Gestank, also mit großer physischer und psychischer Belastung verbundene Arbeit, erfordert von den Beamten neben großer Erfahrung und umfassender Kenntnis der Leichenerscheinungen ein hohes Maß an Verantwortungsbewußtsein, denn jedesmal erneut wird er dabei mit der Frage konfrontiert, ob natürlicher Tod, Unglücksfall, Selbstmord oder Mord vorliegt.

Kommt er aber zu der Auffassung, daß ein Verschulden Dritter nicht gegeben ist, werden seine Feststellungen in der Regel nicht noch einmal durch eine Obduktion überprüft.

Zu welch ungeheurem Aufsehen und enormen Schwierigkeiten solche am Leichenfundort gemachten Fehler führen können, ist wohl im Mordfall Vera Brühne besonders deutlich geworden, der sicherlich vor allem deshalb bis heute nicht aus der öffentlichen Diskussion gekommen ist, weil der zum Leichenfundort entsandte Beamte den vorliegenden Tatbefund falsch deutete, einen Mord mit anschließendem Selbstmord des Täters annahm, obwohl in Wahrheit ein Doppelmord vorlag, was zur Folge hatte, daß die Ermittlungen um Wochen verzögert und in einer Weise erschwert wurden, die eine umfassende Aufklärung nahezu unmöglich machten.

Fehler bei der kriminalistischen Arbeit am Leichenfundort

Einige wenige Beispiele mögen das Gesagte verdeutlichen.

Fall 1:

Bei der Bahnpolizei in Düsseldorf stellte sich der wohnsitzlose Rolf M. und gab an, in einer norddeutschen Großstadt eine Frau ermordet zu haben.

Eine Nachfrage dort ergab, daß tatsächlich in der von M. beschriebenen Wohnung die 74 Jahre alte Witwe Frieda K. tot aufgefunden worden war. Die zum Fundort entsandten Kriminalbeamten hatten keine Anzeichen für ein Fremdverschulden am Tode dieser Frau entdeckt, obwohl sie erdrosselt worden war.

Die Leiche sollte am Tage des Anrufes verbrannt werden.

Fehlerquelle: Fehlerhafte Leichenbesichtigung

Fall 2:

Samstags nachmittags wurde in Düsseldorf von der Feuerwehr beim Löschen eines Brandes im Schlafzimmer der Wohnung die Leiche einer Frau gefunden. Nahezu gleichzeitig mit der Feuerwehr war ein Notarztwagen am Brandort eingetroffen. Nach Ablöschen des Feuers untersuchte der Arzt die Frau und stellte deren Tod fest. Bis auf Verbrennungen im unteren Körperbereich fand er an der Toten keine Verletzungen oder Veränderungen, die auf eine Tötung durch einen Dritten hingedeutet hätten. Er kam zu der Ansicht, daß die Frau offensichtlich an den Folgen einer CO-Vergiftung gestorben sei.

Seine Auffassung von der Todesursache teilte er auch den beiden in der Leichensachbearbeitung unerfahrenen Kriminalbeamten der Kriminalwache mit, mit denen er beim Verlassen des Hauses noch im Treppenhaus zusammentraf.

Die Beamten fanden folgende Situation vor: Auf einem Nachtschränkchen neben dem Bett stand eine fast leere Schnapsflasche, daneben ein Aschenbecher, in dem ein abgebranntes Streichholz lag. Davor stand ein halbvolles Schnapsglas, dessen Inhalt nach Korn roch.

In Höhe der rechten Brust der Toten fanden sie auf dem Bettlaken ein abgebranntes Streichholz und dicht daneben eine Zigarettenkippe. Sie sahen, daß eine zunächst schmale, sich nach unten immer mehr verbreiternde Brandspur von dieser Stelle, wo die Zigarettenkippe lag, ausging, und da sie bei der Besichtigung der Leiche – bis auf die Brandverletzungen im unteren Körperbereich – keine verdächtigen Verletzungen oder Veränderungen entdeckten, kamen sie zu der Ansicht, daß wohl ein Unglücksfall vorliege.

In ihrem Bericht schrieben sie, daß die Frau offensichtlich Alkohol zu sich genommen und dann im Bett geraucht habe. Hierbei sei sie wohl eingeschlafen, und es sei durch die brennende Zigarette zu einem Schwelbrand gekommen, an dessen Folgen die Frau erstickt sei. Sie ließen die Leiche in das Institut für Rechtsmedizin bringen. Die nächsten Angehörigen luden sie erst für den folgenden Dienstag vor, weil der Montag ein Feiertag war.

Die Leiche lag dann drei Tage (!), bevor Weiteres geschah.

Bei den Vernehmungen der Angehörigen stellte sich dann heraus, daß die Frau allenfalls mal ein Glas Wein getrunken hatte, und vor allem – sie hatte nie geraucht!

Noch bevor die gerichtliche Leichenöffnung durchgeführt wurde, besichtigte ein Beamter des Fachkommissariates für Todesermittlungen noch einmal die Leiche der Frau. Hierbei stellte er am Hals der Toten eine in sich geschlossene, horizontal verlaufende Strangfurche fest, in der sich noch faseriges Textilgewebe befand. Zwischen den Bekleidungsstücken der Toten lag ein zehn Zentimeter langes, faserig ausgerissenes Stück eines Nylonstrumpfes. Und als er sich daraufhin den Leichenfundort nochmals ansah, fand er auch das dazugehörende andere Stück des Damenstrumpfes, es lag noch im Bett. Offenbar war der Strumpf als Strangwerkzeug benutzt worden und beim Strangulieren gerissen.

Die Obduktion ergab, daß die Frau weder an einer CO-Vergiftung, noch an den Folgen der Verbrennungen gestorben war. Der Tod war eindeutig durch gewaltsames äußeres Ersticken, und zwar durch Erdrosseln eingetreten.

Fall 3:

An einem Freitagabend wurde der Bereitschaftsbeamte der Kriminalpolizei einer südlich von Düsseldorf gelegenen Kleinstadt zu einem Wohnungsbrand gerufen. Bei den Löscharbeiten war von der Feuerwehr eine Leiche gefunden worden.

Als der Beamte gegen 23.15 Uhr am Brandort eintraf, hatte die Feuerwehr gerade ihre Löscharbeiten beendet. Brandort war das Wohnzimmer eines 51 Jahre alten Türken, eines bekannten Alkoholikers, der in betrunkenem Zustand einige Wochen zuvor schon einmal seine Wohnung fahrlässig in Brand gesetzt hatte. Der Tote lag zwischen einem Tisch und einer Couch am Boden. Er war oberflächlich verbrannt. Der Beamte besichtigte die Leiche. Verletzungen fand er an dem Toten nicht. Er ließ die Leiche in die Leichenhalle des örtlichen Friedhofs bringen. Den Brandort gab er frei.

Die Hinterbliebenen begannen dann auch schon am nächsten Tage, die noch zu gebrauchenden Dinge aus der Wohnung zu räumen und den Brand- und Fundort der Leiche völlig zu verändern.

Da der Staatsanwalt im Gegensatz zu dem kriminalpolizeilichen Sachbearbeiter eine vorsorgliche Obduktion der Leiche für erforderlich hielt, wurde der Tote am darauffolgenden Montag in das Institut für Rechtsmedizin der Universität Düsseldorf transportiert.

Ein dort gerade in anderer Sache tätiger Kriminalbeamter des Fachkommissariates für Todesermittlungen sah, daß aus dem unteren Nackenbereich der gerade eingelieferten Brandleiche ein etwa acht Zentimeter langes, rundes Metallstück herausragte. Es handelte sich um einen sogenannten Vorstecher.

Bei der Leichenöffnung fanden die Rechtsmediziner keinerlei Anhaltspunkte dafür, daß der Mann bei Brandausbruch noch gelebt hatte. Gestorben war er durch Verbluten in die Brusthöhle als Folge zahlreicher Stiche in den Brustkorb. Allein im Rücken fanden die Ärzte zehn Einstiche, zwei weitere vorn im Brustkorb und einen dreizehnten im rechten Halsbereich. Der Tote war hochgradig alkoholisiert gewesen. Die Blutalkoholkonzentration betrug 2,35 Promille.

Überall an dem Toten bemerkten die Rechtsmediziner ein eigenartiges, gummiartiges Material. Der Täter hatte, wie sich später herausstellte, die Leiche mit Nitrolack übergossen, um sie leichter verbrennen zu können.

Fehlerquellen zu Fall 2 und 3:
- Oberflächliche Tatortbesichtigung
- Fehlerhafte Leichenbesichtigung durch unerfahrene Kriminalbeamte
- Voreilige falsche Schlußfolgerungen zum mutmaßlichen Tatgeschehen
- Fehlerhafte Leichenschau eines Arztes

Fall 4:

Am frühen Nachmittag des 1. Weihnachtsfeiertages wurde von Spaziergängern eine in einem kleinen Fluß bei N. treibende Leiche einer Frau bemerkt. Die Leiche wurde von den herbeigerufenen Polizeibeamten geborgen. Zum Bergungsort wurde auch der Bereitschaftsbeamte der Kriminalpolizei entsandt.

Verletzungen oder Beschädigungen der Bekleidung bemerkte er an der relativ frischen Leiche nicht.

Wenig später traf auch der Kriminalkommissar vom Dienst ein. Er ließ die Leiche durch die angeforderten Mitarbeiter eines Beerdigungsinstitutes zum Sarg bringen, und erst als sie im Sarg lag, nahm man sie etwas genauer in Augenschein. Man entdeckte nun zwei schnittartige, kleine Verletzungen an der linken Halsseite und zwei ganz ähnliche unter der linken Brust und unterhalb des Bauchnabels. Die Bekleidung beschrieben die Beamten als unbeschädigt, obwohl der Rückenteil des Pullovers blutdurchtränkt war, aber auch das übersahen sie.

Und obwohl sie sich die Verletzungen nicht erklären konnten, entkleideten sie die Leiche nicht. Sie kamen zu der Ansicht, daß ein Tötungsdelikt offenbar nicht vorliege und daß der Sachverhalt somit in die Zuständigkeit der Wasserschutzpolizei falle. Der Bereitschaftsbeamte der Wasserschutzpolizei saß aber in Duisburg. Er hielt dann, ebenso wie sein in Münster wohnender Kommissar vom Dienst, in den Nachmittagsstunden ein Fernschreiben in der Hand, in dem von dem Leichenfund am Rheinufer und den bei der unbekannten Toten festgestellten vier schnittartigen Verletzungen die Rede war.

Den Beamten in Münster, einem erfahrenen Beamten der Kriminalpolizei der Wasserschutzpolizei, beunruhigten diese Verletzungen derart, daß er es für notwendig hielt, sich die Tote einmal selbst anzusehen. Er fuhr also noch am Nachmittag des 1. Weihnachtsfeiertages nach Düsseldorf, wo sich die

Leiche im Institut für Rechtsmedizin befand. Als er den Pullover der Toten ausgezogen hatte, zählte er allein im Rücken neun Stichverletzungen, und als er abends um 20.00 Uhr den Leiter der Mordkommission anrief, hatte er an der Mädchenleiche vierzehn eindeutige Stichwunden gefunden. Alle Stiche waren durch die Kleidung gegangen.

Fehlerquellen:
- Unterlassen des Entkleidens der Leiche zum Zwecke der Leichenbesichtigung
- Fehlerhafte Leichenbesichtigung
- Falsche Schlußfolgerungen trotz vorhandener Verdachtsindizien

1.4 Fehlerquellen im Zusammenhang mit der Bearbeitung von Vermißtensachen

Neben solchem Fehlverhalten wird das Dunkelfeld in diesem Bereich der Kriminalität aber auch dadurch beeinflußt, daß Menschenschicksale in den Vermißtenkarteien verschwinden, daß Menschen vermißt gemeldet werden und nie mehr, weder lebend noch tot, wieder auftauchen.

In Nordrhein-Westfalen wurden in einem Zeitraum von 10 Jahren 83 139 Personen als vermißt gemeldet, von denen in den 10 Jahren allein in diesem Land immerhin 173 „bleibend vermißt" sind, d. h. verschwunden blieben.

Natürlich muß man dem gegenüberstellen die Zahl der im gleichen Zeitraum aufgefundenen unbekannten, nicht identifizierten Toten, weil trotz Vorliegens einer Vermißtenanzeige die Zusammenführung der beiden Meldungen nicht immer gelingt – aber das sind für den gleichen Zeitraum nur 53 (!).

Es muß sicherlich davon ausgegangen werden, daß ein Teil der nie wieder auftauchenden Menschen getötet und beseitigt worden ist.

Fall 1:

Getötet und vermißt gemeldet

Im November wurde bei Baggerarbeiten auf einer Müllkippe in Neuß zufällig eine völlig in Verwesung übergangene weibliche Leiche gefunden. Es gelang, die Tote als die 30 Jahre alte Hausfrau Ingrid D. zu identifizieren.

Frau D. war von ihrem Ehemann im März als vermißt gemeldet worden. Er hatte angegeben, daß er seine Frau am Vormittag des Vortages mit seinem Pkw nach Mönchengladbach gefahren habe, wo sie, wegen einer von ihr angestrebten Teilzeitbeschäftigung, eine Verabredung gehabt habe. Sie sei

– so hatte er angegeben und dabei blieb er auch zunächst nach dem Auffinden der Leiche – danach nicht nach Hause zurückgekehrt. Die Ermittlungen in der Vermißtensache, über Monate hinweg geführt, hatten nicht zum Auffinden der Verschwundenen geführt. Sie schien eine der „vermißt Bleibenden" zu werden.

Es gelang schließlich, den Ehemann zu überführen. Er hatte seine Frau in der gemeinsamen Wohnung nach einem vorangegangenen Streit getötet. Die Leiche hatte er in seinem Pkw nachts zur Müllkippe in Neuß gebracht und dort verscharrt.

Solche *Zufallsentdeckungen* erhellen immer wieder einmal schlaglichtartig die unentdeckte Tötungskriminalität. In solchen Augenblicken wird erschreckend klar, daß auch in einem so geordneten Staatswesen wie dem unseren Menschen unerkannt morden können, daß andere Opfer solcher Verbrechen werden können, ohne daß ihr Verschwinden – wird es überhaupt registriert – ernsthafte Sorgen bereitet.

Dabei zeigt die Kriminalgeschichte, daß ganze Mordserien oft nur durch Zufall erkannt werden.

So konnte *Haarmann,* ein homosexueller Verbrecher, in einem von vielen Menschen bewohnten Haus in Hannover, wo er Wand an Wand mit einem ihm feindlich gesonnenen Hausgenossen wohnte, morden, immer aufs neue, Leichen zerstückeln, Spuren beseitigen und immer auf die gleiche Weise töten, obwohl er nicht ohne Mitwisser, ja nicht einmal ohne Mittäter war.

Typisch hierfür ist auch der noch früher liegende Fall *Großmann,* der sich in Berlin ereignete. Dieser dreiundzwanzigmal, unter anderem wegen schwerster Sexualstraftaten vorbestrafte Mann wurde nur deshalb als Mörder erkannt, weil ein Nachbar zufällig Stöhnen aus *Großmanns* Wohnung gehört und daraufhin die Polizei unterrichtet hatte. *Großmann* hatte gerade ein Mädchen getötet und zur Zerstückelung vorbereitet. Bei der Durchsuchung wurden in seiner Wohnung Leichenteile von drei weiteren Frauen gefunden, die *Großmann* in den letzten drei Wochen ermordet hatte. Nach seiner Verhaftung erfuhr die Polizei erstmals von Mädchen, die schon Jahre zuvor in *Großmanns* damaligem Laubengrundstück verschwunden waren. Sie erfuhr erstmals von Hilferufen, die schon früher aus seiner Wohnung am Schlesischen Bahnhof gehört worden, aber unbeachtet geblieben waren.

Da *Großmann* Selbstmord beging, blieb ungeklärt, wie viele Menschen er in seinem Leben ermordet hat.

Daß sich solche Geschehen, wie in den beiden vorgenannten Fällen dargestellt, nicht nur in Großstädten ereignen können, beweist der Fall *Denke*. Die mindestens 30 Morde, die er begangen hat, wurden alle in der nur 8.000 Einwohner zählenden Kleinstadt Münsterberg bei Breslau verübt und nicht nur das. Sie wurden alle in des Mörders eigenem Haus begangen, in dem *Denke* mit seinen Mietern, der Familie eines Lehrers mit neun Kindern und einem Händlerehepaar, im besten Einvernehmen wohnte.

Denke hatte einfach einmal „Pech“, als er 1924 einen Handwerksburschen, der an seinem Tisch saß, hinterrücks erschlagen wollte. Durch eine unvorhergesehene Kopfbewegung ging *Denkes* Schlag daneben, ein Kampf entbrannte, und der Mordversuch wurde bekannt. Dann erfuhr die Polizei an Hand eines von *Denke* geführten Tagebuches Einzelheiten über die verübten Morde und auf Grund zahlreicher Knochenfunde, daß *Denke* im Verlauf von vielen Jahren wenigstens 30 Handwerksburschen und Bettlerinnen in seiner Wohnung regelrecht geschlachtet und gegessen oder das Fleisch an andere abgegeben hatte.

Denke, der regelmäßige Kirchgänger und Kreuzträger bei Beerdigungen, hatte keinerlei Vorstrafen. Er war der Polizei nicht bekannt.

Er hätte allerdings seinen Mietern verdächtig sein müssen, weil er das Menschenfleisch offen zwischen Schuppen und Haus hin- und hertrug, der süßliche Kochdunst im Hause Verwunderung erregte und er öfter Blut im Hofe verschüttete.

Aber weil einmal das Fell eines geschlachteten Hundes vor seiner Tür lag, unterdrückten die Hausbewohner ihren Verdacht und *Denke* konnte ungehindert weiter morden.[5]

Niemand wird ernsthaft behaupten wollen, daß sich derartige Fälle in unserer Zeit nicht wiederholen können. In dieser Zeit, mit ihrem liberalen Meldewesen, mit ihren offenen Grenzen, den sich immer mehr lockernden Familienbanden, den vielen unangemeldet und wohnsitzlos Umherziehenden, dürften sich die Gefahren vergrößert haben, weil es immer mehr Menschen gibt, deren Verschwinden überhaupt nicht auffällt.

In diesem Zusammenhang ist an *Honka* aus Hamburg zu erinnern, in dessen Wohnung nach einem Brand rein zufällig die zerstückel-

5 Wehner, B., Die Latenz der Straftaten, 1957/1, S. 21.

ten Leichen mehrerer Frauen gefunden wurden, Frauen, die aus der untersten sozialen Schicht des Hamburger Vergnügungsviertels stammten und die niemand vermißte.

Und man sollte erst recht nicht glauben, daß in unserer Zeit des dichten Zusammenlebens das Leben des einzelnen seiner Umgebung gegenüber so transparent geworden sei, daß niemand mehr über einen längeren Zeitraum hinweg ungehindert töten könnte, ohne daß er von seinen Nachbarn, seinen Bekannten, seinen Freunden erkannt würde.

Fall 2:
Der Fall Jürgen Bartsch

Jürgen Bartsch hat über Jahre hinweg auf fürchterlichste Weise getötet, das letzte Kind sogar bei lebendigem Leibe zerstückelt.

Er hat in dieser Zeit hunderte von Jungen angesprochen und hat sie zum Mitgehen bewegen wollen. Er ist mit einem großen Koffer, in den er Luftlöcher gebohrt hatte, weil ihm vorschwebte, Jungen mit Äther zu betäuben und sie dann im Koffer zur Höhle in Langenberg zu transportieren, über Monate hinweg in Bochum, Hattingen und Neviges umhergestreift und hat in dieser Zeit mindestens 25 Entführungsversuche unternommen. Er ist am hellen Tage mit dem roten, auffallenden VW-Kombi seiner Eltern vor der Höhle in Langenberg vorgefahren und hat den nackten, blutenden Ulrich Kahlweis, dem er auf der Fahrt den Schädel eingeschlagen und der so stark geblutet hatte, daß das Blut sogar aus dem Führerhaus geflossen war, in die Höhle getragen und dies, obwohl schräg gegenüber des Höhleneingangs mehrere Wohnhäuser waren. Als er nach längerer Zeit wieder nach draußen gekommen war, hatte er gesehen, daß er vergessen hatte, die Beifahrertür des blutverschmierten Fahrzeuges zu schließen und daß er mit dem Jungen erfaßte Bekleidungsstücke des entkleideten Kindes vom Wagen zur Höhle hin verloren hatte. Niemandem war dies aufgefallen, niemand gab einen Hinweis auf diesen netten, freundlichen, gut aussehenden, zuvorkommenden jungen Mann, der Tag für Tag hinter der Theke der elterlichen Metzgerei stand. Man wies auch dann nicht auf ihn hin, als sein Bild (er war am Tage der Entführung rein zufällig von einem Filmamateur zusammen mit seinem Opfer Kahlweis auf der Kirmes in Velbert gefilmt worden) in der Presse und auf Fahndungsplakaten veröffentlicht wurde und dies alles, obwohl auch er Mitwisser und sogar in der Person eines Metzgerlehrlings, der mit Bartsch über Jahre hinweg gegen Bezahlung homosexuelle Handlungen ausgeführt und an dem Entführungsversuch eines Jungen beteiligt gewesen war, einen Gehilfen hatte. Nach dem ersten Mord hatte Bartsch die Tat nicht nur seinem Freund W., sondern auch einem katholischen Geistlichen gestanden. Der eine gab keinen Hinweis, weil er Bartsch nicht glaubte, der andere nicht, weil er dies nicht mit dem Beichtgeheimnis vereinbaren zu können glaubte.

Bartsch konnte weitermorden, bis Peter F., dem ein furchtbarer Tod bevorgestanden hätte, am 18. Juni 1966 durch einen Glücksumstand aus der Höhle entkommen konnte.

Fall 3:
Der Fall Joachim Kroll

Letztlich ist noch auf den Fall Kroll hinzuweisen, der damit begann, daß am 2. Juli 1976 die vier Jahre alte Marion Keller bei der Polizei in Duisburg als vermißt gemeldet wurde.

Erste Ermittlungen blieben ohne Erfolg.

Am 3. Juli 1976 ging dann der Hinweis ein, daß sich das vermißte Kind hin und wieder in der Wohnung des in der Nachbarschaft wohnenden 43 Jahre alten Waschkauenwärters Joachim Kroll aufgehalten hatte. Bei einer Durchsuchung der Wohnung wurden in einem Gefrierschrank in Portionen geschnittene Leichenteile und der unversehrte Kopf des Mädchens gefunden. Auf dem Herd stand ein Topf, in dem sich gekochte Stücke der Leiche befanden.

Aus dem Abflußrohr der Toilette wurden die Eingeweide des Kindes gesichert.

Kroll gab zu, das Mädchen nach Unzuchtshandlungen getötet und zerstükkelt zu haben, und er räumte ein, auch von den Leichenteilen „probiert" zu haben. Kroll hat in der Folgezeit zugegeben, eine Vielzahl weiterer Menschen getötet zu haben. Wie oft er in seinem Leben gemordet hat, mag dahingestellt bleiben. Er verweigerte schließlich jede Aussage und wurde so „nur" wegen acht ihm sicher nachzuweisender Morde und eines Mordversuches angeklagt und auch verurteilt. Sicher ist nur eins, daß man auch auf ihn nur zufällig aufmerksam wurde, daß er über viele Jahre hinweg töten konnte, ohne daß zwischen seinen Sexualmorden Zusammenhänge erkannt wurden, Zusammenhänge, die vielleicht doch letztlich zu ihm geführt hätten.

1. Empfehlungen für die Beseitigung der Fehlerquellen

Was sollte geändert oder verbessert werden, um im Bereich der Todesermittlungsverfahren die aufgezeigten *Schwachstellen und Fehlerquellen zu beseitigen* oder doch wenigstens zu *mildern*?

- Es sollten *Leichenschauärzte* bestellt werden, die über ausreichende *rechtsmedizinische Kenntnisse* verfügen. Nur diese Ärzte dürften berechtigt sein, nach entsprechender Leichenschau die Todesbescheinigung auszustellen.

  Die positiven Erfahrungen mit der amtsärztlichen Leichenschau nach dem Feuerbestattungsgesetz lassen die Hoffnung zu, daß die Gefahr rechtserheblicher Irrtümer dann sinken würde, wenn eine amtliche Leichenschau durch rechtsmedizinisch ausreichend ausgebildete Ärzte eingeführt werden könnte.

- Wegen der immer wieder von den Angehörigen Verstorbener erhobenen Vorwürfe, ärztliche Kunstfehler hätten den Tod des Patienten verursacht, sollte es selbstverständlich sein, daß *behandelnde Ärzte Totenscheine bei ihren Patienten nicht ausstellen* dürfen.

  Sie sollten jedoch in jedem Falle von dem den Totenschein ausstellenden Arzt gehört werden.

- Die *Spezialisierung* und *Fortbildung* der mit der Bearbeitung von Todesermittlungsverfahren befaßten Kriminalbeamten muß verbessert werden.

- Und letztlich bedarf es dringend einer qualitativ *besseren Betreuung,* insbesondere der ländlichen Bezirke, durch die *Rechtsmedizin.*

2. Allgemeine kriminalistische Grundsätze für den Ersten Angriff in Todesermittlungsfällen

- *Niemals den zweifelnden Arzt zu bewegen zu versuchen, den Tod als „natürlich" zu bescheinigen.*

  Der Arzt, der nicht zur Strafverfolgung verpflichtet ist, wird – stößt er bei der Polizei auf Desinteresse – in anderen Zweifelsfällen nicht mehr die Polizei rufen!

- *Ärztliche Feststellungen am Leichenfundort unter kriminalistischer Fragestellung nicht ungeprüft übernehmen.*

  Manchmal fehlen dem den Tod feststellenden Arzt die notwendigen rechtsmedizinischen Kenntnisse zur sicheren Beurteilung der vielfältigen Leichenerscheinungen. Es kann so zu Fehldiagnosen kommen.

- *Die Ermittlungen nicht unter der Fragestellung führen: „Was spricht für das Vorliegen eines natürlichen Todes?"*

  Es finden sich – so gefragt – immer Kriterien, die das Nichtvorliegen eines Fremdverschuldens scheinbar bestätigen.

- *Immer fragen: Was spricht für ein Fremdverschulden?*

- *Nicht von der offenbar harmlosen Gesamtsituation täuschen lassen.*

- *Nicht von der Hektik am Leichenfundort anstecken lassen.*

- *In Ruhe! Übersicht verschaffen – dann fotografieren.*
  Besser eine Aufnahme zuviel als zuwenig!
- *Erst danach beschreiben, sichern und untersuchen.*
- *Die Bekleidungsstücke genau untersuchen – Sitz, Beschädigungen, Verschmutzungen, Tascheninhalt!*
- *Leiche stets entkleiden.*
  Verletzungen, wie Einschüsse kleinkalibriger Waffen in die Körperhöhlen, Stichwunden, Rippenbrüche, Injektionsstellen, können sonst übersehen werden.
- *Oberflächenzerstörte Leichen* (Fäulnis, Autolyse, Brandleichen) *stets röntgen lassen.*
  Einschüsse und andere Verletzungen werden bei solchen Leichen leicht übersehen und oftmals auch nicht bei einer Obduktion festgestellt.
- *Mißtrauisch sein! – und im Zweifel stets eine Obduktion der Leiche beantragen.*
- *Jedes Todesermittlungsverfahren* beinhaltet neben der Aufnahme des objektiven und des subjektiven Tatbefundes
  - *die Vernehmung des Auffinders und sonstiger Zeugen,*
  - *die Vernehmung von Angehörigen des Verstorbenen,*
  - *Die Anhörung behandelnder Ärzte,*
  - *die Befragung von Nachbarn und sonstiger Auskunftspersonen.*

3. Der Tatortbefundbericht in Todesermittlungsverfahren

Gliederung des Tatortbefundberichtes in Todesermittlungsverfahren (nach einer Mustervorlage des Polizeipräsidiums Düsseldorf)

1. *Eingang der Meldung*

1.1 *Benachrichtigungszeit*
- Wochentag
- Datum
- Uhrzeit

1.2 *Durch wen wurde der Sachverhalt gemeldet?*
- vollständige Personalien
- Telefonnummer
- wie und wo ist der Anrufer in den nächsten Stunden erreichbar?

2. *Objektiver Befund*

2.1 *Allgemeine Lage des Tatortes*
- Stadtteil
- Straße
- Art des Gebäudes (z. B. Mehrfamilienhaus, Einfamilienhaus, Fabrikgebäude, Bürohaus pp.)
- Etage

2.2 *Witterungsverhältnisse*

2.3 *Sichtverhältnisse*

2.4 *Am Tat- bzw. Fundort angetroffene Personen*
mit vollen Personalien, auch Telefonnummern, aufführen

2.5 *Beschreibung der Örtlichkeit*
Im Freien liegende Tat- bzw. Fundorte von einem festen Punkt, z.B. von einem Baum, einem Laternenpfahl, einem Kilometerstein pp., aus vermessen und beschreiben.
- Zugang zum Tatort
  Beschaffenheit von Türen, Schlössern, Fenstern, geschlossen oder geöffnet, zugezogen oder verschlossen, Schlüssel steckt innen oder außen, mit ihm läßt sich das Schloß schließen oder nicht.
  Auf Beschädigungen, insbesondere an den Türschlössern, achten!
- Lage der einzelnen Räume zueinander?
- In welchem Zustand befindet sich die Wohnung?
  Möbel oder andere Gegenstände deutlich verlagert?
  Anzeichen für eine Durchsuchung der Behältnisse?
  z.B. offenstehende Schranktüren, herausgezogene Schubladen, durchwühlter Inhalt pp.
- Beleuchtung an- oder ausgeschaltet?
- Elektrische Anlage intakt? Sicherungen?
- Radio-, Fernsehgerät eingeschaltet?
- Art und Zustand der Heizung? Temperatur in der Wohnung?
- Befindet sich ein Gasanschluß in der Wohnung?
  Zustand des Anschlusses?
- Beschreibung des engeren Tatortes
  Zweckmäßigerweise im Uhrzeigersinn beschreiben
  Gegenstände und Spuren vor ihrer Sicherung oder Verlagerung vermessen und fotografieren

Abfalleimer durchsuchen!
Temperaturen messen, z.B. die Wassertemperatur, wenn die Leiche in der Badewanne gefunden wird.

2.6 *Beschreibung der Leiche*

– Leiche identifizieren
durch wen wurde sie identifiziert?
anhand welcher Unterlagen?
– Lage der Leiche
wo? In welchem Raum, im Freien, auf dem Fußboden, im Bett, in der Badewanne?
Rückenlage, Bauchlage, in Hanglage (Oberkörper nach unten hängend), rechte Körperseite, linke Körperseite, Kopf nach rechts, nach links gedreht, Gesicht nach oben?
– Lage der Arme und Beine
angewinkelt, gespreizt, gestreckt, Beine parallel nebeneinander liegend?
– Bekleidung
Oberbekleidung
Unterbekleidung
Sitz regelrecht? Zustand, Verschmutzungen, Beschädigungen
Schuhe
Tascheninhalt?
– Armbanduhr, Ringe, Ohrringe, sonstiger Schmuck (von der Leiche entfernen!)
(Leiche vollständig entkleiden!)
– Zustand der Leiche
frisch
Grünverfärbung am Unterbauch?
grün-rot-schwarz verfärbt?
aufgebläht, Blasenbildung der Oberhaut?
Austritt von Fäulnisflüssigkeit aus den Körperöffnungen?
Madenbefall?
mumifiziert?
z.T. skelettiert?
– Kopf
Haare, Farbe, Länge, ohne weiteres ausziehbar?
Schädeldach
Verletzungen? Lage und Aussehen, Schwellungen, Brüche des knöchernen Schädeldachs tastbar?
Augen
geschlossen, spaltweit geöffnet?

Bindehäute – grau-weiß, punktförmige, flohstichartige Blutungen?
vermehrte Haargefäßzeichnung?
Nase
Öffnungen sauber? Blutungen aus dem rechten, linken Nasenloch?
Abrinnspuren aus den Nasenöffnungen? Ist ihr Verlauf der Lage der Leiche entsprechend?
Schaumpilz vorhanden?
Nasenrücken, Nasenskelett verletzt?
Ohren
Blutungen aus dem rechten, linken Ohr?
Abrinnspuren? Ist ihr Verlauf der Lage der Leiche entsprechend?
Gesichtshaut
verletzt? Lage und Aussehen eventueller Verletzungen?
Mund
geschlossen, spaltweit, weit geöffnet?
Lippen, Innenschleimhaut der Lippen verletzt?
unterblutet? Lage und Aussehen eventueller Verletzungen?
punktförmige, flohstichartige Blutungen in der Innenschleimhaut der Lippen oder im Zahnfleisch?
Mundhöhle frei von fremdem Inhalt?
Flüssigkeitsaustritt aus dem Mund? Aussehen, Farbe, Geruch?
Abrinnspuren? Verlauf der Lage der Leiche entsprechend?
Gebiß
gut erhalten, ungepflegt, lückenhaft, Teil- oder Vollprothese?
Zähne fest, locker?

- Hals
  verletzt? Lage und Aussehen der Verletzungen?
  Kratzer, Würgemale?
  Strangulationsfurche?
  ansteigend im Nacken, an der rechten, der linken, der vorderen Halsseite?
  zirkulär um den Hals verlaufend?
  Breite und Tiefe der Furche?
  stimmt sie mit dem Strangulationswerkzeug überein?
  (Strangwerkzeug am Hals belassen!)
- Brustkorb
  verletzt? Lage und Aussehen eventueller Verletzungen?

Narben? Lage und Aussehen
Brustkorb gleichmäßig gewölbt? vermehrt beweglich?
mögliche Rippenbrüche?
- Bauch
verletzt? Lage und Aussehen eventueller Verletzungen?
Narben? Lage und Aussehen?
- Genitale
verletzt? Lage und Aussehen eventueller Verletzungen?
- Rücken
verletzt? Lage und Aussehen eventueller Verletzungen?
Narben? Lage und Aussehen?
- Gesäß
verletzt? Lage und Aussehen eventueller Verletzungen?
- After und Umgebung
sauber? kotverschmiert?
geöffnet? geschlossen?
- Extremitäten
Besonderheiten, z.B. fehlende Gliedmaßen.
linker Arm
verletzt? Lage und Aussehen eventueller Verletzungen?
Narben? Lage und Aussehen?
rechter Arm
verletzt? Lage und Aussehen eventueller Verletzungen?
Narben? Lage und Aussehen?
linkes Handgelenk
Verletzungen, Narben, Lage und Aussehen?
rechtes Handgelenk
Verletzungen, Narben, Lage und Aussehen?
linke Hand
Verletzungen, Narben, Lage und Aussehen?
rechte Hand
Verletzungen, Narben, Lage und Aussehen?
Hände gepflegt? ungepflegt? abgearbeitet?
Fingernägel gepflegt? ungepflegt? eingefetzt?
linkes Bein und linker Fuß
verletzt? Lage und Aussehen der Verletzungen?
rechtes Bein und rechter Fuß
verletzt? Lage und Aussehen der Verletzungen?
- Leichenstarre
Kiefergelenk ja/nein
obere Gliedmaßen ja/nein

untere Gliedmaßen ja/nein
- Leichenflecke
nicht vorhanden, schwach, mittel, stark ausgebildet?
an den abhängenden, nicht aufliegenden, rückwärtigen, vorderen seitlichen – linken, rechten – unteren Körperpartien.
Farbe: blau-rot, hell-kirschrot
wegdrückbar ja/nein
Festgestellt am ..., Uhrzeit ...

3. *Subjektiver Befund*
   - Erste Angaben der am Tatort/Leichenfundort angetroffenen Personen
   - Erste Zeugenaussagen.

4. *Schlußfolgerungen*
   Folgerungen, die sich aus der Beurteilung des objektiven und des subjektiven Befundes ergeben.
   Die Schlußfolgerungen müssen begründet werden!
   Keine Phantastereien!

5. *Eingeleitete Maßnahmen*
   Beispiele
   - Leiche beschlagnahmt
   - Transport der Leiche um 10.30 Uhr durch die Firma F. in das Institut für Rechtsmedizin
   - Lichtbilder vom Tatort und von der Leiche gefertigt
   - Gaszufuhr abgesperrt
   - Tiere versorgt
   - Kinder des Opfers untergebracht
   - Wohnung versiegelt
   - Zeugen für ... vorgeladen.

Landesrechtliche Regelungen des Leichenwesens

Baden-Württemberg
„Gesetz über das Friedhofs- und Leichenwesen“ (Bestattungsgesetz) vom 17. Dezember 1964, zuletzt geändert am 21. Juli 1970
„Verordnung zur Durchführung des Bestattungsgesetzes“ (Bestattungsverordnung – BestattVO –) vom 10. Dezember 1975.

Bayern
„Bestattungsgesetz“ (BestG) vom 24. September 1970, geändert durch:
„Gesetz zur Änderung des Bestattungsgesetzes“ vom 10. August 1994.
„Verordnung zur Durchführung des Bestattungsgesetzes“ (Bestattungsverordnung – BestV –) vom 9. Dezember 1970.
„Zweite Verordnung zur Durchführung des Bestattungsgesetzes“ (Zweite Bestattungsverordnung – 2.BestV –) vom 21. Juli 1975, zuletzt geändert am 6. November 1993.

Berlin
„Gesetz über das Leichen- und Bestattungswesen“ (Bestattungsgesetz) vom 2. November 1973, geändert durch:
„Gesetz zur Änderung des Gesetzes über das Leichen- und Bestattungswesen“ vom 9. Dezember 1988, geändert durch:
„Gesetz zur Änderung des Bestattungsgesetzes“ vom 8. Februar 1994, geändert durch:
„Drittes Gesetz zur Änderung des Bestattungsgesetzes“ vom 21. September 1995.
Verordnung zur Durchführung des Bestattungsgesetzes (DVO-Bestattungsgesetz) vom 22. Oktober 1980.

Brandenburg
Runderlaß der Ministerien für Arbeit, Soziales, Gesundheit und Frauen vom 9.11.1995.
„Dokumentation der Leichenschau/Einführung eines einheitlichen Leichenschauscheines für das Land Brandenburg“

Bremen
„Gesetz über das Leichenwesen“ vom 27. Oktober 1992.
Verordnung über die Behandlung menschlicher Leichen vom 20. August 1936.

„Gesetz über die Feuerbestattung“ vom 15. Mai 1934.
Verordnung zur Durchführung des Feuerbestattungsgesetzes vom 10. August 1938.

Hamburg
„Landesgesetz über das Friedhofs- und Bestattungswesen“ (Bestattungsgesetz BestG) vom 4. März 1983.
Landesverordnung zur Durchführung des Bestattungsgesetzes vom 20. Juni 1983.
Landespolizeiverordnung über das Leichenwesen vom 21. Oktober 1974, geändert durch:
Änderung der Landespolizeiverordnung über das Leichenwesen vom 6. Oktober 1981.

Saarland
Polizeiverordnung über das Bestattungs- und Leichenwesen vom 9. Dezember 1971, geändert durch: Verordnung vom 22. Februar 1985, geändert durch: Verordnung vom 18. Dezember 1991.

Sachsen
„Sächsisches Gesetz über das Friedhofs-, Leichen- und Bestattungswesen“ (Sächsisches Bestattungsgesetz – SächsBestG -) vom 8. Juli 1994.

Sachsen-Anhalt
Anordnung über die ärztliche Leichenschau vom 4. Dezember 1978, Gesetzblatt der DDR Teil 1 Nr. 1 – Ausgabetag 5. Januar 1979.

Schleswig-Holstein
Landesverordnung über das Leichenwesen vom 18. Dezember 1975 (LeichenwesenVO), geändert durch:
Verordnung vom 21. Juli 1979, neu gefaßt am 30. November 1995.

Thüringen
Anordnung über die ärztliche Leichenschau vom 45. Dezember 1978, Gesetzblatt der DDR Teil 1 Nr. 1 – Ausgabetag 5. Januar 1979.

II. Die Bedeutung der Identifizierung

1. Identifizierung als kriminalistisches Problem

Eigentlich ist es das Ziel nahezu aller kriminalistischen Tätigkeit, die *Anonymität von Täter und Opfer zu überwinden* und beide zu identifizieren, weil Identifizierung und Aufklärung in der Regel nicht voneinander zu trennen sind. Doch auch heute noch, wo Datenverarbeitungsanlagen Informationen von unvorstellbarem Ausmaß zu speichern, auszuwerten, miteinander zu verknüpfen und auf Knopfdruck zu reproduzieren in der Lage sind, wo Elektronenmikroskope Unsichtbares sichtbar machen können, wo die Kriminalistik immer mehr von den Erkenntnissen der modernen Naturwissenschaft beeinflußt wird, erweisen sich häufig genug die mit der Identifizierung verbundenen Schwierigkeiten als scheinbar unüberwindbare Hindernisse, verlangen sie den Einsatz aller kriminalistischer Erfahrung, auch der Phantasie und des Wissens um die Grenzen, aber auch um die Möglichkeiten zu ihrer Überwindung, Möglichkeiten, die in ihrer Vielfalt längst noch nicht ausgeschöpft zu sein scheinen.

1.1 Probleme der visuellen Identifizierung

Seit langem weiß man, daß es dem Menschen aufgrund seiner geringen visuellen Fähigkeiten nur in sehr begrenztem Rahmen möglich ist, Gesehenes objektiv zu erfassen, im Gedächtnis zu speichern und später einwandfrei zu reproduzieren. Die Zeiten, in denen Polizeibeamte regelmäßig Gefängnisse aufsuchen mußten, um sich die Gesichter möglichst vieler Verbrecher einzuprägen, gehören daher längst der Vergangenheit an. Längst ist auch bekannt, daß das, was der Mensch wahrzunehmen in der Lage ist, abhängig ist von seinen Interessen, seinen im Augenblick der Aufnahme herrschenden Gefühlen, daß es bestimmt wird von Sympathie und Antipathie und verfälscht wird von Vorurteilen. Man weiß, daß seelische Abläufe, wie Schrecken, Abscheu und Aufregung seine Wahrnehmungsfähigkeit ebenso zu beeinflussen vermögen, wie die beschränkte Anzahl und die häufig genug mangelnde Funktionsfähigkeit seiner Sinnesorgane.

Und berücksichtigt man dazu die Tatsache, daß der Mensch nur zu gern (wenn auch meist unbewußt) dazu neigt, seine lückenhaften Wahrnehmungen aufgrund seiner Lebenserfahrungen oder -vorstellungen durch „logische Schlußfolgerungen“ zu ergänzen, genauso, wie er nur allzuhäufig bereit ist, Gedächtnislücken kombinatorisch auszufüllen, sie rational zu ergänzen, so begreift man, daß er für Fehlidentifizierungen geradezu prädisponiert ist. – Welcher kriminalpolizeiliche Praktiker hat das nicht schon beklagt?

Versagt der Mensch aber oft schon dann, wenn es darum geht, eine lebende Person zu identifizieren, wieviel mehr, wenn er mit einer Leiche konfrontiert wird. Die natürliche Scheu vor dem Tode, Erschrecken, Entsetzen und der Wunsch, das scheinbar Unerträgliche möglichst schnell zu beenden, beeinflussen dann seine Wahrnehmungsfähigkeit häufig so übermächtig, daß es auch bei „frischen“ Leichen immer wieder zu Fehlidentifizierungen kommt. Wieviel mehr besteht diese Gefahr, wenn die Leiche durch Fäulnis, Brandeinwirkung o.ä. verändert oder zerstört ist.

1.2 Vorrang naturwissenschaftlicher Identifizierungsverfahren

Identifizierungsverfahren auf naturwissenschaftlicher Grundlage müssen in solchen Fällen den *Vorrang* haben. Zwar gelingt vielfach eine einwandfreie Identifizierung mit Hilfe der Daktyloskopie, aber nicht immer liegen Vergleichsfingerabdrücke in den kriminalpolizeilichen Karteien ein, und oft ist die Leichenzersetzung bzw. -zerstörung so stark, daß nur noch Knochen vorhanden sind, oder es stehen überhaupt nur Skeletteile oder nur noch einzelne Knochen zur Verfügung, und manchmal hat der Täter gerade die Hände seines Opfers beseitigt, um eine Identifizierung zu verhindern.

Die Fälle, in denen eine Identifizierung nicht mehr möglich ist oder nicht gelingt, sind auch heute noch keineswegs selten. Dabei sind oft genug mit der Identifizierung eines unbekannten Toten für die Hinterbliebenen zivilrechtliche Konsequenzen von größter Tragweite verbunden, ganz abgesehen von der Tatsache, daß in der Regel erst mit der Identifizierung eines Opfers die Aufklärung eines Verbrechens möglich wird.

Nun muß aber die weitgehende Zerstörung einer Leiche, das Nichtvorhandensein von Anerkennungszeugen und das Nichteinliegen von daktyloskopischem Vergleichsmaterial nicht das Ende aller

Identifizierungsmöglichkeiten bedeuten, weil beispielsweise bei der Leiche gefundene Bekleidungsstücke und/oder andere Gegenstände ebenso wie am Körper festgestellte Narben wertvolle Identifizierungshilfen sein können. Die Identität eines Menschen absolut sicher nachzuweisen vermögen solche Möglichkeiten aber ebensowenig, wie der oft in diesem Zusammenhang erwähnte Zahnstatus-Vergleich.

2. Das Röntgenidentifikationsverfahren in der kriminalpolizeilichen Ermittlungspraxis

2.1 Grundlagen und Beweiskraft

Sicherheit vermögen letztlich nur die auf dem biologischen Gesetz der *individuellen Variabilität* beruhenden Vergleichsverfahren zu geben. Dort, wo die Daktyloskopie ausfällt, vermag in vielen Fällen an ihre Stelle das *Röntgenidentifikationsverfahren* treten. Wie bei der Daktyloskopie werden hierbei die individuellen Merkmale eines Unbekannten mit denen von bekannten Personen verglichen. Zum Vergleich werden Skelettvariationen herangezogen. Intravitalbilder, von bekannten Personen gefertigt, werden mit Postmortalbildern verglichen, die von der unbekannten Leiche hergestellt wurden. Solche, auf morphologischer Vergleichsbasis durchgeführte Verfahren ermöglichen mit Sicherheit die Bestätigung oder den Ausschluß einer Personengleichheit.

Die Beweiskraft des Röntgenidentifikationsverfahrens ist damit gleichwertig der Daktyloskopie, und es ist dieser dort überlegen, wo es um die Identifizierung von Leichenteilen, verstümmelten Toten, Brandleichen und Fundskeletten geht. Hinzu kommt, daß das von den Weichteilen geschützte Skelett auch bei erheblicher Gewalteinwirkung auf den Körper in der Regel zuletzt betroffen wird. Am Skelett lassen sich aber immer Merkmale darstellen, die für eine Identifizierung geeignet sind.

Bedenkt man, daß nahezu jeder Mensch schon wenigstens einmal in seinem Leben geröntgt worden ist und daß dagegen nur von einem Bruchteil der Gesamtbevölkerung Fingerabdrücke in den kriminalpolizeilichen Karteien lagern, so begreift man, welch ungeheures, zur Identifizierung geeignetes Material in den Archiven der Krankenanstalten, Schirmbildstellen und Ärzte lagert. Diese Röntgenbilder werden in der Regel sehr lange aufbewahrt, was in Verbindung mit der Tatsache, daß individuelle Skelettmerkmale auch nach jahrzehntelanger Liegezeit noch nachgewiesen werden können, eine unschätzbare Identifizierungshilfe sein kann.

2.2 Möglichkeiten und Grenzen, aufgezeigt an Fällen

Daß trotz dieser Umstände die Röntgenidentifikation auch heute noch nur ausnahmsweise angewendet wird, liegt wohl neben dem noch immer unzureichenden Wissen um die damit verbundenen Möglichkeiten auch daran, daß Röntgenologen im außerklinischen Bereich so gut wie nicht eingesetzt werden und daß sich ihre Tätigkeit damit zwangsläufig auf die klinischen Belange konzentriert. Dabei vermag die Röntgenologie auch dort zahlreiche Hilfen zu geben, wo aus Mangel an Vergleichsmaterial eine Röntgenidentifikation nicht möglich ist.

Sie erleichtert beim Auffinden von mehreren Leichenteilen oder Skelettstücken die Feststellung, *wieviele Personen umgekommen* sind, sie ermöglicht *Lebensaltersschätzungen,* den *Nachweis krankhafter Befunde* und *Veränderungen,* die durch bestimmte berufliche oder sportliche Tätigkeiten hervorgerufen worden sind. Und sie gibt dem Kriminalisten dort mehr *Sicherheit,* wo bei oberflächenzerstörten Leichen (infolge autolytischer Veränderung, Wasser-, Brand-, verstümmelte Leichen) z. B. Einschüsse und damit Tötungsdelikte nur zu leicht übersehen werden.

Fall 1:

Ausgangslage: Brand einer Scheune

Im November 1971 brannte eine am Stadtrand von Düsseldorf auf freiem Feld stehende Scheune. Zu dieser Zeit waren in der Scheune 3.500 Zentner Stroh gelagert. Da für Löscharbeiten keine ausreichenden Wasserquellen zur Verfügung standen, eine Erhaltung der Sachwerte nicht möglich war, für die Umgebung keine Brandgefahr bestand und der Eigentümer mit dem Ausbrennen der Scheune einverstanden war, wurden Löscharbeiten gar nicht erst eingeleitet.

Aufgrund einer üblichen Routinemeldung über den Feldscheunenbrand fuhr am nächsten Morgen ein Brandsachbearbeiter zum Brandort. Er fand das gemauerte Gebäude völlig ausgebrannt. Der Boden der Scheune war dreißig bis sechzig Zentimeter hoch mit Strohasche und mit bis zu handkoffergroßen Kunststoffschlackestücken bedeckt.

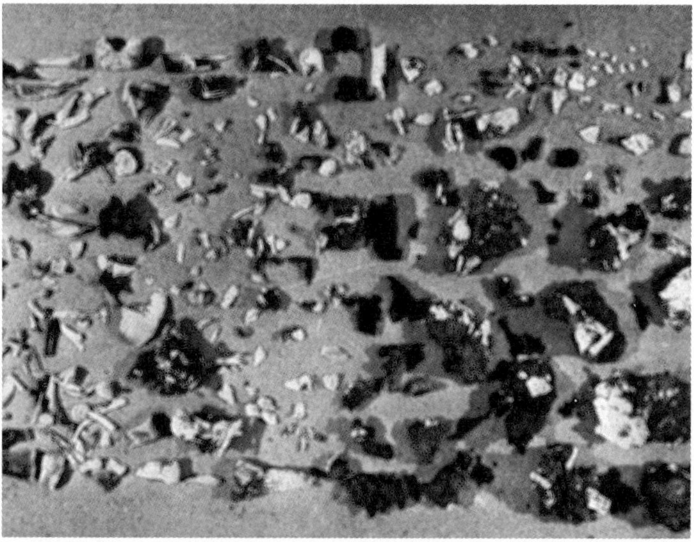

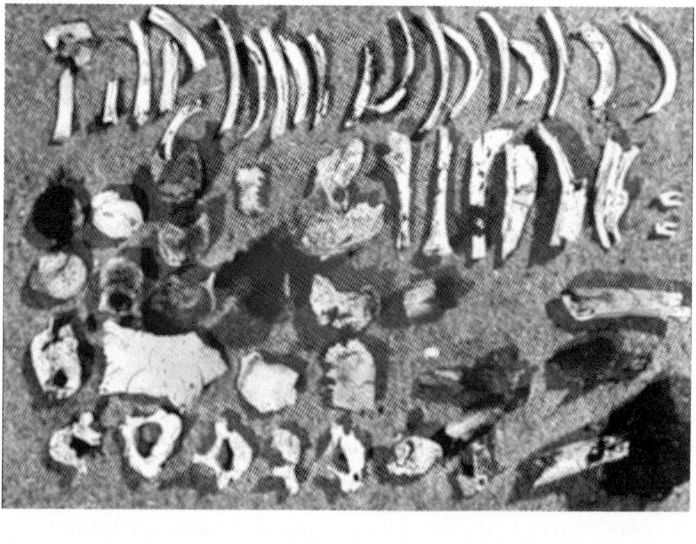

Abb. 1 und 2: Fragmente menschlicher Knochen, aufgefunden nach einem Feldscheunenbrand

Auffinden von Knochenstücken und eines Torsos im Brandschutt

Als der Beamte in dieser den Scheunenboden bedeckenden Schicht ein wenig scharrte, stieß er zufällig auf ein paar weiß-gelbliche Gebilde, die Knochenstücken ähnlich sahen. Er suchte weiter und hatte plötzlich einen Wirbelkörper in der Hand, und je mehr er in Asche und Kunststoffschlacken wühlte, um so mehr kamen von diesen Knochenfragmenten – zum Teil mit der Schlacke regelrecht verbacken – zum Vorschein (Abb. 1, 2). Der Beamte hatte Teile menschlicher Knochen gefunden. Ein hinzugezogener Rechtsmediziner bestätigte das dann auch. Vorsichtig, denn die Knochenstücke zerfielen, wenn man sie fest anfaßte, wurden zwei nicht vollständig voneinander isolierte Fundstellen freigelegt. Immer mehr Knochenfragmente kamen zum Vorschein. Mitten im Zentrum der zweiten Knochenansammlung wurde ein 33,5 × 18,5 cm großes, schwarzes, rübenartiges Gebilde gefunden. Als der Beamte die harte Kruste aufbrach, sah er Darmschlingen. Er hatte einen stark geschrumpften, äußerlich völlig verkohlten menschlichen Torso gefunden (Abb. 3).

Mit Hilfe eines Magneten fand man dann noch zwei Gürtelschnallen, Ösen von Schnürschuhen, Teile von Reißverschlüssen, Knöpfe, wie sie an Trachtenjacken getragen werden, sowie einen metallenen Hosenknopf, wie er zu einer Jeans-Hose gehört, und ein völlig ausgeglühtes Sturmfeuerzeug.

Abb. 3: Durch die Hitze des Feuers bis auf eine Größe von 33,5 × 18,5 cm geschrumpfter menschlicher Torso

Vermißte Kinder

Die Ermittlungen ergaben, daß es sich bei der durch Tore nach allen Seiten hin offenen Scheune um einen zwar verbotenen, aber dennoch beliebten Spielplatz der Kinder der umliegenden Stadtteile gehandelt hatte. Wenig später wurde bekannt, daß abends, an dem Tag, an dem nachmittags die Scheune gebrannt hatte, zwei Jungen, neun und elf Jahre alt, als vermißt gemeldet worden waren. Sie wohnten nur wenige Kilometer vom Brandort entfernt. Die Jungen, die miteinander befreundet waren, waren noch gegen 13.00 Uhr zusammen gesehen worden. Sie waren bisher noch nie von zu Hause weggelaufen gewesen. Weder im schulischen noch im familiären Bereich bestanden Gründe, die ihr plötzliches Verschwinden erklärbar gemacht hätten. Eine Befragung der Mitschüler ergab, daß die beiden Freunde die Feldscheune gut gekannt und auch schon dort gespielt hatten.

Auf Presseveröffentlichungen hin meldeten sich Zeugen, die die beiden Jungen am Nachmittag vor dem Brand in der Nähe der Scheune gesehen hatten.

Es stellte sich zwangsläufig die Frage, ob die Kinder beim Spielen in der Scheune verbrannt waren und wenn ja, ob die weitgehend zerstörten Knochen und der geschrumpfte Torso geeignet waren, das zu beweisen.

Ergebnisse der rechtsmedizinischen Untersuchungen

Es handelte sich um den Rest eines durch Brandeinwirkung hochgradig zerstörten und geschrumpften menschlichen Rumpfes. Infolgedessen sei die Befunderhebung ganz erheblich erschwert.

- Mit Sicherheit aber konnten identifiziert werden: das Herz, Teile der verkohlten Lungen, die Leber mit der Gallenblase, die linke Niere, der Magen, die Bauchspeicheldrüse, der Darm mit dem Wurmfortsatz, die Harnblase mit der Vorsteherdrüse, Teile der Speiseröhre, der Luftröhre, des Zwerchfells und des Herzbeutels.
- Vom Skelett waren vorhanden: ein Teil des linken Rippenbogens, Teile des Beckens einschließlich des Kreuzbeines und des linken Oberschenkelkopfes sowie ein Teil der Lendenwirbelsäule.
- Außerdem fanden sich noch Reste von verkohlter Muskulatur und verkochtem Blut.
- Folgende individuelle Merkmale konnten festgestellt werden: Männliches Geschlecht, Knabenalter.
- Nach dem bisherigen Ergebnis, einschließlich der Röntgenbilder, liegt das Alter des Knaben eher bei 9 Jahren als bei 11 Jahren.

In einem wenige Tage später erstellten Zusatzgutachten, erstellt nach zusätzlichen Röntgenaufnahmen, erklärten die Ärzte: Aufgrund der erhobenen Befunde handelt es sich nach der zur Zeit gültigen Lehrmeinung in der Medizin um das Skelett eines ca. 9 Jahre alten Menschen.

Die in der Feldscheune gesicherten Knochenfragmente wurden von Prof. Dr. Neiss am Anatomischen Institut der Universität Erlangen unter folgender Fragestellung untersucht:

- Sind es Knochen mehrerer Menschen und wenn ja, von wievielen?
- Ist eine Altersbestimmung möglich?
- Welchem Geschlecht gehörte(n) der oder die Mensch(en) an?
- Kann, falls Röntgenvergleichsaufnahmen zur Verfügung gestellt werden können, eine Röntgenidentifikation durchgeführt werden?

Es fand sich aber nur eine einzige Thoraxaufnahme von einem der vermißten Kinder; das andere war in seinem jungen Leben noch nicht geröntgt worden.

Doch dann stießen die Identifizierungsbemühungen auf Widerstand.

Die Eltern der vermißten Jungen wehrten sich verbissen gegen die womöglich auf sie zukommende Gewißheit, daß es ihre Kinder waren, die bei dem Scheunenbrand ums Leben gekommen waren. Immer neue Argumente fanden sie, um die polizeilichen Feststellungen zu entkräften. Sie schalteten ihre Anwälte ein. Als dann nach langen Identifizierungsbemühungen feststand, daß es die beiden Jungen gewesen sein mußten, die in der Feldscheune umgekommen und von denen nur noch ein paar bröckelige Knochenreste zurückgeblieben waren, vermochten sie es zunächst nicht zu begreifen, daß der Tod ihrer Kinder nun auch offiziell beurkundet werden mußte, daß sie als tot zu gelten hatten, auch wenn ihre Leichen nicht mehr vorhanden waren.

Identifizierung der vermißten Kinder anhand von Knochenresten

Am Tod der beiden Knaben war letztlich kein Zweifel geblieben. Abgerundet wurde das Ermittlungsergebnis durch das Gutachten von Prof. Dr. Neiss, der erklärte:

- Es sind Knochenreste von zwei Personen.
- Die Knochenreste der einen Fundstelle entsprechen denen eines 11jährigen und die der zweiten Fundstelle eines 9jährigen Knaben.
- Das Geschlecht des 9jährigen ist durch den rechtsmedizinischen Untersuchungsbefund gesichert. Bei dem 11jährigen war dies nicht mehr möglich. (Wenn man ohne weitere Informationen wäre, dann müßte bei den Skelettresten der Fundstelle 1 in Erwägung gezogen werden, ob es sich nicht auch um ein 9- bis 10jähriges Mädchen handeln könnte, denn die Skelettreifung der Mädchen geht der der Knaben um ein bis zwei Jahre voraus. Im übrigen ist eine Geschlechtsbestimmung an Knabenmerkmalen vor der Pubertät nicht möglich.)
- Eine Röntgenidentifikation durch Bildervergleich war nicht möglich. – Wenn auch auf dem überlassenen Schirmbild individuelle Rippenmerkmale markant dargestellt sind, ist unter den Brandknochen nicht ausreichend Rippensubstanz vorhanden.

Ob die Kinder durch Verschulden Dritter zu Tode gekommen sein konnten oder ob sie, wie als sicher anzunehmen ist, in der Scheune gespielt und mit dem (gefundenen) Feuerzeug hantiert, möglicherweise auch geraucht und das Stroh in Brand gesetzt hatten, soll hier nicht weiter dargelegt werden.

Fall 2:

Ausgangslage: Auffinden einer Leiche in der Wohnung eines wegen Einbruchdiebstahls gesuchten Mannes

Im Juli 1972 waren Unbekannte in eine Villa in Büderich bei Düsseldorf eingebrochen und hatten wertvolle Gemälde, Pelzwaren und andere Gegenstände im Gesamtwert von etwa 1,5 Millionen DM entwendet. In den Verdacht, diesen Einbruch begangen zu haben, waren bald zwei Männer geraten, die schon mehrfach gemeinsam Eigentumsdelikte begangen hatten. Einer von ihnen, der 29 Jahre alte Kraftfahrzeugelektriker Manfred Sch., war unbekannten Aufenthaltes und wurde mit Haftbefehl wegen eines anderen Einbruchdiebstahls gesucht. Das Wohnhaus seines Freundes, des 29 Jahre alten Hermann A. wurde observiert.

Am 8. August 1972, kurz vor 12.00 Uhr, sahen die beiden observierenden Kriminalbeamten den PKW des Tatverdächtigen vor dem Hause vorfahren. Dem Fahrzeug entstieg nicht nur A., bei ihm war ein zweiter Mann – Manfred Sch. Beide betraten gemeinsam das Haus. Das Haus wurde nach herangeführter Verstärkung umstellt. Man entschloß sich, die Verdächtigen beim Verlassen des Hauses festzunehmen. Sch. sollte bewaffnet sein. Man war sich klar, daß, sollte es zu einem Schußwechsel kommen, eine unbekannte Wohnung der dafür am wenigsten geeignete Ort war.

Die Beamten warteten bis nach 13.00 Uhr und entschlossen sich dann, die Festnahme doch in der Wohnung zu riskieren. A. öffnete auf Klopfen die mit einer Sicherheitskette gesicherte Tür nur einen Spalt breit, um sie im nächsten Augenblick beim Anblick der Kriminalbeamten wieder zuzuschlagen. Die Beamten brachen die Tür auf, und standen gleich darauf Hermann A. gegenüber, der am ganzen Körper zitterte und den Beamten außergewöhnlich bleich erschien. Wo aber war Manfred Sch.?

Als sie das Wohnzimmer betraten, sahen sie Sch.: er lag, in einer großen Blutlache, die sich um seinen Kopf gebildet hatte, mitten im Zimmer. Sein Gesicht war mit einem blutdurchtränkten Handtuch bedeckt (Abb. 4). Als die Beamten es anhoben, sahen sie einen völlig zertrümmerten Gesichtsschädel. Sch. war ohne Zweifel tot.

Die Beamten nahmen Hermann A., der sich bis dahin mit keinem Wort geäußert hatte, unter dem Verdacht, Manfred Sch. getötet zu haben, vorläufig fest. Die Sache war ein Fall für die Mordkommission geworden, ein wohl leichter Fall, war doch der Täter neben der Leiche festgenommen worden. Aber es sollte anders kommen, es sollte ein Mordfall voller Überraschungen werden.

Auffinden einer Patronenhülse und einer Pistole am Tatort

In der Nähe des Toten fand die Mordkommission eine Patronenhülse des Kalibers 6,35 und in einem anderen Raum, unter Wäschestücken versteckt, eine Pistole gleichen Kalibers. Es fand sich auch ein schwerer Hammer, der zwar abgewaschen war, dem aber doch noch so viel Blut anhaftete, daß die

Blutformel des Opfers zu erstellen war. An der Bekleidung des Wohnungsinhabers waren Blutspritzer festzustellen. Ein Projektil wurde, trotz intensiver Nachsuche, im Tatzimmer nicht gefunden.

Tod durch Schuß in den Kopf?

War auf Sch. geschossen worden, so konnte die Schußverletzung nur im Bereich des Kopfes liegen, da die Leiche sonst völlig unverletzt war. Dort waren derartige Feststellungen allerdings – zumindest am Tatort – kaum noch zu treffen, denn das Gesicht war völlig deformiert, von Riß- und Quetschwunden übersät, das Haar am Hinterkopf mit geronnenem Blut verklebt.

Unterlassene Röntgenaufnahme des Kopfes

Der bei der am nächsten Tag durchgeführten Obduktion anwesende Kriminalbeamte wies die Ärzte darauf hin, daß am Tatort eine Hülse und eine Pistole gefunden worden seien. Auf den Mann, der da vor ihnen auf dem Sektionstisch liege, könne also geschossen worden sein. Möglicherweise stecke das Projektil noch im Kopf, denn es sei trotz eingehender Nachsuche am Tatort nicht gefunden worden. Die Ärzte fanden aber weder eine Schußverletzung noch ein Projektil. Ein Röntgen des Schädels hielten sie nicht für erforderlich: Der Mann sei erschlagen worden.

Bei der Leichenöffnung war ein flächenhafter Bluterguß in der linken Nackenmuskulatur aufgefallen. Die Ärzte diagnostizierten ihn als Aufschlagverletzung, entstanden beim Hinstürzen des Mannes.

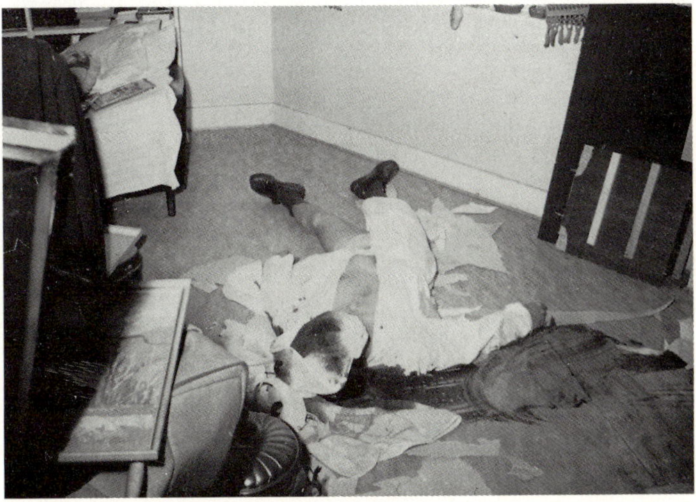

Abb. 4: Leiche des Manfred Sch. am Tatort

Die Suche nach dem Projektil begann erneut. Nochmals wurde jede verdächtige Beschädigung in der Wohnung untersucht, aber die Beamten fanden das Projektil nicht.

Zweieinhalb Monate später (!) teilte ein Arzt des Instituts für Rechtsmedizin dem Leiter der Mordkommission fernmündlich mit, daß er am gleichen Tage in dem zurückbehaltenen Schädel des Manfred Sch. zufällig eine bei der Obduktion wohl übersehene Schußbeschädigung entdeckt habe (Abb. 5). Der Einschuß befinde sich im Schädel hinten links, der Ausschuß liege möglicherweise in der Nähe des rechten Auges. Wie er bei einer sofortigen Kontrolle des ebenfalls zurückbehaltenen Gehirns festgestellt habe, verlaufe durch das Kleinhirn tatsächlich ein Schußkanal.

Ergebnis einer verspäteten röntgenologischen Untersuchung

Natürlich stellte sich die Frage, ob das Projektil nicht vielleicht noch im Gehirn steckte. Das Gehirn wurde geröntgt. Hierbei wurde dann in der Basis des linken Schläfenlappens das Projektil gefunden.

Ob unter den gegebenen Umständen die für die Beweisführung notwendige Schußentfernungsbestimmung noch ermöglicht werden konnte, war zumindest fraglich, zumal die Kopfhaut mit beerdigt worden war.

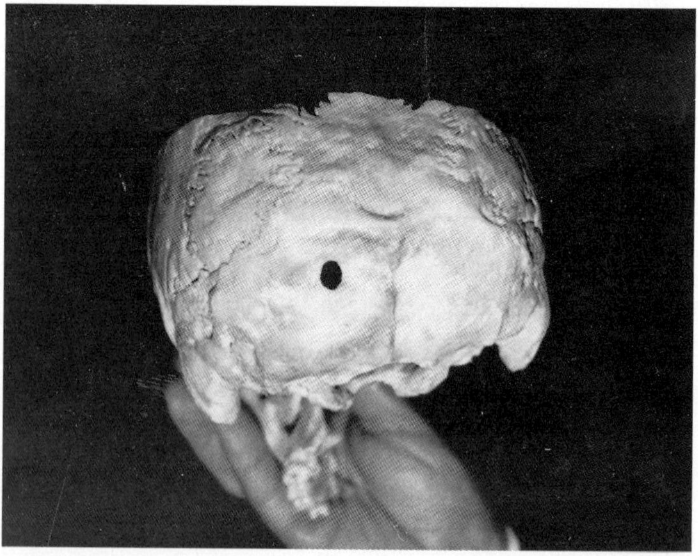

Abb. 5: Die von den obduzierenden Ärzten übersehene Schußverletzung im Hinterkopf des Manfred Sch.

Auf Antrag der Staatsanwaltschaft ordnete das AG in Düsseldorf sodann die Exhumierung der Leiche des Ermordeten und die nochmalige Obduktion, diesmal an einem anderen Institut, an.

Sichere Feststellungen waren jedoch nicht mehr möglich, weil nach diesen zweieinhalb Monaten durch Fäulnis und Verwesung erhebliche Veränderungen eingetreten waren. Der Versuch, in dem die Einschußöffnung verstopfenden Gewebsbrei noch Spuren von Blei und Antimon als Nahschußzeichen zu finden, scheiterte daran, daß der erste Obduzent genau durch diese Einschußöffnung geschnitten hatte.

Der Tatverdächtige Hermann A. leugnete die Tat. Er beschuldigte einen Mann namens Siegfried T., seinen Freund Sch. getötet und beraubt zu haben.

In den kriminalpolizeilichen Karteien fand sich ein Siegfried T., ein geistig zurückgebliebener Landstreicher, der wiederholt wegen kleinerer Delikte, wie Fahrraddiebstahl und Hausfriedensbruch, bei Polizei und Gerichten angefallen war. Sein Lichtbild wurde dem Tatverdächtigen zusammen mit den Lichtbildern von neun anderen Männern vorgelegt. A. suchte tatsächlich T. heraus und erklärte, daß das der Mann sei, der seinen Freund getötet habe.

Obwohl T., und das sagten die das Gebäude observierenden Kriminalbeamten, das Haus weder betreten noch verlassen haben konnte, erging vorsorglich gegen ihn Haftbefehl. Es wurde intensiv im In- und Ausland nach ihm gefahndet. Im Zuge der Ermittlungen fiel auf, daß T. trotz seines unsteten Lebenswandels immer wieder behördlich erfaßt worden war. So fanden sich auf seiner Karteikarte beim Einwohnermeldeamt in Düsseldorf über 50 Eintragungen. Allein in der Zeit von März bis Anfang Dezember 1967 war er im Bundesgebiet 32 mal amtlich registriert worden. All dies riß jedoch schlagartig Anfang Dezember 1967 ab. Seit diesem Zeitpunkt fehlte jede Bestätigung seiner Existenz. Niemand fand sich, der ihn nach dieser Zeit noch gesehen hatte.

Es tauchte erstmals der Gedanke auf, daß Siegfried T. vielleicht gar nicht mehr lebte. Wenn das aber so war, dann mußte Hermann A. das gewußt haben, als er den Namen dieses Mannes genannt hatte. Dann hatte er gewußt, daß Siegfried T. niemals ermittelt und befragt werden könnte. Das bedeutete aber auch daß die Leiche des T. bisher nicht aufgefunden oder aber nicht identifiziert worden war.

Auffinden von Leichenteilen und eines männlichen Torsos

In diesem Zusammenhang erinnerten sich die Ermittlungsbeamten daran, daß etwa zu dieser Zeit im Wuppertaler Raum Leichenteile aufgefunden worden waren. Man zog die bei der Staatsanwaltschaft in Hagen geführte Ermittlungsakte bei und stellte fest, daß der zeitliche Zusammenhang zwischen dem Verschwinden T. und dem Auffinden der Leichenteile tatsächlich auffallend war.

Im Dezember 1967 waren an der Straßenböschung der B 51 in der Ortschaft Haßlinghausen, in einem Abstand von 50 cm parallel nebeneinanderlie-

Abb. 6: Die an einer Straßenböschung in Haßlinghausen aufgefundenen Männerbeine

gend, zwei Männerbeine gefunden worden (Abb. 6). Das Fleisch war glatt durchschnitten gewesen, wozu der Sachverständige des Rechtsmedizinischen Institutes Dortmund später erklärt hatte, daß sich bei den fast kreisrunden, weitgehend ansatzlos durchgeführten Schnitten der Vergleich mit einem typischen Amputationsschnitt aufdränge, wie er nach ärztlichen Regeln mit einem Messer durchgeführt werde. Es war sofort klar gewesen, daß der Fundort nicht der Tatort war. Die Beamten der Mordkommission der zuständigen Kriminalhauptstelle waren davon ausgegangen, daß die Leichenteile mit einem Fahrzeug zum Fundort gebracht worden waren. Außer den Fragmenten einer Reifenspur waren aber keine tatrelevanten auswertbaren Spuren gesichert worden.

Die Rechtsmediziner hatten gesagt, daß Todeseintritt und Abtrennen der Beine kaum länger als 24 Stunden vor Auffinden der Leichenteile zurückliegen könne. Sie hatten Berechnungen zum Alter und zur Körpergröße des Toten angestellt und seine Blutgruppe festgestellt. Weitere Hinweise, die den Beamten die Identifizierung des Toten hätten erleichtern können, hatten sie nicht zu geben vermocht.

Die Ermittlungen hatten keinerlei Ansatzpunkte zur Klärung dieses Sachverhaltes erbracht, als im Januar 1968 ein Spaziergänger an der B 326, an einer zu einer Wiese hin abfallenden Böschung, den nackten Torso eines Mannes gefunden hatte, dem Kopf, Beine und Hände fehlten, und der auf der rechten Körperseite mit dem Rücken gegen den Stützpfahl eines Bäumchens gelehnt war (Abb. 7). Die Fundstelle hatte etwa 80 m westwärts der Ausfahrt zur B 51 gelegen. Kopf, Beine und Hände waren scharfrandig vom Rumpf abgetrennt gewesen. In der Rückenhaut wurden die mit einem scharfen Gegenstand eingeritzten Worte „Rache Batsch" und im Gesäß, so als sei der Tote signiert, der Großbuchstabe A gefunden.

Abb. 7: Der an der B 326 aufgefundene männliche Torso, dem Kopf, Beine und Hände fehlten

Die Rechtsmediziner hatten schnell festgestellt, daß der Torso zu den bereits aufgefundenen Beinen gehörte. In der rechten Leiste des Toten hatten sie eine alte, reizlose Narbe, wie nach einer Bruchoperation gefunden.

Bei der Untersuchung des Mageninhalts hatten sie festgestellt, daß in den 273 Gramm Mageninhalt 160 mgr. „E 605“ vorhanden waren; sie waren deshalb zu der Ansicht gelangt, daß der Mann mit dem Pflanzenschutzmittel „E 605 forte“ vergiftet worden war.

Man hatte umfangreiche Gutachten zur Körpergröße und zum Alter des Getöteten erstattet, aber letztlich hatten auch sie weder zur Identifizierung des Toten noch zur Aufklärung des Sachverhaltes geführt. Die Kommission, die über 100 Spuren bearbeitet hatte, war letztlich gescheitert. Im Juni 1971 hatte sie ihre Ermittlungen eingestellt.

Konnte der unbekannte Tote Siegfried T. gewesen sein? Zumindest paßten der Zeitpunkt seines Verschwindens und der des Auffindens der Leichenteile in auffälliger Weise zusammen, ebenso stimmten Alter und Körpergröße. Es wurde die Möglichkeit einer Röntgenidentifikation in Erwägung gezogen. Das aber setzte das Vorhandensein von Röntgenaufnahmen voraus, die einen Bildvergleich zwischen den zu Lebzeiten erstellten Aufnahmen und den noch zu fertigenden Röntgenbildern von den Skeletteilen des unbekannten Toten ermöglichen würden.

Identifizierung der Leichenteile und des Torsos durch röntgendiagnostische Vergleichsuntersuchungen

In einem Düsseldorfer Krankenhaus fand sich eine 1965 gefertigte Aufnahme des rechten Knies von Siegfried T. Die Beamten zogen Ober- und Unterschenkelknochen des rechten Beines des unbekannten Toten bei, die im Institut für Rechtsmedizin in Dortmund aufbewahrt worden waren. Knochen und Röntgenaufnahmen wurden Prof. Neiss in Erlangen übergeben. Kurze Zeit später teilte er mit, daß eine Identität zwischen dem unbekannten Toten und T. wahrscheinlich sei. Er regte die Exhumierung der übrigen Leichenteile an und bat um Beiziehung weiterer Röntgenaufnahmen des T.

Im September 1972 erfolgte in Dortmund die Exhumierung der restlichen Leichenteile und ihre Überführung nach Erlangen.

Obwohl T. ständig ohne festen Wohnsitz im Bundesgebiet umhergezogen war, gelang es in der Folgezeit, Röntgenaufnahmen von nahezu seinem gesamten Körper zu beschaffen. Es fand sich außerdem in einem Krankenhaus eine zehn Jahre alte Eintragung über eine Leistenbruchoperation rechts. Der unbekannte Tote hatte eine entsprechende Operationsnarbe aufgewiesen.

Weiterhin war festzustellen, daß A. noch bis in das Jahr 1967 Verbindung zu T. gehabt hatte und daß er an den Tagen des Fundes der Leichenteile nicht auf seiner Arbeitsstelle erschienen war. Ein ihm damals gehörender Wagen war in der Zwischenzeit verschrottet.

Prof. Dr. Neiss hat schließlich in eingehenden Untersuchungen nachgewiesen, daß der 1967/68 im Raum Wuppertal aufgefundene zerstückelte Tote

Siegfried T. war. Sein Gutachten wurde später von Prof. Dr. Hipp und dessen Oberarzt Dr. Radke von der Orthopädischen Klinik der Technischen Hochschule München im vollen Umfange bestätigt.

Es sprach vieles dafür, daß A. auch T. getötet hatte.

Er hatte wohl geglaubt, bei dem Mord an T. das perfekte Verbrechen begangen zu haben. Er hatte angenommen, diese Tatausführung beliebig wiederholen zu können, ohne jemals zur Verantwortung gezogen werden zu können. In seiner Wohnung waren Anzeichen dafür gefunden worden, daß er die Absicht gehabt hatte, auch die Leiche des Sch. zu zerstückeln. Aus Selbstüberschätzung heraus hatte er mit seiner Behauptung, Siegfried T. habe Sch. getötet, die Aufklärung des Verbrechens an T. selbst in Gang gesetzt.

Überführung des Tatverdächtigen Hermann A.

A war an dieser Fehleinschätzung der eigenen Möglichkeiten und daran gescheitert, daß er unmittelbar nach der Tötung seines zweiten Opfers festgenommen worden war, und zwar wegen eines Hinweises, der sich im Nachhinein als falsch erweisen sollte, denn weder er noch Manfred Sch. hatten etwas mit dem Villeneinbruch in Büderich zu tun gehabt.

Hermann A. stand von Juli bis August 1974 vor dem Schwurgericht in Düsseldorf, angeklagt des Mordes an Manfred Sch. Die Mordanklage im Falle Siegfried T. hatte man fallengelassen. Es hätte wohl nicht zu einer Verurteilung gereicht – obwohl das Gericht später in seiner Urteilsbegründung ausführte, es habe sich ihm der Verdacht aufgedrängt, daß Hermann A. auch Siegfried T. umgebracht habe. Im August 1974 wurde Hermann A. wegen Mordes an Manfred Sch. zu lebenslanger Freiheitsstrafe verurteilt.

Auch während des Prozesses war der Verurteilte dabei geblieben, daß nicht er, sondern Siegfried T. der Mörder gewesen sei. Doch er war widerlegt worden, neben einer Vielzahl anderer Beweise vor allem durch die überzeugenden Gutachten der Sachverständigen Neiss und Radke, die nachgewiesen hatten, daß Siegfried T. Manfred Sch. schon deshalb nicht ermordet haben konnte, weil seine zerstückelte Leiche schon 1967/68 aufgefunden worden war.

2.3 Kriminalistische Grundsätze zur Identifizierung von Leichen

Allgemeine kriminalistische Erfahrungssätze

- Jede Leiche muß identifiziert werden.
- Vorsicht bei *visuellen* Identifizierungen!
  Es kommt auch bei frischen Leichen immer wieder zu Fehlidentifizierungen, weil die Wahrnehmungsfähigkeit der Erkennungszeugen durch die natürliche Scheu vor dem Tode, durch Erschrecken, Entsetzen und den Wunsch, das scheinbar Unerträgliche möglichst schnell zu beenden, erheblich beeinträchtigt werden kann.

  Beachte:
  Bekleidungsstücke, Schmuck, Uhren, aber auch Narben sind meist *nicht* einmalig. Sie können nur *Identifizierungshilfen* sein.
- Auch beim Vergleich des *Zahnstatus* werden nicht, wie z. B. bei der *Daktyloskopie,* unabänderliche und absolut einmalige körperliche Merkmale miteinander verglichen, sondern es findet ein Vergleich zwischen dem bei der unbekannten Leiche festgestellten Zahnbild und – oftmals ungenauen und unvollständigen – Aufzeichnungen über Zahnlücken, Zahnprothesen und anderem statt.
- *Sicherheit vermögen letztlich nur die auf dem biologischen Gesetz der individuellen Variabilität beruhenden Vergleichsverfahren zu geben.*
- An erster Stelle der Identifizierungsverfahren steht die *Daktyloskopie.*

  Beachte:
  Vor der Abnahme von Fingerabdrücken zunächst Spurensicherung an den Händen durchführen!
  - Mikrospuren
  - Fingernägelabschnitte
  - Schmauchspuren
  - Blutspuren

Grundsätze zum Röntgenidentifizierungsverfahren

- Dort, wo die *Daktyloskopie* ausfällt, vermag in vielen Fällen an ihre Stelle das *Röntgenidentifizierungsverfahren* zu treten. Wie bei der Daktyloskopie werden hierbei die individuellen Merkmale eines Unbekannten mit denen von bekannten Personen verglichen.

Zum Vergleich werden Skelettvariationen herangezogen.
- *Intravitalbilder*, von bekannten Personen gefertigt, werden mit
- *Postmortalbildern* verglichen, die von der unbekannten Leiche hergestellt wurden.

- Solche, auf morphologischer Vergleichsarbeit durchgeführte Verfahren ermöglichen mit *Sicherheit die Bestätigung oder den Ausschluß einer Personengleichheit.*

- *Die Beweiskraft des Röntgenidentifizierungsverfahrens ist gleichwertig der Daktyloskopie*, und es ist dieser dort *überlegen*, wo es um die Identifizierung von *Leichenteilen, verstümmelten Toten, Brandleichen* und *Fundskeletten* geht.

- Was soll von einem unbekannten Toten geröntgt werden?
  Wenn ein Vergleichsbild von einer bekannten Person für die Bestätigung oder den Ausschluß einer Personengleichheit vorliegt, dann ist das vom unbekannten Toten zu fertigende Röntgenbild möglichst *in dem gleichen Strahlengang* herzustellen, in welchem das Vergleichsbild hergestellt wurde.

  Zur Befreiung von störschattengebenden Substanzen wird am besten der entsprechende Skelettabschnitt herausgelöst, isoliert geröntgt und wenn nötig auch noch asserviert.

- Bestehen keinerlei Anhaltspunkte, wer der Unbekannte sein könnte, sollte, um eine spätere Identifizierung (ohne exhumieren zu müssen) möglich zu machen, der Körper *in möglichst vielen verschiedenen Projektionen* aufgenommen werden, um jede röntgenologische Information zu erhalten.

- Es sollten Skeletteile von der Region asserviert werden, von der Vergleichsbilder beschaffbar sein könnten. Am häufigsten stehen Röntgenaufnahmen vom Thorax zur Verfügung. Deshalb ist es zu empfehlen, daß *die vordere Thoraxwand mit Schlüsselbeinen* asserviert wird. Das gleiche gilt für Skeletteile im Bereich von Operationsnarben.

Beachte:
Röntgenologische Identifizierungsgutachten nur von Röntgenologen oder Orthopäden erstellen lassen.

III. Leichenerscheinungen

Der kriminalpolizeiliche Sachbearbeiter muß über Grundkenntnisse der Rechtsmedizin verfügen. Er läuft sonst in Gefahr *Leichenerscheinungen falsch zu beurteilen, am Leichenfundort falsche Entscheidungen zu treffen, ein Tötungsdelikt nicht als solches zu erkennen.*

Die nachstehenden Ausführungen zu diesem speziellen Fachgebiet orientieren sich an den Erfordernissen der kriminalpolizeilichen Praxis, ersetzen jedoch keinesfalls das Studium rechtsmedizinischer Fachliteratur.

1. Sichere und unsichere Zeichen des Todes

Die Feststellung, daß bei einem Menschen der Tod eingetreten ist, ist Sache des Arztes.

Stillstand der Atmung, Pulslosigkeit, Veränderungen der Augen und Pupillen, das Fehlen von Nervenreflexen sind keine sicheren Zeichen des Todes.

Sie können beim Vorliegen besonderer Umstände – häufig bei Vergiftungen – derart schwach sein, daß sie kaum noch wahrzunehmen sind.

Merke:
In Zweifelsfällen keine voreiligen Schlüsse im Hinblick auf das Vorliegen des Todes eines Menschen ziehen.
In Zweifelsfällen: Notarzt!

2. Sichere Todeszeichen

2.1 Hypostase und Totenflecke

Entstehung der Totenflecke:

Bei Stillstand des Kreislaufes beginnt die Blutsenkung (Hypostase). Das Blut fließt, der Schwerkraft folgend, in die am tiefsten gelegenen Partien des Körpers.

Als Zeichen der Füllung der Kapillargebiete der Haut (später des Gewebes) bilden sich in den abhängenden Körperregionen Totenflecke.

Die Auflagestellen und die Stellen, wo das Gewebe durch Kleidungsstücke (Büstenhalter, Gürtel, Hüfthalter pp.) unter erhöhtem Druck steht, bleiben frei, weil sich hier die Gefäße durch den Gegendruck nicht auffüllen können.

Erstes Auftreten: nach 20 bis 30 Minuten
Deutliche Ausbildung: nach ca. 1 Stunde

Umlagerbarkeit der Totenflecke:

Vollständig:
Bei einer Leiche, die in den ersten 5 Stunden nach Eintritt des Todes gedreht wird, verschwinden die Totenflecke vollständig an den ursprünglichen Körperregionen und bilden sich an den nunmehr am tiefsten gelegenen Bereichen des Körpers neu aus.

Unvollständig:
Wird die Leiche 5 bis 12 Stunden nach Eintritt des Todes umgewendet, so bleiben Reste der ehemaligen Totenflecke sichtbar.

Doppelte Leichenflecke sprechen für eine Verlagerung der Leiche in den ersten 5 bis 12 Stunden.

Wegdrückbarkeit der Totenflecke:

Bei kräftigem Druck mit dem Finger lassen sich die Totenflecke in den ersten Stunden nach Eintritt des Todes an der Druckstelle wegdrücken. Das Leichenblut wird in die Gefäße der unmittelbaren Umgebung gedrückt.

Totenflecke können fehlen

- bei Ausbluten des Körpers,
- bei einer das Blut auflösenden Erkrankung oder
- wenn der Verstorbene an Anämie gelitten hat.

Farbe der Totenflecke:

- *Düster grau-rot*
- Hellrote Totenflecke werden beobachtet bei
  - Kohlenmonoxydvergiftungen
  - Zyankalivergiftungen (seltener) und dann,
  - wenn die Leichen längere Zeit in der Kälte liegen.

Prüfe und stelle fest:
- Lassen sich Lage der Totenflecke und Lage der Leiche vereinbaren?
- Welche Farbe haben die Totenflecke?
- Sind die Totenflecke wegdrückbar?
- Wie ist die Temperatur an der Leichenfundstelle?

Merke:
Anhand der Totenflecke ist nur eine grobe Schätzung der Todeszeit möglich.

2.2 Totenstarre

Bei Eintritt des Todes erschlafft die Muskulatur. *Es ist daher nicht möglich, daß eine bestimmte Körperhaltung oder der Gesichtsausdruck bei Todeseintritt erhalten bleiben.*

Infolge biochemischer Veränderungen in der Muskulatur kommt es nach einigen Stunden zu einer zunehmenden Verhärtung und Verkürzung aller Muskeln.

Beginn:
Die Totenstarre beginnt nach etwa 3 bis 5 Stunden.

Ausprägung:
In etwa 6 bis 9 Stunden ist die Starre im gesamten Körper ausgeprägt.

Lösung:
Die Totenstarre löst sich – bei Zimmertemperatur – im allgemeinen nach 36 bis 48 Stunden.

Wärme beschleunigt und Kälte verzögert die Leichenerscheinungen.

Die Nysten'sche Regel, wonach die Totenstarre zuerst an der Kiefermuskulatur nachweisbar sein soll, um dann Hals und Arme und schließlich die unteren Extremitäten zu erfassen, ist ebenso fragwürdig wie die Aussage, die Leichenstarre löse sich in der gleichen Reihenfolge, in der sie begonnen habe.

Die Leichenstarre ist möglicherweise auch lageabhängig (höher gelegene Körperpartien erstarren früher als tiefer gelegene).

Prüfe:
- In welchen Gelenken des Körpers ist die Totenstarre vorhanden?
- Wie ist die Umgebungstemperatur an der Leichenfundstelle?

Merke:
Die Totenstarre tritt, wenn sie in den ersten Stunden durch mechanische Kraft überwunden wird, wieder ein.
Grenze des Wiedereintritts: 7 bis 8 Stunden nach dem Tode. Danach gebrochene Totenstarre tritt nicht wieder ein.

Die sogenannte *kateleptische Totenstarre* ist seit vielen Jahren nicht mehr beobachtet worden. Ihre angebliche Feststellung beruht vermutlich auf Fehldeutungen.

Die Ausprägung der Totenstarre ist nur bedingt zur Feststellung der Todeszeit geeignet.

2.3 Autolyse

Autolyse ist die Selbstzersetzung der Zellen und des Gewebes durch die in den Zellen vorhandenen Enzyme.

Die Zersetzung verläuft weitgehend regellos und meist gleichzeitig mit der Fäulnis. Sie ist daher zur Bestimmung der Todeszeit ungeeignet.

2.4 Fäulnis

Fäulnis ist eine fortschreitende Zerstörung des Körpergewebes, vor allem ausgelöst durch aus dem Darm auswandernde Fäulnisbakterien.

Ablauf der Fäulnis:

- Grau-grünliche Verfärbung im rechten Unterbauch
- Gleichartige Verfärbung im linken Unterbauch
- Durchschlagen des Venennetzes (der Verlauf der Venen zeichnet sich deutlich auf der Körperoberfläche ab)
- Durch fortschreitenden Gasdruck schwillt das Gewebe immer mehr an

- Die Gliedmaßen verändern durch das erhebliche Anschwellen des Gewebes ihre Stellung, die Beine werden gespreizt angewinkelt, die Arme abduziert (abgespreizt)
- Fäulnisflüssigkeit tritt aus den Körperöffnungen aus
- Durch den Fäulnisgasdruck wird durch die Hautporen schmutzigfarbenes Gewebewasser vorgetrieben und liegt oft in großen Säcken der Unterhaut an
- Die Leiche verfärbt sich grau-schwarz-violett

Prüfe:
- Ist die Oberflächenzerstörung der Leiche allein Folge der Fäulnis oder können auch Stich-, Schlag- oder Schußwunden vorhanden sein?
- Im Zweifelsfall röntgen!

Merke:
- Die Fäulnis kann völlig unkontrolliert verlaufen. Sie hat daher wenig Bedeutung für die Bestimmung der Todeszeit.
- Antibiotika, insbesondere Tetrazyklinverbindungen und Sulfonamide, können den Fäulnisprozeß erheblich verzögern.
- Zur gleichen Zeit gestorbene Personen können höchst unterschiedliche Fäulniszeichen aufweisen.

Der Verlauf der Fäulnis wird im Erdgrab gehemmt.

Faustregel:
1 Woche Luft = 2 Wochen Wasser = 8 Wochen Erdgrab.

Beachte:
Der Fäulnisprozeß läuft bei einer geborgenen Wasserleiche rasant ab. Daher sofort nach Bergung die Wasserleiche untersuchen, fotografieren, Identifizierungsmaßnahmen durchführen.

2.5 Vertrocknung

Mit der Fäulnis geht die Vertrocknung einher.
Vertrocknungen treten vor allem an den Schleimhäuten auf.
Die Lippen vertrocknen zuerst. Sie werden braun-rot, lederartig, mitunter auch braun-schwarz.

IV. Die Phänomenologie des nicht natürlichen Todes, dargestellt an Fällen

Die Probleme liegen nicht dort, wo es darum geht, einen Mord zu bearbeiten, sondern dort, wo es darum geht, ihn zu erkennen

1. Der gewaltsame Tod durch Strangulation

1.1 Strangulation

Unter dem Begriff *Strangulation* sind einzuordnen das

- *Erhängen*
- *Erdrosseln*
- *Erwürgen*

Erhängen

Beim Erhängen wird ein um den Hals gelegtes Strangwerkzeug meist durch das Körpergewicht des Erhängten zugezogen.

Zum Tode kommt es durch die plötzliche Unterbrechung oder starke Drosselung der Blutzufuhr zum Gehirn. Es genügten hierfür wenige Kilopond Zugkraft.

Eine zirkuläre (kreisförmige) Kompression des Halses ist beim Erhängen nicht erforderlich.

In der Regel werden Erhängte *nicht frei hängend*, sondern hockend, kniend, sitzend oder sogar liegend aufgefunden.

Fundortsituationen, bei denen der Erhängte frei im Raum hängt, sind ohne ausreichendes Tatmotiv immer auf Mord verdächtig und müssen daher besonders sorgfältig nachgeprüft werden[1].

Stauungserscheinungen des Gesichtes (Blauverfärbung) treten nur dann auf, wenn das Strangwerkzeug langsam zugezogen wird.

Bei schnellerem Zuziehen der Schlinge ist das Gesicht von unauffälliger Farbe oder sogar blaß.

---

1 Prokop, O., Forensische Medizin, 2. Auflage 1966, S. 99.

Prüfe:
- Ist ein Selbsterhängen aufgrund der Gesamtumstände überhaupt möglich gewesen?
- Stimmt das Strangwerkzeug mit der Strangfurche überein?
- Finden sich am Hals neben der Strangfurche noch weitere, möglicherweise von der Strangfurche überlagerte Verletzungen oder Veränderungen?
- Finden sich am Körper des Toten noch andere Verletzungen?
  - auf Abwehrverletzungen an Händen und Unterarmen achten!
  - Fingernägel prüfen, sind sie abgebrochen oder eingefetzt?
  - sind Injektionsstellen vorhanden?

Auch stark alkoholisierte oder unter Medikamenteneinfluß stehende Personen können erhängt werden. Im Zweifelsfalle daher stets das Blut des Verstorbenen auf Medikamente und den möglichen Blutalkoholgehalt untersuchen lassen.

Der Selbstmörder hantiert mit dem Strangwerkzeug. Mikrospuren mit Hilfe von Klebefolie an den Händen sichern.

Merke: Eine exakte Klärung der Frage, ob ein *vitales Erhängen* vorliegt oder ob die Leiche zur *Vortäuschung* eines *Selbstmordes* aufgehängt wurde, ist nur durch eine Obduktion zu klären.

Erdrosseln

Im Gegensatz zum Erhängen wird hier das Drosselwerkzeug nicht durch das Körpergewicht, sondern durch die Kraft der Hände und Arme zugezogen.

Die Strangfurche beim Erdrosseln liegt zirkulär um den Hals und steigt nicht an. Sie ist meist gleich tief, weil der Druck gewöhnlich allseitig gleich ist.

Das Gesicht des Erdrosselten ist meist *bläulich verfärbt* und *gedunsen.*

Punktförmige, flohstichartige Blutungen finden sich in der Regel in der Gesichtshaut, in den Augenbindehäuten, in der Mundschleimhaut.

Merke: Ein Selbsterdrosseln ist nur dann möglich, wenn die Lockerung des Strangwerkzeuges bei eintretender Bewußtlosigkeit verhindert wird, z. B. durch Knoten, durch einen Hebel oder durch das Legen mehrerer Strangtouren.

Erwürgen

Beim Würgen wird der Hals des Opfers vom Täter komprimiert. Das Würgen geschieht mit den Händen (auch einer Hand), mit dem Unterarm oder mit dem Fuß beim liegenden Opfer.

Als Folge des Würgens, bei dem, bei gleichzeitiger arterieller Zufuhr, der venöse Abfluß durch Zusammenpressen der entsprechenden Venen verhindert wird, kommt es zu *Stauungserscheinungen* im *Kopfbereich.* Die Blutstauung führt zu *Kapillarberstungsblutungen.* Diese Blutungen, *winzige, flohstichartige Punkte* (Ekchymosen), finden man in den *Augenbindehäuten*, in den *Mundschleimhäuten*, manchmal in den *Augenlidern*, in besonders ausgeprägten Fällen in der gesamten *Gesichtshaut.*

Die punktförmigen, flohstichartigen Blutungen in den Bindehäuten der Augen und den Schleimhäuten des Mundes sind manchmal das einzige Anzeichen dafür, daß ein Würgevorgang vorangegangen ist.

Es muß aber darauf hingewiesen werden, daß solche Blutungen nicht bei allen Formen des gewaltsamen Erstickens zu beobachten sind. Sie werden in der Regel beim typischen Erhängen vermißt und sind auch beim Tod unter weicher Bedeckung der Atemwege sehr häufig nur spärlich oder auch gar nicht ausgebildet.

Ekchymosen (Blutungen der Haut) können auch lagebedingt entstanden sein (z. B. durch Hang- oder Gesichtslage).

Am *Hals* finden sich oft unregelmäßige hell- bis dunkelbraune *Hautvertrocknungen*, bläuliche Verfärbungen und typische, halbmondförmige Fingernageldruckspuren.

Alle *äußerlich* sichtbaren Verletzungen der Halshaut können dann fehlen, wenn zwischen würgender Hand und dem Hals ein Bekleidungsstück (der Rollkragen eines Pullovers, ein Schal, der Kragen eines Bademantels pp.) gelegen hat.

Merke:
- Ein Selbsterwürgen ist nicht möglich.
- In Zweifelsfällen Obduktion beantragen!

1.2 Zur Phänomenologie des Todes durch gewaltsames äußeres Ersticken

Vorbemerkungen

Obwohl gewaltsames äußeres Ersticken als Folge von Würgen, Drosseln, Erhängen, durch Bedecken oder Tamponieren der Atemwege eine der häufigsten Tötungs- und, soweit es das Erhängen betrifft, auch eine der oft angewandten Selbsttötungsarten ist, bereitet die Beurteilung des Sachverhaltes, die Klärung der Frage, ob ein *Fremdverschulden* gegeben ist, gerade in diesen Fällen häufig *erhebliche Schwierigkeiten*. Keineswegs immer sind die äußeren Zeichen an der Leiche so deutlich, daß das Geschehen auch für den Ungeübten, für den, der nur hin und wieder an den Leichenfundort gerufen wird, auf Anhieb eindeutig zu qualifizieren ist.

Fundsituationen, bei denen sich die Leichen in Kopf-Tief-Lage (der Kopf liegt tiefer als die Herzebene) befinden, bereiten den die Ermittlungen führenden Kriminalbeamten, aber ebenso dem mit den medizinischen Untersuchungen betrauten Arzt, oft genug deshalb Schwierigkeiten, weil durch solche Lagen Stauungsblutungen (Pseudoekchymosen und Pseudohämatome) hervorgerufen werden können. Besonders groß ist die Gefahr dort, wo der abduzierende Arzt die Besonderheiten der Fundsituation nicht kennt und der sachbearbeitende Kriminalbeamte nicht an der Obduktion teilnimmt.

Eine enge und *vertrauensvolle Zusammenarbeit* zwischen dem *kriminalpolizeilichen Todesermittler* und dem *rechtsmedizinischen Sachverständigen* ist daher auch in diesen Fällen dringend erforderlich. Immer sollte in Zweifelsfällen obduziert werden und stets sollte der kriminalpolizeiliche Sachbearbeiter bei der Leichenöffnung anwesend sein, um den obduzierenden Ärzten Hinweise auf Besonderheiten der Fundsituation und andere Ermittlungsergebnisse zu geben und so die Einordnung bestimmter Befunde zu erleichtern.

Fall 1:

Zunächst nicht erkannter gewaltsamer Tod durch Ersticken

Erst am Montagvormittag teilte der Arzt eines Krankenhauses der Kriminalpolizei fernmündlich mit, daß bereits in der Nacht zum Sonntag der 51 Jahre alte Einkäufer Emil Sch. tot in das Krankenhaus eingeliefert worden war. Der Mann sei bei der Einlieferung schon einige Stunden tot gewesen. Die Ursache des Todes habe man nicht feststellen können. Möglicherweise liege ein Herz-Kreislaufversagen vor, denn die Leiche sei völlig unverletzt. Auch der zum Krankenhaus entsandte Kriminalbeamte fand an dem Toten keinerlei Anzeichen äußerer Gewalteinwirkungen.

Als er im Anschluß daran die Wohnung des Verstorbenen aufsuchte, öffnete ihm dort der 39 Jahre alte kaufmännische Angestellte Horst D. Er gab sich als Alleinerbe des verstorbenen Sch. aus und wies auch ein entsprechendes Testament vor. Er erklärte, homosexuell zu sein und seit Jahren mit Sch. zusammengelebt zu haben. Von einem Gaststättenbesuch nach Hause zurückkehrend, habe er seinen Freund leblos in der Wohnung aufgefunden und seine Einlieferung in das Krankenhaus veranlaßt. Sch. sei herzkrank gewesen. Der Hausarzt bestätigte die Herzkrankheit und hielt von daher einen plötzlichen Tod für möglich. Dennoch, vorsorglich, wurde die Obduktion der Leiche beantragt, die dann allerdings ein überraschendes Ergebnis erbrachte. „Der 51 Jahre alt gewordene Mann ist an einer gewaltsamen äußeren Erstickung und zwar durch Erwürgen gestorben", erklärten die Ärzte.

Tod durch Erwürgen

Für den Tod durch Erwürgen sprachen folgende Befunde:

Ein Bruch des rechten Zungenbeinhorns, Bruch des oberen rechten Kehlkopfhornes, zahlreiche, unterschiedlich große Blutergüsse in sämtlichen Schichten der Halsweichteile und im Bereich der Kehlkopf-, Speiseröhren- und Mundschleimhaut.

Als Erstickungsmerkmale wurden Stauungsblutungen, unter anderem in den Augenbindehäuten, winzige, flohstichartig, gefunden, die sowohl von den Ärzten des Krankenhauses, als auch von dem die Leiche besichtigenden Kriminalbeamten übersehen worden waren. Auch die Rechtsmediziner hatten am Hals keinerlei Verletzungen oder auf einen Würgevorgang verdächtige Veränderungen gefunden und sie erklärten hierzu:

„Entweder hat der Täter seine Fingernägel nicht in die Halshaut eingedrückt oder zwischen der würgenden Hand und dem Hals hat sich ein Gegenstand, wie zum Beispiel ein Anzug-, Hemd- oder Bademantelkragen befunden." Abwehrverletzungen wurden an der Leiche nicht festgestellt.

Erst zweieinhalb Jahre später konnte der Täter, der zur Tatzeit 21 Jahre alt gewesene Helmut L., ermittelt und festgenommen werden. Er gab zu, den zum Zeitpunkt des Geschehens erheblich unter Alkoholeinfluß (2,66 Promille) stehenden Sch. getötet zu haben, weil er von diesem sexuell belästigt worden war. Er hatte ihn erstickt, indem er von hinten seinen Unterarm gegen den Hals seines Opfers gepreßt hatte.

Fall 2:

Ausgangslage: natürlicher Tod durch Herzversagen

Ort des Geschehens war eine luxuriös eingerichtete Eigentumswohnung in bester Wohnlage. Angehörige der gehobenen Gesellschaftsschicht wohnten hier.

An einem Mittwochabend hatte die Hausfrau Margret H. an der Tür zur Wohnung ihrer Nachbarn geschellt. Sie hatte erklärt, ihr Ehemann befinde sich in einem bedenklichen Zustand. Sie habe sich schon eine halbe Stunde um ihn bemüht. Die Nachbarn waren mit in die Wohnung H. gegangen, wo man den Ehemann H. völlig bekleidet im Schlafzimmer auf dem Bett liegend vorgefunden hatte.

H. hatte offenbar aus der Nase geblutet. Auf dem Kopfkissen waren ein paar Blutflecke zu sehen. Man bemühte sich um den wie leblos Daliegenden. Einer der Anwesenden glaubte, den Puls noch „in äußerst schwacher Weise" wahrgenommen zu haben. Später hierzu vernommen, räumte er ein, sich in diesem Punkte möglicherweise geirrt zu haben. Man war sich einig, daß ein Arzt geholt werden mußte, und da Frau H. versicherte, schon vergeblich nach dem Hausarzt und einigen anderen ihr bekannten Ärzte telefoniert zu haben, rief der Nachbar die Notarztzentrale an.

Kurz darauf traf als Notarzt Dr. St. ein. Der Arzt stellte bei H. keinerlei Lebenszeichen fest, da er aber einen „soeben" erfolgten Todeseintritt nicht ausschloß, begann er vorsorglich mit einer externen Herzmassage. Er injizierte ein Herzmittel und forderte zur Weiterführung der Wiederbelebungsversuche einen Notarztwagen an. Ein Rettungswagen erschien. Man legte H. auf den Fußboden und begann ihn zu beatmen. Etwa 10 Minuten danach traf als weiterer Notarzt Dr. R. mit einer Notarztbesatzung ein. Auch Dr. R. stellte bei H. keinerlei Lebenszeichen fest. Ein EKG-Gerät wurde angeschlossen. Es zeigte eine „Null-Linie". Die Ärzte fanden an dem Verstorbenen keinerlei Verletzungen oder Veränderungen, die den plötzlichen Tod erklärt hätten. Dr. St. neigte dazu, den Tod des 40 Jahre alt gewordenen H. als natürlich zu bescheinigen, zumal die Ehefrau des Verstorbenen von vorangegangenen Herzbeschwerden ihres Mannes gesprochen hatte. Da aber ein zweiter Arzt anwesend war und man sich nicht völlig einig wurde, schrieb Dr. St. schließlich auf die Todesbescheinigung zur Todesart: „nicht aufgeklärt".

Noch am gleichen Abend wurde die Polizei gerufen. Beamte der Kriminalwache, nicht ständig mit der Bearbeitung von Todesermittlungsverfahren betraut, fuhren zum Leichenfundort. Sie beschrieben den Fundort und besichtigten die Leiche und sahen und beschrieben winzige, flohstichartige Blutungen in der Gesichtshaut, der Halshaut und den Augenbindehäuten. Sonst fanden sie den Toten völlig unverletzt.

Auf Befragen erklärte die Ehefrau, ihr Mann sei seit Jahren alkoholabhängig gewesen. Während der letzten drei Wochen habe er keinen Alkohol mehr getrunken. Er habe unter Entzugserscheinungen gelitten. Es sei ihm schlecht gegangen, aber er habe nur selten einen Arzt konsultiert. Zwischen 19.00 Uhr und 19.30 Uhr sei er nach Hause gekommen. Nach einem Telefongespräch sei er auf der Treppe der Zweietagenwohnung plötzlich zusammengebrochen. Sie habe ihn auf das Bett gezogen. Danach sei Blut aus seiner Nase gekommen. Vergeblich habe sie versucht, ihr bekannte Ärzte zu erreichen. Schließlich habe sie sich an ihre Nachbarn gewandt. Die Beamten der Kriminalwache fanden auf Anhieb keine auf eine gewaltsame Tötung hinweisenden Umstände und erklärten daher schlußfolgernd im Tatortfundbericht: „Aufgrund der ersten kriminalpolizeilichen Ermittlungen kann davon ausgegangen werden, daß der 40 Jahre alt gewordene Günter H. eines natürlichen Todes gestorben ist.“

Wegen der Stauungsblutungen wurde jedoch durch die sachbearbeitende Dienststelle eine Obduktion angeregt. Das Ergebnis der Obduktion erbrachte, daß H. getötet worden war.

Gewaltsamer Tod durch Strangulation

In ihrem vorläufigen Gutachten hatten die Ärzte unter anderem gesagt: „Die Gesamtheit der Befunde spricht für eine mechanische, d. h. gewaltsame äußere Erstickung durch Strangulation.“

Bei H. war ein Blutalkoholgehalt von 2,20 Promille festgestellt worden.

Die Witwe erschien, tiefschwarz gekleidet, zur Vernehmung. Die Beamten eröffneten ihr, daß sie im Verdacht stehe, ihren Ehemann getötet zu haben. Sie bestritt und bat schließlich, das Obduktionsgutachten lesen zu dürfen. Danach erklärte sie, ein weiteres Bestreiten sei wohl unsinnig. Sie gab zu, ihren Mann am Vorabend im Schlafzimmer ihrer gemeinsamen Wohnung mit dem Gürtel ihres Bademantels erdrosselt zu haben. Ihr Mann sei wieder einmal betrunken gewesen.

H. hatte zur Tatzeit einen Rollkragenpullover getragen.

In den beiden nachfolgend geschilderten Fällen sprach zwar jeweils die Gesamtsituation am Leichenfundort, die durchwühlten Behältnisse, das gewaltsam entkleidete oder anderweitig verletzte Opfer für das Vorliegen eines Tötungsdeliktes, aber man kann fragen, was wohl geschehen wäre, hätten diese Umstände eine weniger deutliche Sprache gesprochen, denn auch hier war die Tötung durch Würgen oder Drosseln erfolgt und auch hier fanden sich am Hals der Opfer keinerlei auf ein solches Geschehen hindeutende Verletzungen oder Veränderungen – keine Strangfurche, keine Würgemale.

Fall 3:

Erster Anschein: natürlicher Tod

Am späten Freitagnachmittag hatte Roswitha M. ihre allein in ihrem Gartenhaus wohnende Mutter, die 65 Jahre alt gewordene Rentnerin Maria Sch.

besuchen wollen. Sie fand die Hauseingangstür verschlossen vor. Mit Hilfe eines in ihrem Besitz befindlichen Zweitschlüssels gelangte sie in das Haus. Im völlig verwüsteten Schlafzimmer fand sie ihre Mutter am Boden liegend tot vor.

Bis auf einen blauen Fleck an der Hüfte war die Leiche der alten Frau unverletzt. Wenige, kaum wahrnehmbare Stauungsblutungen fanden sich in den Augenbindehäuten. Wären nicht die durchwühlten Behältnisse, die aus den Schubladen herausgerissenen und am Boden verstreuten Gegenstände gewesen, man hätte glauben können, die Frau sei eines natürlichen Todes gestorben.

Die Tote wurde obduziert. Rechtsmediziner bestätigten das Fehlen jeglicher äußerer Hinweise auf einen gewaltsamen Erstickungstod. Erst nachdem der Halsbereich eröffnet worden war, fanden sich die ersten Anzeichen.

Tod durch Erwürgen

Im vorläufigen Gutachten hieß es dann unter anderem: „Bei der Obduktion konnten wir Einblutungen der Halsmuskulatur, und zwar in Höhe des Kehlkopfes und Einblutungen der Zunge und der hinteren Wandung der Speiseröhre im Sinne eines sogenannten retropharyngialen Hämatoms objektivieren.

Die weiteren Befunde waren: Überall flüssiges Blut, Blähung der von Verwachsungen freien linken Lunge und ein stark ausgeprägtes hämorragisches Lungenödem.

Die oben beschriebenen Befunde sind die typischen inneren anatomischen Merkmale einer mechanischen Erstickung durch manuelle Strangulation (Erwürgen) des Halses."

Es gelang, den Täter zu ermitteln, einen 18jährigen, im gleichen Gartengelände wohnhaft. Er hatte Frau Sch. am Tatabend mit Freunden im Vereinslokal sitzen gesehen. In Diebstahlsabsicht war er daraufhin in ihr Gartenhaus eingedrungen, und er war gerade dabei gewesen, die Schränke nach Bargeld zu durchsuchen, als die alte Frau nach Hause gekommen war. Sie hatte ihn sofort erkannt und gedroht, alles seinen Eltern zu erzählen. Da hatte er sie am Hals erfaßt und gewürgt, bis sie tot vor ihm gelegen hatte. Dann hatte er weiter gesucht und schließlich eine Geldbörse mit 70,– DM gefunden, das einzige Geld, das Frau Sch. in der Wohnung gehabt hatte.

Fall 4:

Tod durch Strangulation ohne sichtbare äußere Strangulationsmerkmale

Der Inhaber einer nicht gut beleumundeten Pension war es, der den Fund einer männlichen Leiche in einem Zimmer seiner Pension meldete. In einem Einzelzimmer fanden die Kriminalbeamten auf einem Bett liegend die unbekleidete Leiche eines relativ jungen Mannes. Es wurde festgestellt, daß der jetzt Tote in der Nacht gegen 03.00 Uhr, in Begleitung eines anderen

Mannes erschienen war und ein Zimmer gemietet hatte. Er hatte angegeben, Boris K., geb. am 20.2.1946 zu sein und der Portier hatte diese Daten in einen Meldezettel eingetragen, ebenso wie die Angaben des zweiten Mannes, der erklärt hatte, Peter G., geb. am 18.12.1946, wohnhaft in Hamburg zu sein, Angaben, die sich als falsch erwiesen.

Der Vergleich der Fingerabdrücke ergab, daß der Tote tatsächlich Boris K. war. K. war seit einem Jahrzehnt ohne festen Wohnsitz gewesen. Er hatte sich im Stadtstreichermilieu bewegt und war immer wieder straffällig geworden. Hin und wieder hatte er sich Geld als Strichjunge verdient. Homosexuell war er nicht gewesen.

Bei der Untersuchung des Toten fand sich als einzige Verletzung eine offensichtlich oberflächliche, nur 0,6 Zentimeter große Platzwunde an der linken Kopfseite. Auffallend war, daß in den Kopfhaaren in der Umgebung der kleinen Wunde zahlreiche grau-weiße Lackpartikel hafteten. Sie konnten, ihrer Farbe und Beschaffenheit nach, von einem abgebrochenen Stuhlbein herrühren, das im Zimmer neben dem Bett lag. Möglicherweise hatte K. damit einen Schlag gegen den Kopf erhalten. Es schien jedoch im höchsten Maße unwahrscheinlich, daß der kräftige junge Mann an den Folgen dieser relativ geringfügigen Verletzung gestorben war. Sonst aber waren am Körper des Toten keinerlei Spuren von Gewalteinwirkungen zu erkennen, sah man von winzigen, flohstichartigen Blutungen in den Augenbindehäuten und den Mundschleimhäuten ab.

Die Leiche wurde obduziert. Die Rechtsmediziner erklärten: „Todesursache ist eine gewaltsame äußere Erstickung durch Kompression des Halses. Hierfür sprechen diskrete Unterblutungen in den Halsweichteilen, der Bruch eines Schildknorpelhornes, eine stärkergradige Blutstauung im Kopf- und Halsbereich mit zahlreichen Stauungsblutungen an hierfür charakteristischen Stellen. Nach dem Obduktionsbefund ist am ehesten Erwürgen anzunehmen. Eine Drosselmarke hat in der Halshaut nicht vorgelegen."

Doch auch K. war erdrosselt worden!

Der Tatverdacht richtete sich gegen seinen letzten Begleiter, der irgendwann in der Nacht, ohne nochmals gesehen worden zu sein, die Pension verlassen hatte. Der Mann wurde ermittelt. Einige Wochen später wurde er im Saargebiet bei einem Diebstahl festgenommen. Er gab zu, in Düsseldorf in einer Pension einen Mann getötet zu haben. Andere Beweismittel stützten sein Geständnis.

Ch. hatte K., den er erst in der Tatnacht am Hauptbahnhof Düsseldorf kennengelernt hatte, nach homosexuellen Spielereien mit einem Ledergürtel erdrosselt.

Beachte: Nun kann man davon ausgehen, daß Würgemale und Strangulationsfurchen, sind sie vorhanden, vom Geübten, von dem in der Beurteilung der vielfältigen Leichenerscheinungen Erfahrenen, erkannt und richtig gedeutet werden. Fehlen solche markanten Verletzungen, so mag manches unerkannt bleiben, schon deshalb, weil in vielen dieser Fälle der zum Leichenfundort gerufene Arzt den Tod als „natürlich“ bescheinigen wird.

Fall 5:

Mangelhafte ärztliche und kriminalistische Leichenschau; Ergebnis: natürlicher Tod

Der im Zusammenhang mit einem Tötungsdelikt in Düsseldorf an einer 37 Jahre alt gewordenen Frau festgenommene und geständige Tatverdächtige Manfred R. erklärte in seiner ersten Vernehmung plötzlich, daß er, zwei Tage vor der Tat in Düsseldorf, in einer nahen Kleinstadt seine Tante, die 81 Jahre alte Kauffrau Hubertine M., erwürgt und ebenfalls beraubt habe. Neben wertvollem Schmuck habe er 800,– DM entwendet. Den Schmuck und 400,– DM habe er unmittelbar nach der Tat in einem „Massagesalon“ ausgegeben.

Sofort eingeleitete Überprüfungen ergaben, daß die alleinstehende Frau M. nicht, wie zunächst vermutet, noch tot in ihrer Wohnung lag. Sie war bereits am Nachmittag vor dem Mord in Düsseldorf tot in der Küche ihrer Wohnung aufgefunden worden. Ein zum Leichenfundort gerufener Arzt hatte das Vorliegen eines „natürlichen“ Todes bescheinigt. Weder er noch hinzugezogene Beamte der örtlichen Kriminalpolizei hatten Anzeichen eines gewaltsamen Todes festgestellt.

Auffinden des Opfers

Geschehen war folgendes: Eine Freundin der Frau M. war mit dieser am Nachmittag des Auffindetages zu einem gemeinsamen Friedhofsbesuch verabredet gewesen. Sie hatte bei ihrem Eintreffen vor dem Wohnhaus der Frau M. die Rolläden der straßenwärts gelegenen Fenster geschlossen vorgefunden, und da trotz mehrfachen Schellens nicht geöffnet worden war, hatte sie fernmündlich die Tochter ihrer Freundin unterrichtet. Die hatte dann mit einem in ihrem Besitz befindlichen Schlüssel die Wohnungstür geöffnet. In der Küche hatten sie Frau M., in Rückenlage auf dem Fußboden liegend, tot vorgefunden.

Über Notruf bat die Tochter um Entsendung eines Arztes und eines Krankenwagens. Etwa 10 Minuten später traf zunächst ein Rettungswagen mit zwei Sanitätern ein. Einer der Sanitäter sah sich die am Boden liegende Frau an und erkannte anhand der gut sichtbaren Leichenflecke und der bereits eingetretenen Leichenstarre, daß die Frau tot war. Als er die mit dem Kopf unmittelbar an der Wand liegende Tote etwas nach vorn zog, bemerkte er im vorderen Halsbereich rote Flecke, die sich in der Farbe von den Leichenflecken unterschieden. Er nahm an, daß die Flecke durch das Abknicken des Halses als Folge der Lage der Leiche entstanden waren.

Wenig später traf der Notarzt am Leichenfundort ein. Der Arzt, dem das scheinbar unbeteiligte Verhalten der Tochter der Verstorbenen auffiel, ließ vorsorglich die Polizei rufen. Danach besichtigte er die Leiche, nachdem er von dieser die Kleidung soweit entfernt hatte, daß er die, wie er später erklärte, „wesentlichen Körperpartien“ in Augenschein nehmen konnte. Nach eigenen Angaben fiel ihm hierbei im vorderen Halsbereich eine livide Aufhellung auf. Er schrieb diese Veränderung jedoch der ursprünglichen Lage der Leiche zu, bei der, wie ihm der Sanitäter berichtet hatte, das Kinn der Frau gegen das Brustbein gepreßt gewesen war. Rechts am Hals fand er darüber hinaus noch einen ca. 3 Zentimeter langen strichartigen Oberhautdefekt. Weitere Verletzungen stellte er an der Toten nicht fest.

Die Schleimhäute des Mundes und die Bindehäute der Augen wurden von ihm im Hinblick auf mögliche Erstickungsblutungen nicht kontrolliert. Auch die massenhaften Stauungsblutungen im Gesicht der Toten erkannte er nicht. Der Arzt erklärte hierzu: ... „mir ist es nicht aufgefallen, und mir fehlt es dazu auch an Erfahrung.“

Noch während der Arzt die Leiche besichtigte, traf die Besatzung eines Funkstreifenwagens ein. Der Notarzt erklärte den Beamten, es handele sich wohl um einen natürlichen Tod, alle Umstände sprächen dafür. Es kamen noch zwei Kriminalbeamte an den Ereignisort, in der Leichensachbearbeitung unerfahren und froh, noch einen Arzt anzutreffen. Der Arzt bat einen der Beamten, mit ihm die Leiche noch einmal zu besichtigen. Hierbei wies er ihn ausdrücklich auf die Veränderungen in der Halshaut hin. In dieser Zeit befragte der andere die Tochter der Verstorbenen und einige Hausbewohner. Die Tochter erklärte ihm, daß ihre Mutter seit über 30 Jahren zukkerkrank gewesen sei und daß sie sich habe täglich spritzen müssen. In zurückliegender Zeit sei es wiederholt vorgekommen, daß die jetzt Verstorbene in hilfloser Lage in der Wohnung gefunden worden sei. Einmal habe die Mutter so eine ganze Nacht in der Badewanne gesessen. Sie habe immer mit einem plötzlichen Tod der alten Frau rechnen müssen.

Eine Hausbewohnerin wies darauf hin, daß sie am Nachmittag des Vortages im Treppenhaus einen jungen Mann gesehen habe, der wenig später in die Wohnung der Frau M. eingelassen worden sei. Man ging davon aus, daß das möglicherweise ein Angestellter der Speditionsfirma gewesen sei, an der Frau M. als Teilhaberin beteiligt war, der ihr, wie an jedem Freitag, Geld gebracht hatte. Eine Nachfrage bei dieser Firma wurde unterlassen.

Ergebnis der ärztlichen und polizeilichen Leichenschau: natürlicher Tod

Gemeinsam mit dem Kriminalbeamten kam der Arzt zu der Auffassung, „daß keine Anzeichen für einen gewaltsamen Tod vorzuliegen schienen“. „Die Leichenbesichtigung, der Eindruck der Kriminalbeamten und auch die Angaben der Angehörigen waren derart, daß ich ohne Zweifel bereit war, den natürlichen Tod dieser Frau zu bescheinigen.“

Die Kriminalbeamten erklärten der Tochter der Verstorbenen, sie könne ein Beerdigungsunternehmen benachrichtigen und die Leiche abtransportieren lassen.

Die Kriminalpolizei Düsseldorf beschlagnahmte die Leiche, die zwar auf dem Friedhof lag, aber zum Glück noch nicht beerdigt worden war. Noch am gleichen Tage wurde sie im Institut für Rechtsmedizin der Universität Düsseldorf obduziert. In ihrem vorläufigen Gutachten erklärten die obduzierenden Ärzte unter anderem:

Obduktionsergebnis: gewaltsamer Tod durch Ersticken

„Die Haut des vorderen Halses zeigte typische Würgemale und auch eine eventuelle Drosselfurche. Das rechte obere Horn des Kehlkopfes war abgebrochen und die Halsmuskeln waren besonders nach rechts von Blutungen deutlich durchsetzt. Ebenfalls zeigte die Haut des Gesichtes, die Augenbindehäute und auch die Schläfenmuskeln typische sogenannte Erstickungsblutungen. Die äußeren und inneren Verletzungen des Halses sprechen für eine mechanische Erstickung durch Strangulation (manuelle Strangulation) des Halses.

Aufgrund der starken Einblutungen der Halsweichteile und der Stauungsblutungen der Gesichtshaut, der Augenbindehäute und der Schläfenmuskulatur kann man einen relativ lang dauernden Erstickungsvorgang annehmen."

Fazit: Werden schon bei frischen Leichen Erstickungsmerkmale und eindeutige Anzeichen von Gewalteinwirkungen auf den Halsbereich übersehen, bzw. falsch gedeutet, um wieviel größer ist die Gefahr, wenn die Leiche durch Fäulnis, Verwesung oder Brandeinwirkung verändert ist. Selbst schwere Verletzungen werden in solchen Fällen durch bloße äußere Besichtigung oftmals nicht erkannt. Immer sollte in Zweifelsfällen obduziert werden, obwohl auch die Leichenöffnung nicht in allen Fällen die Klärung der Todesursache garantiert.

Fall 6:

Ausgangslage: Auffinden einer stark verfaulten männlichen Leiche in der Wohnung

Der 48 Jahre alte Kaufmann Hubert M. war in seiner Wohnung in Düsseldorf tot aufgefunden worden. Sein Bruder war von auswärts angereist, weil sich Hubert M., entgegen seiner sonstigen Gewohnheit, seit Wochen nicht gemeldet hatte. Von einem zufällig im Hause anwesenden Handwerker hatte er die Wohnungstüre öffnen lassen. Fäulnisgeruch war ihnen entgegengeschlagen. Quer über der Couch liegend hatten sie die nur mit Unterwäsche bekleidete völlig verfaulte Leiche des Wohnungsinhabers gefunden. Die Polizei war gerufen worden.

M. war homosexuell veranlagt gewesen. Hausbewohner sprachen von häufigen Besuchen junger Männer.

War M. getötet worden? Grobe Verletzungen waren an der Leiche nicht zu erkennen, sah man von einigen Verfärbungen in der Halshaut ab, die aber durchaus Folge der allgemeinen Fäulnis sein konnten. Wer wollte das schon bei der grau-schwarz verfärbten, aufgetriebenen Leiche sagen, bei der sich die Oberhaut zum Teil schon gelöst hatte oder in großen Säcken, gefüllt mit schmutzigfarbenem Gewebewasser, vorgetrieben war, entscheiden. Eine sofortige Leichenöffnung würde nicht zu erreichen sein – es war Samstagabend.

Kriminalistische Problemstellung: Lag ein Tötungsdelikt vor?

Immerhin war aber zu entscheiden, ob der sofortige, personalaufwendige Einsatz einer Mordkommission notwendig war oder ob die weiteren Nachforschungen bis zum Montag, nach Klärung der Todesursache, zurückgestellt werden konnten. Gab es einen Täter, so hatte der schon einen gewaltigen Vorsprung.

Die Beamten entschlossen sich, zunächst einmal einen Rechtsmediziner zum Leichenfundort zu bitten. Aber auch der war angesichts der weitgehenden Zerstörung der Leiche überfordert. Die verdächtig erschienenen Verfärbungen am Vorderhals hielt er nicht für Würge- oder Drosselmale.

Vorsorglich wurde dennoch eine Mordkommission gebildet. Immerhin stand in der Wohnung der Kleiderschrank auf und alle darin hängenden Kleidungsstücke schienen durchsucht. Wenn auch Sparbücher mit einem Kontostand bis zu 20.000,– DM vorhanden waren, es fehlte alles Bargeld. Am folgenden Tag waren die Beamten im Besitz einer zu Fahndungszwecken recht gut geeigneten Beschreibung des letzten Begleiters des M.

Selbstgestellung und Geständnis des Täters: Mord in zwei Fällen an homosexuell veranlagten Opfern

Am gleichen Abend erschien bei der Polizei eines kleinen Ortes im Siegerland der 23 Jahre alte wohnungslose Leonhard D. und gab an, zwei Morde begangen zu haben. In Düsseldorf habe er einen Homosexuellen in dessen Wohnung erwürgt und beraubt und vier Tage später habe er in einer westfälischen Großstadt einen ebenfalls homosexuell veranlagten Mann mit einer Paketschnur erdrosselt.

Bereits die ersten Aussagen des jungen Mannes deckten sich mit dem objektiven Tatbefund in Düsseldorf. Eine noch bei der Polizei im Siegerland von ihm gefertigte Handskizze stimmte in allen wesentlichen Punkten mit den tatsächlichen Gegebenheiten am Leichenfundort überein.

Auffinden einer zweiten männlichen von Fäulnis und Maden befallenen Leiche

Der Tote, ein 58 Jahre alter Gärtnergehilfe, war tot in seinem Zimmer in einem ehemaligen alten Bauernhaus gefunden worden. Er hieß ebenfalls

M., Walter M., ein Zufall, wie sich im Nachhinein herausstellte. Ein Beamter der für Todesermittlungsverfahren zuständigen Fachdienststelle war erschienen, ein in der Bearbeitung von Todesermittlungsverfahren erfahrener Beamter. Er hatte die unbekleidete Leiche des Mannes in Rückenlage im Bett liegend vorgefunden. Der Tote war bis zur Brust mit einem Oberbett bedeckt gewesen. Auch hier hatten sich an der Leiche schon Anzeichen von Fäulnis gefunden. Fäulnisflüssigkeit war aus den Körperöffnungen ausgetreten. An der Nase hatte sich Madenbefall gezeigt. Dennoch, der Zustand der Leiche war noch relativ gut gewesen. Verletzungen irgendwelcher Art hatte der Beamte an dem Toten nicht gefunden.

Hausmitbewohner hatten erklärt, M. sei nicht gut zurecht gewesen. Er habe hin und wieder Blut gespuckt. Sein Hausarzt, bei dem er seit zehn Jahren in Behandlung gewesen war, berichtete von Magengeschwüren, aber dies alles erklärte nicht M.'s plötzlichen Tod. In seinem Bericht an die Staatsanwaltschaft regte der Beamte trotz des Fehlens jeglicher Verletzungen die Obduktion der Leiche an. Er wies darauf hin, daß die Todesursache nicht feststehe, daß M. in seinem unverschlossenen Zimmer tot aufgefunden worden sei und daß weder der Zimmerschlüssel noch Bargeld gefunden worden seien.

Die Staatsanwaltschaft folgte der Anregung und ordnete die Leichenöffnung an. Am darauffolgenden Tag fand die Obduktion im Institut für Rechtsmedizin dieser Großstadt statt.

Obduktionsergebnis: erhebliche Fäulnis und Gasbefall ließen grobsichtig eine eindeutige Aussage zur Todesursache nicht zu

„Die Obduktion", so schrieben die obduzierenden Ärzte in ihrem vorläufigen Gutachten, „ergaben bei dem 58 Jahre alten Mann bereits erhebliche Fäulniserscheinungen an der Oberfläche der Leiche und ausgedehnten Gasbefall der inneren Organe, die eine Beurteilung der einzelnen Organe bezüglich feinerer krankhafter Veränderungen weitgehend unmöglich machen. Auffällig war lediglich eine schwer degenerierte Leber mit Verdacht auf eine akute gelbe Leberdystrophie. Weiterhin fanden sich im Bauchraum zahlreiche völlig verkalkte Lymphknoten, die einen abgelaufenen entzündlichen Prozeß bewiesen. Die Lungen zeigten das Bild einer ausgeprägten Wassersucht bei rechtsseitigen alten Lungenverwachsungen. Eine eindeutige Todesursache konnte grobsichtig an der Leiche nicht (mehr) festgestellt werden, wegen des fortgeschrittenen Zerfalls der Organe. Zum Nachweis eines zum Tode führenden Leberschadens werden wir versuchen, noch feingewebliche Klärung zu schaffen. Hinweise für äußere Gewalteinwirkungen fanden sich nicht. Im Hinblick darauf, daß in der Vorgeschichte Alkoholmißbrauch in Rede gestellt wird und dementsprechend auch eine akute Alkoholvergiftung durchaus in Rede steht, haben wir Blut und Harn zur Alkoholbestimmung entnommen, vorsorglich auch noch Herzmuskelgewebe. Nach Durchführung der Untersuchungen wird abschließend zur Todesursache berichtet". Soweit das vorläufige Obduktionsgutachten. Wie aber war M. tatsächlich zu Tode gekommen?

Geständnis des Täters zur Tötung der beiden Opfer: Erdrosseln

Genauso wie in Düsseldorf hatte sich D. auch in der anderen Stadt als Strichjunge betätigt. Er war mit M., den er am Hauptbahnhof kennengelernt hatte, zu dessen Wohnung gegangen. Nach homosexuellen Handlungen hatte er dem Mann spielerisch eine Paketschnur um den Hals gewickelt und hatte dann plötzlich zugezogen, fest, mit aller Kraft. M. hatte nur ein wenig mit den Armen „geflattert", dann war er tot gewesen. Die beiden Enden der Schnur hatte D. am Kehlkopf zu einer Schleife gebunden. Erst später, nachdem er sich angekleidet und die Wohnung seines Opfers durchsucht gehabt hatte, hatte er die Schnur wieder vom Hals gelöst.

Alle überprüfbaren Einzelheiten seiner Aussagen entsprachen den Tatsachen. Im Nachhinein fanden sich in der Wohnung M. noch seine Fingerspuren.

Aufgrund der Aussagen des Tatverdächtigen, er habe das Opfer mit einer Schnur erdrosselt, wurden weitere rechtsmedizinische Untersuchungen an der Leiche durchgeführt. Mit dem ein Jahr später vorliegenden abschließenden Gutachten wurden die Angaben des Täters zur Tötungsart bestätigt.

Erdrosseln von Säuglingen – Unfall oder Mord?

Auch beim Erhängen und Erdrosseln ist der Tod nicht immer vorsätzlich herbeigeführt. Unglücksfälle sind denkbar. Der Kriminalbeamte wird mit ihnen vor allem dort immer wieder konfrontiert, wo es um die Überprüfung *unnatürlicher Todesfälle von Kleinkindern* geht, die sich durch falsch angebrachte Sicherheitsgurte, mit Hilfe von Spielzeugschnüren und anderen Strängen selbst erdrosseln, zwischen den Stäben ihrer Kinderbetten oder zwischen anderen Möbelstücken ersticken. *Nie kann in diesen Fällen ein Fremdverschulden sofort ausgeschlossen werden.* Stets bedarf es sorgfältiger Überprüfung und Rekonstruktion des Geschehens und immer muß die Frage gestellt werden, ob der Tod durch *angemessene Sorgfalt der Aufsichtspflicht* hätte vermieden werden können.

Fall 1:

Tod eines Säuglings

Bereits am Tage vorher hatte die Hausfrau Brigitte K. ihren zehn Monate alten Sohn Dirk tot in die Kinderklinik gebracht, aber die Kriminalpolizei Düsseldorf war erst am darauffolgenden Vormittag durch einen Angestellten des Instituts für Rechtsmedizin unterrichtet worden, nachdem die Leiche dorthin überführt worden war. Bei der Leichenbesichtigung stellten die Kriminalbeamten neben einem mangelhaften Ernährungs- und Pflegezustand eine doppelte, circulär um den Hals verlaufende und in sich geschlossene Strangulationsfurche und in den Augenbindehäuten ausgeprägte Stauungsblutungen fest. Das Kind war offensichtlich erstickt. War es erdrosselt worden?

Brigitte K., zum Zeitpunkt des Geschehens 29 Jahre alt, hatte acht Jahre vorher den Maurer Wolfgang K. geheiratet und bereits einen Tag nach der Hochzeit das erste Kind geboren. Es war sodann, mit Ausnahme eines Jahres, in jedem Jahr ein Kind hinzugekommen. Ihr letztes Kind war Dirk. Sie war jedoch schon wieder schwanger. Abgestumpft und schwerfällig wie sie war, hatte sie nach Ansicht der Nachbarn zumindestens versucht, das für die Kinder Erforderliche zu tun und das war, in dem Milieu der Wohngegend, sicherlich ein Lob. Sie war bei den vielen kleinen Kindern einfach überfordert gewesen, und so war wohl auch der mangelhafte Pflegezustand des toten Jungen zu erklären. Ihr Mann, wegen Notzucht, Betruges, Unterschlagung und Widerstandes vorbestraft, hatte sich im letzten Jahr „selbständig“ gemacht. Er war Subunternehmer geworden.

Alle Kinder der Familie schienen, und das galt insbesondere für die achtjährige Elvira, in ihrer geistigen Entwicklung weit hinter gleichaltrigen Kindern zurückgeblieben zu sein. Sie war, als man feststellte, daß sie schon den Anforderungen des ersten Grundschuljahres nicht gewachsen war, in eine Sonderschule eingewiesen worden.

Zum Sachverhalt vernommen erklärte Frau K., daß Dirk den ganzen Tag im Bett gespielt habe. Etwa gegen 14.00 Uhr habe sie den Jungen gefüttert und dann das im Erdgeschoß gelegene Kinderzimmer verlassen und die Tür von außen abgeschlossen. Allerdings habe die ganze Zeit über das Fenster weit aufgestanden.

Kurz vor 18.00 Uhr sei dann ihre Tochter Elvira in das Kinderzimmer gegangen, wo sie sich habe ausziehen wollen. Das Mädchen habe ihr bei dieser Gelegenheit zugerufen, Dirk schlafe noch. Als sie wenig später den Jungen habe wecken wollen, habe sie ihn mit einer um den Hals geschlungenen Schnur leblos aufgefunden. Ihr Mann habe sie mit dem Kind ins Krankenhaus gefahren, wo aber nur noch der Tod des Jungen festgestellt worden sei. Sie habe das Kind nicht erdrosselt.

Ergebnis der Obduktion: Tod durch Strangulation; Unglücksfall oder vorsätzliche Tötung?

Wie erwartet, ergab die gerichtliche Leichenöffnung, daß der Junge durch gewaltsames äußeres Ersticken als Folge einer Strangulation gestorben war. Die Frage, ob ein Unglücksfall oder eine Tötung vorlag, konnten die Ärzte naturgemäß nicht beantworten. Es war Aufgabe der Ermittlungsbeamten, diese Frage zu klären.

Frau K. wies auf eine Schnur hin, die unten aus einer Gardine heraushing. Es war eine Bleischnur, wie sie zum Beschweren der Gardinen verwandt wird. Sie war zum Teil aus der Gardine herausgerissen und hing nun dicht neben dem quer vor dem Fenster stehenden Kinderbett herab.

Diese Schnur, 1,5 mm stark, bestehend aus zylinderförmigen Bleikörpern mit einer Textilummantelung, sei dem Jungen um den Hals geschlungen gewesen. Der Stärke der Strangulationsfurchen nach konnte das stimmen. Mit Hilfe einer Puppe wurde versucht, das Geschehen zu rekonstruieren. Man bemühte sich, eine Situation herbeizuführen, die möglicherweise zu einer Selbsterdrosselung geführt haben konnte. Alle Versuche schlugen fehl. Die Schnur, wurde sie nicht durch einen Knoten am Hals fixiert, löste sich immer wieder von selbst. Einen Knoten aber wollte die Kindesmutter nicht festgestellt haben, und ein solcher hatte sich auch in der Strangfurche des Halses nicht abgebildet.

Das bedeutet aber, daß ein Selbsterdrosseln ausschied. Das Kind war offenbar durch die Hand eines anderen zu Tode gekommen.

Bei diesem Stande der Ermittlungen erklärte die achtjährige Elvira plötzlich: „Heide hat das gemacht – die ist durch das Fenster geklettert und hat dem Dirk das Band „umgewurschtelt."

Langwierige Nachforschungen waren notwendig, bis feststand, daß die Behauptungen des Kindes falsch waren. Richtig war lediglich, daß Heidi, die vierjährige Tochter des Ehepaares, schon verschiedentlich durch das Kinderzimmerfenster in die Wohnung eingestiegen war, um aus der Küche Süßigkeiten zu holen. Durch die Vermutungen, in denen sich die Erwachsenen bei ihren Gesprächen ergingen, war Elvira angeregt worden und hatte fälschlich ihre kleine Schwester beschuldigt.

Konnte aber nicht ein anderer durch das Fenster eingestiegen sein und das Kind erdrosselt haben? Oder hatte doch die Mutter den Jungen umgebracht? Doch im Grunde sprach nichts für eine solche Annahme.

Ergebnis der Ermittlungen: Tod infolge eines Unglücksfalles

Die Lösung des Rätsels wurde gefunden, als man zur Rekonstruktion nicht mehr die Puppe verwandte. Die Bleischnur verlor ihre Gleitfähigkeit nämlich sofort, wenn sie statt um den Hals einer Puppe um einen menschlichen Hals geschlungen wurde. Kreuzte sich die Schnur hierbei noch in irgendeiner Weise, dann saß sie wie verknotet fest.

Die Stirnseiten der Bleikörper des unter dem Kreuzungspunkt liegenden Teils der Schnur wirkten in einem solchen Fall durch den Textilmantel hindurch wie Sperrhaken. Die mit der Puppe durchgeführten Rekonstruktionen des möglichen Handlungsablaufes hatten zu falschen Ergebnissen und Schlüssen führen müssen. Dirk war durch einen Unglücksfall zu Tode gekommen, der sich offenbar wie folgt zugetragen hatte:

Der zehn Monate alte Junge war in der Lage gewesen, sich an den Gitterstäben seines Bettes in die Höhe zu ziehen. Er konnte, wenn er erst einmal in sitzender Stellung war, beide Hände frei bewegen. Wenn er nun nach der zwischen seinem Bettchen und der Wand von der Gardine herunterhängenden Bleischnur gegriffen hatte, so hatte er diese etwa in der Mitte, keinesfalls an ihrem unteren Ende erreichen können. Hatte er die Schnur nun in das Bett gezogen, so hatte diese sofort doppelt gelegen. Bei einer solchen Ausgangslage hatte dann schon ein Umfallen des Kindes und eine Drehung seines Körpers um die Längsachse genügt, um eine Situation herbeizuführen, bei der sich die Schnur um den Hals wickeln konnte. Sie wurde dann durch den Zug am oberen Ende und durch die Bleikörper fest fixiert, was zwangsläufig zur Selbsterdrosselung führen mußte.

Fall 2:

Tod eines Kleinkindes durch Strangulation infolge eines Unglücksfalles

Die Mutter gab an, daß sie den 13 Monate alt gewordenen Jungen um 11.30 Uhr zu Bett gebracht habe. Sie sei mit dem Kind allein in der Wohnung gewesen. Gewöhnlich melde sich der Junge gegen 13.00 Uhr. Diesmal sei dies nicht so gewesen, aber sie habe sich keine Sorgen gemacht und angenommen, er schlafe noch. Als sie dann aber gegen 13.50 Uhr in das Kinderzimmer gekommen sei, habe sie ihn in seinem Bett leblos vorgefunden. Um seinen Hals sei die Jalousettenschnur geschlungen gewesen.

Der Notarzt, der um 14.00 Uhr eintraf, hatte zwar noch Wiederbelebungsversuche unternommen, jedoch ohne Erfolg.

Das Kinderbett stand in einer Ecke des Kinderzimmers, direkt neben einem Fenster. Die vor dem Fenster angebrachten Jalousetten waren herabgelassen. Die Nylonschnur zu ihrer Führung hing, doppelt gelegt, in das Kinderbett hinein. Die durch die doppelte Führung der Schnur gebildete Schlinge endete 13 Zentimeter oberhalb der Matratze.

Der Junge müsse sich die Schnur in das Bett hineingezogen haben, erklärte die Mutter, denn sie habe ihn in Bauchlage liegend, mit dem Kopf in der Schlinge hängend, vorgefunden.

Das Kind befand sich in einem ausreichenden Pflege- und Ernährungszustand. Bis auf eine nicht ansteigende und im Nackenbereich offene Strangfurche war die Leiche des Jungen unverletzt. In den Augenbindehäuten und in der Mundschleimhaut waren die für einen Erstickungsvorgang typischen Stauungsblutungen vorhanden. Die Strangulationsfurche stimmte mit der in das Bett hineinhängenden Schnur überein.

Es konnte so gewesen sein, wie die Mutter des Jungen es beschrieben hatte. Die doppelt geführte Schnur war für das Kind vom Bett her erreichbar gewesen. Es hatte die Schlinge hereinziehen können. Wenn es dann nach vorn übergefallen war, hatte es durchaus zu einer Situation kommen können, bei der sich der Junge selbst stranguliert hatte.

Die Leichenöffnung hatte folgendes Ergebnis:

„... dieser 13 Monate alt gewordene Junge war organisch vollkommen gesund.

Am Hals konnten wir eine gut ausgeprägte Strangfurche feststellen. Oberhalb der Strangfurche zeigte die Haut des Halses und des Gesichtes zahlreiche nadelstichgroße Blutungen, sogenannte Erstickungsblutungen. Weiterhin waren die Augenbindehäute und die Schleimhäute der Mundhöhle und die Schläfenmuskeln ebenfalls von solchen Blutungen durchsetzt. Eine hochgradige Blähung der Lungen, akute Stauung des Gehirns, der inneren Organe und der flüssige Zustand des Blutes waren die weiteren Obduktionsbefunde.

Unter Berücksichtigung der Ergebnisse der Ermittlungen und der Obduktionsbefunde kann man mit Sicherheit sagen, daß der Tod dieses Jungen durch eine Strangulation des Halses, durch eine mechanische Erstickung, hervorgerufen wurde.

Die Obduktion ergab allein keine Hinweise für die Mitwirkung von dritter Hand."

Auch die weiteren Ermittlungen und Untersuchungen erbrachten keine Anhaltspunkte für eine vorsätzliche Tötung des Kindes.

Fall 3:

Tod eines Säuglings; Strangulation durch Haltegurte im Kinderbett

Morgens um 05.40 Uhr wurde die Kriminalpolizei zu einer Wohnung im Norden der Stadt gerufen, wo ein Kleinkind erhängt aufgefunden worden war.

Es war eine Einraumwohnung in einem sogenannten „Stadtwohnheim", in der das Kind zu Tode gekommen war. Der Säugling, ein fast drei Monate alter Junge, lag auf einem Bett, dem Elternbett. Der Raum war notdürftig eingerichtet. In einer Ecke stand ein mit einer Decke verhängtes Etagenbett, selbst gebaut, wie der Wohnungsinhaber, ein 25 Jahre alter Arbeiter, versicherte.

Unter Berücksichtigung der vorgefundenen Verhältnisse war das Kind gut gepflegt und genährt. Es war, bis auf eine diffuse, sich nur am Vorderhals breitflächig abzeichnende Strangfurche, unverletzt. Allerdings waren auch hier wieder die typischen Erstickungszeichen in den Schleimhäuten des Mundes und den Bindehäuten beider Augen zu erkennen.

Die Mutter, 22 Jahre alt, war am Abend zuvor, um 21.45 Uhr, von ihrem Ehemann zur nächsten Bushaltestelle gebracht worden, weil sie, wie allabendlich, um 22.30 Uhr ihre Arbeit als Putzfrau hatte aufnehmen müssen. Zu dieser Zeit hatte der Säugling schlafend im oberen Teil des Etagenbettes gelegen. Gegen ein Herausfallen habe man ihn durch Überlegen einer mit Gurten links und rechts befestigten Strampeldecke gesichert gehabt. Als man gemeinsam aus der Wohnung gegangen sei, habe im unteren Teil des Bettes das ältere Kind, der zweijährige Manfred, gelegen.

Manfred habe, so schilderte der Mann, am Spülstein gestanden, als er zurückgekommen sei. Sein Schlafanzug sei, vom Spielen mit dem Wasser, völlig durchnäßt gewesen. Er habe den Jungen umgezogen und habe ihn dann, weil er ausgekühlt gewesen sei mit in sein Bett genommen.

Er habe nicht noch einmal nach dem Säugling gesehen, habe ihn, da alles ruhig gewesen sei, schlafend gewähnt. Die Sicht auf das Etagenbett sei ihm durch eine Decke verwehrt gewesen, die man zum Schutz gegen die störende Zimmerbeleuchtung aufgehängt gehabt habe. Er sei erst durch seine in den Morgenstunden nach Hause zurückkehrende Ehefrau geweckt worden, die auch das Kind, außen am Bett hängend, aufgefunden habe.

Die Aussagen der Eltern waren ohne Widersprüche. Sie deckten sich mit den Veränderungen an der Leiche und dem Ergebnis der Obduktion. Der Junge war durch gewaltsames äußeres Ersticken, durch Erhängen, gestorben.

Das Geschehen wurde rekonstruiert. Danach waren die Haltegurte der Strampeldecke an beiden Seiten unterhalb der Matratze befestigt gewesen. Das Kind war offenbar seitlich aus dem Bett herausgeglitten. Hierbei war einer der Haltegurte über die Brust bis zum Hals gerutscht. Das Kind hatte sich durch das Gewicht des aus dem Bett heraushängenden Körpers selbst stranguliert.

Fall 4:

Unfalltod eines Kleinstkindes im Bett

Gegen 15.15 Uhr war der 15 Monate alt gewordene Junge von der Mutter tot aufgefunden worden. Das Kind, so versicherte die 21 Jahre alte Frau, habe sonst in einem anderen Bett in seinem eigenen Zimmer geschlafen. Nur diesesmal habe sie es in das Etagenbett gelegt, weil sie das Zimmer des Jungen habe säubern wollen. Es war eines der üblichen Kinderetagenbetten. Zusätzlich zu einer in Höhe der Matratze abschließenden Holzleiste war im oberen Bett, 14 Zentimeter darüber, eine weitere, 7,5 Zentimeter hohe Holzleiste angebracht, die offenbar als Schutz gegen ein Herausfallen dienen sollte.

Das Bett sei von ihrem Mann aufgestellt worden. Er habe auch die mitgelieferte Sicherheitsleiste am oberen Bett angebracht. In dem Etagenbett hätten sonst die größeren Kinder geschlafen.

Sie habe den Jungen bewußt nicht in das untere Bett gelegt, weil sie befürchtet habe, daß er ihr hier herausfallen könne. Oben habe sie diese Gefahr, der Sicherheitsleisten wegen, nicht gesehen.

Gegen 13.00 Uhr habe sie den Jungen zu Bett gebracht. Als sie etwa zwanzig Minuten später nochmals nach ihm gesehen habe, habe er fest geschlafen. Bis gegen 14.45 Uhr sei sie dann zu einer Nachbarin gegangen und habe danach weiter ihre Hausarbeiten verrichtet. Als sie um 15.15 Uhr in das

Kinderzimmer gekommen sei, habe der Junge am Fußende des Bettes gehangen. Sein Kopf sei unter der Sicherheitsleiste eingeklemmt gewesen. Das Kind habe kein Lebenszeichen mehr von sich gegeben.

An der sonst unverletzten Leiche fand sich, quer unter dem Kinn, eine schwach ausgeprägte Druckstelle und eine weitere am Hinterkopf. Die Veränderungen konnten durchaus durch eine Situation, wie die Mutter sie geschildert hatte, verursacht worden sein.

Eine Rekonstruktion ergab, daß das Kind zwischen den beiden Leisten hindurchgeglitten sein konnte. Faseranhaftungen, die dem Frottestrampelanzug des Kindes zuzuordnen waren, hafteten an der unteren der beiden Leisten an der Stelle, an der die Frau das Kind gefunden haben wollte.

Alles sprach dafür, daß die Kindesmutter die Wahrheit sagte, auch wenn bei der Obduktion keine eindeutige Todesursache gefunden werden konnte.

„Die Menge des vorhandenen Speisebreis in den Luftwegen", so erklärten die Ärzte, „kann jedoch dafür sprechen, daß das Kind infolge Aspiration verstorben ist".

Offenbar hatte der Junge, nachdem er in die hilflose Lage geraten war, erbrechen müssen und war an dem eingeatmeten Speisebrei erstickt.

Erhängen, Erdrosseln – Selbsttötung oder Mord?

Es kann sich niemand selbst erwürgen, aber erdrosseln sehr wohl. Dennoch – meist sind Erdrosselte durch fremde Hand getötet. Der kriminalpolizeiliche Sachbearbeiter am Leichenfundort hat die Frage zu beantworten, ob das eine oder andere vorliegt.

Ein Selbsterdrosseln kann nur geschehen, wenn die Lockerung des Strangwerkzeuges bei eintretender Bewußtlosigkeit verhindert wird, wie zum Beispiel durch Knoten, durch einen Hebel oder durch das Legen mehrerer Strangtouren.

Und Erhängen? Viel zu schnell wird immer wieder auf Selbsttötung geschlossen, werden die Fälle außer acht gelassen, wo – gar nicht so selten – Menschen durch Erhängen getötet oder ein Suizid durch Aufhängen des auf andere Weise Getöteten vorgetäuscht wurde.

Natürlich ist es möglich, den körperlich Unterlegenen, den durch Überwerfen des Strangwerkzeuges Überraschten, den infolge übermäßigen Alkoholgenusses oder Medikamenteneingabe Bewußtlosen oder in seinem Bewußtsein Getrübten zu erhängen. Immer bedarf es daher auch hier einer *sorgfältigen Tatbefundaufnahme und der Prüfung der Frage, ob ein Selbsterhängen aufgrund der Gesamtumstände überhaupt möglich gewesen war.* Fundortsituationen, bei denen der Mensch frei im Raum hängt, sind ohne ausreichendes Tatmotiv immer auf Mord verdächtig, denn in der Regel werden Erhängte eben nicht frei hängend, sondern hockend, kniend, sitzend oder sogar liegend aufgefunden. Es bedarf ja nur der Zugkraft von wenigen Kilopond, um mit Hilfe des Strangwerkzeuges die Blutzufuhr zum Gehirn zu drosseln.

Stets muß die Leiche genauestens besichtigt werden, weil am Hals weitere, vom Strangwerkzeug überlagerte Verletzungen vorhanden sein können oder weil Injektionsstellen, Unterblutungen an Händen und Unterarmen, abgebrochene oder eingefetzte Fingernägel ein Hinweis dafür sein können, daß eben doch kein Selbstmord vorliegt.

Untersuchungen auf Alkohol- und Medikamentenbeeinflussung sind im Zweifelsfalle erforderlich, und letztlich ist eine exakte Klärung der Frage, ob ein vitales Erhängen vorliegt oder ob die Leiche zur Vortäuschung einer Selbsttötung aufgehängt wurde, immer nur durch eine Obduktion möglich.

Fall 1:

Dubioser Erhängungstod

Nachts, gegen 01.15 Uhr, wurde die Kripo Düsseldorf zu einem Einfamilienhaus gerufen, wo der 44 Jahre alte Handelsvertreter Günter E. seine 38 Jahre alt gewordene Ehefrau Marianne erhängt aufgefunden haben wollte. In dem im Obergeschoß des Hauses gelegenen Kinderzimmer fanden die Beamten die Tote am Boden liegend vor. Es fiel sofort auf, daß die Frau zwei scheinbar voneinander isolierte Strangulationsfurchen am Hals aufwies, eine, zirkulär um den Hals verlaufend, die andere, zum Nacken hin ansteigend und nicht geschlossen. Es sprach alles dafür, daß die Frau zunächst gedrosselt und später aufgehängt worden war.

E. wies auf mehrere Stücke einer Damenstrumpfhose hin, die, fasrig ausgerissen, zum Teil neben der Leiche lagen, zum Teil an einem Drehgriff des einzigen Fensters verknotet waren. Daran habe sie gehangen, erklärte er. Er habe sie am Körper erfaßt und abgerissen. Die Beamten hatten Zweifel an der Darstellung. Sie stellten den Drehgriff mit dem daran verknoteten Stück Strumpfhose und die am Boden liegenden anderen Teile des angeblichen Strangwerkzeuges sicher.

Man habe wegen einer anderen Frau Streit gehabt, erklärte E. auf Fragen. Seine Frau habe eine Boutique betrieben. Er selbst arbeite auch in der Modebranche und so habe er eines Tages eine der Mitarbeiterinnen seiner

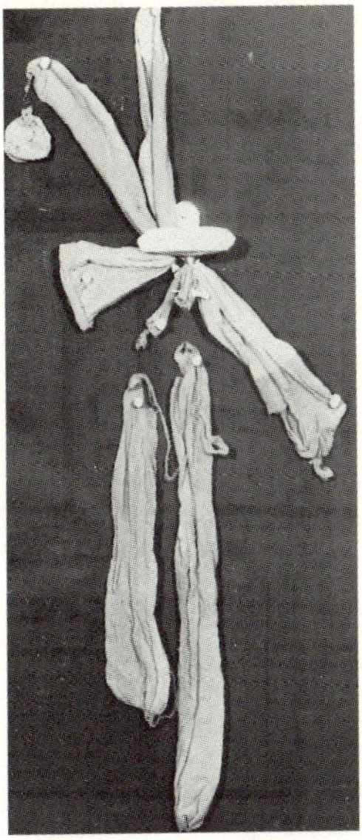

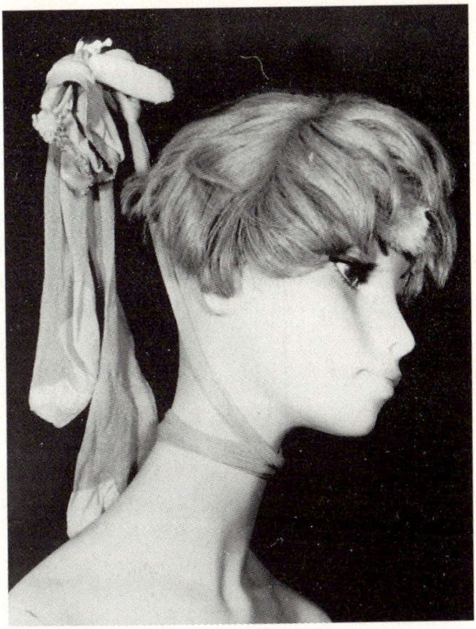

Abb. 8: Rekonstruktion des Erhängungsmechanismus, bei dem es zur Ausbildung einer zirkulär um den Hals verlaufenden Drossel- und einer ansteigenden Strangfurche gekommen war

Abb. 9: Rekonstruktion des Erhängungsvorganges

Frau gebeten, auf einer Messe seine Kommissionen vorzuführen. Mit dieser Frau habe er sich angefreundet. Es sei zu Intimitäten gekommen. Seiner Frau sei dies nicht verborgen geblieben. Auseinandersetzungen seien die Folge gewesen, auch an diesem Abend. Wütend sei sie nach oben gegangen, ins Schlafzimmer, wie er vermutet habe. Dort sei sie jedoch nicht gewesen, wie er einige Zeit später festgestellt habe. Im Kinderzimmer habe er sie dann gefunden, erhängt am Drehgriff des Fensters.

Selbsttötung oder Fremdtötung durch Erdrosseln?

Hatte er sie getötet, erdrosselt und dann aufgehängt, um eine Selbsttötung vorzutäuschen? Er bestritt dies heftig.

Die Beamten fragten sich, ob die Art der Strangführung zu den beiden so unterschiedlichen Strangfurchen hatte führen können und ob die Frau überhaupt in der Lage gewesen sein konnte, die Strumpfhose in der hierfür erforderlichen Weise am Drehgriff des Fensters zu verknoten. Nur eine sorgfältige Rekonstruktion konnte weiterhelfen. Vorsichtig, jede Phase beschreibend und fotografierend, wurde das Strangwerkzeug gelöst, und die abgerissenen Stücke der Strumpfhose wieder zusammengeheftet (Abb. 8). Am Hals einer Schaufensterpuppe wurde der Strangvorgang wiederholt (Abb. 9). Ohne Schwierigkeiten lies sich eine Situation herbeiführen, bei der zwei Strangfurchen, eine zirkulär verlaufende Drosselfurche und eine ansteigende, nicht geschlossene Erhängungsfurche entstanden sein konnten.

Ein Beamter schlang sich die Strumpfhose selbst um den Hals. Es war möglich, mit dem Rücken zum Fenster stehend, das Strangwerkzeug hinter dem Kopf am Drehgriff zu verknoten, und zwar genau so, wie sie es vorgefunden hatten.

E. hatte offenbar die Wahrheit gesagt.

Fall 2:

Auffinden einer bekleideten Toten in einer Badewanne

Nachts war ein Anruf bei der Einsatzleitstelle des Polizeipräsidiums Düsseldorf eingegangen. Der Anrufer hatte mitgeteilt, daß sich in einer Wohnung eine Leiche befinde. Kriminalbeamte hatten wenig später in der in der zweiten Etage eines Mehrfamilienhauses gelegenen Wohnung in der Badewanne sitzend die vollständig bekleidete Leiche einer jungen Frau gefunden. Die Kleidung der Toten war völlig durchnäßt. Am Hals fand sich eine ausgeprägte Strangulationsfurche.

Ein in der Wohnung angetroffener junger Mann wies sich als Rainer K. aus. K. war 21 Jahre alt. Er hatte die Polizei benachrichtigt. Die Tote sei seine Freundin Ute R. gab er an. Ute sei 24 Jahre alt. Ihr gehöre die Wohnung. Am letzten Abend sei er mit ihr aus gewesen. Man habe getrunken. Wie immer sei sie eifersüchtig gewesen, weil er sich mit anderen Frauen unterhalten habe. Schließlich habe sie sogar einen hysterischen Anfall gehabt. Gewaltsam habe er sie aus dem Lokal geführt. Dann sei man zusammen nach Hause gegangen. Gleich darauf habe er sich zu Bett begeben. Er sei ziemlich alkoholisiert gewesen. Mitten in der Nacht sei er erwacht. Sie sei nicht im Bett gewesen. Im Badezimmer habe er sie in der Badewanne sitzend vorgefunden. Da er geglaubt habe, sie sei betrunken, habe er sie abgeduscht, dann aber plötzlich das Strangwerkzeug gesehen, das vom Halterungszapfen der Brausestange zu ihrem Hals geführt habe. Mit einem Messer habe er die Kunststoffschnur durchschnitten.

Die Überprüfung ergab, daß K. wegen versuchten Totschlags in Erscheinung getreten war. Einige Jahre zuvor hatte er versucht, seine Mutter zu erdrosseln, als sie ihn wegen zu späten Nachhausekommens gerügt hatte. Bei K. war eine Geisteskrankheit festgestellt worden. Man hatte ihn in ein Landeskrankenhaus eingewiesen. Inzwischen war er wieder auf freiem Fuß.

Selbsttötung oder Fremdtötung durch Erdrosseln

Kampfspuren fanden sich an der Leiche nicht, sah man von ein paar blauen Flecken an den Oberarmen ab, die durchaus Folge festen Zufassens sein konnten. Die Kleidung war zwar naß, aber vollkommen unbeschädigt.

Wenn K. die relativ kräftige Frau erdrosselt hatte, dann mußte dies ohne große Gegenwehr erfolgt sein. Vielleicht als Folge der Trunkenheit? Ihr Blutalkoholgehalt betrug 1,74 Promille, der von K. 1,35. Während sie, den Leichenerscheinungen nach zu urteilen, gegen Mitternacht gestorben war, hatte er seinen Blutalkohol weiter abgebaut. Um Mitternacht mußte er also mit nahezu 2,5 Promille volltrunken gewesen sein. Es konnte bezweifelt werden, daß er in diesem Zustand noch in der Lage gewesen war, seine Freundin in die Badewanne zu setzen und zu erhängen.

Die Leiche wurde obduziert, aber letztlich brachte das auch keine Sicherheit. Sie war an einer äußeren Erstickung gestorben, ob durch eigene oder fremde Hand, konnten die Ärzte nicht beantworten. Sie verwiesen auf die zirkulär verlaufende Strangulationsfurche, deren Verlauf insoweit atypisch sei, „weil diese Furche auffällig tiefer liegt als gewöhnlich". Darüber hinaus festlegen mochten sie sich nicht.

Die weiteren Ermittlungen ergaben, daß Ute R. in der letzten Zeit vor ihrem Tode mehrfach vergeblich versucht hatte, ihrem Leben ein Ende zu setzen. Sie war depressiv gewesen, wobei das Verhalten ihres Freundes, der es mit der Treue nicht so genau genommen hatte, und die Tatsache, daß sie ihre Arbeitsstelle verloren hatte, ihre Stimmungslage eher verschlechtert hatte. Wenige Stunden vor ihrem Tode hatte sie Dritten gegenüber das Verhalten ihres Freundes beklagt. Sie war niedergeschlagen gewesen, wobei ihre depressive Stimmungslage offensichtlich durch den Alkoholgenuß noch verstärkt worden war.

Blieben der atypische Verlauf der Strangfurche und die griffartigen Unterblutungen an den Oberarmen der Verstorbenen. Die Beamten ließen sich schildern, wie K. seine Freundin aus der Gaststätte geführt hatte. Es schien möglich, daß sie sich dabei die blauen Flecke zugezogen hatte. Dann rekonstruierten sie den Erhängungsvorgang. Es konnte so gewesen sein, daß sich die Frau in der Badewanne sitzend die Schlinge um den Hals gelegt und dann langsam, nach vorn rutschend, das Strangwerkzeug zugezogen hatte. Man sah, daß sich die dünne Kunststoffschnur sofort tief in das Gewebe einpreßte und nicht mehr nach oben glitt, so daß hierdurch der Eindruck einer Drosselfurche entstand, atypisch, aber offenbar zurückzuführen auf die sitzende Position und die Art des verwandten Werkzeuges.

Fall 3:
Dubioser Tod im Nichtseßhaftenmilieu

An einem Sonntagabend hatte ein anonymer Anrufer der Einsatzleitstelle der Polizei in Düsseldorf mitgeteilt, daß sich in einem zum Abbruch bestimmten Haus ein Mann umzubringen versuche. Dann hatte er eingehängt.

Wenig später waren Polizeibeamte am Ort gewesen. Es war ein Mehretagenhaus, verfallen, ohne Fenster, in letzter Zeit die willkommene Unterkunft von Stadtstreichern und ihrem Anhang. Im Licht ihrer Taschenlampe suchten die Beamten die einzelnen Räume ab, überall die typischen Lagerstätten der „Penner", Pappe, Zeitungspapier und alte Matratzen und verstreut die leeren Flaschen billigsten Fusels. Das Gebäude schien leer. Doch dann stießen sie in der dritten Etage auf einen Mann, der im Schneidersitz, mit dem Rücken gegen die Wand gelehnt, auf einer Matratze hockte. Vor sich auf den Knien hatte der Unbekannte einen drei Zentimeter breiten Ledergürtel liegen. Der Mann reagierte nicht, und als die Beamten ihn anstießen, sank er langsam zur Seite. Ein sofort hinzugerufener Arzt stellte fest, daß man einen Toten gefunden hatte. In den Taschen seiner Bekleidung fanden die Beamten seinen Personalausweis. Er hieß Siegfried B.; 38 Jahre alt geworden, seit langem entwurzelt, ohne Arbeit und Wohnung, Alkoholiker.

Die Kriminalpolizei wurde gerufen.

Die Bekleidung war, bis auf die milieubedingten Verschmutzungen, geordnet und unbeschädigt. Der Tote war völlig unverletzt, sah man von zwei sich nur ganz schwach am Hals abzeichnenden, in einem Abstand von drei Zentimetern verlaufenden, strangmarkenähnlichen Hautveränderungen ab. Die Strangfurchen, soweit es welche waren, stiegen nach hinten an und verloren sich im Nacken.

Es stellte sich die Frage, ob B. in einer Schlinge des Gürtels gehangen hatte, der jetzt auf seinen Knien lag? Es schien, daß der Gürtel die Strangmarken hätte hervorrufen können. Waren diese Überlegungen richtig, dann mußte jemand das Strangwerkzeug gelöst haben, wahrscheinlich kurze Zeit nach Eintritt des Todes. Kam dafür der anonyme Anrufer in Betracht? Vorsorglich wurde alles eingesammelt, was um den Toten verstreut lag, auch eine Vielzahl von Papierschnitzeln.

Ergebnis der Obduktion: Todesart nicht eindeutig geklärt

Die gerichtliche Leichenöffnung erbrachte keine eindeutige Todesursache. Die Rechtsmediziner schlossen aber, wegen der Hautveränderungen am Hals, einen Erhängungsvorgang, der aber nur kurzfristig gewesen sein konnte, nicht aus.

B. war betrunken gewesen. Bei Todeseintritt hatte er einen Blutalkoholgehalt von 2,1 Promille gehabt.

Der Sachverhalt blieb unbefriedigend. Alle Überlegungen bewegten sich zu sehr im Bereich der Spekulation. Man setzte die Papierschnitzel zusammen und hielt einen Abschiedsbrief in Händen. Wegen einer Frau, so hatte er geschrieben, wolle er nicht mehr leben. Sie, wohnungslos und alkoholabhängig wie er, hatte sich von ihm getrennt.

Anschließend wurde auch der anonyme Anrufer ermittelt. Es handelte sich um einen 48 Jahre alten Mann, der sich selbst als „Berber" bezeichnete. Den Nachmittag vor dem Geschehen hatte er mit B. und anderen Bindungslosen irgendwo im Freien getrunken. B. war niedergeschlagen gewesen und hatte geweint. Dann hatte er einen Abschiedsbrief aus der Tasche gezogen und gebeten, den Brief an die Frau weiterzugeben, die ihn verlassen hatte. Die anderen hatten ihn nicht ernst genommen. Einer hatte den Brief, den die Beamten am Tatort gefunden hatten, in ganz kleine Stücke zerrissen. B. mußte die Schnipsel wieder eingesammelt und mitgenommen haben. Irgendwann war B. dann gegangen. Die anderen hatten weitergetrunken.

Es war dunkel gewesen, als der Mitteiler sein Lager in dem verfallenen Haus aufsuchte. Als er sich hingelegt hatte, war er gegen einen Menschen gestoßen. Er hatte sein Feuerzeug angemacht und im Schein der Flamme B. hocken gesehen. Um seinen Hals hatte ein an einem Regal befestigter Ledergürtel gelegen. Es sei mühsam gewesen, den Knoten zu lösen. Die Schlinge am Hals sei dadurch gebildet worden, daß der Gürtel durch die Schlaufe gezogen gewesen sei. Obwohl er B. eine Ohrfeige gegeben habe, habe der kein Lebenszeichen mehr von sich gegeben. Von einer in der Nähe gelegenen Telefonzelle aus habe er die Polizei angerufen, ohne seinen Namen zu nennen, da er nicht unbedingt mit der Polizei zusammentreffen wollte.

Fall 4:

Dubioser Tod durch Strangulation

Nachts war die Kriminalpolizei in einen Vorort Düsseldorfs gerufen worden, wo ein Mann, mit dem Kopf nach unten außen an einem Haus hängen sollte. Der Ereignisort war ein dreigeschossiges Mehrfamilienhaus in einer geschlossenen Häuserzeile. Die dort anwesenden Beamten der Schutzpolizei, die von Hausbewohnern herbeigerufen worden waren, berichteten, daß es sich bei dem Toten um einen 44 Jahre alten Arbeiter der städtischen Müllabfuhr handelte. Werner C. habe im Erdgeschoß des Hauses gewohnt.

C. hing mit dem Kopf nach unten außen an seinem Küchenfenster. Um seinen Hals war ein dünnes Kabel gewickelt, ein dubioser Sachverhalt.

Die Innenseite des linken Schuhes hatte sich am Widerlager des Fensterknebels verhakt. Die Unterschenkel des Toten waren so übereinandergeschlagen, daß der rechte Unterschenkel zwischen dem linken und der Fensterbank eingeklemmt war und durch den Zug des nach unten hängenden Körpers in seiner Lage fixiert wurde. C. hing so, daß sein Kopf etwa zehn Zentimeter über dem Erdboden schwebte.

In einer Höhe von 130 Zentimetern verlief an der Hauswand entlang ein mit Kabelklemmen befestigtes Telefonkabel. Dort, wo der Mann hing, war es aus der Befestigung herausgerissen. Es führte nunmehr als Schlinge, sich im Nacken kreuzend, straff um den Hals des Toten. Wo das Kabel unmittelbar unter der Fensterbank aus den Klemmen gelöst war, waren die Bruchstellen frisch und nicht verwittert.

Die Ermittlungen ergaben, daß C. zum übermäßigen Alkoholgenuß geneigt hatte. Mit seinen Nachbarn hatte er in Unfrieden gelebt. Immer wieder war es einmal vorgekommen, daß er seine Wohnungsschlüssel vergessen hatte und dann durch das Küchenfenster in seine Wohnung eingestiegen war. Es stellte sich die Frage, ob er bei einem solchen Versuch verunglückt war.

Obduktionsergebnis: gewaltsame Strangulation

Nach dem Obduktionsergebnis war C. an einer gewaltsamen äußeren Erstikkung als Folge einer Strangulation gestorben. Strangwerkzeug war ohne Zweifel das Telefonkabel gewesen. Die Strangfurche stimmte mit dem Strangwerkzeug überein. Andere Verletzungen fanden sich auch bei der Leichenöffnung nicht. Der Blutalkoholgehalt betrug 3,22 Promille.

War ein Fremdverschulden auszuschließen?

Der mutmaßliche Geschehensablauf wurde rekonstruiert. Alles sprach dafür, daß C. bei dem Versuch, in sein Küchenfenster einzusteigen, nach außen weggerutscht war, wobei die Innenseite seines linken Schuhes am Widerlager des Fensterknebels hängengeblieben war. Beim Sturz war sein rechter Unterschenkel zwischen dem linken Unterschenkel und der Fensterbank eingequetscht worden. Ein Lösen der Füße war ohne Zugentlastung nicht mehr möglich gewesen. Nur eine handstandartige Gegenbewegung hätte ihn aus seiner Lage befreien können, aber diese Übersicht hatte C. wohl, volltrunken wie er gewesen war, nicht mehr gehabt. Stattdessen hatte er offenbar versucht, durch Aufrichten des Oberkörpers die Fensterbank zu erreichen. Hierbei hatte er das unterhalb des Fensters befestigt gewesene Telefonkabel losgerissen. Beim weiteren Hantieren mit diesem Kabel und bei dem vergeblichen Bemühen, sich aufzurichten, mußte er eine Schlaufe gebildet haben, die sich beim Zurücksinken des Oberkörpers um seinen Hals gelegt und durch den Zug des hängenden Körpers unter Spannung geraten war.

Es war ein Unglücksfall gewesen. C. hatte sich selbst erdrosselt.

Im Zuge der weiteren Ermittlungen stellte sich dann heraus, daß Nachbarn, mit denen er in Streit gelebt hatte, ihn schon Stunden vor dem Auffinden dort hatten hängen sehen. C. hatte zu dieser Zeit noch gelebt. Sie hatten ihn hängen lassen, obwohl ihnen bewußt gewesen war, daß er sich allein nicht aus dieser Lage würde befreien können.

Fall 5:

Außergewöhnlicher Selbsttötungsversuch eines neun Jahre alten Kindes durch Strangulation und Tabletteneinnahme

Nachbarn waren auf jammernde Laute aus einer Wohnung aufmerksam geworden. Durch die offen stehende Wohnungstür hatten sie die 27 jährige Brigitte B. in der Diele ihrer Wohnung über ihrem Kind, der neun Jahre alten Birgit knien gesehen. Hilflos hatte Frau B. an dem Mädchen hantiert. Die Neunjährige schien bewußtlos zu sein.

Im Hause wußte man, daß Frau B psychisch krank war. Die Krankheit hatte sich auch auf ihre körperliche Verfassung ausgewirkt. Oft war die ohnehin kleine und schwächliche Frau kaum in der Lage gewesen, sich auf den Beinen zu halten. Die Führung des Haushaltes hatte seit der Scheidung der Frau weitgehend in den Händen der neunjährigen Birgit gelegen, eines hochintelligenten, weit über sein Alter hinaus gereiften Kindes. Hilfe, die man der Familie angeboten hatte, war von Frau B. stets zurückgewiesen worden.

Seit etwa drei Wochen lebte ein Mann mit in der Wohnung. Zum Zeitpunkt des Geschehens war er nicht anwesend.

Frau B. schien völlig verwirrt. Schließlich rief jemand die Polizei und einen Krankenwagen herbei.

Das neun Jahre alte Mädchen wurde tief bewußtlos in die Universitätskliniken eingeliefert. Auf Anfrage erklärten die Ärzte, es bestehe akute Lebensgefahr für das Kind. Am Hals des Mädchens habe man Strangulationsmerkmale und im Magen Rückstände von Tabletten festgestellt. Die Bewußtlosigkeit sei durch eine Medikamentenvergiftung allein nicht zu erklären.

Nach Ansicht des hinzugezogenen Rechtsmediziners, war das Kind ohne Zweifel stranguliert worden. Deutlich zeichnete sich eine leicht ansteigende Strangulationsfurche am Hals des Mädchens ab. Wie intensiv die Strangulation gewesen war, darüber vermochten die Mediziner keine Auskunft zu geben. Der lebensbedrohliche Zustand, in dem sich das Kind befinde, sei, so erklärten sie, möglicherweise Folge der vorangegangenen Strangulation.

Strangulation durch einen Dritten?

Alles sprach dafür, daß als Täter entweder die Mutter des Mädchens oder deren Lebensgefährte in Frage kam. Es schien wenig wahrscheinlich, daß ein Außenstehender in die Wohnung eingedrungen war und das Kind stranguliert hatte. Eine Vernehmung der Mutter war nicht möglich. Sie war zwischenzeitlich einem Landeskrankenhaus zugeführt worden, wo man einen schweren hirnorganischen Schaden mit Verwirrtheitszuständen und auffälligen neurologischen Störungen diagnostiziert hatte. Die Ärzte erklärten sie für vernehmungsunfähig.

Verdacht der versuchten Tötung

Der Freund von Frau B., der 27 Jahre alte Schlosser Manfred S., gab zu, daß es Schwierigkeiten mit diesem völlig auf die kranke Mutter fixierten Mädchen gegeben habe. Er räumte auch ein, das Kind geschlagen zu haben, auch am Vorabend – aber nur auf das Gesäß. Für die Verletzungen am Hals hatte er keine Erklärungen. Er habe das Kind zuletzt am Abend zuvor gesehen, als er mit seiner Bekannten die Wohnung verlassen habe. Als er mit ihr in der Nacht zurückgekommen sei, sei Birgit in ihrem Zimmer gewesen. Und heute Morgen sei er schon früh zur Arbeit gegangen.

Unter dem Eindruck des Vorwurfs der versuchten vorsätzlichen Tötung, wobei im Raum stand, daß das Kind versterben würde, verweigerte S. schließlich jede weitere Aussage.

Überraschenderweise teilten die Ärzte am darauffolgenden Tage mit, daß das Mädchen aus der Bewußtlosigkeit erwacht, ansprechbar und außer Lebensgefahr sei.

Die ermittelnden Kriminalbeamten hörten das Kind an und erfuhren, wie sehr die Neunjährige unter der Krankheit und dem physischen Verfall der Mutter gelitten, wie sehr sie in der Furcht gelebt hatte, die Mutter könne plötzlich versterben. Sie hatte sich mit Selbstmordgedanken getragen und in der Schule mit ihrer Lehrerin darüber diskutiert – was von dieser bestätigt wurde. Die Verantwortung, die sie für die kranke Mutter tragen zu müssen glaubte, hatte sie in die Rolle einer Erwachsenen gedrängt. Die körperliche Züchtigung des Mannes, der sich seit ein paar Wochen plötzlich zwischen sie und ihre Mutter gedrängt hatte, war ihr daher ungeheuerlich erschienen. Als beide am Abend die Wohnung verlassen gehabt hatten, hatte sie beschlossen, sich das Leben zu nehmen. Sie hatte Medikamente eingenommen und danach versucht, sich mit Hilfe eines Schals selbst zu erdrosseln. Danach wußte sie nichts mehr. Sie war wohl bewußtlos geworden.

Irgendwann am nächsten Vormittag mußte die Mutter sie gefunden und in dem Bemühen, ihr zu helfen, in die Diele der Wohnung geschleift haben, wo dann Nachbarn durch die jammernden Rufe aufmerksam geworden waren.

Offenbar hatte der Zustand der Tochter bei der Frau einen Schock ausgelöst, der nunmehr zu ihrer völlig geistigen Verwirrung geführt hatte.

Fall 6:

Selbsttötung durch Selbsterdrosselung

In den späten Nachmittagsstunden wurde die Kriminalpolizei zu einer Wohnung in der Düsseldorfer Innenstadt gerufen, wo der Notarzt den Tod des 29 Jahre alt gewordenen Chemiefacharbeiters Reimund H. festgestellt hatte. Ort des Geschehens war eine 4-Zimmer-Wohnung in der dritten Etage eines Altbaus. Im Doppelschlafzimmer der aufgeräumten und relativ sauber wirkenden Wohnung lag in einem der Betten die nur mit einem Slip bekleidete Leiche in Rückenlage.

Die Beamten erfuhren, daß H. von seinem homophilen Lebensgefährten, mit dem er zusammen die Wohnung bewohnt hatte, aufgefunden worden war. Schutzpolizeibeamte, die zusammen mit dem Notarzt eingetroffen waren, übergaben ein Blatt mit handschriftlichen Aufzeichnungen. Es sei von H. verfaßt, versicherte der Freund des Toten. Es war kein regelrechter Abschiedsbrief, den die Schutzpolizeibeamten auf dem Küchentisch gefunden hatten, und er hatte auch den Mangel, daß er kein Datum trug. Aber immerhin ließen die Zeilen auf eine depressive Stimmungslage des Verfassers schließen.

Leichenbefund

Um den Hals des Toten, der sonst weitgehend unverletzt schien, waren oberhalb des Kehlkopfes ein weißer und ein schwarzer Schnürsenkel geschlungen und verknotet (Abb. 10, 11).

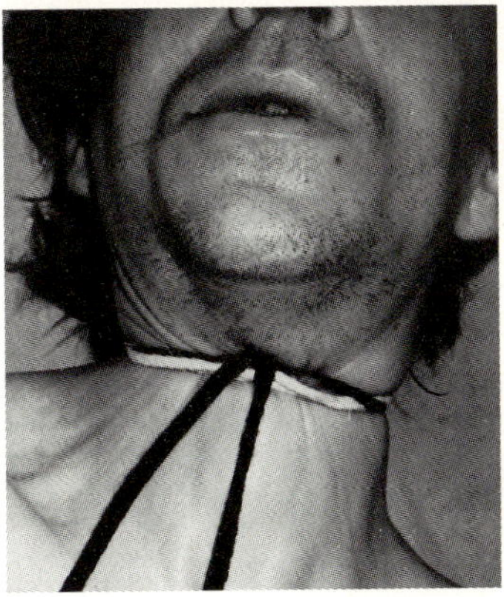
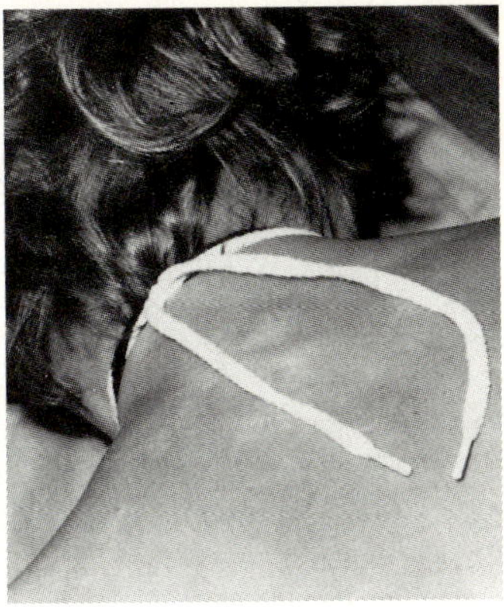

Abb. 10 und 11: Selbsterdrosseln. Zwei Schnürsenkel wurden nacheinander eng um den Hals gelegt und verknotet.

Oberhalb der Stranggebilde war der Kopf deutlich gestaut und bläulichrötlich verfärbt. Die Gesichtshaut, die Augenbindehäute und die Mundschleimhaut waren mit zierstecknadelkopfgroßen Stauungsblutpunkten übersät. Der weiße Schnürsenkel lag unter dem schwarzen. Beide Strangwerkzeuge saßen sehr fest am Hals. Der schwarze Schnürsenkel war vorn über der Halsmitte zweimal verknotet. Die freien Schenkel dieses Strangwerkzeuges hatten eine Länge von 20 Zentimetern. Nachdem dies fotografiert und fachkundig abgenommen worden war, wurde festgestellt, daß der horizontale Umfang der Schlinge 28 Zentimeter betrug. Auch der weiße, darunterliegende Schnürsenkel war über der Halsmitte einmal verknotet. Das Strangwerkzeug endete im Nacken, ein wenig nach links versetzt, in zwei Knoten. Der horizontale Umfang dieser Schlinge betrug 27 Zentimeter.

Nach Abnahme der Strangwerkzeuge zeigte sich am Hals eine praktisch ganz horizontal verlaufende Strangfurche, die im Nacken vier Zentimeter unterhalb der Haargrenze und in Höhe des Kehlkopfes fünf Zentimeter unterhalb des Kieferwinkels verlief. An der rechten und der linken Seite des Kehlkopfes wies die Furche anderthalb bis zwei Zentimeter lange Aussparungen auf. Im Bereich der Furche, die eine Breite von einem halben Zentimeter hatte und die im vorderen Bereich rötlich-bräunlich verfärbt war, fanden sich keine Blutungen und keine Blasenbildungen. Abgesehen von der Strangfurche war die Halshaut völlig unverletzt.

Der Halsumfang betrug vierunddreißig Zentimeter unmittelbar unter der Strangfurche.

Der übrige Körper war frei von Verletzungen, sah man von einigen kleinen Hautdefekten an den schlanken, wenig abgearbeiteten, eher fraulich wirkenden Händen ab. Auffallend waren die langen, gepflegten, völlig unbeschädigten Fingernägel des Toten.

Bei den genannten Hautdefekten handelte es sich um eine quergestellte, einen Zentimeter lange oberflächliche Hautabschürfung an der äußeren Fläche des rechten Kleinfingers. Eine sogenannte Hautfahne war hier, zwei Zentimeter unterhalb der Fingerspitze, von oben nach unten abgerollt, und eine nicht einmal linsengroße sehr oberflächliche Hautabschürfung war am linken Handrücken ganz außen über dem fünften Mittelhandknochen vorhanden.

Im Schlafzimmer fanden die Beamten ein Paar schwarze Halbschuhe. In einem der Schuhe fehlte der Schnürsenkel. In einem Schränkchen lagen Tennisschuhe. Einem der Schuhe fehlte der weiße Schnürsenkel.

Der weiße Schnürsenkel war um viereinhalb Zentimeter, der schwarze um zwei Zentimeter dehnbar.

Selbsttötung oder vorsätzliche Tötung?

Bei diesem Tatbefund stellte sich den ermittelnden Kriminalbeamten die Frage, ob es sich um einen Fall der Selbsttötung oder um ein vorsätzliches Tötungsdelikt handelte. Fälle von Selbsterdrosseln sind, wenn auch möglich, so doch selten. Ein Verknoten des Strangwerkzeuges war für das Gelingen einer derartigen Selbsttötung geradezu erforderlich, weil der Eintritt der Bewußtlosigkeit sonst regelmäßig das Ende der Selbststrangulation zur Folge hat. Genau aus diesem Grunde ist ja auch ein Selbsterwürgen nicht möglich. Es erschien aber zweifelhaft, ob H. nach dem Anlegen und mehrfachen Verknoten des sehr fest sitzenden weißen Schnürsenkels noch Zeit gehabt hatte, ein weiteres Strangwerkzeug an seinem Hals zu verknoten. Hätte er nicht vorher bewußtlos werden müssen?

Ergebnis der Obduktion

Nach dem Ergebnis der Obduktion war H. an einer mechanischen Erstikkung durch Strangulation des Halses gestorben. „Hinweise für die Mitwirkung von dritter Hand“ fanden die Rechtsmediziner nicht. Die geringen Verletzungen an den Händen führten sie auf den Selbstdrosselungsvorgang, entstanden beim Hantieren mit den Strangwerkzeugen, zurück.

Ergebnis der kriminalpolizeilichen Ermittlungen

Es wurde ermittelt, daß H. seit Jahren mit seinem Freund in einem eheähnlichen Verhältnis zusammengelebt hatte. Dennoch war er ständig bestrebt gewesen, nach außen hin seine homophilen Neigungen zu verheimlichen. Immer wieder hatte ihn dies in Schwierigkeiten gebracht. Als er nach einem Zechgelage mit Arbeitskollegen in Trunkenheit seine homosexuelle Veranlagung preisgegeben hatte, war er mit Spott überhäuft worden. Er hatte sich isoliert gefühlt, seine Entlassung befürchtet und war in Depressionen verfallen. Nach Aussagen seines Lebensgefährten hatte er in den letzten Tagen vor seinem Tod fortwährend geweint, kaum etwas gegessen und sich geweigert, zur Arbeit zu gehen.

Ergebnis der Rekonstruktion des Drosselungsvorganges

Alles sprach für eine Selbsttötung, aber die letzte Sicherheit gewannen die Beamten erst, als sie selbst unter ärztlicher Aufsicht den Drosselungsvorgang rekonstruierten. Dabei zeigte sich, daß es möglich war, nach Anlegen des ersten Strangwerkzeugen ein weiteres am Hals zu verknoten.

Fall 7:
Selbsterdrosselung mit Krawattenschal

Die 51 Jahre alte Katharina wurde von ihrer Cousine tot in ihrer im Erdgeschoß eines Mehrfamilienhauses gelegenen Wohnung gefunden. Die Wohnungstür war nur zugezogen gewesen. Im Schlafzimmer hatte Frau H., völlig bekleidet, leblos auf einem Bett gelegen. Der hinzugerufene Arzt hatte keine Aussagen zur Todesursache machen können und so war dann die Kriminalpolizei eingeschaltet worden.

Die Kriminalbeamten fanden eine äußerst saubere und peinlich geordnete Wohnung vor. Nichts deutete auf ein gewaltsames Geschehen. Größere Bargeldbeträge und Sparbücher waren vorhanden. Offenbar war nichts entwendet worden. Die Tote lag auf der rechten Körperseite. Die Frau war seit längerer Zeit tot, denn die Leichenstarre war in allen Körpergelenken voll ausgeprägt. Alle Kleidungsstücke saßen regelrecht, waren frei von verdächtigen Behaftungen und unbeschädigt. Eine scheinbar harmlose Situation, wäre nicht der fest um den Hals geschlungene und vorn einmal verknotete Krawattenschal gewesen.

Die Gesichtshaut war deutlich gestaut. Überall, auch in den Bindehäuten der Augen und in der Mundschleimhaut, waren die typischen flohstichartigen Blutungen. Nach Abnahme des Schals zeigte sich an dem kurzen gedrungenen Hals eine zirkulär verlaufende, drei bis fünf Zentimeter breite, blasse strangmarkenähnliche Veränderung. Sonst war der Körper der Toten äußerlich völlig unverletzt.

Alles sprach für einen Tod als Folge von Erdrosseln – nur, war die Frau erdrosselt worden oder hatte sie es selbst getan? Gegen ein Tötungsdelikt sprachen die ansonsten unverletzte Leiche, die unbeschädigte Bekleidung, der völlig unauffällige Fundort.

Ausgehend von der Überlegung, daß die Frau, hatte sie sich selbst gedrosselt, Spuren des stark fasernden Strangwerkzeuges an ihren Händen haben mußte, wurden die Hände mit Klebefolie abgezogen. Die anschließenden Untersuchungen ergaben, daß an den Händen Faseranhaftungen des Materials, aus dem auch der zum Drosseln verwandte Schal bestand, vorhanden waren. Die Rechtsmediziner stellten in ihrem Obduktionsprotokoll fest:

„Die 51 Jahre alt gewordene Frau ist an einer langsam verlaufenen äußeren Erstickung durch Erdrosseln verstorben. Hierfür sprechen die charakteristischen flohstichartigen und zum Teil auch fleckförmigen Blutungen in der Gesichtshaut, den Augenlidern, den Bindehäuten, den Weichteilen in der Umgebung der Unterkieferdrüsen, dem gesamten Schlund-, Rachen- und im lockeren Bindegewebe der Brustschlagader und beiden äußeren Mittelohren.

Würgespuren sind nicht vorhanden, ebensowenig Abwehrverletzungen.

Der Obduktionsbefund spricht in Verbindung mit den polizeilichen Ermittlungen für ein Selbsterdrosseln mit einem Krawattenschal."

Die weiteren Feststellungen ergaben, daß die Frau seit der Scheidung von ihrem Ehemann unter Depressionen gelitten und immer wieder Selbstmordabsichten geäußert hatte. Einmal hatte sie sogar einen ernsthaften Selbsttötungsversuch unternommen, indem sie versucht hatte, sich zu ertränken.

Letztlich blieb kein vernünftiger Zweifel mehr; sie hatte sich selbst getötet – erdrosselt.

Perthes'sche Druckstauung

Zum Ersticken kommt es auch, wenn der Brustkorb in Ausatmungsstellung durch Druck fixiert wird, z. B. bei Verschüttung, beim Beknien des Brustkorbes, durch Auflegen schwerer Gegenstände (Betonplatten, Eisenträger pp.).

Die Atemöffnungen und Atemwege können dabei vollständig frei sein. *Äußeres Erscheinungsbild:* Blauverfärbung des Gesichts, punktförmige, flohstichartige Blutungen in der Gesichtshaut, den Augenbindehäuten, den Mundschleimhäuten[2].

Bolustod

Der sogenannte Bolustod wird manchmal fälschlich als Erstickungstod angesehen.

Es handelt sich jedoch um eine reflektorische Herz-Atem-Lähmung, hervorgerufen durch eine Reizung eines Nervengeflechtes (Laryuxgeflecht) *im Bereich des Kehlkopfes*[3].

---

2 Blaha, R., Krause, D., Leichenschau und Fundortbesichtigung bei nichtnatürlichen Todesfällen, 1976, S. 37.

3 Prokop, O., Forensische Medizin, 2. Auflage 1966, S. 135.

Zur Reizung dieses Nervengeflechtes kommt es meist durch das Verschlucken großer Bissen (Bolus).

Typische Situation:

Angetrunkene Person springt beim Essen plötzlich auf und bricht gleich darauf tot zusammen.

- Oft wird dann ein Herzinfarkt vermutet, da äußerlich keinerlei Hinweise zu finden sind.
- Bei der Obduktion werden in solchen Fällen im Kehlkopfeingang oft Fleisch- oder Wurststücke, Rollmöpse und andere Speisebissen gefunden.

2. Selbst gefesselt und selbst getötet?

Vorbemerkungen

Menschen töten sich, indem sie sich *vergiften, erhängen, vor den Zug werfen, von Balkons und Brücken springen,* sich die *Pulsadern öffnen,* sich *erschießen, ertränken* oder gar bei lebendigem Leibe *verbrennen.* Einmal zur Selbsttötung entschlossen, hält sie scheinbar nichts von der Tat zurück. Bemühungen von Psychiatern und Psychologen, Zusprache von Geistlichen und Verwandten bleiben in vielen Fällen erfolglos. Auch der mit der Tötung verbundene Schmerz hält „Selbstmörder" nicht zurück.

Depressionen, Angstzustände, Minderwertigkeitsgefühle, Resignation gegenüber einem als untragbar empfundenen Schicksal, unheilbare Erkrankungen und vieles andere mehr sind ihre Motive. Mindestens 1.000 Menschen töten sich nach einem Bericht der Weltgesundheitsorganisation täglich; selbst 38 an jedem Tag in der Bundesrepublik Deutschland, und die Zahl der nicht zum Tode führenden Suizidversuche übersteigt sie um ein Vielfaches.

Der Suizid ist keineswegs ein Zivilisationsphänomen, Zeichen einer degenerierten Gesellschaft, sondern er kommt auch, wenn auch weniger häufig, bei allen primitiven Völkern der früheren und heutigen Zeit vor. Die Selbsttötung ist wohl zu vielschichtig, als daß eine umfassende Erklärung dafür gefunden werden könnte, welche Ursachen einen so starken Trieb, wie den der Selbsterhaltung in das Gegenteil zu verkehren vermögen.

Konkrete Erkenntnisse sind sicherlich nur am Einzelfall zu erlangen, und untersucht man solche Geschehnisse, so ist man oft erschrocken über die Entschlossenheit, mit der diese Menschen vorgegangen sind, wie sorgfältig sie ihre Tötung vorbereitet haben, wie sie sich bemühten, Hilfe, auch die durch sich selbst, zu verhindern.

Fall 1:

Selbsttötung durch Autoabgase, Verhinderung der Selbstrettung

Gegen 03.00 Uhr in der Nacht bemerkten Wachmänner bei ihrem Kontrollgang um das Firmengelände erstmals den in einiger Entfernung auf einem Feldweg geparkten Pkw. Da der Motor des Fahrzeuges bei abgeschalteten Scheinwerfern lief, nahmen sie an, daß sich dort ein Liebespaar vergnügte, dem es in der kühlen Märznacht zu kalt geworden war. Sie setzten ihren Weg fort, wurden dann aber erneut aufmerksam, als der Wagen gegen 05.00 Uhr noch immer an der gleichen Stelle parkte. Beim Näherkommen bemerkten sie, daß der Motor noch immer lief. Und nun entdeckten sie den Schlauch, der vom Auspuff her in das Fahrzeuginnere führte. Innen auf der Ladefläche sahen sie einen Mann liegen. Sie rissen den Schlauch ab, aber es gelang ihnen nicht, den Pkw zu öffnen. Die herbeigerufenen Polizeibeamten brachen die Fahrertür auf. Der Mann lag in Bauchlage auf einer auf der Ladefläche des Fahrzeuges ausgebreiteten Wolldecke. Er war tot. In den oberen Gelenken war schon die Leichenstarre eingetreten, und sie sahen auch Leichenflecke, auffallend hellrot, was auf eine CO-Vergiftung schließen ließ.

Vorkehrungen des Opfers zur Verhinderung der Selbstrettung

Um das rechte Handgelenk des Toten war eine mit einem Vorhängeschloß gesicherte Eisenkette geschlungen. Die Kette führte zum rechten Scharnier der Heckklappe des Pkw, wo sie befestigt und zusätzlich mit einem Vorhängeschloß gesichert war. Der Schlüssel zu diesem Schloß lag neben den Füßen der Leiche.

Versuch der Inbrandsetzung des Pkw

In Höhe des Kopfes des Mannes war benzindurchtränkte Holzwolle aufgehäuft und mitten darauf lag eine Flasche, die zu Dreiviertel mit Benzin gefüllt war.

Und dann sahen die Beamten, daß der Mann versucht hatte, mit Hilfe eines Zeitzünders sich und den Wagen zu verbrennen. Nur durch einen Zufall hatte das alles nicht funktioniert.

Der Tank war geöffnet. Vom Einfüllstutzen her war eine Rolle Toilettenpapier zu einer am rechten Hinterrad stehenden Plastiktüte geführt. Die Tüte war mit Holzwolle gefüllt, Holzwolle und Toilettenpapier rochen intensiv nach Benzin. Auf der Holzwolle lag eine Schachtel Streichhölzer. Der Dekkel der Schachtel war links und rechts etwa einen Zentimeter weit aufgerissen, und als die Beamten die Schachtel aufschoben sahen sie, daß auf den Streichhölzern eine erloschene Zigarettenkippe lag, die Asche in entgegengesetzter Richtung zu den Zündköpfen der Streichhölzer.

Ganz offenbar hatte die Glut der Zigarette die Streichhölzer und diese wiederum die benzindurchtränkte Holzwolle, das Toilettenpapier und schließlich das ganze Fahrzeug in Brand setzen sollen.

Der Mann hatte wohl gehofft, vorher durch die in den Wagen geleiteten Abgase betäubt zu sein, denn er hatte vom Auspuff her einen Gummischlauch unterhalb der Verkleidung des Reserverades her in den Innenraum des Pkw geführt.

Hatte er sich angekettet, um für den Fall eines zu früh ausbrechenden Brandes jede Selbstrettung zu verhindern? Es mußte wohl so gewesen sein, denn auch die weiteren Ermittlungen brachten keine andere Erklärung. Der Mann war an den Folgen einer Vergiftung gestorben. Die Untersuchung seines Blutes auf Kohlenmonoxid ergab die tödliche Konzentration von 70 Prozent CO-Hb. An dem Morgen, als die Ehefrau eine Vermißtenanzeige erstatten wollte, konnte die Leiche ihres Ehemannes identifiziert werden. Das Opfer war Vater von vier leiblichen und drei Pflegekindern gewesen.

Rationale Planung und Durchführung der Selbsttötung

Am Abend zuvor war der Mann gegen 20.00 Uhr aus dem Haus gegangen und hatte seine beiden Hunde, eine Deutsche Dogge und einen Pudel, mitgenommen. Er wollte mit den Hunden noch etwas nach draußen fahren. Als er in das Auto gestiegen war, hatte er nach Bekundung der Ehefrau eine Eisenkette in der Hand gehalten, die, wie die späteren Nachforschungen ergaben, ebenso wie der Gummischlauch, der vom Auspuff her in das Fahrzeuginnere geführt gewesen war, aus der Firma stammten, bei der er beschäftigt gewesen war.

Motiv der Selbsttötung

Die Frau hatte den Abend und die ganze Nacht über vergeblich auf seine Rückkehr gewartet. Wo aber waren die Hunde geblieben, an denen er, wie seine Frau sagte, sehr gehangen hatte? Bei der Absuche des näheren Tatortbereichs wurden, etwa 50 m vom Pkw entfernt, zwei frische Grabspuren im Erdreich entdeckt. Im Gebüsch nahe dabei lag ein Spaten, der, wie die Ehefrau versicherte, zu ihrem Haushalt gehörte. Der Mann hatte die toten Hunde dort vergraben, nachdem er sie mit der Eisenkette erdrosselt hatte. Das Motiv seiner Selbsttötung war die irrige Annahme, an Lungenkrebs erkrankt zu sein.

Fall 2:

Ausgangslage: Auffinden eines erhängten unbekannten Toten; Fesselung der Hände auf dem Rücken

An einem Montagmorgen gegen 07.30 Uhr wurde im neunten Stockwerk eines zu dieser Zeit im Rohbau stehenden Hochhauses in Düsseldorf die Leiche eines Mannes aufgefunden. Die Leiche hing in einer Kabelschlinge. Die Fußspitzen berührten den Boden (Abb. 12).

Der Bauarbeiter, der den Toten gefunden hatte, kannte den Mann nicht. Vermutlich gehörte er nicht auf die Baustelle, obwohl ihm natürlich bei weitem nicht alle der in dem riesigen Komplex Beschäftigten bekannt waren.

Plötzlich sah er, daß die Handgelenke des Toten auf dem Rücken mit einem dünnen Draht zusammengebunden waren (Abb. 13). Die Bauleitung verständigte die Polizei.

Tatort- und Leichenbefund

Bei der Tatortbesichtigung stellten die Kriminalbeamten fest, daß der Unbekannte unmittelbar neben einer Klappleiter in einer aus einem Stromkabel

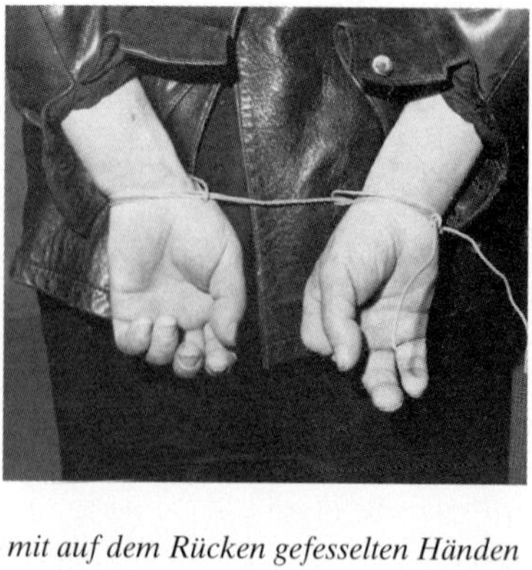

Abb. 12: Der Erhängte im Neubau – mit auf dem Rücken gefesselten Händen

Abb. 13: Die auf dem Rücken gefesselten Hände

gebildeten Schlinge hing, an einem Kabelstück, wie sie in diesem Flur, in einem Abstand von sieben Metern, aus an der Decke befestigten Metallschienen heraushingen. Auf diesen an der Flurdecke angebrachten u-förmigen Metallschienen war die gesamte Elektroinstallation verlegt. Aus einem der Kabelstränge war eine Schlinge gebildet worden, die um den Hals des Mannes verlief und zum Hinterkopf hin anstieg. Die Strangfurche stimmte völlig mit dem Strangwerkzeug überein. Sonstige Verletzungen oder Veränderungen fanden sich am Hals nicht. Die Handgelenke des Toten waren mit einem dünnen isolierten Kabel auf dem Rücken zusammengebunden. Die Fesselung war doppelt und so geführt, daß beide Handgelenke in einer sich selbst zuziehenden Schlaufe lagen. Außen am rechten Handgelenk war ein doppelter Knoten mit zwei vierzehn Zentimeter langen Enden. Die Fesselung ließ zwischen beiden Handgelenken einen Spielraum von elf Zentimetern. Auffallend war, daß die Schlaufen recht lose saßen und kaum Eindrükke in der Oberhaut hinterlassen hatten. Es fanden sich im Bereich beider Handgelenke auch keine sonstigen Vertrocknungen, Striemen oder Schürfwunden, die auf eine ursprünglich andere Fesselung hätten schließen lassen. Von einer wirklichen Fesselung konnte nicht gesprochen werden. Zumindest war das Kabel so geführt, daß sich ein Lebender jederzeit und problemlos hätte der Fesseln entledigen können. Der etwa 35 bis 40 Jahre alte Mann war ordentlich bekleidet. Die Kleidungsstücke saßen regelrecht am Körper und waren völlig unbeschädigt – kein fehlender Knopf, kein Einriß, nichts, was auf eine körperliche Auseinandersetzung hingedeutet hätte.

Selbstfesselung und Selbsttötung durch Erhängen

Auch grobe Verschmutzungen, sah man von einer querverlaufenden, strichartigen, hellgrauen Staubauflagerung am rechten Hosenbein außen ab, die sich mit entsprechenden Auflagerungen an der unteren Leitersprosse in Einklang bringen ließ, waren nicht zu finden. Als auch keine weiteren Verletzungen oder verdächtigen Veränderungen an der Leiche zu finden waren und auch die Totenflecke der Fundsituation entsprachen, war man ziemlich sicher, daß der Mann nicht getötet worden war, sondern daß trotz der auf dem Rücken gefesselten Hände eine Selbsttötung vorlag. Die Leichenstarre war voll ausgeprägt. Der Mann war also mindestens sechs bis neun Stunden tot. Er hing demnach seit der Nacht oder dem Abend zuvor, war also zu einer Zeit zu Tode gekommen, zu der kein Fahrstuhl in Betrieb gewesen war und von einem Außenstehenden auch nicht hatte in Tätigkeit gesetzt werden können. Sollte ihn aber jemand, der ihn hatte töten wollen, zu Fuß bis in das neunte Stockwerk geführt haben, obwohl er ihn in dem unbelebten Rohbau auch hätte in einer der unteren Etagen umbringen können? Dies erschien unwahrscheinlich. Auch eine vorsorglich durchgeführte Obduktion der Leiche brachte keine Anhaltspunkte dafür, daß der Unbekannte durch fremde Hand getötet worden war. Er war durch Erhängen gestorben. Die Blutalkoholkonzentration betrug lediglich 0,2 ‰.

Es konnte davon ausgegangen werden, daß der Mann am Sonntagabend in dem Rohbau die Treppen hinauf zum neunten Stockwerk gestiegen war.

Unter Zuhilfenahme einer Klappleiter hatte er aus einem der dort von der Flurdecke herabhängenden Kabel eine Schlinge vorbereitet. Dann hatte er einen Draht an einem Handgelenk verknotet und für das andere eine lose Schlinge vorbereitet. Er war sodann auf die Leiter gestiegen, hatte den Kopf in die Schlinge und das noch freie Handgelenk in die offene Schlaufe der Handfessel gesteckt und hatte sich dann in die Schlinge fallen lassen.

Er hatte wohl sichergehen und jede Gegenreaktion gegen die beabsichtigte Selbsttötung verhindern wollen.

Der unbekannte Tote wurde später identifiziert. Es handelte sich um den alkoholabhängigen ledigen Arbeiter Karl-Heinz P. Ohne Arbeit und zuletzt auch ohne Wohnung war er nicht mehr mit dem Leben fertig geworden. Labil und voller Mißtrauen auch gegen sich selbst hatte er seinem verpfuschten Leben ein Ende gesetzt und hatte jedes Zurückweichen vor diesem letzten Schritt dadurch verhindert, daß er sich selbst gefesselt hatte.

Fall 3:

Ausgangslage: Auffinden eines erhängten, zunächst unbekannten Toten im Freien; Fesselung der Hände auf dem Rücken

Am späten Nachmittag wurden die Beamten der Kriminalhauptstelle Düsseldorf in die nahegelegene Kreisstadt G. gerufen. Es schien ein Mord vorzuliegen.

Tatortbefund

Ein Spaziergänger hatte einen Toten, der hoch oben am Querast einer Eiche hing, zufällig aufgefunden. Es war ein relativ junger Mann, der, bekleidet mit einer braunen Windjacke, blauen Jeans, mit Halbschuhen und einer graublauen Pudelmütze, in etwa 5 m Höhe in einer aus einem fingerdicken Hanfseil gebildeten Schlinge hing. Seine Hände waren auf dem Rücken gefesselt (Abb. 14, 15)! Die Eiche, ein kräftiger alter Baum, mit einem Umfang von (unten) 1,90 m, stand mitten im Gebüsch. Mit einem Fahrzeug hatte man nicht heranfahren können. Auch eine Leiter war offenbar nicht verwandt worden, denn nirgendwo fanden sich in dem weichen Waldboden entsprechende Eindrücke. In 6,70 m Höhe war das Seil um den Baumstamm geschlungen, verknotet mit einem sogenannten „Altweiberknoten" und einem zusätzlichen „halben Schlag". Von dort aus verlief es straff schräg nach unten zu einem dicken Ast, 5,50 m über dem Boden. Viermal war das Seil um diesen Ast gewickelt und mit einer Schlaufe gesichert und führte dann senkrecht nach unten zum Hals der Leiche.

Mit Hilfe eines „Kaufmannsknotens" war hier eine 7 cm lange Schlaufe geknotet, durch die das Seil zu einer Schlinge um den Hals gezogen war. 1,38 m vom Stamm entfernt hing der Tote, 1,20 m unterhalb des Astes. Mit Hilfe einer Leiter stieg man zu ihm hinauf. Jedes Handgelenk war mit einem Strick, dünner als das Strangwerkzeug, zweimal umwickelt. Mit Hilfe eines „Kaufmannsknotens" war jeweils eine Schlinge gebildet und man konnte

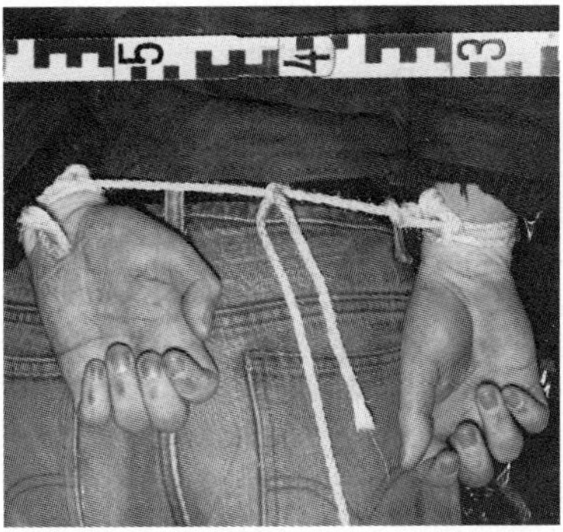

Abb. 14: Der Erhängte im Wald – mit auf dem Rücken gefesselten Händen

Abb. 15: Die auf dem Rücken gefesselten Hände

auch sehen, daß die Fessel aus zwei Seilstücken bestand, die in der Mitte, zwischen den beiden Handgelenken, mit einem „Kreuzknoten“ zusammengebunden waren. Bei gestraffter Fessel waren die beiden Handgelenke 20 cm weit auseinander.

Kriminalistische Problemstellung:

Lag Mord oder Selbsttötung vor? Hatte ihn jemand aufgehängt, so hatte er erst einmal dort hinauf gemußt – um ihn dann so hoch zu ziehen? Die Befestigung des Strangwerkzeuges am Ast und seine Weiterführung bis auf 6.70 m Höhe sprach dagegen. Daß jemand zusammen mit dem Opfer hinaufgeklettert war, war aber noch unwahrscheinlicher. Wenn er aber allein auf den Baum gestiegen war, wie war ihm das möglich gewesen? Der unterste Ast der Eiche befand sich 2.80 m über dem Boden.

Es wurden trittartige Schmutzanhaftungen auf der groben Rinde des Stammes unterhalb dieses Astes entdeckt und dann fand sich dort, wo der Ast vom Stamm abzweigte, eine 4 mm lange Faser, die ganz offensichtlich von einem Seil herrührte. Ein Seil hatte an dieser Stelle gelegen, gescheuert, die Faser abgerieben. Hatte er das Seil über den Ast geworfen und sich daran hochgezogen? Es mußte wohl so sein, denn die Trittspur an der Rinde paßte genau in dieses Bild.

Der Stamm und auch die Äste waren an dieser Seite stark mit Moos bewachsen. Wenn der Mann selbst auf den Baum geklettert war, mußten seine Kleider und seine Hände Spuren dieser grünen Anhaftungen aufweisen. Ein Blick auf die Handflächen bestätigte die Vermutung. Sie waren grün wie die Anhaftungen an der Baumrinde. Um keine Spuren zu verwischen, wurden Plastiktüten über die Hände gezogen und die Schuhe wurden von den Füßen genommen. Auch die Schuhe mußten ja Abriebe der Rinde aufweisen, und an den Händen ließen sich vielleicht noch winzige Fasern des Seiles finden. Nach Bergung der Leiche wurden erneut die Fesseln in Augenschein genommen. Konnte er sie selbst geknüpft haben? Der Fesselungsvorgang wurde rekonstruiert, es ging. Die beiden Seilstücke, jeweils um ein Handgelenk gebunden, ließen sich auf dem Rücken miteinander verknoten. Nur – war er selbst auf den Baum geklettert, dann konnte er es erst dort oben, in 5.50 m Höhe auf dem Ast sitzend, die Schlinge bereits um den Hals gelegt, getan haben.

Der Gesäßbereich seiner Jeanshose war grün verfärbt. Er hatte auf dem Ast gesessen! In der rechten Außentasche seiner Jacke steckte das Messer, mit dem er den Strick zurechtgeschnitten hatte. Das Preisschild über 4,50 DM klebte noch am Griff. In der Hosentasche befand sich neben einem Schlüsselbund und einer Geldbörse mit mehreren hundert DM ein Lohnstreifen, ein erster Ansatzpunkt zur Identifizierung des unbekannten Toten.

Der Tote war völlig unverletzt, sah man von der an der rechten Halsseite hin ansteigenden, völlig mit dem Seil übereinstimmenden Strangfurche ab. Abwehrverletzungen waren nicht vorhanden. Die Bekleidungsstücke saßen regelrecht am Körper, nichts beschädigt, kein fehlender Knopf, nichts was auf einen vorangegangenen Kampf hätte schließen lassen.

Ergebnis der Obduktion: Tod durch Erhängen, Selbsttötung

Die Obduktion ergab, daß er als Folge des Erhängens an einer mechanischen Erstickung gestorben war. Spuren sonstiger Gewalteinwirkungen oder Anzeichen für die Mitwirkung von dritter Hand fanden sich nicht. Zur Fesselung der Hände erklärten die Rechtsmediziner: „Die Fesselung der Hände spricht nicht gegen einen Selbstmord. Es war möglich, die Fesselung selbst auszuführen.“

Der Vater identifizierte den Toten. Der 24 Jahre alt gewordene technische Zeichner war drogenabhängig gewesen. Trotz aller Bemühungen war er nicht von den Drogen losgekommen.

Drei Tage vor seinem Tode hatte er in einem Haushaltwarengeschäft das Klappmesser und die Wäscheleine gekauft, an der er später erhängt aufgefunden worden war. Die Verkäuferinnen vermochten ihn und die gekauften Gegenstände zu identifizieren.

Fall 4:

Selbsttötung durch Ertrinken; Verhinderung der Selbstrettung

Als die beiden Schwimmeister gegen 05.30 Uhr an jenem Dienstagmorgen im Juni den ersten Kontrollgang durch das städtische Freibad gemacht hatten, waren ihnen zuerst die nahe des Springerbeckens abgelegten Bekleidungsstücke aufgefallen. Gleich darauf hatten sie in dem ruhigen, klaren Wasser auch den Mann gesehen, der mehrere Meter unter Wasser an der Ausstiegsleiter hing. Der Mann war offenbar festgebunden. Einer der Schwimmeister war ins Wasser gesprungen und hinabgetaucht, aber er hatte den Mann, der keinerlei Lebenszeichen von sich gegeben hatte, nicht befreien können. Um seinen Hals war ein Stahlbügelschloß, wie es zum Sichern von Fahrrädern Verwendung findet, gelegt, durch das ein kurzes Stahlseil gezogen war, das man mit einem Vorhängeschloß an der untersten Sprosse der Beckenleiter befestigt hatte. Die Schlüssel zu beiden Schlössern fehlten.

Kriminalpolizei, Notarzt und Feuerwehr wurden gerufen.

Zwischenzeitlich hatte man bei der Durchsicht der am Beckenrand liegenden Bekleidungsstücke neben dem Ausweis eines 24 Jahre alten Studenten einen Abschiedsbrief und unter den Sachen die Schlüssel zu dem Stahlbügelschloß und dem Vorhängeschloß gefunden. Der Mann hatte geborgen werden können. Er war tot, den Leichenerscheinungen nach seit Stunden.

Die nur mit einer Badehose bekleidete Leiche war völlig unverletzt. Nichts sprach für eine Gewalteinwirkung, alles für die im Abschiedsbrief angekündigte Selbsttötung.

Der Tote wurde vorsorglich obduziert. Die Ärzte erklärten in ihrem vorläufigen Gutachten:

„Bei der Obduktion konnten wir das klassische Bild des Ertrinkungstodes feststellen, wie z. B. die hochgradige Ballonierung der von rötlicher, schaumiger Flüssigkeit durchtränkten Lungen, Schaumbildung in der Luftröhre und Einrisse der Magenschleimhaut. Aufgrund der Obduktion besteht kein Zweifel, daß dieser Mann infolge einer Ertrinkung verstorben ist. Die Obduktion ergab keine Hinweise für die Mitwirkung von dritter Hand.

Wir konnten gewisse Anomalien der Schädelknochen und Zeichen eines chronischen Hirndrucks feststellen. Es ist gut möglich, daß dieser Mann eventuell psychisch verändert war.

Nach einer orientierenden Untersuchung des Blutes ergab sich eine Blutalkoholkonzentration von 0,35 Promille."

Die weiteren Ermittlungen bestätigten die psychische Auffälligkeit des Mannes. Wegen Depressionen war er seit zwei Jahren in nervenärztlicher Behandlung gewesen. Mehrere Selbsttötungsversuche waren vorangegangen. Weil er versucht hatte, sich die Pulsadern zu öffnen, hatte er drei Wochen zuvor in ein Krankenhaus eingeliefert werden müssen. Sein Vater und einer seiner Brüder waren ebenfalls durch Selbsttötung aus dem Leben geschieden.

Vergleichende Untersuchungen bestätigten, daß der Abschiedsbrief von ihm geschrieben worden war. Er war nachts in das Gelände des Freibades eingedrungen, hatte sich entkleidet, das Stahlbügelschloß um den Hals gelegt und abgeschlossen, hatte ein Stahlseil zwischen Hals und dem Fahrradschloß hindurchgezogen und war dann getaucht. Mit Hilfe eines auf Druck selbsttätig zuschnappenden Vorhängeschlosses hatte er dann das Stahlseil an der untersten Sprosse der Ausstiegsleiter befestigt und so jede Selbstbefreiung unmöglich gemacht.

3. Tod durch scharfe Gewalt

3.1 Scharfe Gewalt

Begriff

Unter dem Begriff *scharfe Gewalt* sind einzuordnen

- *Schnittverletzungen*
- *Hiebverletzungen mit schneidender Wirkung*
- *Stichverletzungen.*

Schnittverletzungen

Erscheinungsbild: Glatte Wundränder, im Wundgrund und an den Wundrändern keine Gewebsbrücken.

Beachte:

- *Platzwunden* am Schädel sehen oft wie Schnittwunden aus.
- *Wichtiges Kriterium für Selbstbeibringung*: Probierschnitte. Es handelt sich dabei um oberflächliche, aber auch tiefere Schnitte.
- *Pulsaderschnitte* verlaufen selten tödlich, weil es beim Absinken des Blutdruckes und durch Reaktion der Arterie zur spontanen Blutstillung kommt.
  Pulsaderschnitte allein sind kein sicheres Zeichen für einen Selbstmord.
- Es ist mehrfach beobachtet worden, daß der Täter hierdurch versucht hat, einen *Selbstmord vorzutäuschen.*

Für ein Tötungsdelikt spricht:

- Das Fehlen des Tatwerkzeuges
- Fehlende Probierschnitte
- Das Durchschneiden von Bekleidungsstücken

Hiebverletzungen mit schneidender Wirkung

Werkzeuge können sein: Beil, Axt, Säbel usw.
In der Regel finden sich bei *Tötungsdelikten Abwehrverletzungen* an den Händen oder Unterarmen.

Selbstmordversuche durch Beilhiebe auf den Schädel wurden mehrfach beobachtet. Meist liegen die Verletzungen in Kopfmitte und in größerer Zahl dicht nebeneinander.

Oft gelingt es dem Täter nicht, sich auf diese Weise zu töten, und der Selbstmord wird auf andere Weise vollendet.

Stichverletzungen

Im Zusammenhang mit Stichverletzungen sprechen folgende Kriterien für das Vorliegen eines Selbstmordes:

- Der Stich oder die Stiche liegen in der Herzgegend
- Die Einstichstelle ist entblößt
- Alle Stichwunden liegen in einem kleinen Bereich
- Es sind wenige tiefe, dagegen mehrere oberflächliche Stichwunden vorhanden
- Ab- oder Gegenwehrverletzungen fehlen.

Dafür, daß ein Tötungsdelikt vorliegen könnte, sprechen:

- Die Stiche konzentrieren sich nicht auf eine Körperseite
- Sie sind über eine größere Körperfläche verteilt
- Die Stichwunden befinden sich an Körperstellen, die für einen Selbstmörder nicht oder nur schwer erreichbar sind, z. B. im Rükken im Bereich der Schulterblätter
- Das Brustbein oder ein Schulterblatt sind durchstochen
- Die Stiche gehen durch die Bekleidung
- An den Händen oder Unterarmen finden sich Ab- und Gegenwehrverletzungen.

Beachte:

Das Fehlen des Tatwerkzeuges am Leichenfundort ist *kein* sicheres Zeichen für das Vorliegen eines Tötungsdeliktes, weil auch nach schwersten Verletzungen, z. B. nach einem Herzstich, vielfach noch eine zeitlang Handlungsfähigkeit besteht.

Häufig wird von dem Täter die Einlassung gebraucht, das Opfer sei in das Messer „hineingelaufen“.

Merke:

Die menschliche Haut ist gegen das Eindringen eines Messers außerordentlich stark geschützt. Es bedarf immer ganz erheblicher Gewalt, um ein Messer durch die Haut zu stoßen. Hierbei kommt es auf die Geschwindigkeit an, mit der das Messer den menschlichen Körper trifft.

Der Widerstand gegen das Eindringen eines Messers ist um so größer, wenn die Haut zusätzlich durch Bekleidungsstücke geschützt wird.

3.2 Zur Phänomenologie des Todes durch scharfe Gewalt

Vorbemerkungen

Es ist nicht immer ein Tötungsdelikt, wenn ein Mensch mit Schnitt- oder Stichverletzungen tot aufgefunden wird. Selbstmorde und Unglücksfälle als Folge scharfer Gewalt sind keineswegs selten. Die Schwierigkeiten liegen dort, wo es gilt, das eine vom anderen zu unterscheiden.

Doch es gibt *Kriterien,* die am Leichenfundort helfen können, das Geschehen richtig einzuordnen bzw. Entscheidungen zu treffen, die dem vorliegenden Sachverhalt angemessen sind. Es sind Kriterien, die aus den Erfahrungen vieler Todesermittlungsverfahren gewonnen wurden.

So finden sich beim *Selbstmörder* oft ganz typische *Probierschnitte*, oberflächlich, zögernd beigebracht, meist dort, wo später der tiefe, den Tod herbeiführende Schnitt angesetzt wurde. Die Hände sind stets frei von Ab- und Gegenwehrverletzungen.

Nie sollte man bei Pulsaderschnitten sicher auf einen Suizid schließen, denn es ist mehrfach beobachtet worden, daß der Täter versucht hat, so einen Selbstmord vorzutäuschen.

Bei der Selbsttötung durch *Stich* sieht man immer wieder, daß die Einstichstelle entblößt worden ist, daß Stiche durch die Bekleidungsstücke vermieden werden. Der Stich oder die Stiche finden sich in aller Regel in der Herzgegend, und sie liegen meist dicht beieinander. Irritierend wirkt immer wieder, wenn bei scheinbar eindeutigem Sachverhalt das zur Tat benutzte Werkzeug fehlt. Doch dies ist keineswegs ein Beweis für ein Tötungsdelikt. Auch nach schwersten Verletzungen, z. B. auch nach Herzstichen, besteht oft noch eine zeitlang Handlungsfähigkeit.

Am ehesten muß dann von einer Tötung durch fremde Hand ausgegangen werden, wenn sich die Stichverletzungen nicht auf einer Seite konzentrieren und über eine größere Körperfläche verteilt sind. Stiche *durch Bekleidung*, ein *durchstochenes Brustbein* und die Lage der Verletzungen an Körperstellen, die vom Opfer selbst nicht oder nur schwer erreicht werden können, sind in aller Regel ebenso deutliche Hinweise für ein Tötungsdelikt wie *Ab- und Gegenwehrverletzungen* an Händen und Unterarmen. Dennoch, die Situation am Leichenfundort, dort, wo Verletzungen beurteilt werden müssen, die durch scharfe Gewalt hervorgerufen wurden, ist oft verwirrend genug.

Fall 1:

Selbsttötung durch Halsschnitt

Der vier Stockwerke hohe Altbau wurde nur von Gastarbeitern mit ihren Familien bewohnt, Gastarbeitern der verschiedensten Nationalitäten, Griechen, Jugoslawen, Türken. Untereinander verständigte man sich, mehr schlecht als recht, in der Sprache des Gastlandes. Den Kriminalbeamten bot sich folgendes Bild:

Spurenlage

Überall auf den hölzernen Stufen des Treppenhauses waren blutig aufgetragene Trittspuren vorhanden. Eine Griechin drückte den Beamten eine Herrenarmbanduhr und einen Ring in die Hand. Beides habe im Treppenhaus gelegen. Man folgte den Blutspuren hinauf zur vierten Etage. Vor einer frisch aufgebrochenen Zimmertür lagen zerrissene Banknoten, 1000-DM-Scheine, 100-DM-Scheine, 20-DM-Scheine, teilweise blutverschmiert. Das Zimmer hinter der Tür war völlig verwüstet. Bekleidungsstücke, Mobiliar lagen durcheinander, zerrissene Briefe am Boden und inmitten all dieser über und über mit Blut besudelten Gegenstände lag die Leiche eines Mannes.

Der Tote hatte eine massive scharfrandige Eröffnung des vorderen Halsbereiches. Ein Messer, mit dem die Verletzung verursacht worden sein konnte, sahen die Beamten nicht. Mord oder Selbstmord? Klärung kann in solchen Fällen nur eine sorgfältige Aufnahme und Auswertung des objektiven und subjektiven Tatbefundes bringen.

Die Blutspuren, die sich massiv durch den ganzen Raum hinzogen, begannen am Waschbecken. Hier mußte der Mann stehend geblutet haben, von hier aus war er blutend umhergetaumelt, hatte zusammenbrechend Möbelstücke umgeworfen. Eine regelrechte Blutstraße zeigte den Weg, den er verblutend bis dorthin zurückgelegt hatte, wo er endlich ausgeblutet nicht mehr hochgekommen war.

Fehlen von Abwehrverletzungen

Abwehrverletzungen zeigten sich an der Leiche nicht. Bis auf die Durchtrennung des Vorderhalses war der Tote unverletzt. Als man die Wunde säuberte, fanden sich die für einen Selbstmord so typischen Probierschnitte (Abb. 16).

Wo aber war die Tatwaffe? Unter Bekleidungsstücken, auf denen er lag, wurde ein beblutetes Küchenmesser gefunden. An der Stelle, an der es gelegen hatte, konnte es mit den übrigen Blutspuren nicht in Berührung gekommen sein. Es war ganz offensichtlich das Messer, mit dem dem Mann der Hals aufgeschnitten worden war.

Die mit einem Sicherheitsschloß versehene Tür war ursprünglich verschlossen gewesen. Die Schließnase ragte heraus, der Schlüssel steckte von innen. Sie war gewaltsam aufgebrochen worden.

Die Hausbewohner wurden gehört. Eine Griechin meldete sich, die Ring und Armbanduhr im Treppenhaus gefunden hatte, als sie zum Speicher gegangen war, um Wäsche aufzuhängen. Vor dem Zimmer des in der vierten Etage wohnenden Jugoslawen hatte sie Blut gesehen, eine Lache, die unter der Tür hergekommen war. In einer Ecke hatten vor der Tür zerrissene Geldscheine gelegen. Ein anderer Hausbewohner, ein Jugoslawe, hatte versucht, mit Werkzeugen die Zimmertür zu öffnen. Es war ihm nicht gelungen.

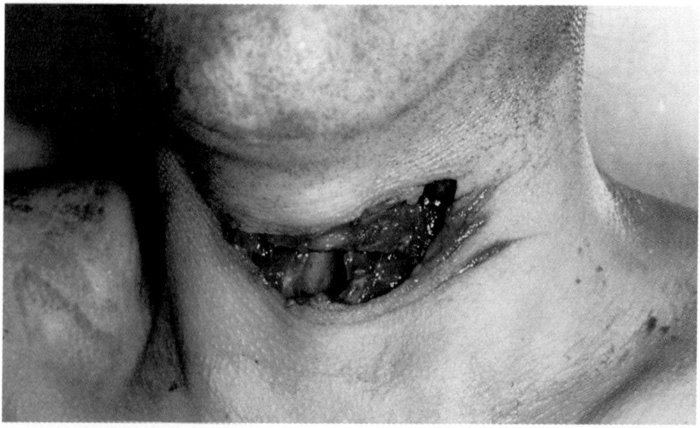

Abb. 16: Selbstmord durch Halsschnitt. Beachte die für eine Selbsttötung typischen „Probierschnitte“

So hatten sie sich schließlich gegen die Tür geworfen, bis diese aufgebrochen war. Inmitten von Blutlachen hatten sie den Zimmerbewohner gefunden. Der hinzugerufene Notarzt hatte nur noch den Tod feststellen können.

Die Blutspuren auf den Treppenstufen hatten die Hausbewohner gelegt. Vor Eintreffen der Polizei waren sie alle einmal im Zimmer gewesen, um das „Mordopfer“ (denn daß es ein Mord war, davon waren sie alle überzeugt) einmal aus der Nähe zu sehen.

Ganz eindeutig lag jedoch eine Selbsttötung vor. Auch die obduzierenden Ärzte stellten dies fest.

Als Motiv der Tat wurde ermittelt, daß der Mann Probleme mit seiner in Jugoslawien lebenden Ehefrau gehabt hatte. Verzweifelt hatte er ihre Briefe und das ersparte Geld zerrissen, sodann hatte er dieses sowie Ring und Armbanduhr aus der Tür geworfen.

Auch das Blut auf den Geldscheinen war von den Hausbewohnern aufgetragen worden.

Dann war er an den Spülstein getreten und hatte sich, zögernd erst, mit dem Küchenmesser den Vorderhals durchschnitten.

Fall 2:

Dubiose Selbsttötung

Gegen 22.30 Uhr war auf dem Bürgersteig vor dem Wohnheim eines großen Röhrenwerkes ein Mann schwerverletzt aufgefunden worden. Neben einer Kopfverletzung hatte er aus Stichwunden im Brust- und Bauchbereich geblutet. Er war nicht ansprechbar gewesen. Noch vor seinem Abtransport hatte man ihn als den 31 Jahre alten jugoslawischen Staatsangehörigen Mijo A. identifizieren können. A. wohnte im Heim. Das Fenster seines in der zweiten Etage gelegenen Zimmers lag genau oberhalb der Fundstelle.

Offensichtlich lag ein versuchtes Tötungsdelikt vor. Die Mordkommission wurde alarmiert.

Die Tür des Zimmers war aufgebrochen. Sie war mit einem Sicherheitsschloß versehen, in dessen Innenseite der passende Schlüssel steckte. Die Schließnase ragte heraus. Das Schloß war zweimal umgeschlossen gewesen. Die innere Türklinke und der Schlüssel waren blutverschmiert, Blutspuren zogen sich durch den ganzen Raum bis hin zum offenstehenden Fenster. Auch hier auf der Fensterbank waren Blutspuren aufgetropft und verschmiert. In einer Blutlache mitten im Zimmer wurden ein aufgeklapptes Taschenmesser und daneben ein mit jugoslawischen Schriftzeichen versehener Zettel gefunden.

In einer Steckdose war ein Elektrokabel angeschlossen, das in einem Flachstecker mündete. Jemand hatte die eine Hälfte der Steckerumhüllung abgeschraubt und so die stromführenden Teile freigelegt.

Im A. gehörenden Schrank fand man neben einem Scheckheft und einem Sparbuch mit einem ansehnlichen Kontostand eine Geldbörse mit mehreren tausend DM. Ein Raubmord lag sicherlich nicht vor.

Die Beamten der MK vernahmen den Zimmermitbewohner, einen Deutschen. Er war Vorarbeiter im Röhrenwerk. Gegen 22.30 Uhr sei er nach Hause gekommen, sagte er aus, und habe die Zimmertür verschlossen vorgefunden, von innen, denn es sei ihm nicht möglich gewesen, den Schlüssel weit genug in das Schloß einzuführen. Der hinzugerufene Nachtwächter habe es mit dem Generalschlüssel versucht, aber auch dem sei es nicht gelungen, die Tür zu öffnen. Unter Mithilfe einiger Zimmernachbarn sei die Tür schließlich gewaltsam aufgebrochen worden. Das Zimmer sei leer gewesen. Überall habe man Blut gesehen. Während man noch ratlos herumgestanden habe, sei ein Ausländer erschienen und habe gesagt, Mijo liege schwerverletzt auf der Straße.

Andere Heimbewohner bestätigten die Darstellung des Vorarbeiters.

Lag ein Selbsttötungsversuch vor, bei dem sich der Jugoslawe zunächst durch Strom, dann durch scharfe Gewalt und schließlich durch einen Sturz aus dem Fenster zu töten versucht hatte?

Alles sprach dafür.

A. verstarb, ohne das Bewußtsein wiederzuerlangen.

Ergebnis der Obduktion: Kombinierte dreifacher Selbsttötungsarten

Die Leiche wurde obduziert. Die Ärzte erklärten, daß man aufgrund des Obduktionsbefundes davon ausgehen müsse, daß es sich im vorliegenden Falle „um einen sogenannten kombinierten dreifachen Selbstmordversuch durch 1. elektrischen Strom, 2. Messerstiche in die linke Brust und den Bauch und 3. durch einen Sprung aus dem Fenster gehandelt hat“. Todesursache, so sagten sie, sei letztlich einerseits eine Hirndrucklähmung infolge eines ausgedehnten Blutergusses zwischen Schädeldach und harter Hirnhaut und andererseits eine Verblutung in beide Brusthöhlen aus Gefäßeinrissen an der Lungenwurzel gewesen. „Diese Verletzungen sind infolge des Sprunges aus größerer Höhe entstanden.“

Die Stichverletzungen in der linken Brust und im Bauchraum seien nicht so schwerwiegend gewesen, daß hierdurch der Tod herbeigeführt worden sei.

Am rechten Daumen habe man eine deutliche Strommarke gefunden.

Das Motiv ließ sich nicht genau klären. A. war ein verschlossener Mann gewesen, der nie viel über sich erzählt hatte. Auf den Zettel, den man im Zimmer gefunden hatte, war von ihm geschrieben worden: „Vorsicht, ich habe Syphilis!“

Die obduzierenden Ärzte hatten aber keine Anzeichen für diese Krankheit finden können. Hatte er geglaubt, schwer krank zu sein, und deshalb Selbstmord begangen? Die Frage blieb unbeantwortet.

Fall 3:

Ausgangslage: Verdacht der vorsätzlichen Tötung

Um 19.48 Uhr war die Kriminalpolizei unterrichtet worden, daß in einem Mehrfamilienhaus ein Mann durch Messerstiche getötet worden sei. Es liege ein Tötungsdelikt vor.

Tatortbefund

Das Haus war ein mehrgeschossiger Wohnaltbau mit ausgebautem Kniestockgeschoß. Insgesamt machte es einen ordentlichen und gepflegten Eindruck. Der Tatort war oben in der fünften Etage.

Dort oben gingen von einem Flur mehrere Türen ab. Vor einer dieser Türen war der Boden des Flurs bedeckt mit Glassplittern, die offenbar von der linken von zwei durch eine Holzleiste voneinander getrennten Glasscheiben dieser Zimmertür stammten. Die rechte Glasfüllung war intakt. Inmitten der Scherben lag eine etwa ein Pfund schwere gußeiserne Platte. Weder an den Glassplittern, noch an der Platte waren Blutspuren vorhanden. Der überwiegende Teil des Glases lag im Flur, innen fanden die Beamten nur vereinzelte Splitter auf dem Fußboden.

Die noch im Rahmen der linken Profilglastürfüllung steckenden Reste der zerstörten Scheibe ragten teilweise messerförmig in Richtung der gewaltsam geschaffenen Öffnung, so daß deren Breite auf 25 Zentimeter eingeengt wurde. Die Tür war spaltbreit nach innen geöffnet und zwar so, daß man sich gerade hindurchzwängen konnte. Offenbar hatte zunächst ein Kleiderschrank einen Teil der Tür von innen verdeckt. Deutliche Spuren am Boden verrieten, daß er ins Zimmer hinein verschoben worden war.

Gleich innen an der Tür lag eine zerbrochene Wasserwaage. An ihren Kanten waren Lackanhaftungen zu erkennen, die im Aussehen mit dem Lack des Türrahmens übereinstimmten. Überall befanden sich innen am hölzernen Rahmen der Tür frische Beschädigungen, die ganz offensichtlich durch Schläge mit der Wasserwaage verursacht worden waren.

Das auf das Dach führende Fenster des Zimmers stand auf. Spuren dafür, daß jemand das Zimmer über das recht steil abfallende Dach betreten oder verlassen hatte, waren nicht zu erkennen.

Leichenbefund

Auf dem Fußboden, parallel zur vorderen Wand, lag die Leiche eines etwa 35 Jahre alten schlankwüchsigen Mannes. Er trug ein bunt gemustertes Oberhemd, ein ärmelloses Unterhemd, Jeans, einen bunten Slip und braune Wildlederschuhe. Brust und Bauch lagen frei. Drei Knöpfe des Oberhemdes waren mit dem Zwirn herausgerissen. Sie fanden sich links neben dem Toten. Das Unterhemd war seitlich aufgeschnitten, die Jeanshose bis zum oberen Drittel der Oberschenkel heruntergezogen und auch der Slip war vorn etwas nach unten verlagert, so daß der Penis über den Bund hervorragte. Ober- und Unterhemd waren vorn flächenhaft beblutet. Auch an der Hose vorn, über dem Bereich der Ober- und Unterschenkel, waren tropfenartige Blutspuren vorhanden, und auch auf die Schuhspitzen war Blut aufgetropft. Der Mann *hatte also stehend geblutet.*

Unterhalb der Leiche war der Teppich blutverschmiert. Weitere Blutspuren fehlten im Zimmer, sah man von einer völlig isoliert gelegenen Beblutung auf einem nahe des Fensters gelegenen Pullover ab. Diese Spur war zunächst überhaupt nicht zu erklären.

Die Blutungsquellen lagen im Brust- und Bauchbereich. Auf einer kleinen Fläche, etwa 5,5 zu 4,5 cm groß, waren in der linken vorderen Brust vier Stichverletzungen vorhanden und eine weitere gleichartige Wunde am rechten Unterbauch. Sonst war der gesamte übrige Körper unverletzt. Es fehlten insbesondere jede Ab- und Gegenwehrverletzungen. Die Bekleidung des Oberkörpers, das Ober- und Unterhemd, waren unbeschädigt. Die Stiche waren nicht durch die Kleidungsstücke gegangen.

Beim näheren Hinsehen machten die Beamten am Unterhemd eine interessante Feststellung. Genau über einer Stichverletzung im Herzbereich wies das Hemd eine strichförmige, etwa 1 cm zu 0,3 cm große, querverlaufende Eindellung des Textilgewebes auf. Es sah aus, als sei versucht worden, mit einem Messer das Hemd zu durchstoßen, wobei der Stich aber ohne jede Wucht, zögernd und gehemmt geführt worden war.

Der Tote mußte zunächst auf dem Bauch gelegen haben, denn die Leichenflecke fanden sich im vorderen Körperbereich. Irgendjemand hatte ihn herumgedreht.

Unter der Leiche, teilweise vom Körper bedeckt, lag ein beblutetes Haushaltsmesser. Es schien geeignet, die an dem Toten festgestellten Verletzungen verursacht zu haben.

Der Tote war der Zimmerbewohner Rudolf H. Er war ledig gewesen, Gelegenheitsarbeiter und völlig dem Alkohol verfallen. Der Vergleich seiner Fingerabdrücke bestätigte die Identität.

Ein anderer Flurbewohner präsentierte sich als wichtiger Zeuge. Er habe Streitigkeiten und Kampfgeräusche gehört, berichtete er, Streitigkeiten zwischen H. und seinem Saufkumpanen E. Immer wieder sei es zu Auseinandersetzungen zwischen den beiden Männern gekommen. Er sei sicher, daß E. den H. erstochen habe. E. bewohnte ein Zimmer am gleichen Flur. Er war nicht anwesend. Man leitete die Fahndung nach ihm ein, obwohl den Beamten bei der Aufnahme des objektiven Tatbefundes immer mehr Zweifel kamen, ob tatsächlich ein Tötungsdelikt vorlag.

Gewaltsames Eindringen in die Wohnung des Opfers?

Ein gewaltsames Eindringen in das Zimmer des H. ließ sich an Hand der Beschädigungen an der Tür nicht objektivieren. Die Zerstörung der Profilglasscheibe war von innen nach außen erfolgt, wie dies die bis auf wenige Splitter außen auf dem Flurboden liegenden Glasscherben bewiesen. Offenbar war die Scheibe mit der gußeisernen Platte eingeworfen worden, die im Flur inmitten der Glassplitter gefunden worden war.

Auch die übrigen Beschädigungen an der Tür lagen innen. Sie waren, was die in Form und Größe korrespondierenden Spuren zeigten, mit der an einem Ende abgebrochenen Wasserwaage verursacht worden, die neben dem ins Zimmer hinein verschobenen Kleiderschrank lag.

Ursprünglich, das wurde durch Scharten und Abriebe auf dem Fußboden objektiv belegt, hatte dieser Schrank die Zimmertür teilweise von innen verstellt. Die zuerst am Leichenfundort eingetroffenen Schutzpolizeibeamten bestätigten die Feststellungen. Die Tür war zur Hälfte von innen durch den Schrank blockiert gewesen. Sie hatten durch die zerstörte Scheibe gegriffen und den Schrank nach innen verschoben. Nur so hatten sie die Tür einen Spalt breit öffnen können. Durch die Tür heraus hatte also niemand gekonnt, denn die noch fest im Rahmen sitzenden, spitz und scharf nach innen ragenden Glassplitter hatten jedes Hindurchzwängen verhindert. Es schien auch wenig wahrscheinlich, daß jemand – ohne Spuren zu hinterlassen – durch das Fenster und über das Dach geklettert war.

Veränderungen am Tatort

Der Tote hatte ursprünglich in Bauchlage gelegen. Die Notärztin hatte ihn gedreht. Obwohl Brust- und Bauch nicht bedeckt gewesen waren, hatte sie das nach oben verschobene Oberhemd aufgerissen und das Unterhemd zerschnitten. Auch Hose und Slip waren von ihr heruntergezogen worden.

Sie war es auch gewesen, die die Blutspur auf dem nahe des Fensters gelegenen Pullover gelegt hatte. Ein bei der Untersuchung des Toten blutig gewordenes Instrument war von ihr dort vorübergehend abgelegt worden. Auch der, bis auf den Bauchstich, eng umschriebene Verletzungsbereich über dem Herzen, das Fehlen von typischen Ab- und Gegenwehrverletzungen, die fehlenden Beschädigungen in der Oberbekleidung und die offenbar von einem zögernd geführten Messer verursachte Druckspur im Unterhemd sprachen dafür, daß sich H. die Stiche selbst beigebracht hatte. Es ist eine aus vielen Fällen gewonnene Erfahrung, daß Selbstmörder oft die Einstichstellen von Bekleidungsstücken entblößen.

Die Zeugenaussagen des Nachbarn, der dabei blieb, neben polternden und splitternden Geräuschen auch die streitenden Stimmen von H. und E. gehört zu haben, sprachen jedoch gegen die Annahme einer Selbsttötung. Es sei eindeutig die Stimme von E. gewesen, beharrte der Zeuge.

Bald darauf hatte die Fahndung Erfolg. In einer Bahnhofgaststätte, weitab in einem anderen Stadtteil, wurde E. angetroffen.

Man ermittelte weiter, beleuchtete das Verhältnis des H. zu E. Beide waren Alkoholiker, die ohne geregelte Arbeit in den Tag hineingelebt hatten. Insbesondere E. hatte im trunkenem Zustand zu Aggressionen geneigt. Häufig hatten sie sich gestritten, aber im Grunde waren sie unzertrennlich gewesen. Man traute E. zu, daß er H. erstochen hatte.

Doch dann gab es auch Zeugenaussagen, die Hinweise auf ein mögliches suicidales Geschehen brachten. H. hatte sich als Folge des ständigen übermäßigen Alkoholgenusses in letzter Zeit wiederholt im Delirium befunden. Er hatte weiße Mäuse gesehen und sich sogar Brot geliehen, um die Tiere zu füttern. Am Tage vor seinem Tode hatte er in seinem Zimmer einen imaginären Affen gejagt. Mit Mühe hatte man ihn davon abgehalten, den Affen über das Dach zu verfolgen. Lag hier die Ursache des vermuteten Selbstmordes?

Ergebnis der Obduktion

Bei der Obduktion stellten die Rechtsmediziner an der linken Brust neben dem Brustbein vier „recht nahe beieinander gelegene", annähernd horizontale, ziemlich schmale Stichverletzungen und eine weitere am Übergang vom rechten Mittel- zum Unterbauch fest. Die Stichkanäle sämtlicher Verletzungen verliefen annähernd in gleicher Richtung, und zwar steil von vorn oben nach hinten unten, wobei ein Bruststich und der Bauchstich bereits im Unterhautfettgewebe endeten. Durch drei Bruststiche war es zu Verletzungen der Zwischenrippenmuskulatur, zweier Rippen, des Herzbeutels und des Herzens gekommen, wobei die linke Herzkammer am Übergang zur Kammerscheidewand eröffnet worden war. Hieraus war es durch den Herzbeutel hindurch zu einem schwerwiegenden Blutverlust in die linke Brusthöhle gekommen. H. war verblutet.

Auch die Ärzte fanden keine Abwehrverletzungen. In ihrem vorläufigen Gutachten erklärten sie abschließend: „Der annähernd parallele Verlauf der Stichkanäle und der Einstichöffnungen in der Brusthaut und die Angabe, daß die Bekleidung einschließlich Unterhemd nicht durch Stiche beschädigt gewesen ist, lassen sich mit einer Selbstbeibringung der Verletzungen vereinbaren." H. war bei Todeseintritt nüchtern gewesen. Das Ergebnis der Blutalkoholuntersuchung lautete: 0,01 Promille.

E., inzwischen ausgenüchtert, wurde vernommen. Detailliert und konform mit den Zeugenaussagen schilderte er seine Beziehungen zu H. Er bestritt, den Tod seines Freundes verursacht zu haben. Den ganzen Tag über und auch während der Nacht war er weit ab vom Ort des Geschehens in mehreren Gaststätten gewesen. Zeugen gaben ihm ein einwandfreies Alibi. Er konnte H. nicht getötet haben.

Und der Zeuge, der ihn mit H. streiten gehört hatte, räumte schließlich ein, daß er sich, durch den Lärm aus dem Schlaf gerissen, geirrt, vielleicht nur H. allein gehört haben konnte.

Ergebnis:

Es mußte so sein! Nach Prüfung aller Details sprach nichts mehr für ein Tötungsdelikt!

Fall 4:

Ausgangslage: Auffinden einer Toten; Tötung durch fremde Hand oder Selbsttötung?

Gegen 12.00 Uhr hatte eine Frau aus einem kleinen Ort in der Nähe von Aachen bei der Schutzpolizei angerufen und gebeten, nach ihrer in Düsseldorf wohnenden Schwester zu sehen. Sie habe soeben einen vom Vortage datierten Brief erhalten, in dem ihre Schwester ihren Selbstmord ankündige.

Die Wohnung der 46 Jahre alten Elisabeth B. lag im Erdgeschoß eines dreigeschossigen Hauses. Auf Schellen wurde nicht geöffnet. Der hinzugerufene Hausverwalter hatte die Wohnungstür mit Hilfe eines Nachschlüssels öffnen können. Die Tür war nur ins Schloß gezogen gewesen. Im Wohnschlafzimmer, auf einer Schlafcouch liegend, hatte man Frau B. tot vorgefunden. Aus ihrer Brust ragte der Griff eines Messer (Abb. 17).

Die Wohnung machte einen sauberen und aufgeräumten Eindruck. Nirgends waren Anzeichen dafür vorhanden, daß ein Kampf stattgefunden hatte. Die Behältnisse waren geschlossen, ihr Inhalt geordnet, nichts deutete auf eine Durchsuchung hin.

In einer zwischen Spüle und Kleiderschrank stehenden Einkaufstasche fand man eine Geldbörse. Sie war leer. In einer Geldkassette, die mit einem danebenliegenden Schlüssel geöffnet werden konnte, lag ein Sparbuch mit einem Kontostand von über 4 000,– DM. Neun Tage zuvor waren 1.000,– DM abgehoben worden. Hätte nicht das Bargeld in der Wohnung sein müssen? Man suchte vergeblich.

An der Innenseite des Handwaschbeckens im Toilettenraum wurden zahlreiche verwaschene rötliche Anhaftungen entdeckt. Es sah aus, als sei versucht worden, hier anhaftende Blutspuren wegzuspülen. Ein neben dem Becken hängendes trockenes Gästehandtuch wies fünf bis zu zehnpfennigstückgroße Blutflecke auf. Auf dem Teppichboden der Diele, zwischen Toilette und Wohnschlafzimmer, befand sich ein weiterer kleiner eingetrockneter Blutfleck.

Leichenbefund

Die Tote lag in Rückenlage auf ihrer Couch. Sie war, bis auf die Schuhe, völlig bekleidet. In ihren auf dem Bauch aufliegenden Händen hielt sie Taschentücher. In der linken zwei saubere Papiertücher, in der rechten ein nicht beblutetes Textiltaschentuch. Beide Hände waren schwach blutig. Es sah aus, als sei versucht worden, diese Blutspuren oberflächlich abzuspülen.

Tod durch Erdrosseln?

Um den Hals der Toten lag ein 12 Zentimeter breiter und 120 Zentimeter langer Schal, dessen Enden sich im Nacken kreuzten. Der Schal war locker um den Hals gelegt. Es fiel auf, daß in den Bindehäuten der Augen winzige, flohstichartige Blutungen, sogenannte Stauungsblutungen vorhanden waren. War die Frau gewürgt oder gedrosselt worden?

Tötung durch Erwürgen?

Der vordere Halsbereich war, weil mit einem angetrockneten Blutkuchen bedeckt, schwer zu beurteilen. Als die Beamten die Blutanhaftungen vorsichtig gelöst hatten, fanden sie tatsächlich links neben dem Adamsapfel eine etwa vier Zentimeter lange und drei Zentimeter breite diffuse Hautvertrocknung, die durchaus von einem vorangegangenen Drosselvorgang herrühren konnte.

Der Pullover, den die Frau trug, war im vorderen Bereich weit nach oben, bis über die Brüste hinweg, geschoben. Die obere Brusthälfte war mit einem völlig trockenen Blutkuchen bedeckt, in dem sich als Folge der Austrocknung feine Risse gebildet hatten.

Tötung durch Stich?

Aus der linken Brust, unmittelbar über dem oberen Rand des Unterhemdes, ragte der Griff eines Brotmessers. Die Klinge steckte in ihrer ganzen Länge im Körper. Der braune Messergriff war mit einem schwachen angetrocknetem Blutfilm überzogen.

Als der auf der Brust liegende Blutkuchen abgelöst worden war, fand sich in der Brustmitte eine zwei Zentimeter breite weitere Stichverletzung.

Sonst war die Frau unverletzt. Es fehlten vor allem Ab- und Gegenwehrverletzungen. Auch die Kleidung war unbeschädigt.

Mord oder Selbstmord? Dem objektiven Befund nach zu urteilen war offenbar zunächst der Stich in die Brustmitte erfolgt. Er hatte nicht zum Tode geführt. Die Frau war danach zur Toilette gegangen und hatte sich dort im Handwaschbecken das Blut von den Händen gespült. Sie hatte dann wohl versucht, sich mit Hilfe des Schals selbst zu erdrosseln, ein ohne jede Verknotung hoffnungsloses Unterfangen. Erst danach hatte sie sich wohl das Messer ein zweites Mal in die Brust gestoßen. Es mußte so gewesen sein. Die Spuren ließen keine andere Erklärung zu. Und es kam ja auch der Abschiedsbrief hinzu, ein, wie bei einem späteren Handschriftenvergleich festgestellt wurde, mit Sicherheit von der nunmehr Toten selbst verfaßtes Schreiben.

Ergebnis der Obduktion

Die Leiche wurde obduziert. Die Ärzte fanden neben zwei Brusthöhlenstichen (Abb. 18) die charakteristischen Zeichen einer Strangulation. Eine Einstichwunde lag am linken Brustbeinrand. Der Stichkanal verlief durch den dritten Zwischenrippenraum von rechts vorn oben nach links hinten unten in den linken Lungenunterlappen. Der andere führte vom oberen Umfang der linken Brustdrüse steil von links vorn oben nach rechts hinten durch den dritten linken Zwischenrippenraum, den linken Lungenoberlappen, den Herzbeutel und die linke Herzkammerwand bis in die linke Herzkammer. In dieser Wunde, so erklärten die obduzierenden Ärzte, steckte ein einschneidiges, spitzzulaufendes Messer mit einer 13,5 Zentimeter langen

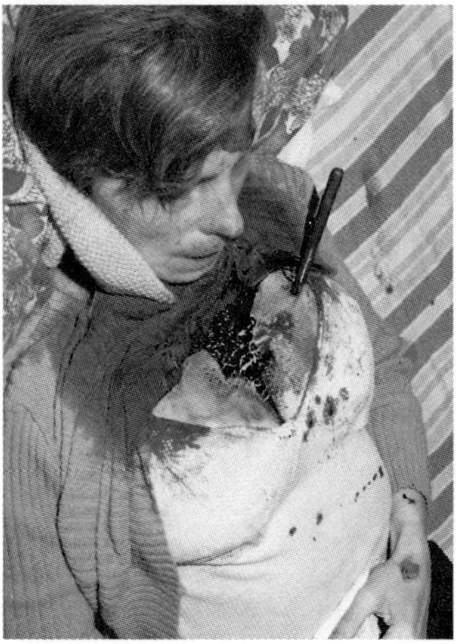

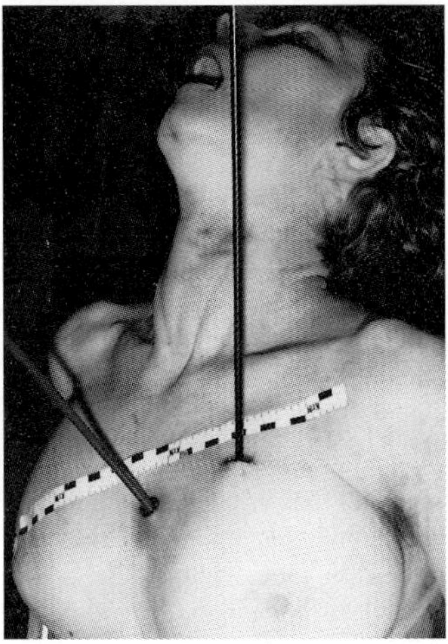

Abb. 17: Selbsttötung durch Erstechen. Der Stich wurde, wie für Selbsttötung typisch, nicht durch die Bekleidung geführt

Abb. 18: Nach Beseitigung der Blutspuren stellte sich heraus, daß sich die Frau zwei Stichverletzungen beigebracht hatte

und 2 Zentimeter breiten Klinge, und zwar bis zum Heft. Als Folge der Stichverletzungen war es zu einer erheblichen Blutung in die linke Brusthöhle bekommen. Die Frau war verblutet.

Abwehrverletzungen fanden auch die Ärzte nicht, und so wären die ermittelnden Beamten in ihrer Beurteilung des vorliegenden Sachverhalts bestätigt worden, hätten nicht die Rechtsmediziner die oberflächlichen Hautvertrocknungen links vom Adamsapfel als Würgemale und nicht als Drosselmale gedeutet. Es schien allerdings etwas abwegig, daß die Frau versucht haben sollte, sich selbst zu erwürgen.

Lag doch ein Tötungsdelikt vor?

Es konnte in Erfahrung gebracht werden, daß Frau B. unter starken Depressionen gelitten hatte. Immer wieder hatte sie versucht, sich selbst zu töten. Mehrfach war sie deswegen in Landeskrankenhäusern untergebracht gewesen. Ständig hatte sie sich in nervenärztlicher Behandlung befunden. Ihr behandelnder Arzt hatte keinen Zweifel, daß Selbstmord vorlag.

Dennoch – es schien auch Geld zu fehlen! Die Ermittlungen führten zu einer Bekannten, der Frau B. ab und zu Geld gegeben hatte – geliehen, sie hatte es gut gebrauchen können. Es kam der Verdacht auf, daß sie kurz vor dem Tode der Frau B. von dieser einen größeren Geldbetrag erhalten hatte. Sie bestritt es, hatte wohl Angst, daß Geld zurückgeben zu müssen.

Was blieb, war am Schluß ein etwas ungutes Gefühl, die trotz aller Nachforschungen nicht zu erlangende letzte Gewißheit.

Fall 5:

Selbsttötung durch mehrere Stiche in den Brustbereich

Auf Betreiben der Sozialbetreuerin seiner Beschäftigungsfirma war die Wohnung des 31 Jahre alten jugoslawischen Staatsangehörigen Istvan K. geöffnet worden. Auf seiner Arbeitsstelle war bekannt gewesen, daß er hin und wieder unter Verfolgungsideen litt. Er war deswegen in nervenärztlicher Behandlung gewesen.

In der mit Wasser gefüllten Badewanne fand man K. tot auf. Das Badewasser war blutig. Vor der Wanne lag in einer kleinen Blutlache ein beblutetes Messer.

Die ermittelnden Beamten fanden vier Stichverletzungen im Herzbereich, nahe beieinanderliegend. Sonst war die Leiche unverletzt. Bei der Obduktion wurde festgestellt, daß einer der Stiche das Herz getroffen hatte. Die vordere und hintere Wandung der linken Herzkammer war eröffnet worden. Es war zu einer Herzbeuteltamponade gekommen. Der Mann war daran gestorben.

Die obduzierenden Ärzte erklärten in ihrem vorläufigen Gutachten: „Allein aufgrund des Obduktionsbefundes kann man eine Tätigkeit von dritter Hand nicht beweisen."

Die Beamten konnten nach Abschluß ihrer Ermittlungen nachweisen, daß sich K., der unter Verfolgungswahn mit akustischen Halluzinationen gelitten hatte, selbst getötet hatte. Ein Verschulden Dritter war auszuschließen.

Fall 6:

Ausgangslage: Tod durch Stichverletzungen

Beamte der Kriminalwache waren am Abend in eine Wohnung gerufen worden, wo der Notarzt gerade den Tod eines jungen Mannes festgestellt hatte. Der Tote habe, so erklärte der Arzt den Beamten, zwei Stichwunden in der Brust. Da auch von einem vorangegangenen Streit berichtet wurde, schien es erforderlich, die weiteren Ermittlungen der Mordkommission zu übertragen.

Ort des Geschehens war die in der dritten Etage eines Mehrfamilienhauses gelegene Wohnung einer 21 Jahre alten Krankengymnastin. Alle Zimmer waren geordnet, sauber, es fanden sich keine Anzeichen eines vorangegangenen Kampfes. Nur im Schlafzimmer war eine Glasplatte, hinter der mehrere Lichtbilder befestigt waren, zertrümmert. Auf einer Anrichte darunter lagen Glassplitter. Der Tote lag in der weit geöffneten Tür zwischen Küche und Wohnzimmer. Die Bekleidung seines Oberkörpers war im vorderen Bereich aufgeschnitten. Der Brustkorb war entblößt, blutverschmiert. Die übrige Bekleidung saß regelrecht.

Auf dem Küchenherd lag eine Herrenarmbanduhr, das Armband war zerrissen.

Etwa vier Zentimeter unter der linken Brustwarze war eine quer zum Körper verlaufende, ca. drei Zentimeter breite scharfrandige Stichwunde vorhanden und eine weitere, gleichartige Verletzung etwa zehn Zentimeter davon entfernt, etwas links tiefer, zum äußeren Brustbereich hin. Der gesamte übrige Körper des Mannes war unverletzt. Die Bekleidung des Toten wurde untersucht. Sie war dort, wo sie die Brust bedeckt hatte, blutdurchtränkt. Deckungsgleich zu den Stichwunden in der Brust fanden sich Beschädigungen im Pullover, im Sport- und im Unterhemd. Auf einem Läufer, dicht neben der linken Brustseite, lag ein beblutetes großes Brotmesser. Die Klingenlänge maß sechzehn Zentimeter und die -breite 2,8 Zentimeter. Das Messer schien durchaus geeignet, die festgestellten Verletzungen zu verursachen.

Die Wohnungsinhaberin sagte, sie sei mit dem Toten befreundet gewesen. Vor kurzem habe sie sich von ihm getrennt gehabt, aber er habe die Trennung nicht akzeptieren wollen. Er sei labil gewesen und im Leben nicht zurechtgekommen. Sein Studium habe er abgebrochen. Selbstmordversuche seien vorangegangen.

Am heutigen Abend sei er bei ihr erschienen. Ihr neuer Freund sei gerade bei ihr gewesen. Er würde das alles nicht aushalten, habe er gesagt, und dann sei er ins Schlafzimmer gelaufen und habe in einen Glasrahmen geschlagen, in dem sich Bilder von ihm und ihr befunden hätten. Dabei habe er seine Armbanduhr verloren. Gleich darauf sei er in die Küche gerannt. Sie habe versucht, ihn festzuhalten, aber er sei stärker gewesen. Er habe eines der über dem Herd an der Wand hängenden Küchenmesser genommen, und ehe sie es habe verhindern können, habe er sich das Messer in die Brust gestoßen. Sie glaube, daß er nur einmal zugestochen habe. Das Messer sei im Körper steckengeblieben. Er habe noch einen Schritt nach vorn gemacht, dann sei er zusammengebrochen. Ihr Freund habe den Notarzt gerufen, während sie sich um den Verletzten bemüht habe. Das Messer sei hierbei von selbst aus der Wunde herausgefallen. Sie habe es nicht angefaßt.

Der „neue“ Freund, ein 25 Jahre alter Forstwirt, bestätigte weitgehend die Angaben der Wohnungsinhaberin. Sie sei ihm nachgelaufen, habe versucht in festzuhalten. Als er in die Küche gekommen sei, habe schon das Messer in seiner Brust gesteckt.

Tötungsdelikt oder Selbsttötung?

Sagten die beiden die Wahrheit? Bot sich hier nicht die klassische Eifersuchtstat, der Streit zwischen zwei Liebhabern, an? Anhand des objektiven Tatbefundes ließ sich die Frage: Tötungsdelikt oder Selbstmord? auf Anhieb nicht beantworten, wenn auch auffiel, daß der Tote keinerlei Ab- oder Gegenwehrverletzungen hatte.

Ergebnis der Obduktion: Selbsttötung durch Erstechen

Die Leiche wurde obduziert. Die Ärzte erklärten: „Bei der Obduktion der Leiche dieses 26 Jahre alt gewordenen Mannes konnten wir zwei typische Stichverletzungen an der linken Hälfte des Brustkorbes feststellen. Die eine Stichverletzung lag unterhalb der linken Brustwarze. Hier wurde die vordere Brustkorbwandung, der Herzbeutel, die vordere und die hintere Wandung des Herzens durchstochen. Die Spitze des Stichwerkzeuges erreichte den unteren Rand des linken Lungenlappens. Infolge der Verletzung des Herzens war der Herzbeutel und der linke Brustfellraum mit Blut prall angefüllt. Die inneren Organe waren ausgeblutet und sonst organisch gesund. An der linken äußeren Fläche des Brustkorbes konnten wir noch eine zweite Stichverletzung feststellen. Hier wurde jedoch von dem Stichwerkzeug nur die Brustmuskulatur getroffen und der Brustkorb nicht eröffnet.

Der Tod wurde durch eine innere Verblutung hervorgerufen. Die Obduktion ergab keine Hinweise für die Mitwirkung von dritter Hand.

An der Beugeseite des linken Unterarmes konnten wir alte Spuren von sogenannten Probierschnitten feststellen".

Ergebnis: Selbsttötung durch Stich nach mehreren vorausgegangenen Selbsttötungsversuchen; Motiv: Eifersucht

Die Ermittlungen wurden weitergeführt. Es entstand das Bild eines wenig lebenstüchtigen, labilen und äußerst sensiblen jungen Mannes. Mehrfach hatte er sein Studium gewechselt, hatte schließlich aufgegeben und war zuletzt in einer Baufirma als Bauzeichner tätig gewesen.

Er hatte sich an die Frau geklammert, in deren Wohnung er schließlich gestorben war. Trotz ihrer eindeutigen Erklärungen, mit denen sie das Verhältnis für beendet erklärt hatte, hatte er immer wieder erneut versucht, die Beziehungen wieder aufleben zu lassen.

Vier Selbstmordversuche waren vorangegangen. Er hatte die Pulsadern aufgeschnitten, Tabletten genommen und schließlich einen Hochspannungsmast bestiegen, um sich von dort herabzustürzen. Jedesmal war er gerettet worden.

Es gab schließlich keinen Zweifel mehr, daß er sich selbst das Messer in die Brust gestoßen hatte.

Fall 7:

Augenscheinlicher Tatortbefund: Tod nach Messerstecherei

Es war ein Sonntagvormittag, als die Kripo zu einer Wohnung in der Innenstadt gerufen wurde. Eine Messerstecherei sollte stattgefunden haben. Ein Mann sei tödlich verletzt worden.

Die Wohnung lag in der ersten Etage eines Mehrfamilienhauses. Schutzpolizeibeamte waren anwesend und die Besatzung eines Krankenwagens. Sie hatten den Mann nicht mehr transportiert, weil eindeutig der Tod eingetreten war.

Die Wohnung war sauber, ordentlich aufgeräumt, keine Anzeichen eines bewegten Kampfgeschehens. In der Küche fanden die Beamten frische Wischspuren am Boden. Es war zu sehen, daß hier versucht worden war, Blutspuren zu beseitigen. Auf dem Kühlschrank lag ein aufgeklapptes Taschenmesser. Seine 5,5 Zentimeter lange Klinge wies oberflächliche Blutanhaftungen auf. In der Toilette stand ein Schrubber, um den ein nasses Tuch geschlungen war. Ganz deutlich waren an dem Tuch Blutspuren zu erkennen.

Selbsttötung durch Erstechen?

Die Ehefrau des Verstorbenen schilderte, daß ihr nunmehr 73 Jahre alter Mann nahezu erblindet gewesen sei. Immer wieder habe er in letzter Zeit davon gesprochen, nicht mehr leben zu wollen, da er ihr doch nur zur Last falle.

Gegen 09.00 Uhr sei er aufgestanden, in die Küche gegangen, um etwas zu trinken. Als sie wenig später nachgegangen sei, habe er in gebückter Haltung gestanden und sich mit der Faust gegen die Brust geschlagen. „Ich will nicht mehr leben!“ habe er gerufen und dann sei etwas zu Boden gefallen. Dann sei er ins Schlafzimmer gegangen und habe sich wieder zu Bett gelegt.

Sie selbst habe Kaffee gekocht, und als sie ihm einige Zeit später eine Tasse Kaffee ans Bett gebracht habe, habe er nicht mehr reagiert. Es sei Blut an seiner Brust gewesen. Nun habe sie auch Bluttropfen auf dem Fußboden und in der Küche gefunden. Dort habe auch sein Taschenmesser auf dem Fußboden gelegen. Sie habe es aufgehoben und auf den Kühlschrank gelegt. Das Blut habe sie aufgewischt, der Nachbarin wegen, denn von deren Telefon aus habe sie den Krankenwagen bestellt.

Sagte die alte Frau die Wahrheit? Hatte sich der Mann wirklich selbst erstochen? War es möglich, daß er sich nach Beibringen der Stichverletzung noch selbst ins Bett begeben hatte, um dort zu sterben?

Die Ehe, so wurde in Erfahrung gebracht, war nicht schlechter gewesen, als viele andere Ehen auch. Hin und wieder war es zu Streitigkeiten gekommen, wenn der Mann Alkohol getrunken hatte. An diesem Morgen aber, das ergab die Untersuchung seines Blutes, war er nüchtern gewesen.

Im übrigen aber, so hörten die Beamten immer wieder, hatte sich die Frau rührend um ihren behinderten Mann bemüht.

Ergebnis der Obduktion:
Tod nach Selbstbeibringung einer Stichverletzung; Verbluten

Die Leiche wurde obduziert. Die Stichwunde befand sich 3,5 Zentimeter unterhalb der linken Brustwarze. Der Stichkanal verlief von links unten außen nach rechts oben innen. Das Herz war getroffen worden. Es hatte in den Herzbeutel geblutet. Der Mann war an einer Herzbeuteltamponade gestorben.

„Das Sterben", so erklärten die Ärzte, „hat sicher längere Zeit gedauert, das heißt zwischen Einstich und Tod ist eine bestimmte Zeit vergangen, in der es langsam in den Herzbeutel geblutet hat. Während dieses Zeitraumes war der Mann durchaus noch handlungsfähig. Nach Lage und Richtung des Stichkanals läßt sich durchaus die Feststellung treffen, daß die Verletzung durch eigene Hand beigebracht worden sein könnte."

Auch die Kripo fand keine Anhaltspunkte, die diesen ärztlichen Feststellungen entgegengestanden hätten.

4. Tod durch stumpfe Gewalt

4.1 Stumpfe Gewalt

Begriff

Die Verletzungen *entstehen* hier dadurch, daß

- ein bewegter stumpfer Gegenstand auf den Körper auftrifft
  oder
- der sich bewegende Körper auf einen solchen Gegenstand aufschlägt
  oder
- ein sich bewegender Körper und ein bewegter stumpfer Gegenstand aufeinanderstoßen.

Die hierbei entstehenden Verletzungen sind *abhängig* von

- der kinetischen Energie,
- der Größe der Auftrefffläche,
- den mechanischen Eigenschaften des Gegenstandes,
- der betroffenen Körperregion,
- der Richtung der Gewalteinwirkung[4].

---

4 Blaha, R., Krause, D., Leichenschau und Fundortbesichtigung bei nichtnatürlichen Todesfällen, 1976, S. 41 f.

Erscheinungsformen

Durch die Einwirkung stumpfer Gewalt kommt es auch zur Beschädigung der Oberhaut, zum Verlust oberflächiger Hautschichten. Diese Verletzungen treten oft – in Form braunroter Vertrocknungen – erst nach einiger Zeit deutlich zu Tage.

Hierdurch sind meist *Rückschlüsse* auf

- die Art der Gewalteinwirkung,
- das verwendete Werkzeug,
  - so sprechen z. B. parallel verlaufende, streifenförmige Unterblutungen für die Verwendung eines Stockes oder eines Kabels,
- die Richtung, aus welcher die Gewalt auf den Körper eingewirkt hat,

möglich.

Die *Wundränder* sind in aller Regel entsprechend der einwirkenden Gewalt unterminiert.

Platzwunden als Folge stumpfer Gewalt werden manchmal mit Schnittwunden verwechselt. Sie sind jedoch an folgenden Kriterien von Schnittwunden *unterscheidbar*:

- Die Ränder der Platzwunde sind sehr oft nicht regelmäßig gestaltet,
- in der Tiefe der Wunde finden sich quergespannte Gewebsfasern, sogenannte Gewebsbrücken,
- nahezu jede Platzwunde hat einen Vertrocknungssaum, die Wundränder sind gequetscht, braunrot vertrocknet.

Hutkrempenregel

Die sogenannte „Hutkrempenregel“ ist als Unterscheidungshilfe für Schlag- oder Sturzverletzungen nur bedingt anwendbar.

Beim Sturz *zu ebener Erde* liegen die Verletzungen unterhalb der Hutkrempengrenze und hier meist an den prominenten Teilen, also an der Nase, am Kinn, an den Augenbrauen, am Jochbein.

In solchen Fällen, also bei fraglichem Sturz zu ebener Erde, sprechen Verletzungen, die sich oberhalb der Hutkrempengrenze befinden, für Schlageinwirkung.

Die Hutkrempenregel ist *nicht* anwendbar, wenn ein eventueller Sturz *nicht* zu ebener Erde erfolgt ist (z. B. Treppensturz).

Hinweise auf mögliche innere Verletzungen

- Blutungen aus den äußeren Gehörgängen, aus Mund und/oder Nase,
  - Verdacht auf Schädelbasisfraktur.
- Brillenhämatom,
  - entsteht, wenn die Basisfraktur einige Zeit überlebt wird,
- ungleich gewölbter Brustkorb und unter Knochenreiben abnorme Eindrückbarkeit und Beweglichkeit der Rippen,
  - spricht für Rippenreihenbrüche.
- Beim Betasten des Brustkorbes wird ein Knirschen (wie gefrorener Schnee) fühlbar, schaumiges Blut tritt aus dem Mund,
  - deutet auf Verletzungen der Lungen.
- Auffallend blasse Haut und Schleimhäute, kaum ausgebildete Leichenflecke,
  - sprechen für ein Verbluten in das Körperinnere.

Bei schweren, auf stumpfe Gewalteinwirkung zurückzuführenden Verletzungen sollte auch an *Verkehrsunfälle* gedacht werden.

Unfallopfer werden manchmal vom Unfallort entfernt (in Flüsse geworfen, auf Wiesen und Feldern abgelegt), um den Unfall zu verschleiern.

Die genaue Untersuchung der vom Opfer getragenen Bekleidung ist zu veranlassen. Es finden sich oft Reifenabdrücke, Lackspuren, Glassplitter, Ölspuren oder Abdrücke von prominenten Teilen des am Unfall beteiligten Fahrzeuges.

4.2 Zur Phänomenologie des Todes durch stumpfe Gewalt

Tod durch stumpfe Gewalt?

Vorbemerkungen

Hier, wo die Verletzungen dadurch entstehen, daß ein bewegter stumpfer Gegenstand auf den menschlichen Körper auftrifft oder der sich bewegende Körper auf einen solchen Gegenstand aufschlägt oder ein sich bewegender menschlicher Körper und ein beweglicher Gegenstand aufeinander stoßen, liegen die Probleme für den kriminalpolizeilichen Sachbearbeiter – und nicht nur für diesen – vor allem dort, wo es darum geht, Art, Ursache und Umfang der Schädigung zu erkennen. Stumpfe Gewalt hinterläßt häufig genug keine offenen Verletzungen, oftmals nicht einmal äußerlich erkennbare

Unterblutungen, was dazu führen kann, daß Verletzungen *übersehen* oder im Hinblick auf ihre Dramatik *falsch beurteilt* werden.

Die Tötung eines Säuglings oder Kleinkindes durch stumpfe Gewalt ist manchmal durch bloße äußere Besichtigung nicht nachzuweisen. Viel zu schnell wird daher oft als Todesursache ein sogenannter plötzlicher Kindstod angenommen. Ein Säugling oder Kleinkind kann aber, ohne äußerlich erkennbare Spuren zu hinterlassen, z. B. durch ein stumpfes Bauch- und Brustkorbtrauma, durch Ersticken mit weicher Bedeckung der Atemöffnungen, durch Strangulation mit einem weichen Werkzeug, durch Ertränken oder aber als Folge eines sogenannten Schütteltraumas, getötet worden sein.

Der Kopf eines Säuglings ist im Verhältnis zum Körper relativ schwer, und da die Nackenmuskulatur noch nicht kräftig ausgebildet ist, kann der Kopf nicht selbständig gehalten werden. Er fliegt bei abrupten Bewegungen, wie bei beabsichtigtem Schütteln, ungeschützt nach vorn, hinten und zu den Seiten. Hierdurch kommt es zum Einriß feiner Blutgefäße zwischen Hirnoberfläche und Hirnhaut, der sogenannten Brückenvenen und dadurch zu Blutungen unter die harte Hirnhaut[5].

Die unterlassene Obduktion bei ungeklärter Todesursache von Säuglingen und Kleinkindern ist ein grober kriminalistischer/staatsanwaltschaftlicher Fehler.

Fall 1:

Ärztlicher Befund: Natürlicher Tod

An einem Dienstag, in den frühen Morgenstunden, erhielt die Dienststelle für Todesermittlungen der Kriminalpolizei in Düsseldorf aus einem Krankenhaus den vertraulichen Hinweis, daß dort am späten Nachmittag des Vortages ein 23 Jahre alter Patient verstorben sei. Die Leiche weise Hautabschürfungen am Rücken und Verletzungen am Hinterkopf auf.

Eine sofortige Nachfrage bei dem behandelnden Arzt des Krankenhauses ergab, daß der junge Mann am Tage zuvor mit einem Notarztwagen im bewußtlosen Zustand dem Krankenhaus zugeführt worden war. Er wisse, so erklärte der Arzt des Krankenhauses, daß der Mann kurz vor der Einlieferung auf seiner Arbeitsstelle, am Güterbahnhof, kollabiert und gestürzt sei. Ein Unfallgeschehen könne nach Art und Umfang der Verletzungen sicher ausgeschlossen werden. Es liege ein „natürlicher" Todesfall vor. Ein Tätigwerden der Kriminalpolizei sei somit nicht erforderlich. Zur sicheren Klärung der Ursache des zweifellos vorliegenden natürlichen Todes sei eine

5 Lockemann, Püschel, Kriminalistik 2/95, S. 128.

Sektion der Leiche vorgesehen, zu der man bereits die Einwilligung der Angehörigen eingeholt habe.

Auch auf eindringliches Befragen blieb der Arzt dabei: Nein! es seien keinerlei Anzeichen eines nichtnatürlichen Todes zu erkennen.

Um so mehr überraschte ein Anruf am Mittag des folgenden Tages. Der mit der Sektion der Leiche beauftragte Pathologe habe die Leichenöffnung abgebrochen, weil sich eine erhebliche Diskrepanz zwischen der genannten Vorgeschichte und den tatsächlichen Befunden ergeben habe.

Ergebnis der Obduktion: gewaltsame Todesursache

Die Leiche wurde beschlagnahmt und dem Institut für Rechtsmedizin zugeführt, wo die anschließende Obduktion folgendes ergab:

„... im wesentlichen Anzeichen schwerster äußerer Gewalteinwirkung im Bereich der hinteren Brustkorbseite mit Rippenbrüchen und Anspießungen des rechten Lungenunterlappens, ausgedehnte Weichteilblutungen, Bruch des rechten Schulterblattes und vermutlich Einblutungen in die Brusthöhle (Zustand nach pathologisch-anatomischer Obduktion).

Die inneren Organe waren blutarm, die Lungen im Sinne von Schocklungen verändert, so daß als Todesursache das schwere Körpertrauma im Zusammenhang mit dem Blutverlust angesehen werden kann.

Es handelt sich zweifelsohne um eine gewaltsame Todesursache, wobei ein einfaches Hinfallen überhaupt nicht in Betracht kommt. Die schweren Verletzungen sind dagegen erklärbar durch Anfahren durch einen Zug."

Kriminalpolizeiliche Ermittlungen setzten ein, allerdings verspätet, mit der Folge, daß zunächst Schwierigkeiten dort auftraten, wo es galt, den genauen Ort des Vorfalles festzustellen und den Ablauf des Geschehens zu objektivieren. Die Dienststellen der Bundesbahn, einschließlich der Bahnpolizei, hatten die Überprüfung bereits mit dem Hinweis auf einen dem Tod vorangegangenen epileptischen Anfall des Betroffenen abgeschlossen.

Der später zu Tode Gekommene war als Schweißergehilfe bei Gleisreparaturarbeiten eingesetzt gewesen. Am Mittag hatte man ihm den Auftrag erteilt, das nicht mehr benötigte Schweißgerät, das innerhalb einer Unterführung nahe des Durchbruches einer Stützmauer abgelegt worden war, einzupacken. Nach relativ kurzer Zeit war der Mann vermißt und gleich darauf hinter der Stützmauer, zwischen einem Gleis und dem Mauerwerk, bäuchlings auf dem Schotter liegend, aufgefunden worden. Er hatte gekrampft und geröchelt. Verletzt war er nicht gewesen, zumindest hatte man keine Wunden an ihm gesehen. Auf Ansprechen hatte er nicht reagiert.

Es sei ausgeschlossen, daß er von einem Zug angefahren worden sei. In einem solchen Fall hätten doch schwere Verletzungen zu sehen gewesen sein müssen. Außerdem sei das Gleis, neben dem der Mann gefunden worden sei, ein Nebengleis, kaum befahren. Nein, im kritischen Zeitraum sei auf diesem Gleis kein Zugverkehr beobachtet worden.

Unfalltod

Die kriminalpolizeilichen Nachforschungen ergaben dann aber, daß unmittelbar bevor der Mann neben dem Gleis liegend gefunden worden war, ein D-Zug die Stelle passiert hatte. Nach Auswerten der technischen Daten der E-Lok dieses Zuges wurde festgestellt, daß bei Passieren der Unfallstelle zwischen der Stützmauer der Unterführung und den hervorragenden Teilen der Maschine ein Zwischenraum von nur 70 Zentimetern geblieben war.

Alles sprach dafür, daß der Mann von der Lok erfaßt und angefahren worden war. Eine rißartige, schwärzlich verfärbte Beschädigung an der Rückseite seiner Arbeitsjacke, die sich in ihrer Lage genau mit der schweren Verletzung des Schulterblattes deckte, untermauerte die kriminalpolizeilichen Feststellungen.

Ausgehend von den Zeugenaussagen hatte man ungeprüft auf einen epileptischen Anfall geschlossen. Die Frage blieb, ob bei Erkennen und gezielter Behandlung der Unfallverletzungen das Leben des Mannes zu retten gewesen wäre.

In ihrem vorläufigen Gutachten erklärten die obduzierenden Ärzte hierzu:

„Eine eindeutige Aussage dahingehend, ob die Verletzungen auch bei sofortigem ärztlichen Handeln zum Tode geführt hätten, läßt sich nach den bisherigen Feststellungen nicht treffen.“

Fall 2:

Ärztlicher Befund: natürlicher Tod

Nicht der den Tod feststellende Arzt, sondern ein Beerdigungsunternehmer war es, der an einem Samstagabend die Kriminalpolizei von einem Sterbefall unterrichtete und auch nur deshalb, weil der Arzt auf einer alten, nicht mehr gültigen Todesbescheinigung zwar das Vorliegen eines „natürlichen“ Todes beurkundet, aber hinzugefügt hatte, es liege ein Unglücksfall vor.

In der Wohnung trafen die Beamten auf die 71 Jahre alte Wohnungsinhaberin und zwei Angestellte des Beerdigungsinstitutes, das von der Frau mit der Beisetzung ihres verstorbenen Ehemannes beauftragt worden war.

Der Tote, ein 80 Jahre alter Rentner, lag im Wohnzimmer auf dem Fußboden. Seit Jahren, so berichtete die Frau, sei ihr Mann total verkalkt gewesen. Immer wieder sei er gestürzt und aus dem Bett gefallen. Mehrere Tage habe er nun schon auf dem Fußboden geschlafen, genau dort, wo er heute in den Mittagsstunden von ihr tot aufgefunden worden sei.

Bei der Besichtigung der Leiche wurden am Körper des Toten Anzeichen massiver stumpfer Gewalteinwirkungen festgestellt. Die Leiche wurde beschlagnahmt, eine Obduktion beantragt.

Bei der Leichenöffnung wurden eine Vielzahl von Vertrocknungen, ältere und frische Hautunterblutungen, die sich vorwiegend über die Vorderseite des Körpers erstreckten, festgestellt. Nach Aussagen der obduzierenden

Ärzte handelte es sich dabei um Zeichen vielfacher grober äußerer Gewalteinwirkungen, teils älterer, teils frischer Natur.

Sie erklärten in ihrem vorläufigen Gutachten ferner: „Darüber hinaus bestanden ganz massive Blutungen in der Halsmuskulatur und in der Brustmuskulatur. Es lagen beiderseits Serienrippenbrüche vor mit Blutungen in beiden Brusthöhlen.

Das Zungenbein scheint abnorm beweglich und zwar links. Die Mundschleimhaut und der Zungengrund sowie die Schleimhaut der Speiseröhre weisen Unterblutungen auf.

Darüber hinaus bestand auch im Bauchbereich, in der Gekrösewurzel und im linken großen Beckenmuskel, je eine flächenhafte Unterblutung. Alle diese vorgenannten Verletzungen sind Folgen mehrfacher schwererer Gewalteinwirkungen auf den Körper dieses Mannes, die sich nicht durch einfaches Hinstürzen oder Anstoßen in bewußtseinsgetrübtem Zustand erklären lassen, sondern vielmehr dafür sprechen, daß mehrfach auf diesen Mann getreten wurde, auch ein Beknien kann in Frage kommen, bzw. ein sich „auf den Mann stellen".

Die mit den Verletzungen verbundenen Blutungen waren ausgedehnter Art, so daß es hier zu einem erheblichen Blutverlust in das Gewebe bekommen ist.

Die Ärzte ließen keinen Zweifel daran, daß der Tod als Folge der Vielzahl der Verletzungen eingetreten war.

Tötung durch stumpfe Gewalt

Die Ehefrau des Getöteten wurde vernommen. Nach und nach räumte sie ein, daß sie am Morgen des Freitag durch ein plätscherndes Geräusch erwacht sei. Entsetzt habe sie gesehen, daß ihr Ehemann auf den vor dem Bett liegenden Teppich urinierte. An diesem Teppich aber, einem Erbstück, habe sie sehr gehangen. Voller Zorn habe sie auf ihn eingeschlagen, habe ihn kräftig am Hals erfaßt und habe schließlich mehrfach auf den Körper des zu Boden Geglittenen getreten. Sie habe ihn liegengelassen und sei, als sie immer wieder Wasser zum Reinigen des Teppichs geholt habe, jedesmal auf seinen Körper gestiegen. Er habe sich schließlich nicht mehr bewegt, und als er am Mittag des darauffolgenden Tages noch immer reglos an der gleichen Stelle gelegen habe, habe sie ihn angekleidet und schließlich nahe Angehörige gerufen, die einen Arzt bestellt hätten, der den „natürlichen" Tod ihres Mannes bescheinigt habe.

Der Arzt, der zumindest einen Teil der stumpfen Gewalteinwirkungen erkannt hatte, erklärte auf die Frage, wie er denn beim Vorliegen derartiger Verletzungen den Tod als „natürlich" bescheinigen könne: „Wer kommt denn schon darauf, daß ein so alter Mann erschlagen wird?"

Auf Antrag der Staatsanwaltschaft erließ das Gericht gegen die 71jährige Haftbefehl wegen des dringenden Verdachts des Totschlages.

Fall 3:

Ausgangslage: natürlicher Tod

In den Mittagsstunden eines Januartages war eine 80 Jahre alte alleinstehende Rentnerin tot in ihrer Wohnung aufgefunden worden.

Die Tote lag vollständig bekleidet auf dem Fußboden ihrer Einraumwohnung. Der zum Leichenfundort entsandte Kriminalbeamte stellte an ihrem Hinterkopf eine blutig rot verfärbte Schwellung fest. Das Schädeldach schien unverletzt. An der rechten Wange sah er eine sich vom Unterkiefer bis zum Ohr erstreckende Unterblutung. Weitere Verletzungen fand er auch nach Entkleiden der Leiche nicht, sah man von einigen strichförmigen, dunkelroten Verdickungen an der rechten Halsseite ab.

Wenig später erschien der Hausarzt der Verstorbenen. Er erklärte dem ermittelnden Kriminalbeamten, daß die Verstorbene an altersbedingter Herz- und Kreislaufschwäche sowie an hohem Blutdruck gelitten habe. Die dunklen, strichförmigen Verdickungen an der rechten Halsseite seien Krampfadern und ohne Bedeutung. Die Kopfverletzung habe sich die Frau offensichtlich beim Hinstürzen zugezogen. Er halte einen „natürlichen" Tod für wahrscheinlich.

Den Kriminalbeamten störten jedoch zwei Dinge, einmal das Hämatom an der rechten Gesichtsseite und zum anderen die Tatsache, daß er in der Wohnung keinerlei Bargeld gefunden hatte. Mit letzter Sicherheit war seiner Meinung nach ein Fremdverschulden nicht auszuschließen, obwohl keinerlei Anzeichen für ein gewaltsames Eindringen oder ein Durchsuchen von Behältnissen vorlagen.

Die Obduktion der Leiche wurde beantragt und am nächsten Tage im Institut für Rechtsmedizin vorgenommen. Nach Abschluß der Leichenöffnung erklärten die obduzierenden Ärzte in ihrem vorläufigen Gutachten:

Ergebnis der Obduktion: Keine Hinweise auf Fremdverschulden

„Diese Frau ist infolge schwerster Veränderungen der Blutgefäße im allgemeinen und einer starken Arterienverkalkung der Herzkranzgefäße im besonderen verstorben.

Die Verletzungen im Bereich des Hinterhaupts bzw. der rechten Halsseite sind offenbar Folge des Hinfallens nach einer Herzschwäche und sind mit dem Tode dieser Frau nicht kausal. Abwehr- oder sonstige Verletzungen, die auf ein Fremdverschulden hinweisen könnten, hat die Obduktion nicht ergeben.

Als Nebenbefund haben wir eine ausgedehnte Hirnathrophie festgestellt sowie eine leichte Leberverfettung und eine doppelseitige Nierenschrumpfung.

Nach dem Befund an der Leiche müßte diese Frau zu Lebzeiten herzkrank gewesen sein, auch unter der Berücksichtigung, daß Veränderungen des Blutgefäßsystems im hohen Lebensalter ohnehin immer wieder vorkommen."

Ein Tötungsdelikt lag danach also nicht vor. Dennoch blieb die Tatsache, daß aus der Wohnung der alten Frau offenbar Geld fehlte, denn die Ermittlungen hatten ergeben, daß ihr kurz vor ihrem Tode ein Geldbetrag überwiesen worden war. War die Tote bestohlen worden – von den Auffindern? Ein Ermittlungsverfahren wegen des Verdachts des Diebstahls wurde eingeleitet.

Fünf Wochen später erhielt die Fachdienststelle für Todesermittlungsverfahren den Hinweis, daß vor Wochen eine alte Frau in ihrer Wohnung von Kindern getötet worden sei. Sofort eingeleitete Nachforschungen ergaben, daß die Frau gemeint war, deren natürliches Versterben durch eine Obduktion festgestellt worden war.

Ergebnis: Vorsätzliche Tötung

Die Ermittlungen führten zur Festnahme von vier Schülern im Alter von dreizehn bis fünfzehn Jahren. Sie hatten gewußt, daß die Frau in ihrer Wohnung Geld aufbewahrte. Sie war, als sie auf das Schellen der Jungen die Tür geöffnet hatte, in die Wohnung gedrängt und zu Boden gerissen worden. Einer hatte ihr den Mund zugehalten, während ihr ein anderer zwanzig wuchtige Schläge mit der Handkante gegen die rechte Halsseite versetzt hatte.

Obwohl die Frau danach kein Lebenszeichen mehr von sich gegeben hatte, hatten sie ihr vorsorglich einen Strumpf als Knebel in den Mund gesteckt, bevor sie die Wohnung nach Geld durchsucht hatten. 320,– DM hatten sie erbeutet. Bevor sie gegangen waren, hatten sie den Knebel aus dem Mund entfernt. Die alte Frau war tot gewesen.

Fall 4:

Ausgangslage: augenscheinlich Tötungsdelikt

An einem Julitag wurde die Mordkommission der Kripo in Düsseldorf in einen angrenzenden ländlichen Polizeibezirk gerufen, wo an einem Waldrand, nahe einer angrenzenden Weide, die Leiche einer Frau gefunden worden war. Die Gesamtumstände am Leichenfundort sprachen für ein Tötungsdelikt.

Die Tote, eine ca. 70 Jahre alte Frau, lag in Kopfhanglage an einer etwa um 40 Grad abfallenden Böschung. 13 m von einem Weidezaun entfernt. Mehr zum Zaun hin fanden sich die Schuhe der Toten, ihre Brille, aus der ein Glas herausgefallen war, die abgebrochene Spitze ihres Spazierstockes. Der Boden an der Leichenfundstelle war mit trockenem Laub, vielen trockenen Ästen und jungen Brombeerpflanzen bedeckt. Überall waren zahllose Eindrücke von Paarhufern. Die Umgebung war allenthalben von Schafkot bedeckt.

Die Frau lag auf dem Rücken, sie war vollständig bekleidet. Die Kleidung saß, bis auf den Rock, dessen Saum ringsum bis über die Scham hinauf verlagert war, regelrecht. Die Bekleidung war unbeschädigt. Sie war mit dürrem Laub, winzigem Astwerk und wenig humösen Waldboden behaftet. Das Material lag locker auf dem Textilgewebe auf und war nirgends tiefer in das Gewebe eingedrückt. Offenbar war die Frau also nicht zur Fundstelle geschleift worden.

Das Kopfhaar der Toten war durchblutet. Blutungsquelle war eine Wunde am linken inneren Augenwinkel, die durch die Einwirkung halbstumpfer Gewalt verursacht schien. Die Stirnmitte und die Umgebung beider Augen war deutlich unterblutet. Etwa in der Mitte der Beule auf der Stirn war die Haut aufgeschürft und wenig eingeblutet. Es waren aber keine Stauungsblutungen zu erkennen, wie sie bei gewaltsamen Erstickungsvorgängen immer wieder beobachtet werden. Und so sehr die Beamten auch suchten, massive Verletzungen, die den Tod der Frau auf Anhieb zwingend erklärt hätten, fanden sich an der Leiche nicht.

Bei den Ermittlungen in der Umgebung des Leichenfundortes stießen die Beamten auf einen Zeugen, der von einem Geschehnis erzählte, das aufhorchen ließ. Er habe, so berichtete der Mann, um die Mittagszeit eine alte Frau beobachtet, die sich mit einem Spazierstock gegen einen angreifenden Schafbock gewehrt habe. Das Tier, das auch schon früher Spaziergänger angegriffen habe, sei immer wieder auf die Frau eingedrungen. Er habe beide aber aus den Augen verloren. Viel später erst, als er Kartoffelschalen über den Weidezaun geworfen habe, sei ihm der Schafbock wieder aufgefallen. Der Bock habe jetzt Blutanhaftungen an seiner linken Stirnseite gehabt.

Der Eigentümer der Schafherde bestätigte die aggressiven Neigungen seines wertvollen Zuchtbockes. Er habe ihn auf seinem Pachtland wie einen Wachhund gehalten. Wiederholt habe das Tier Personen angegriffen, die sich unbefugt auf seinem Weideland bewegt hätten.

Der Mann kannte die Tote. Sie war immer wieder über sein Weideland gewandert, obwohl er sie mehrfach auf die Gefährlichkeit des Schafbocks hingewiesen hatte.

Noch während der Befragung des Besitzers der Schafherde fielen plötzlich Schüsse. Zwei mit Ermittlungen in der Umgebung beauftragte Polizeibeamte erschienen und berichteten, daß sie unvermittelt von einem Schafbock angegriffen worden seien. Sie hätten sich, nach zwei Warnschüssen, des Angriffs nur durch einen gezielten Schuß erwehren können.

War die Frau von dem Schafbock getötet worden?

Die Obduktion der Toten wurde beantragt.

In ihrem vorläufigen Gutachten erklärten die Ärzte:

„Auf den Schädel und den Oberkörper der Frau haben mehrere stumpfe Gewalten eingewirkt, und zwar im Bereich des hinteren Scheitels, der Stirn, den Kinns, des Brustbeins und der unteren Brustwirbelsäule.

Hinzu kommen einige kleine, zum Teil blutende Quetsch- und Rißwunden sowie Hautabschürfungen im Gesicht.

Die schwerste Gewalt hat auf den Oberkörper eingewirkt, vermutlich von vorn auf das Brustbein.

Diese Gewalt hat zu einer schweren Schleuderverletzung der Brustwirbelsäule in Höhe der Bandscheibe zwischen dem 8. und 9. Brustwirbel (totaler Durchriß) und im Zusammenhang damit zu einem fast vollständigen Durchriß der Brustschlagader in der betreffenden Höhe geführt.

Aus dem Riß der Brustschlagader mit dem begleitenden Einriß des hinteren Mittelfelles links hat sich die Frau binnen kurzer Zeit in die linke Brusthöhle und geringfügig auch in die rechte verblutet. Die linke Brusthöhle enthielt 1,3 Liter und die rechte 200 ml flüssiges Blut. Die inneren Organe und das Gewebe waren stark ausgeblutet.

Für eine schwere stumpfe Gewalteinwirkung auf die Brust der Frau sprechen der Querbruch des Brustbeins und die Rippenserienbrüche rechts. Der Bluterguß in der Rückenmuskulatur im Bereich des Wirbelsäulenbruchs scheint eine Gegenstoßverletzung zu sein.

Die erhobenen pathologisch-anatomischen Befunde lassen sich ohne weiteres mit den bisherigen kriminalpolizeilichen Ermittlungen vereinbaren, daß die Frau zumindest einmal von einem Schafbock gerammt worden und dadurch zu Tode gekommen ist.

Die Verletzungen am Schädel lassen sich durch Stürze in Gestalt von Auf- und Anschlagen gegen harte Gegenstände erklären.

Die Verstorbene war aufgrund ihrer Erkrankungen körperlich zweifellos geschwächt und somit in der Abwehr gegen irgendeinen Angriff erheblich behindert. Sie litt nachweislich an einer Zuckerkrankheit, einer schwachen „Verkalkung“ der Hirn- und Herzkranzgefäße mit Durchblutungsstörungen in den entsprechenden Organen und einer schweren Einengung des Magenausganges mit einer hochgradigen Blähung und Vergrößerung des Magens.

Trotzdem ergaben sich keine Hinweise für einen Tod aus natürlicher Ursache.“

Vorsorglich ließen die Beamten noch die vom Körper der Toten gesicherten Oberbekleidungsstücke im Landeskriminalamt untersuchen. An der Strickjacke der Frau fanden die mit den Untersuchungen betrauten Biologen zahlreiche Schafhaare, die in Struktur und Farbe Übereinstimmung mit den Haaren zeigten, die die Kriminalbeamten vom Kopf des Schafbockes abgeschnitten hatten.

Probleme des Erkennens stumpfer Gewalteinwirkung im Kopfbereich

Vorbemerkungen

Die *Schwierigkeiten beim Erkennen stumpfer Gewalteinwirkungen* auf den menschlichen Körper, insbesondere auf den Kopf, mögen auch die nachfolgend geschilderten Fälle verdeutlichen.

Immer wieder kommt es vor, daß Menschen nach der *Einwirkung stumpfer Gewalt gegen den Schädel*, häufig genug nach Stürzen, scheinbar unverletzt sind, *normal reagieren*, sich selbst erheben und den Ort des Geschehens mit *eigener Kraft* verlassen können, so daß notwendige Maßnahmen zu ihrer Rettung unterlassen werden. Werden sie später hilflos aufgefunden, erwecken sie oft den Eindruck eines *Volltrunkenen* mit aller sich daraus ergebender Problematik.

Meist ergeben dann die späteren Untersuchungen, daß es bei unverletzt gebliebenem Schädel als Folge der stumpfen Gewalteinwirkung zum *Zerreißen kleiner Blutgefäße im Gehirn* und einer daraus resultierenden *Sickerblutung* gekommen war. Todesursache ist nicht selten eine *Hirndrucklähmung* infolge des sich durch die Blutung immer mehr verstärkenden Druckes auf das Gehirn. Das *Erscheinungsbild* eines solcherart Verletzten äußert sich in der Regel durch räumliche und zeitliche Desorientierung, durch Gleichgewichtsstörungen und Schläfrigkeit bis hin zur schweren Erweckbarkeit.

Fall 1:

Tod im Polizeigewahrsam nach vorausgegangenem Sturz im alkoholisierten Zustand

An einem Freitagabend, gegen 20.00 Uhr, war ein 29 Jahre alter Maurer bereits angetrunken in einer Gaststätte erschienen und hatte dort weitergezecht. Gegen 01.00 Uhr hatte es dann wegen der Höhe der Zechschuld einen Streit mit dem Kellner gegeben. Der Maurer war gestoßen worden, gestürzt und mit dem Hinterkopf auf dem Fußboden aufgeschlagen. Er war offensichtlich unverletzt geblieben und hatte sich aus eigener Kraft wieder erhoben. Danach war er des Lokals verwiesen worden. Keine der in der Gaststätte anwesenden Personen hatte dem Vorfall besondere Bedeutung beigemessen.

Etwa zwei Stunden später waren die Bewohner eines ca. 1 Kilometer entfernt stehenden Hauses auf einen Mann aufmerksam geworden, der laut stöhnend und offenbar volltrunken im Rinnstein vor ihrem Haus lag. Sie hatten die Polizei gerufen.

Die Beamten fanden einen Mann vor, der stark nach Alkohol roch, dessen Kleidungsstücke mit Erbrochenem behaftet waren und der keine äußerlichen Verletzungen aufwies. Sie richteten ihn auf. Er war nicht in der Lage, selbständig zu gehen, konnte jedoch seine Personalien angeben. Zum Schutze seiner eigenen Person brachten sie ihn zur Ausnüchterung in das Polizeigewahrsam.

Bei den in halbstündigem Abstand durchgeführten Kontrollen lag der Mann jeweils schlafend auf der Pritsche in der Zelle. Um 11.15 Uhr bemerkte der kontrollierende Beamte, daß der Mann nicht mehr atmete. Ein sofort hinzugezogener Arzt konnte nur noch den Tod des 29 Jährigen feststellen.

Blutungen in die Schädelhöhle

Bei einer noch am gleichen Tage im Institut für Rechtsmedizin durchgeführten Obduktion der Leiche wurde folgendes festgestellt:

„Der Mann ist an einer Blutung zwischen knöchernem Schädeldach und harter Hirnhaut verstorben.

Die zum Tode führende Blutung in die Schädelhöhle wurde durch stumpfe Gewalteinwirkung auf die rechte Schädelhälfte verursacht. Nach der Art der hier festgestellten Verletzungen sowie aufgrund der Nebenverletzungen kann angenommen werden, daß es sich um eine Sturzfolge handelt."

Auf Frage des anwesenden Kriminalbeamten erklärten die obduzierenden Ärzte:

„Aufgrund der am Schädel und Gehirn festgestellten Veränderung kann mit Sicherheit gesagt werden, daß der die Blutung auslösende Sturz lange Zeit überlebt wurde.

Personen mit derartigen Verletzungen machen auf Laien häufig den Eindruck von Betrunkenen."

Fall 2:

Tod nach Sturz unter Alkoholeinwirkung,

An einem Novembertag, morgens gegen 04.00 Uhr, fand die Besatzung eines Funkstreifenwagens einen 47 Jahre alten wohnsitzlosen Mann vor einer Gaststätte auf dem Gehweg sitzend vor. Der Mann, der nicht ansprechbar war und stark nach Alkohol roch, erschien den Beamten volltrunken. Vorsorglich brachten sie ihn zum nächstgelegenen Krankenhaus.

Ein Arzt nahm sich des „Volltrunkenen" an und injizierte ein Medikament zur Auslösung des Brechreizes. In sein Diagnoseprotokoll schrieb er: ... „war bewußtseinsgetrübt, nicht ansprechbar, Pupillenreaktion träge, keine Reflexe, keinerlei Schwellungen oder Frakturen". Er hielt den Zustand des Mannes für nicht besorgniserregend und stellte eine Haftfähigkeitsbescheinigung aus. Die Beamten brachten den Mann daraufhin zum Schutze seiner eigenen Person in einer Zelle unter, wo er auf einem Bett liegend seinen Rausch ausschlafen sollte. Bei halbstündigen Kontrollen wurde er jeweils ruhig schlafend vorgefunden.

Gegen 11.00 Uhr wurde versucht, ihn zu wecken. Er war trotz heftigen Rüttelns nicht wach zu bekommen. Ein Arzt wurde herbeigeholt, der nur noch den Tod des Mannes feststellen konnte.

Die Leiche wurde obduziert. In ihrem vorläufigen Gutachten erklärten die Rechtsmediziner:

„... fanden wir eine starke Unterblutung der Kopfhaut im Bereich des Hinterkopfes und der rechten Kopfseite, einen Bruch des Schädeldaches über der rechten Kopfseite sowie eine massive Blutung zwischen harter Hirnhaut und dem Gehirn.

Als Todesursache ist eine Hirndrucklähmung infolge Gehirnblutung anzusehen.

In Verbindung mit der äußerlich in der Kopfschwarte festgestellten Rötung und Abschürfung, die genau über der Begrenzung des Schädelbruches liegt, kann es sich hier um eine Aufschlagstelle des Schädels gehandelt haben.

Bei unter Alkohol stehenden Personen kann im Anfangsstadium einer Schädelverletzung die Art und Schwere des Zustandes durch Trunkenheitssymptome überdeckt sein."

Entkleidet und getötet?

In allen Fällen imponierte der objektive Tatbefund als Tötungsdelikt, als vorsätzliche Tötung, begangen aus sexuellen Motiven. Die Leichen waren ganz oder teilweise entkleidet und wiesen Spuren stumpfer Gewalteinwirkung auf. Alle waren schwerste Alkoholiker gewesen. Ihr Verhalten und die Unterblutungen erklärten sich als *Folgen ihrer Alkoholsucht.*

Fall 1:

Auffinden eines Toten

In den frühen Vormittagsstunden eines Oktobertages hatten Beamte der Schutzpolizei auf dem nicht ausgebauten Teil einer durch ein Gartengelände führenden Straße die Leiche eines Mannes gefunden. Der Tote war nur mit einem dünnen Rollkragenpullover und Socken bekleidet. Ganz in der Nähe lag eine hellbraune Herrenhose, etwa fünf Meter weiter eine Badehose und wiederum dreißig Meter davon entfernt, in Richtung der zum nahe gelegenen Obdachlosenasyl führenden Straße, ein Hosengürtel.

An und in der Bekleidung fand sich nichts, was zu einer sofortigen Identifizierung des Unbekannten geeignet gewesen wäre. In einer Hosentasche steckte eine Geldbörse mit einem geringen Bargeldbetrag.

Der Tote lag in Bauchlage, mit der linken Stirnseite auf einem aus dem Boden ragenden Stein.

Die Gesamtumstände waren dubios, ein Tötungsdelikt wahrscheinlich. Die Mordkommission wurde gerufen. Grobe Verletzungen waren an der Leiche nicht festzustellen. Lediglich über der linken Augenbraue sahen die Beamten eine offensichtlich oberflächliche, etwa drei mal zwei Zentimeter große Platzwunde, die durchaus Folge eines Sturzes auf den Stein sein konnte, auf dem der Mann mit der Stirn auflag.

Tod durch äußeres gewaltsames Ersticken?

Auffallend war jedoch eine erhebliche Stauung im Gesichtsbereich mit deutlichen flohstichartigen Unterblutungen der Augenbindehäute und der Augenlider. Eine Tötung durch gewaltsames äußeres Ersticken war nicht auszuschließen, zumal sich auch am Vorderhals des Toten eine quer verlaufende braune, uncharakteristische Verfärbung der Haut fand.

Noch während der Tatbestandsaufnahme gelang es, den Unbekannten zu identifizieren. Es war der 34 Jahre alt gewordene Gelegenheitsarbeiter Hans Dieter R., der im nur wenige hundert Meter entfernt gelegenen Obdachlosenasyl gewohnt hatte. R. war völlig dem Alkohol verfallen gewesen. Jede Mark, die er verdient hatte, war von ihm umgehend für alkoholische Getränke ausgegeben worden.

Und er war homosexuell veranlagt gewesen! War dies der Grund seiner Entkleidung? War er im Zusammenhang mit homosexuellen Handlungen getötet worden?

Die Leiche wurde obduziert. Die Ärzte erklärten, daß es sich aufgrund der festgestellten Stauungen und der Veränderungen am Hals des Toten um eine gewaltsame Erstickung handeln dürfte. Es müsse allerdings offen bleiben, ob ein Würge- oder Drosselvorgang vorangegangen sei.

Die Verletzung an der linken Stirn war tatsächlich nur oberflächlicher Natur. Sie stand auch nach Auffassung der Rechtsmediziner mit dem Tode des Mannes in keinem Zusammenhang.

Sonstige Verletzungen waren nicht vorhanden. Insbesondere fehlten jegliche Abwehrverletzungen.

Die Kripo ermittelte, daß R. am Vortage im Hafen gearbeitet hatte. 24 DM waren ihm am Abend ausgezahlt worden. Gegen 18.30 Uhr hatte er sich für die kommende Nacht im Obdachlosenasyl angemeldet.

An einer Imbißstube hatte er eine Kleinigkeit gegessen. Dann war er mit einigen Zechkumpanen, Alkoholikern wie er, durch nahe gelegene Gaststätten gezogen. Die Beamten ermittelten sie alle, überprüften sie. Sie hatten mit dem Tode nichts zu tun.

R. war schließlich so betrunken gewesen, daß er am Tisch sitzend eingeschlafen war. Der Wirt hatte hinten im Genick seine Kleidung gefaßt, hatte ihn hochgezogen und hatte ihn dann nach draußen „geleitet", wo R. allein in Richtung des Obdachlosenasyls davongetaumelt war.

Am nächsten Tag lagen die Ergebnisse der Blut- und Urinuntersuchungen vor. Im Leichenblut hatte man eine Blutalkoholkonzentration von 4,20 Promille, im Urin eine solche von 5,38 Promille festgestellt.

Die Beamten hatten Zweifel, ob R. in einem solchen Zustand noch an homosexuellen Handlungen interessiert und zu solchen Betätigungen überhaupt noch fähig gewesen war. Der bei ihm festgestellte Alkoholkonzentration zufolge mußte er lebensbedrohend vergiftet gewesen sein.

Wer mochte ihn in dieser Verfassung überfallen, entkleidet und erwürgt oder erdrosselt haben – und weshalb?

Hatte er sich eventuell, volltrunken wie er gewesen war, selbst entkleidet, um dann zu stürzen und in Bauchlage zu versterben? Waren die Stauungen durch die Lage des Mannes zu erklären?

Es stellten sich Fragen über Fragen, die nicht zu beantworten waren. Wie waren die Veränderungen am Vorderhals, die für eine, wenn auch relativ geringe Gewalteinwirkung auf den Hals sprachen, zu erklären? Massiv konnte dieser Würge- oder Drosselvorgang jedoch nicht gewesen sein, denn Brüche des knöchernen Kehlkopfgerüstes waren bei der Obduktion nicht festgestellt worden.

Was aber insbesondere irritierte, war die Tatsache, daß Bekleidungsstücke, nämlich eine Jacke und die Schuhe fehlten, die R. nachweislich getragen hatte, als er von dem Gastwirt vor die Tür gebracht worden war.

Die Ermittlungen führten zu einem alten Stadtstreicher, ein körperliches Wrack, völlig alkoholabhängig, wie die meisten dieser Entwurzelten. Er hatte R. in der Nacht gefunden, Stunden vor der Polizei. Noch bevor er auf R. gestoßen war, hatte er auf dem Weg von der Straße her die Jacke und schließlich auch ein Paar Schuhe gefunden. Beides hatte er gut gebrauchen können.

R. hatte weitgehend entkleidet auf dem Bauch gelegen, betrunken, wie er, der er selbst alkoholisiert gewesen war, angenommen hatte. So hatte er die Sachen mitgenommen. Die Kriminalbeamten fanden sie bei ihm.

Es sprach nichts dafür, daß er R. umgebracht hatte.

Die weitergeführten Ermittlungen ergaben immer weniger Anhaltspunkte für ein Tötungsdelikt, was störte, waren die Unterblutungen im Halsbereich. Konnten sie entstanden sein, als der Wirt den Schlafenden im Nacken erfaßt, an seinen Kleidungsstücken hochgezogen und aus der Gaststätte „geleitet“ hatte? Was, so fragte man sich, wenn diese Blutungen mit den festgestellten Erstickungszeichen gar nicht im Zusammenhang standen?

Tod durch Alkoholvergiftung

Die Ärzte, die die Leiche obduziert hatten und denen zu dieser Zeit noch nicht der hohe Alkoholisierungsgrad bekannt gewesen war, wurden zu dieser Hypothese befragt. Der ungewöhnlich hohe Trunkenheitsgrad, so erklärten sie nun, berechtige durchaus zu der Annahme, daß R. an den mittelbaren Folgen einer Alkoholvergiftung gestorben, daß er im Zustand absoluter Hilflosigkeit, z. B. durch lagebedingtes Verlegen der Atemwege und ohne fremdes Dazutun, erstickt sei.

Befriedigend war das Ergebnis nicht, wenn auch alles dafür sprach, daß sich R., lebensbedrohend alkoholisiert, selbst entkleidet hatte, gestürzt und schließlich auf dem Gesicht liegend gestorben war.

Fall 2:

Auffinden einer teilweise entkleideten Frauenleiche im Freien

An einem Samstagmorgen im November wurde nahe einer Bundesstraße, am Ortsrand einer kleinen Stadt, in einem Waldgelände die Leiche einer Frau gefunden. Der Unterkörper der Toten war unbekleidet. Nahe der Leichenfundstelle war der Waldboden aufgewühlt. Die Bekleidungsstücke der Frau lagen etwa zehn Meter von der Leiche entfernt. Die Mordkommission wurde gerufen. Alles sprach für einen Sexualmord.

Sexualmord?

Die MK fand die Leiche einer 158 cm großen Frau von relativ schlankem Körperbau halb auf dem Bauch liegend. Bis auf einen braun-weiß-gestreiften Rollkragenpullover und einen regelrecht sitzenden Büstenhalter war die Tote unbekleidet (Abb. 19). Die übrigen Bekleidungsstücke, eine hellbraune Wildlederjacke, eine braune Damenhose, braune Schuhe und Socken, lagen zehn Meter entfernt dicht beieinander. Hier stand auch eine Damenhandtasche, die die üblichen Utensilien, aber auch einen Zehnmarkschein enthielt. Durch niedriges Brombeergebüsch führte eine deutliche Spur bis zu der Leichenfundstelle. Es sah aber nicht so aus, als sei ein menschlicher Körper dort entlanggeschleift worden.

Die Kleidungsstücke wiesen keine Beschädigungen, keinen abgerissenen Knopf, keinen eingerissenen Reißverschluß, keine verdächtigen Verschmutzungen auf, gar nichts, was auf ein gewaltsames Entkleiden hingewiesen hätte. Hatte sich die Frau selbst entkleidet?

Abb. 19: Weitgehend entkleidete Frauenleiche im Wald. Lag ein Sexualmord vor?

Es fanden sich an der Leiche keine groben, den Tod sofort erklärenden Verletzungen oder Veränderungen. Auch der Hals war völlig unverletzt. Es sprach nichts für ein gewaltsames äußeres Ersticken. Auffallend waren fleckförmige, unterschiedlich große Unterblutungen an den Extremitäten, wie sie bei Alkoholikern immer wieder beobachtet werden. Beide Beine vorn, insbesondere der Bereich der Knie und Hände der Frau waren übersät mit kreuz und quer verlaufenden Kratzern. Gleiche Kratzer waren auch am Bauch. Den Spuren nach mußte die Unbekannte durch das Brombeergestrüpp gekrochen sein bis hin zu der Stelle, an der sie später gefunden worden war. Eine höchst dubiose Situation.

Hochgradige Alkoholisierung

Die Leiche wurde obduziert. Entsprechende Untersuchungen erbrachten eine Blutalkoholkonzentration von 2,69 Promille. Die Bestimmung der Alkoholkonzentration im Urin ergab 4,19 Promille.

Die Frau hatte also zum Zeitpunkt ihres Todes unter einer hochgradigen Alkoholeinwirkung gestanden. Gestorben war sie nach Meinung der obduzierenden Ärzte hieran aber nicht. Eine Blutstauung sämtlicher Organe mit einigen feinen Blutaustritten in das Duodenum und den Magen sowie die Nieren sprach vielmehr dafür, daß die Frau an den Folgen einer sogenannten Unterkühlung gestorben war.

Die Temperatur hatte in der Nacht bei Null Grad gelegen.

Die Rechtsmediziner erklärten in diesem Zusammenhang:

„In halbbekleidetem Zustand, aber auch in bekleidetem, reicht diese Temperatur aus – dies gilt sogar für höhere Temperaturen – um insbesondere beim Mitwirken von Alkohol den Tod herbeizuführen. Dieses Sterben erstreckt sich über einen länger dauernden Zeitraum, es vollzieht sich nicht akut. Höchst wahrscheinlich hat sich diese Frau, möglicherweise durch die Alkoholisierung bedingt, in einem hilflosen Zustand befunden.“

Wenn die Frau tatsächlich bis zum Eintritt des Todes einige Stunden hilflos im Wald gelegen hatte, so konnte man davon ausgehen, daß sie in dieser Zeit auch noch Alkohol abgebaut hatte. Ihr Blutalkoholgehalt mußte also, als sie in ihre hilflose Lage geraten war, weitaus höher gewesen sein. Er hatte wahrscheinlich weit über drei Promille gelegen.

Außer den Blutergüssen an den Extremitäten und den Kratzwunden, die auch die Ärzte als beim Kriechen durch Brombeergestrüpp entstanden diagnostizierten, wurden auch an dieser Leiche Unterblutungen gefunden, die sich auf Anhieb nicht erklären ließen. Ausgedehnte Blutergüsse, die in den tieferen Schichten der Nackenmuskulatur und der Schulterblätter vorhanden waren, schienen mit den bisherigen Ermittlungsergebnissen nicht in Einklang zu bringen sein.

„Diese Unterblutungen“, so erklärten die Ärzte, „sprechen eher für stumpfe Gewalteinwirkung, möglicherweise durch Schlag, Stoß oder auch Druck auf den harten Boden.“ Der Tod sei aber hierdurch nicht herbeigeführt worden.

Vorsorglich hatte man einen Scheidenabstrich genommen. Spermien wurden nicht gefunden.

Hatte sich die Frau selbst entkleidet?

Die Rechtsmediziner bezweifelten, daß sich die Frau selbst entkleidet hatte. Ein Geschehen, bei dem versucht worden war, mit der Betrunkenen den Geschlechtsverkehr auszuführen und bei dem diese dann hilflos zurückgelassen worden war, hielten sie aufgrund der Gesamtsituation für am Wahrscheinlichsten.

Es gelang, die Tote zu identifizieren. Es war die 45 Jahre alte Sonja F. aus einer nicht weit entfernten Kleinstadt. Frau F. war seit Jahren stark alkoholabhängig gewesen. Am Tage vor ihrem Auffinden hatte sie zu Hause erheblich dem Alkohol zugesprochen. Sie war dann in eine Gaststätte gegangen, von wo aus sie mit Bekannten zu einer „Disco" gefahren war, zu dem Lokal, das nur zweihundert Meter von der Stelle entfernt war, wo die Frau im Wald nahe der Straße gefunden worden war. Sonja F. war so betrunken gewesen, daß ihr nichts mehr ausgeschenkt worden war. Ein Jugoslawe und ein Türke hatten sich nacheinander um sie bemüht, aber ihr Trunkenheitsgrad hatte jede Kontaktaufnahme verhindert. Sie hatte zwar noch auf den Beinen gestanden, ansprechbar aber war sie nicht mehr gewesen. Ein Taxifahrer hatte sie in Richtung des späteren Fundortes allein davonwanken sehen.

Die Ermittlungen ergaben, daß ein Tötungsdelikt nicht vorlag.

Fall 3:

Ausgangslage: Auffinden einer unbekannten weiblichen Leiche; Verdacht der vorsätzlichen Tötung

Im Keller eines mehrgeschossigen Wohnhauses in Düsseldorf war die unbekleidete Leiche einer Frau gefunden worden (Abb. 20). Die Umstände ließen auf ein Tötungsdelikt schließen.

Es war ein Wohnaltbau, in dessen Keller die Leiche gefunden worden war. Im Hausflur, rechts neben der Haustür, war die unverschlossene Tür zu den Kellerräumen. In einer Linkswindung führten zwölf Betonstufen hinab. Dort, wo die Treppe im Bogen nach links verlief, lagen, scheinbar ordentlich abgelegt, Bekleidungsstücke einer Frau, ein Mantel, ein zweiteiliger Pyjama, eine Jeans-Hose, ein Büstenhalter, Halbschuhe, schön ordentlich nebeneinanderstehend und eine Brille (Abb. 21). Alle Kleidungsstücke waren unbeschädigt. Auffallend war, daß der Pyjama im vorderen Bereich naß und am Kragen beblutet war. Auch die Jeans-Hose wies tropfenartige Blutauftragungen auf, und auch sie war vorn feucht. An den Sohlen der Halbschuhe fanden sich ebenfalls Blutspuren.

Die Kleidungsstücke enthielten nichts, was bei einer sofortigen Identifizierung der Toten geholfen hätte. Nach Aussagen der Hausbewohner gehörte die Frau nicht ins Haus. Man kannte sie nicht.

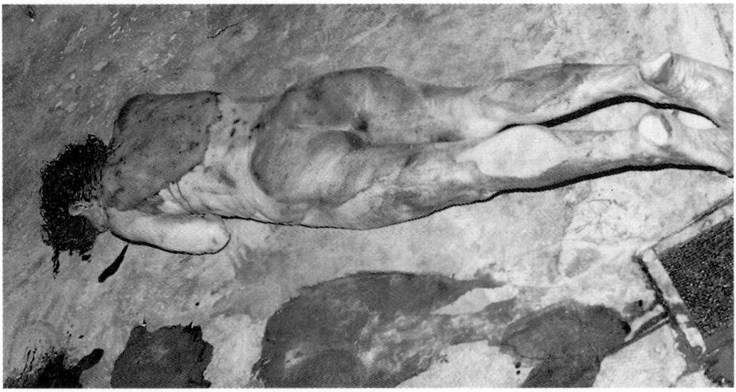

Abb. 20: Die entkleidete, blut- und schmutzverschmierte unbekannte Frauenleiche im Keller. Tötungsdelikt oder Unglücksfall?

Abb. 21: Die auf der Kellertreppe ordentlich abgelegten Kleider der Frau

Spurenlage am Leichenfundort

Beginnend an der vierten Stufe von unten, fanden die Beamten überall im Keller, in allen Räumen, an den Wänden, an Lattenverschlägen, auf dem Fußboden, an den in den Räumen abgelegten Gegenständen, Blutspuren der verschiedensten Art. Da waren Blutauftropfungen, -spritzer, -wischer, Abrinnspuren und immer wieder blutige, stempelartige Abdrücke mit deutlicher Abbildung von Haaren. Über Stunden war man damit beschäftigt, das verwirrende Spurenbild zu erfassen und zu interpretieren.

In einem als Waschküche dienenden Kellerraum lag die Leiche einer etwa 55 Jahre alt gewordenen grazilen Frau in Rückenlage auf dem Kellerboden.

Der Fußboden dieses Raumes war mit Blut- und Schmutzschlieren verschmiert. Offenbar war versucht worden, Blut und Schmutz mit Hilfe eines nassen Tuches aufzuwischen.

Auf dem Boden eines Waschbetonbeckens fanden die Beamten einen nassen Aufnehmer, auf der Vorderkante des Beckens mehrere Blutwischer.

Das Waschbecken hatte seinen Abfluß direkt auf dem Boden. Durch ein Gefälle sammelte sich das Abwasser in einem an der hinteren Querwand des Raumes befindlichen Pumpensumpf. Hier war an der Wand ein Schaltautomat für eine elektrische Pumpe installiert. Der Schalthebel ragte etwas in den Raum. An ihm fanden sich beblutete, 17 Zentimeter lange dunkle Haare.

Die Tote war völlig nackt. Eine nicht verwaschene, farbintensive Blutspur führte vom Kopf der Frau bis zu der Nässe auf dem Fußboden in der Nähe des Waschbeckens.

Leichenbefund

Die Leiche war stark verschmutzt und film- und wischerartig mit angetrocknetem Blut verschmiert. Die Blutungsquelle lag offensichtlich im behaarten Bereich des Kopfes. Am Hinterkopf links fanden die Kriminalbeamten einen etwa 2,5 cm langen, horizontalen Gewebsdefekt mit Gewebsbrücken in der Tiefe. Offenbar war dies die Hauptblutungsquelle, wie dies die Einblutungen des Kopfhaares auswies. Eine weitere, wenig klaffende, etwa diagonal zu Körpermittellinie verlaufende, ca. 2 cm lange blutende Verletzung mit scharfen Wundrändern war über der rechten Augenbraue. Das rechte Auge schien geschwollen und bläulich verfärbt. An der rechten Kopfseite ertasteten die Beamten einen fraglichen Bruch. Soweit dies ohne Abwaschen der Leiche zu beurteilen war, war die Frau sonst frei von offenen Verletzungen. Es fehlten jegliche Abwehrverletzungen. Anzeichen von Stauungsblutungen waren nirgends zu finden. Nichts sprach für einen Erstikkungsvorgang.

Noch während der Tatbefundaufnahme gelang es, die Tote zu identifizieren. Es war die 58 Jahre alt gewordene Anna C. Frau C. war alleinstehend gewesen. Sie hatte in einem der Nachbarhäuser gewohnt, wo sie den Posten eines Hausmeisters inne gehabt hatte. Die Beamten erfuhren, daß sie seit langem schwere Alkoholikerin gewesen war. Lag hier der Schlüssel zu diesem verworrenen Geschehen?

Ausweislich der Spuren hatte Frau C. die erste blutende Verletzung auf der Kellertreppe erhalten. Die Spuren deuteten darauf hin, daß sie gestürzt und mit dem Kopf auf eine Kellerstufe aufgeschlagen war. Zu dieser Zeit war sie ganz sicher noch bekleidet gewesen, was das Blut an ihrer Bekleidung bewies. Es schien, daß sie versucht hatte, sich und ihre beblutete Bekleidung in der Waschküche zu säubern. Offensichtlich war sie dort gegen den von der Wand abstehenden Schalthebel der elektrischen Pumpe gestoßen. Dies konnte aus den an diesem Hebel haftenden Haaren geschlossen werden.

Alles sprach dafür, daß sich die Frau selbst entkleidet hatte. Die Kleidungsstücke waren vollkommen unbeschädigt, kein Einriß, kein fehlender Knopf, nichts, was auf ein gewaltsames Entkleiden hätte schließen lassen.

Danach war sie wohl blutend und immer wieder stürzend durch die Kellerräume geirrt, bis sie schließlich liegengeblieben und gestorben war. Die Spuren ließen keinen Raum für ein anderes Geschehen, wenn man auch nicht zu erklären vermochte, wie und weshalb die Frau in diesen Keller gelangt war und weshalb sie sich ausgezogen hatte.

Die Leiche wurde obduziert. Nachdem Blut und Schmutz abgewaschen waren, sah man, daß der Körper der Toten übersät war mit großflächigen Hämatomen. Überall fanden sich die Unterblutungen, am Rücken, am Gesäß, an den Gliedmaßen, überall. Die Kopfschwarte war großflächig unterblutet. Es bestanden die Zeichen eines schweren Schädelhirntraumas mit einem Berstungsbruch über der rechten Schläfen-Scheitelregion und kleineren Blutansammlungen zwischen Schädeldach und harter Hirnhaut, unter der harten Hirnhaut sowie Rindenprellungsherde.

Tod nach Sturz

„Todesursache ist", so erklärten die Ärzte, „ein zentralbedingtes Herzkreislaufversagen aufgrund des Schädelhirntraumas." Und. „Das Verletzungsmuster läßt sich zwanglos mit einem mehrfachen Hinstürzen mit Abrutschen über eine Betontreppe erklären. Für eine Beibringung der Verletzungen durch Dritte haben sich keine konkreten Hinweise ergeben."

Frau C. war zum Zeitpunkt ihres Ablebens mittelgradig alkoholisiert gewesen. Es wurde ein Blutalkoholgehalt von 1,68 Promille festgestellt.

Die weiteren Ermittlungen ergaben, daß die Frau seit Jahren völlig dem Alkohol verfallen gewesen war. Immer wieder einmal war sie volltrunken irgendwo aufgefunden worden. Häufig war sie gestürzt und hatte sich verletzt in ärztliche Behandlung begeben müssen. Es stellte sich heraus, daß sie, desorientiert und unter Alkoholeinfluß stehend, mehrfach in andere Häuser gegangen und dort umhergeirrt war. Offenbar war sie so auch an den späteren Fundort gelangt.

Fall 4:

Sexualmord?

In den frühen Morgenstunden eines Donnerstag war von einem Passanten in einem die Innenstadt durchziehenden Flüßchen die Leiche einer Frau gefunden worden. Nahe der Leichenfundstelle waren die Polizeibeamten auf zwei weitere Zeugen, zwei Frauen, getroffen, die allmorgendlich in dem dortigen Parkgelände ihre Hunde auszuführen pflegten. Die Frauen hatten die Polizeibeamten auf Damenbekleidungsstücke hingewiesen, die oberhalb des kleinen Flusses am Rande eines Promenadenweges in der Bepflanzung einer Böschung lagen.

Als die Zeuginnen später von Beamten der Mordkommission vernommen wurden, schilderte eine von ihnen, daß ihr Hund nahe der Kleiderfundstelle den Boden aufgescharrt habe. Der Hund hatte Spuren gelegt, die schon kurze Zeit danach zu der Annahme geführt hatten, an dieser Stelle habe ein Kampf stattgefunden.

Weitere irritierende Spuren war am Fundort der Leiche von einem anderen Zeugen gelegt worden. Eine zum Wasser hinabführende Schuhabdruckspur konnte später einwandfrei seinen Schuhen zugeordnet werden.

Da die Fundsituation, eine weitgehend entkleidete Frauenleiche in einem Fluß, Damenbekleidungsstücke in einiger Entfernung vom Ufer in Büschen verstreut, Kampfspuren im Boden nahe der Kleiderfundstelle, zum Wasser hinabführende, offenbar von Männerschuhen stammende Spuren, auf einen Sexualmord schließen ließ, wurde die Mordkommission mit den Ermittlungen beauftragt.

Die Tote lag in Bauchlage in dem nicht einmal knietiefen Wasser (Abb. 22). Sie war am Unterkörper völlig entkleidet. Am Oberkörper trug sie ein Unterhemd, darunter einen bis über die Brustwarzen hochgeschobenen Büstenhalter. Die Frau hatte, den Leichenerscheinungen nach zu urteilen, nur wenige Stunden im Wasser gelegen.

Weder Personalpapiere noch sonstige Gegenstände wurden gefunden, die für eine schnelle Identifizierung der Unbekannten geeignet gewesen wären. Lediglich ein Sicherheitsschlüssel aus der im Gebüsch liegenden Damenjacke bot erste Ansatzpunkte für weitere Ermittlungen. Es gelang dann auch noch am Morgen des Fundtages, das zu diesem Schlüssel passende Schloß in einer Tür in einem Haus nur wenige Kilometer entfernt zu finden.

Die Wohnung war von zwei Frauen gemietet worden, von der Sozialhilfeempfängerin Marlene K. und ihrer Freundin, der 38 Jahre alten Frührentnerin Helga W. Frau K. wurde in der Wohnung angetroffen. Sie war volltrunken und nicht ansprechbar. Der Vergleich der Fingerabdrücke brachte wenig später Sicherheit. Die Tote war Helga W.

Kriminalistische Fragestellung

Nach der Identifizierung der Leiche konzentrierten sich die Ermittlungen auf die Beantwortung von folgenden Fragen: 1. Wo hatte sich Helga W. in der ihrem Tod vorangegangenen Nacht aufgehalten und mit wem ist sie in dieser Zeit zusammengewesen. 2. Wie und weshalb war sie zu Tode gekommen. 3. Handelte es sich hier, wie es sich beim ersten Augenschein anzubieten schien, um einen Sexualmord oder lag ein anderes Motiv der Tötung zugrunde. 4. War die Beteiligung eines Dritten ganz auszuschließen – lag vielleicht gar nur ein Unglücksfall vor?

Abb. 22. Im Wasser die weitgehend entkleidete Leiche der Helga W.

Die Frage nach dem Aufenthaltsort der Helga W. in der ihrem Tode vorangehenden Nacht konnte mit Hilfe von Zeugen weitgehend geklärt werden.

Um die Problematik aufzuzeigen, mit der sich die Mordkommission bei dem Bemühen, die zweite Frage zu beantworten, konfrontiert sah, seien hier zunächst die Schlußfolgerungen aus dem objektiven Tatbefund und das Ergebnis der gerichtlichen Leichenöffnung gegenübergestellt:

Die mit der Aufnahme und Auswertung des objektiven Tatbefundes beauftragten Beamten der Mordkommission kamen zu folgenden Feststellungen:

„Der objektive Tatbefund imponiert auf den ersten Blick als Tatort eines Tötungsdeliktes, als vorsätzliche Tötung, begangen aus sexuellen Motiven.

Für ein solches Geschehen scheinen insbesondere folgende Umstände zu sprechen:

- Die im Unterkörper entkleidete Leiche der Frau,
- der über die Brustwarzen hochgeschobene Büstenhalter,
- die vom Leichenfundort einige Meter entfernt liegenden Bekleidungsstücke der Toten,

- die von dieser Stelle durch dichtes Buschwerk in Richtung des Flusses führende Spur.

Die genaue Überprüfung dieser Fakten bringt jedoch erhebliche Zweifel an einem vorangegangenen kriminellen Geschehen. So können an der Leiche äußerlich keine Verletzungen gefunden werden, die sicher auf Fremdeinwirkung zurückzuführen wären. Eine etwa 25 mm lange, querverlaufende, scharfrandige Wunde im Bereich des Kinns stellt sich eher als Sturzverletzung dar.

Auffallend sind folgende Tatsachen:
- Es fehlen deutliche Ab- und Gegenwehrverletzungen.
- Das Gesicht der Toten ist bis auf die Wunde am Kinn frei von Schlag- oder sonstigen Verletzungen.
- Am Hals finden sich weder Würgemale noch Anzeichen eines Drosselvorganges.
- Bis auf wenige Stauungsblutpunkte im Oberlid des linken Auges sind die Gesichtshaut, die Bindehäute der Augen und die Mundschleimhaut frei von allen Zeichen einer Stauung, wie sie bei gewaltsamen Erstickungsvorgängen häufig beobachtet werden.

Woran die Frau letztlich gestorben ist, muß durch eine Leichenöffnung geklärt werden.

Die Leiche befindet sich in einem Zustand, der gegen eine gewaltsame Tötung spricht. Äußere Verletzungen, wie sie insbesondere im Zusammenhang mit Sexualmorden beobachtet werden, fehlen hier vollständig.

Ausweislich der Leichenerscheinungen dürfte der Tod in den frühen Morgenstunden eingetreten sein.

Die im Gebüsch nahe des Promenadenweges verstreut gefundenen Bekleidungsstücke sind weitgehend unbeschädigt. Sie weisen keine Anzeichen eines gewaltsamen und gegen den Willen der Frau erfolgten Entkleidens auf. Selbst ein eng am Körper anliegendes Kleidungsstück, wie das vorgefundene T-Shirt, ist unbeschädigt vom Körper entfernt worden.

Bei ähnlich gelagerten Straftaten, dort, wo im Zusammenhang mit Sexualdelikten Frauen gewaltsam entkleidet werden, kann immer wieder festgestellt werden, daß die vom Körper gerissenen Bekleidungsstücke aufgerissen, beschädigt und verschmutzt sind.

Bis auf eine Erdverschmutzung im Gesäßbereich des Schlüpfers sind alle Kleidungsstücke frei von groben Schmutzspuren. Ausgehend von diesem Spurenbild muß angenommen werden, daß die Frau nach Herabstreifen ihrer langen Hose im Erdreich des Fundortes der Bekleidungsstücke gesessen und hier möglicherweise selbst ihre Kleidungsstücke abgestreift und ins Gebüsch geworfen hat.

Für ein Selbstentkleiden spricht neben den oben angeführten Fakten auch die Tatsache, daß selbst die Socken ausgezogen worden sind, ein für einen Sexualstraftäter unnötiges und untypisches Vorgehen.

Das Selbstentkleiden könnte auch ursächlich für den über die Brustwarzen hochgeschobenen Büstenhalter gewesen sein. Vermutlich hat die Frau das Kleidungsstück beim Über-den-Kopf-Streifen des eng anliegenden T-Shirts unbeabsichtigt nach oben geschoben.

Die Untersuchung der die dichtbewachsene Böschung hinabführenden Spur ergibt, daß hier offenbar kein menschlicher Körper entlanggeschleift worden ist. Die Spur ist für ein solches Geschehen untypisch. Es sieht vielmehr so aus, als sei eine Einzelperson durch das Strauchwerk gegangen oder allenfalls gekrochen. Dagegen, daß die Frau vom Fundort der Bekleidungsstücke zu dem Fluß geschleift worden ist, spricht auch, daß am Körper der Toten jegliche Schleifspuren fehlen, wie sie beim Ziehen durch das dichte Buschwerk, über den rauhen Asphalt des am Wasser entlangführenden Weges und über ein metallenes Begrenzungsgitter notwendigerweise entstanden wären.

Obwohl ein Tötungsdelikt allein vom objektiven Tatbefund her mit letzter Sicherheit nicht ausgeschlossen werden kann, sprechen bisher mehr Fakten für ein Geschehen, wie es im Zusammenhang mit Verwirrtheitszuständen, insbesondere bei Alkoholvergiftungen, wiederholt beobachtet worden ist.

Hier sind mehrere ähnlich gelagerte Fälle bearbeitet worden, wo sich Menschen, unter erheblichem Alkoholeinfluß stehend, selbst entkleidet haben, umhergeirrt, gestürzt und schließlich verstorben sind."

Soweit die kriminalpolizeilichen Feststellungen zum objektiven Tatbefund.

Die obduzierenden Ärzte äußerten sich in ihrem vorläufigen Gutachten wie folgt:

„Der Obduktionsbefund spricht bisher für einen Tod durch Ertrinken. Eine endgültige Diagnose kann aber erst nach feingeweblichen Untersuchungen gestellt werden.

Zusätzlich hat die Frau ein schweres Schädeltrauma erlitten und zwar auf den Schädel beiderseits; dadurch sind die Knochennähte im Schädelbereich geborsten. Zusätzlich ist eine leichte Blutung in die Schädelkapsel und in die weichen Hirnhäute im Bereich des Stirnhirns beiderseits mit einer leichten Prellung der örtlichen Hirnrinde entstanden. Es muß also auf den Scheitel der Frau eine schwere stumpfe Gewalt eingewirkt haben. Diese Gewalteinwirkung scheint aber allein nicht todesursächlich gewesen zu sein.

Zahlreiche stumpfe Gewalten haben auch noch auf andere Körperteile eingewirkt und zu örtlichen Blutergüssen und punktförmigen Hautblutungen geführt. Davon betroffen sind im besonderen der Hals beiderseits, die rechte Schlüsselbeingegend, die linke Brust, beide Schultern, die rechte Achsel, die rechte Ellenbeuge und der linke Oberschenkel vorn unterhalb der Leiste. Zusätzlich sind an den Gliedmaßen noch zahlreiche kleinere frische Blutergüsse neben älteren vorhanden.

Einige Stauungsblutungen stellten wir in der Bindehaut des linken Augenoberlides sowie in der Schleimhaut der Stimmritze und des Kehlkopfes fest. Hier waren sie erheblicher Natur.

Massive Blutergüsse befanden sich am Unterkiefer beiderseits, im linken Schläfenmuskel, im linken Kopfnickermuskel und in den Weichteilen über der gesamten Schilddrüse. Diese Befunde deuten auf ein massives Halstrauma im Sinne eines Würgens hin. Sie lassen sich nicht durch Sturz oder ein Überstrecken der Halswirbelsäule im Sinne eines Schleudertraumas erklären. Für den Eintritt des Todes dürften sie allein nicht ausschlaggebend gewesen sein.

Die massiven Blutergüsse mit den lokalen Blutpunkten sprechen für lokale Quetschungen, z. B. durch ein gewaltsames Zugreifen oder Fußtritte.

Die Gesamtheit der zahlreichen stumpfen Gewalteinwirkungen läßt sich aus gerichtsärztlicher Sicht nicht allein durch mehrfache Stürze, z. B. im betrunkenen Zustand erklären, auch wenn die Frau nachweislich unter einer hochgradigen Alkoholeinwirkung von 2,8 Promille gestanden hat.

Am rechten Kinn besteht übrigens noch eine kleine schnitt- oder stichartige Wunde, die sich die Frau an einem scharfen Gegenstand selbst zugezogen haben kann.

An den Fußsohlen, welche übrigens kaum beschmutzt waren, sind keine Verletzungen vorhanden. Die geringfügigen kleinen Hautabschürfungen an der Oberseite einiger Zehen sind offenbar frisch.

Einige ganz oberflächliche kleine Kratzer im Gesicht können durch Gestrüpp oder dergleichen entstanden sein. Die Hautveränderungen am rechten Rücken sind offensichtlich keine Kratzspuren, vermutlich Druckspuren."

Ein vorsorglich genommener Scheidenabstrich war negativ, Sperma wurde nicht gefunden.

Weiterführung der Ermittlungen; Ergebnisse

Die Auswertung des objektiven Tatbefundes ließ sich nicht in Einklang bringen mit dem vorläufigen Ergebnis der gerichtlichen Leichenöffnung. Die Frage, ob ein Mord oder ein Unglücksfall vorlag, war so nicht zu beantworten.

Die MK ermittelte weiter und erfuhr dabei, daß Helga W. zu epilepsieartigen Anfällen geneigt hatte. Zeugen schilderten, wie sie unvermittelt, „wie vom Blitz getroffen", zu Boden gestürzt und oftmals hart mit dem Schädel aufgeschlagen war. Immer wieder war sie während der letzten Jahre mit Prellungen, Platzwunden und Knochenbrüchen in die verschiedenen Krankenhäuser der Stadt eingeliefert worden. Helga W. war schwerste Alkoholikerin gewesen. Täglich hatte sie mindestens eine Flasche Schnaps getrunken, oft mehr. In den Gaststätten der Innenstadt hatte sie Lokalverbot gehabt, vor allem ihrer Stürze wegen, bei denen sie Tische umgestürzt und Gläser zu Boden gerissen hatte. Man hatte die Stürze auf ihren übermäßigen Alkoholgenuß zurückgeführt. Entziehungskuren, denen sie sich unterzogen hatte, waren von ihr abgebrochen worden. Sie war regelmäßig rückfällig geworden. Im Jahre 1979 hatte sie ein Facharzt für Neurologie in die

Neurologische Klinik der nahen Großstadt überwiesen. Die dortigen Untersuchungen hatten ergeben, daß Helga W. an einer Wernicke Encephalopathie bei chronischem Alkoholismus litt. In einem Bericht an den Hausarzt hatte die Klinik unter anderem mitgeteilt:

„Eine Woche, nachdem die Patientin eine Entziehungskur beendet hatte, kam es zu optischen und akustischen Halluzinationen, Dreh- und Liftschwindel, initial leichter Blickparese mit Diplotie, Gangataxie und vegetativen Begleitsymptomen. Neurologisch bestanden bei der Aufnahme die charakteristischen Zeichen einer Wernicke Encephalopathie mit Störung der Blickmotorik, Ataxie und psychischen Veränderungen.“

Aber auch hier hatte Helga W. die Behandlung vorzeitig abgebrochen. Sie war wieder rückfällig geworden und hatte gegen den ausdrücklichen Rat der Ärzte die Klinik verlassen.

Immer wieder war sie nun verletzt in Krankenhäuser gebracht worden. Ihre durch den übermäßigen Alkoholgenuß verursachte Hirnerkrankung hatte dazu geführt, daß sie auch dann stürzte, wenn sie nicht betrunken war. Drei Jahre vor ihrem Tode hatte ein Internist bei ihr einen schweren alkoholtoxischen Leberschaden festgestellt. Im Alter von 37 Jahren war Helga W. wegen ihrer schweren Alkoholabhängigkeit zur Frührentnerin geworden. Sie war nicht mehr arbeitsfähig gewesen.

In einem im gleichen Jahre erstellten Bericht führte der Chefarzt eines Krankenhauses, in das sie wieder einmal sturzverletzt eingeliefert worden war, unter anderem folgendes aus:

„Neurologisch fielen vor allem der ataktische Gang, der positive Romberg sowie schmerzhafte Hypersensibilität der unteren Extremitäten auf. Während der Untersuchung bekam sie einen Schwindelanfall von etwa zehn Sekunden Dauer, bei dem sie sich völlig verkrampfte und sich an den Händen des Untersuchers festklammerte. Nach ihren Angaben bekommt sie solche ‘Anfälle’ häufig.“

Da sie weitertrank, hatte sich ihr körperlicher Zustand in der Folgezeit immer mehr verschlechtert. Sie und ihre ebenfalls trunksüchtige Lebensgefährtin waren zum Schrecken der umliegenden Krankenhäuser geworden.

Neurologischer Befund

Anderthalb Monate vor ihrem Tode war Helga W. letztmals von einer Fachärztin für Neurologie und Psychiatrie im Auftrag der Bundesversicherungsanstalt umfassend untersucht und begutachtet worden. Die Ärztin hatte hierbei unter anderem folgendes festgestellt: „Sie (Frau W.) fühle sich weniger durch ihre Alkoholabhängigkeit beeinträchtigt, als vielmehr durch ihre Gangstörung. Diese habe sich in keiner Weise gebessert. Auch wenn sie nüchtern sei, gehe sie immer unsicher, schwankend und sei auch verschiedentlich gestürzt. Sie wies dabei auf mehrere Narben an der Stirn und am behaarten Hinterkopf hin. Diese Verletzungen habe sie sich bei derartigen Stürzen angeblich in nicht betrunkenem Zustand zugezogen.“

In ihrem neurologischen Befund hatte die Ärztin abschließend festgestellt:

„Zusammenfassend handelt es sich um einen chronischen Alkoholismus mit organischer Wesensveränderung sowie um den Zustand nach Wernicke Encephalopathie. Nach dem bisherigen Verlauf und dem jetzt hinzugetretenen Persönlichkeitsabbau ist mit keiner wesentlichen Besserung mehr zu rechnen. Die regelmäßigen Trinkgewohnheiten sowie die deutlichen Anzeichen einer hirnorganischen Leistungsschwäche sind mit einer regelmäßigen Erwerbstätigkeit nicht vereinbar. Hinzu kommt die Beeinträchtigung durch die ataktische Gangstörung."

Tod durch Sturz?

Den Ermittlungsbeamten stellte sich die Frage, ob Helga W. als Folge ihrer Trunkenheit und Gangunsicherheit gestürzt und sich dabei die Schädelverletzungen zugezogen haben konnte. Aber wäre sie nach einer Traumatisierung, die sogar zum Bersten von Schädelnähten geführt hatte, überhaupt noch handlungsfähig gewesen, hätte sie sich noch selbst entkleiden und den Weg von der Fundstelle der Bekleidung bis in den Fluß zurücklegen können?

Wegen der offenen Fragen sprach man mit Fachärzten für Neurochirurgie einer Universität, die nahezu täglich mit schwersten Schädelverletzungen, oft im Zusammenhang mit Arbeits- oder Verkehrsunfällen, konfrontiert werden. Das Erleiden eines Schädelbruches, so erklärten die Ärzte, sei allein kein Grund zu der Annahme, daß der Betroffene augenblicklich handlungsunfähig sein müsse. In der Praxis seien wiederholt Fälle zu beobachten, bei denen Menschen tagelang mit Schädelbrüchen gelebt hätten, ohne überhaupt nennenswerte Beschwerden gehabt zu haben. Immer wieder komme es vor, daß Menschen nach Erleiden eines Schädelbruches zu völlig unsinnigen Handlungen neigten. Erst kürzlich sei ein Patient eingeliefert worden, der sich nach einem Schädelbruch in einem Park ausgezogen und schlafen gelegt habe. Der Mann sei glücklicherweise noch rechtzeitig gefunden und ärztlicher Hilfe zugeführt worden. Verwirrtheitszustände nach Schädelbrüchen seien ein völlig normales Erscheinungsbild.

Auf entsprechende Fragen erklärten die Ärzte, daß das Bersten der Knochennähte im Bereich des Schädeldaches, wie es bei Frau W. festgestellt worden sei, nach Unfällen immer wieder beobachtet werde. Bei diesen Berstungsbrüchen könne nicht ohne weiteres davon ausgegangen werden, daß die Gewalteinwirkung auf den Scheitel erfolgt sein müsse. Stumpfe Gewalt, die von vorn oder von der Seite also unterhalb der „Hutkrempenlinie" auf den Kopf einwirke, könne ebenfalls zu Berstungsbrüchen führen. Die Frau könne durchaus gestürzt sein und sich dabei die Schädelverletzungen zugezogen haben.

Rekonstruktion des mutmaßlichen Geschehens

Wenn sie aber nach der schweren Schädelverletzung noch handlungsfähig gewesen, noch selbst mit nackten Füßen von der Fundstelle ihrer Kleidungsstücke bis zum Wasser gegangen war, hätten dann ihre Füße nicht Spuren dieses Ganges durch das Gestrüpp aufweisen müssen, hätten sie nicht zerkratzt und verschmutzt sein müssen? Die Frage ließ sich nicht durch theoretische Erörterungen klären. Es mußte rekonstruiert werden. Ein Beamter der Mordkommission zog sich Schuhe und Strümpfe aus. Er ging den Weg, den Frau W., war sie selbst gegangen, unmittelbar vor ihrem Tode genommen haben mußte. Anhand der Veränderungen im Bewuchs der Böschung ließ sich dieser Weg genau verfolgen. Der Beamte ging bis ins Wasser. Seine Füße waren danach unverletzt und sauber. Helga W. konnte also, dem Zustand ihrer Füße nach zu urteilen, durchaus selbst bis dorthin gegangen sein, wo sie später tot aufgefunden worden war.

Persönlichkeitsbild der Toten

Beim Erstellen des Persönlichkeitsbildes der Frau hatten die Kriminalbeamten wiederholt mit dem zuletzt behandelnden Neurologen gesprochen. Man hatte mit ihm das Ergebnis der Nachforschungen und die scheinbar dazu im Widerspruch stehenden Feststellungen der Rechtsmediziner diskutiert. Der Arzt äußerte Zweifel am Vorliegen eines Tötungsdeliktes. Er schilderte, daß er in seiner Praxis sehr häufig mit Fällen schwerer Alkoholabhängigkeit konfrontiert werde. Immer wieder falle ihm hierbei bei den Untersuchungen dieser Patienten auf, daß sie an den verschiedensten Körperstellen ausgeprägte Blutergüsse hätten. Dabei handele es sich meist um Folgen alkoholbedingter Stürze. Oftmals seien die Patienten aber nicht in der Lage, diese Unterblutungen zu erklären. Die Erklärung liege in einer bei Alkoholikern zu beobachtenden verstärkten Blutungsneigung. Schon ein geringes Anstoßen oder festes Zufassen reiche bei diesen Menschen aus, um unverhältnismäßig große Blutergüsse hervorzurufen. Möglicherweise seien alle bei Frau W. festgestellten Unterblutungen Folge einer solchen alkoholbedingten Blutungsneigung.

Auch die Tatsache des Entkleidens dürfe nicht zu der vorschnellen Schlußfolgerung führen, daß ein Sexualdelikt vorliegen müsse. Er selbst kenne aus seiner Praxis Fälle, in denen sich Alkoholiker im Zustand völliger Verwirrung im Freien selbst entkleidet hätten. Es komme hinzu, daß bei Frau W. auch die Erkrankung an Wernicke Encephalopathie, einer zerebralen Schädigung auf dem Boden des Alkoholismus, berücksichtigt werden müsse.

An Hand von entsprechender Literatur über diese Krankheit, die den Ermittlungsbeamten von dem Arzt zur Verfügung gestellt wurde, informierten sie sich über das Erscheinungsbild der Erkrankung, zu dem Störungen des Geh- und Sehvermögens (Ataxie) gehörten. Auch Gehen und Sehen ohne fremde Hilfe sei vielfach nicht mehr möglich. Häufig seien diese neurologischen Störungen gekoppelt mit Gedächtnisstörungen, Apathie, Unaufmerksamkeit gegenüber den Umgebungsreizen, ferner Desorientiertheit nach Raum und Zeit und schließlich Verwirrtheit mit Bewußtseinstörungen.

Trotz Vitamin-B-Behandlung endeten 30 Prozent der Fälle tödlich, denn 50 Prozent der Erkrankten setzten ihren Alkoholmißbrauch fort. Die Todesursache seien dann Rückfälle in das neurologische Syndrom oder Leberzirrhose.

Rechtsmedizinische Fragestellungen

Die Beamten der MK beschäftigte, was der behandelnde Neurologe im Hinblick auf die offensichtlich bei Alkoholikern bestehende verstärkte Blutungsneigung gesagt hatte. Wenn seine Beobachtungen richtig waren, lag hier vielleicht die Erklärung dafür, daß man immer wieder an den Leichen von Alkoholikern schwerste, über den ganzen Körperbereich verteilte Unterblutungen fand, Blutergüsse, die man bisher als Anstoß- oder Sturzverletzungen mühsam zu erklären versucht hatte. Immer wieder hatte dabei die Frage im Raum gestanden, ob nicht stumpfe Gewalt auf den jetzt Toten eingewirkt hatte, ein Fremdverschulden in irgendeiner Form gegeben war. Wenn es diese Blutungsneigung gab, wodurch war sie zu erklären? War es überhaupt notwendig, daß eine Traumatisierung vorangehen mußte, um die Blutergüsse zu erzeugen oder konnte es vielleicht sogar zu Spontanblutungen kommen?

Auf Anhieb wurde in der zur Verfügung stehenden rechtsmedizinischen Fachliteratur keine Antwort auf die die Beamten bewegenden Fragen gefunden. Wer war in der Lage, diese Fragen zu beantworten?

Ein Facharzt für Hämatologie an der hiesigen Universität wurde um Rat gefragt. Das Phänomen der verstärkten Blutungsbereitschaft der Alkoholiker war dort bekannt. Ursache seien Gerinnungsstörungen, verursacht durch krankhafte alkoholbedingte Veränderungen in Leber und Milz aber auch als Folge unmittelbarer toxischer Wirkung auf das Knochenmark. Die Auskunft wurde zur Gewißheit, nachdem Hämatologen an fünfzehn verschiedenen medizinischen Fakultäten deutscher Universitäten diese Erkenntnis bestätigten.

Sie läßt sich wie folgt zusammenfassen:

Übermäßiger Alkoholgenuß führt im Laufe der Zeit im menschlichen Körper zu zahlreichen krankhaften Veränderungen. Eine der mittelbaren Folgen des Alkoholismus ist eine verstärkte Blutungsbereitschaft, wobei es auch zu spontanen Blutungen ohne jede Traumatisierung kommen kann.

Zur Frage nach den Ursachen wurde immer wieder auf Gerinnungsstörungen hingewiesen. Die Blutgerinnung ist wesentlich von sogenannten Blutgerinnungsfaktoren abhängig, Eiweißkörpern, die in der Leber gebildet werden. Tritt ein Leberschaden, z. B. eine Leberzirrhose, ein, so kann die Bildung der Gerinnungsfaktoren beeinflußt werden.

Man wies auch auf Zusammenhänge zwischen Leberschädigungen und krankhaft vergrößerter Milz hin. Es komme in diesen Fällen zu einer Verminderung der für die Blutgerinnung erforderlichen Thrombozyten (Blutplättchen), weil diese in der Milz gespeichert würden. Darüber hinaus könne es aber auch zu einer unmittelbaren toxischen Wirkung des Alkohols auf das die Thrombozyten bildende Knochenmark und damit zu einer Verminderung der Thrombozyten kommen. Für eine Blutgerinnungsstörung sei also nicht unbedingt eine Leberzirrhose erforderlich. Beide Erscheinungen seien oftmals nebeneinander zu beobachten. Möglich sei, daß ein Zusammenhang zwischen Alkoholmißbrauch und vermehrter Gefäßdurchlässigkeit bestehe. Die hier vorliegenden Erkenntnisse könnten jedoch nicht als gesichert angesehen werden.

Das Phänomen der bei schweren Alkoholikern zu beobachtenden Blutungsneigung war bekannt. Ein leichtes Anstoßen oder ein Zufassen konnte als Folge oftmals bestehender Blutgerinnungsstörungen zu unverhältnismäßig großen Unterblutungen führen, und es konnte in schweren Fällen sogar zu Spontanblutungen kommen, ohne daß es einer Traumatisierung bedurft hätte.

Dennoch, mit letzter Sicherheit war ein Tötungsdelikt nicht auszuschließen. Die Ermittlungen wurden mit hoher Intensität auch in der Öffentlichkeit insbesondere mit dem Ziel fortgeführt, Zeugen zu ermitteln, die möglicherweise tatrelevante Beobachtungen gemacht hatten. Ergebnisse wurden nicht erzielt. Auch im Nichtseßhaftenmilieu, zu dem Frau W. Kontakt gehabt hatte, verliefen die Ermittlungen ohne Erfolg.

Es wurde in Erfahrung gebracht, daß sie von der Frau, mit der sie in einem lesbischen Verhältnis zusammengelebt hatte, häufig körperlich schwer mißhandelt worden war. Diese Frau, wie Helga W. völlig dem Alkohol verfallen, hatte „das Sagen" gehabt, war die Dominierende gewesen. Immer dann, wenn sich Helga W. nicht untergeordnet hatte, wenn sie in ihrer Trunksucht kein Ende gefunden und nicht nach Hause gegangen war, war sie von ihrer Lebensgefährtin brutal geschlagen und getreten worden. Blutunterlaufene Augen, ausgerissene Haarbüschel und Schlagspuren im Gesicht, man hatte Frau W. nur selten unverletzt gesehen.

Konnten die bei der toten festgestellten Verletzungen von einer solchen tätlichen Auseinandersetzung herrühren? Die Ermittlungsbeamten hatten die Frau am Auffindemorgen in ihrer Wohnung angetroffen, völlig alkoholisiert, nicht vernehmungsfähig, äußerst aggressiv. Nur mühsam hatte man einer tätlichen Auseinandersetzung entgehen können. Drei Stunden später war sie ausgenüchtert erschienen, war ansprechbar gewesen, hatte selbst um Vernehmung gebeten. Vorsorglich war dennoch eine Blutprobe von ihr genommen worden, zumal nicht auszuschließen war, daß sie in irgendeiner Form Schuld am Tode ihrer Freundin haben konnte. Als später das Ergebnis der Blutuntersuchung vorlag, war das Erstaunen groß. Die Frau, die nachdem sie mehrere Stunden geschlafen hatte, nüchtern und vernehmungsfähig erschienen war, hatte zu dieser Zeit einen Blutalkoholgehalt von 2,36 Promille gehabt. Wie hoch mochte der Blutalkoholgehalt wohl in der Nacht zuvor gewesen sein?

Sie wußte zu berichten, daß Helga W. gegen Mitternacht allein weggegangen war. Irgendwo hatte sie wohl gehofft, noch Alkohol bekommen zu können. Sie war betrunken gewesen wie immer. Eine Flasche Korn und zwei Flaschen Bier hatte sie schon getrunken gehabt, als sie die Wohnung verließ.

Sie selbst, so versicherte die Vernommene, sei zu Hause geblieben. Weder in der Nacht, noch am Tage zuvor, habe sie Helga geschlagen. Die Nachbarn wurden befragt. Niemand hatte etwas gehört, kein Schreien, keinen Lärm, nichts, was auf eine tätliche Auseinandersetzung zwischen den beiden Frauen hingedeutet hätte.

Die Ermittlungen wurden fortgeführt. Sie ergaben, daß Helga W. in der fraglichen Nacht zu unterschiedlichen Zeiten von verschiedenen Personen gesehen worden war. Sie war hochgradig alkoholisiert gewesen. Dann erfuhren die Beamten, daß die Freundin der Helga W. in der Nacht auch unterwegs gewesen war. Sie hatte also die Unwahrheit gesagt! Fünfzehn Minuten, nachdem Frau W. eine Gaststätte in der Innenstadt verlassen hatte, war sie dort erschienen. Sie war betrunken gewesen, laut, lästig und hatte nach ihrer Freundin gesucht. Erst gegen 03.15 Uhr war sie gegangen. Es fand sich ein Taxifahrer, zu dem sie um 03.30 Uhr in den Wagen gestiegen war. Sie hatte sich von ihm auf der Suche nach Helga W. zum Bahnhof und zu anderen Stellen fahren lassen, wo sich die „Penner" zu treffen pflegten. Frau W. hatte sie nicht gefunden, und so hatte sie sich gegen 04.00 Uhr vor ihrem Wohnhaus absetzen lassen.

Sie wurde erneut vernommen. Sie hatte, alkoholisiert wie sie gewesen war, keine Erinnerung mehr an das Geschehen in der Nacht gehabt. Nach und nach fielen ihr Einzelheiten ein. Daß sie mit Helga W. zusammengetroffen war, bestritt sie heftig. Sie sagte wohl die Wahrheit.

Ergebnis der Ermittlungen

Am Schluß, nach Wochen intensiver Nachforschungen, war wenig geblieben, was für ein Tötungsdelikt gesprochen hätte. Die Auswertung aller Fakten, die zusammengetragen worden waren, ließen darauf schließen, daß Helga W. an den mittelbaren Folgen ihrer alkoholbedingten Krankheit gestorben war. Sie war ertrunken, nicht erschlagen oder erwürgt worden, ertrunken in einem knietiefen Gewässer, in das sie offenbar selbst hineingegangen war. Offensichtlich hatte sie sich die schweren Schädelverletzungen bei einem Sturz zugezogen, wobei sie auf eine stumpfe Fläche aufgeschlagen sein mußte, denn an ihrem Kopf war nichts zu sehen gewesen, was auf die Einwirkung einer geformten Gewalt hingedeutet hätte.

Die Frau war danach mindestens noch ein zweites Mal gefallen, was die an ihrem Kinn festgestellte Platzwunde bewies. Der Sturz auf das Kinn mußte aber notwendigerweise zu einem Zurückschleudern des Kopfes und damit zu einer Traumatisierung des Halses geführt haben. Die Unterblutungen in diesem Bereich mochten hierdurch entstanden sein. Die Beamten glaubten nicht an einen Würgevorgang, zumal weder in der Halshaut Veränderungen erkennbar gewesen waren, noch das knöcherne Kehlkopfgerüst in Mitleidenschaft gezogen worden war.

Wie waren die anderen bei der Obduktion festgestellten Blutergüsse zu erklären?

Alles sprach dafür, daß sie ihre Erklärung in einer Blutungsneigung dieser alkoholkranken Frau fanden, wobei offen bleiben mußte, ob sie alle Folgen traumatischer Geschehen oder spontaner Blutungen waren, spontaner Blutungen, wie sie nachweislich bei Blutgerinnungsstörungen auftreten konnten. Was am wenigsten störte, war der Umstand, daß die Frau entkleidet gewesen war, denn es ist nicht ungewöhnlich, daß sich Menschen, alkoholvergiftet und verwirrt, ausziehen, bevor sie sterben. Hier aber mochte auch noch die schwere Schädelverletzung zu dem irritierenden Verhalten der Frau beigetragen haben.

Literaturhinweis zum vorliegenden Fall:

Begemann, H., Harwerth, H.-G., „Praktische Hämatologie", Stuttgart 1969.

„Seminars in Hematology" Vol. XVII No. 2, April 1980, „Hematologic Complications of Alcoholism I".

„Seminars in Hematology" Vol. XVII No. 3, July 1980, „Hematologic Complications of Alcoholism II".

W. Scheid, „Lehrbuch der Neurologie", Stuttgart 1980.

Ch. Hopf, K. Poeck, H. Schliak, „Neurologie in Praxis und Klinik" von Stuttgart 1981.

Unterblutungen – Folgen stumpfer Gewalteinwirkungen oder Ergebnis krankhafter Blutungsneigung?

Auch in den nachfolgend geschilderten Fällen stand die Frage nach den Ursachen der massiven Unterblutungen an Leichen im Vordergrund. Stumpfe Gewalteinwirkungen schienen augenscheinlich vorangegangen zu sein, ein Fremdverschulden vorzuliegen – oder waren auch hier die Blutergüsse Folgen von Blutgerinnungsstörungen, das Ergebnis einer krankhaften Blutungsneigung?

Fall 1:

Gewaltsamer Tod durch Ersticken?

Gegen 00.45 Uhr war die Leiche einer Frau im Freien am Straßenrand aufgefunden worden. Die Frau schien einem Verbrechen zum Opfer gefallen zu sein.

Die Tote lag in Rückenlage neben einem Baum auf einem Seitenstreifen an der Straße. Ihre Bekleidung war ungeordnet, der Pullover nach oben verlagert, der Reißverschluß ihrer langen Hose geöffnet. Ein Slip war ihr über den Kopf gezogen.

Die Kleidungsstücke waren unbeschädigt. Vorn war der Pullover mit Erbrochenem behaftet. Bis auf Erdauflagerungen am Rücken war die Kleidung nicht auffällig verschmutzt.

Die Tote war etwa 45 Jahre alt geworden. Ihr Gesicht war mit erbrochenem Mageninhalt verschmiert. Von der Frau ging ein intensiver Alkoholgeruch aus. Blutende Verletzungen fanden sich an der Leiche nicht. Gesicht und Körper der Toten waren aber übersät mit unterschiedlich gefärbten Unterblutungen. Oberflächliche Schürfwunden am Rücken und Gesäß bewiesen, daß die Frau geschleift worden war.

Die Tote hatte in der Nähe der Fundstelle gewohnt. Der Ehemann, ein 65 Jahre alter Rentner, hatte die Polizei verständigt. Er gab an, seine Frau sei völlig dem Alkohol verfallen gewesen. Täglich habe sie mindestens eine Flasche Schnaps getrunken, oft mehr. Entziehungskuren habe sie abgebrochen. Sie sei einfach weggelaufen. Um an Geld für alkoholische Getränke zu kommen, habe sie sich prostituiert. Oft sei sie tagelang nicht nach Hause gekommen. Heute sei sie telefonisch zu einem Mann gerufen worden, von dem er nur den Spitznamen kenne. Der Mann sei Holländer. Schon als sie gegangen sei, sei sie betrunken gewesen. In der Nacht dann, kurz bevor er die Polizei gerufen habe, habe der Holländer bei ihm geschellt. Er habe sie völlig betrunken im Wagen liegen gehabt und habe ihn aufgefordert, ihm zu helfen. Gemeinsam habe man sie vom Rücksitz gezogen und an den Straßenrand geschleift. Sie habe nicht mehr reagiert, aber das sei oft so gewesen. Der Holländer sei dann schnell weggefahren und habe ihn mit der sinnlos Betrunkenen allein gelassen. Daß sie schon tot gewesen war, habe er nicht gewußt.

Der Holländer wurde ermittelt: ein 47 Jahre alter Autolackierer, verheiratet, Vater von drei Kindern. Monate zuvor hatte er die Frau in einer Gaststätte kennengelernt. Für Schnaps war sie zu haben gewesen und so hatte er sie in der Folgezeit wiederholt in seine Werkstatt bestellt, so auch am Vorabend. Sie war bereits betrunken gewesen, hatte aber sofort weitergetrunken, eine ganze Flasche „Enzian", die er von einem Kunden geschenkt bekommen hatte.

Nach dem Geschlechtsverkehr war sie nackt und volltrunken liegengeblieben. Mit Mühe hatte er sie angekleidet, bis auf den Schlüpfer, der zuletzt noch herumgelegen hatte. Er hatte ihn ihr über den Kopf gestreift. Dann hatte er sie zum Wagen gebracht. Er hatte sie schleifen müssen, denn sie hatte sich nicht mehr auf den Beinen gehalten. Mit Hilfe ihres Ehemannes hatte er sie aus dem Wagen gezogen. Ob sie noch gelebt hatte? Er habe geglaubt, sie sei volltrunken. Dann sei er weggefahren – weil ihm vor einiger Zeit die Fahrerlaubnis entzogen worden sei.

Ergebnis der Obduktion

Eine Leichenöffnung wurde durchgeführt. Die Ärzte erklärten: „Am Kopf, am Rumpf und an den Gliedmaßen wurde eine Vielzahl unterschiedlich großer, unterschiedlich gefärbter und somit verschieden alter blauer Flecke als Zeichen stumpfer Gewalteinwirkungen festgestellt, wobei diejenigen im Gesichtsbereich sehr wohl auch durch Faustschläge entstanden sein können.

Eindeutige Strangulationsmerkmale lagen in der Halshaut nicht vor, wohl fanden sich an der rechten Halsseite kleinstfleckige Hautblutungen. Diese stehen offensichtlich in Verbindung mit einer Unterblutung am rechten Unterkieferwinkel, und zwar in dem hier gelegenen Kaumuskel. Daneben fanden sich je eine kleine Einblutung in Höhe der Basis des rechten Schildknorpelhornes und des Endes des rechten Zungenbeinhorns sowie vor dem Ringknorpel, ferner einzelne Stauungsblutungen in der Kehlkopfschleimhaut und in den Gaumenmandeln.

Ein Tod durch gewaltsames äußeres Ersticken – Kompression des Halses – läßt sich mit diesen Befunden allein nicht beweisen.

Typische Abwehrverletzungen wurden nicht festgestellt. Sichere Hinweise für ein Ableben infolge grober äußerer Gewalteinwirkung hat die Obduktion nicht ergeben. Der grobanatomische Leberbefund spricht für einen chronischen Alkoholismus. Es wurde ein Blutalkoholgehalt von 3,4 Promille festgestellt."

Im Ergebnis der Ermittlungen sprach nichts dafür, daß die Frau getötet worden war. Die überall an ihrem Körper festgestellten Unterblutungen waren wohl Folgen einer alkoholbedingten Blutungsneigung.

Fall 2:

Tod durch stumpfe Gewalt einer alkoholabhängigen bindungslosen Frau?

Ein Stadtstreicher war es, der gegen 23.00 Uhr die Polizei zu einer Wohnung in einem Mehrfamilienhaus im Norden der Stadt gerufen hatte. Der offensichtlich unter Alkoholeinfluß stehende Mann hatte etwas von einer Frau gelallt, die sich nicht mehr bewege, und so hatte man vorsorglich gleich auch noch einen Notarzt entsandt.

In der im Erdgeschoß gelegenen Wohnung trafen die Beamten drei Männer an, den Wohnungsinhaber und zwei andere, die seit langer Zeit keinen festen Wohnsitz mehr gehabt hatten. Sie waren volltrunken, kaum noch ansprechbar, nicht in der Lage, eine zusammenhängende Erklärung abzugeben. Einer zeigte auf die offenstehende Wohnzimmertür. Dort liege sie, besoffen sei sie, wie immer.

In dem unaufgeräumten, verdreckten Zimmer lag auf einer Couch eine etwa 40 Jahre alte, völlig abgemagerte Frau. Der Notarzt stellte ihren Tod fest. Die Frau war verletzt und überall massiv unterblutet. Die Mordkommission wurde gerufen.

Leichenbefund

Die Tote lag in Rückenlage. Sie war mit zwei Pullovern, einem Büstenhalter, einer Strumpfhose und einem Schlüpfer bekleidet. Strumpfhose und Schlüpfer waren bis zur Mitte der Oberschenkel herabgezogen. Alle Bekleidungsstücke wirkten dreckig und ungepflegt. Blutende, offene Wunden fanden sich nicht. Den Leichenerscheinungen nach zu urteilen, war der Tod vor ca. zehn bis zwölf Stunden eingetreten. An der Leiche waren keine Anzeichen festzustellen, die auf ein gewaltsames äußeres Ersticken hingedeutet hätten, keine Stauungsblutungen, keine Veränderungen im Halsbereich.

Dennoch, im Gesicht, am gesamten Rumpf, an den Gliedmaßen der Toten waren überall Unterblutungen, die auf eine Vielzahl von Einwirkungen stumpfer Gewalt hinzuweisen schienen, vorhanden. Es sah aus, als sei die Frau brutal verprügelt worden. Allerdings zeigten die Blutergüsse unterschiedliche Verfärbungen, so daß stumpfe Gewalt zu unterschiedlichen Zeiten auf den Körper eingewirkt haben mußte.

Die Tote wurde als die 39 Jahre alte Helga L. identifiziert. Sie war ohne festen Wohnsitz gewesen. Bei weiteren Nachforschungen wurde in Erfahrung gebracht, daß Frau L. seit Jahren alkohol- und medikamentenabhängig gewesen war. Sechsundzwanzigmal war sie wegen ihrer Trunksucht erfolglos in Landeskrankenhäusern behandelt worden. In letzter Zeit hatte man wiederholt beobachtet, daß sie wie eine Epileptikerin zusammengebrochen und auf dem Boden aufgeschlagen war.

Die Staatsanwaltschaft ordnete die Obduktion der Leiche an. In ihrem vorläufigen Gutachten erklärten die obduzierenden Ärzte:

Ergebnis der Obduktion

„Bei der Obduktion konnten wir viele, zum Teil nicht mehr frische Blutunterlaufungen fast der gesamten Körperoberfläche feststellen. Diese Blutunterlaufungen können Folge von Schlägen oder von Aufschlagen, Anstoßen, wie man es bei Betrunkenen oder Benommenen öfter sieht, sein. Die Verletzungen sind aber von leichter Natur, und sie sind nicht geeignet, einen Tod durch Gewalteinwirkung zu erklären.

Die Weichteile des Halses, das Zungenbein und der Schildknorpel, waren intakt.

Das Blut war vorwiegend flüssig und die Herzaußenhaut zeigte kleine punktförmige Blutungen. Im Magen haben wir auf Tablettenreste verdächtige Bestandteile gefunden.

Tod durch Medikamente und Alkoholvergiftung

Aufgrund der Vorgeschichte und des Obduktionsbefundes kann man zunächst einen Tod durch Medikamentenvergiftung oder eine kombinierte Wirkung von Medikamenten und Alkohol annehmen.“

Nach Ausnüchterung wurden der Wohnungsinhaber und seine Zechkumpane vernommen. Es war schwierig, einen Überblick über den Ablauf der letzten Tage zu erhalten. Alle waren sie schwerste Alkoholiker. Über Tage hinweg hatten sie getrunken, bis zur Bewußtlosigkeit. Sie entsannen sich, daß Helga L. völlig von Sinnen gewesen war. Sie war splitternackt durchs Haus gelaufen. Man hatte sie in die Wohnung zurückgeholt. Sexuell sei nichts gewesen. Alle waren nur an Alkohol interessiert gewesen. Die Frau hatte gezittert, wenn ihr Alkoholspiegel gesunken war. Sie hatte dann auch Tabletten eingenommen. Gegessen hatte man an diesen Tagen kaum etwas.

Helga L. hatte meist auf der Couch gelegen. Einer hatte ihr die Strumpfhose und den Schlüpfer herabgezogen, weil sie einfach in ihre Kleidung uriniert hatte.

Irgendwann war aufgefallen, daß sie sich nicht mehr bewegte. Einer hatte ihr Schnaps einflößen wollen, aber ihr Mund war nicht aufzubekommen gewesen. Es war ihnen bewußt geworden, daß etwas mit Helga L. geschehen war, daß sie Hilfe brauchten. Sie hatten die Polizei gerufen.

Helga L. war nicht getötet worden.

Fall 3:

Tötungsdelikt – ja oder nein?

Vormittags, gegen 10.30 Uhr, hatte der 45 Jahre alte Bruno L. einen Arzt in seine Mansardenwohnung gerufen, weil eine Frau dringend der ärztlichen Hilfe bedürfe. Der Arzt hatte die Frau im Bett liegend vorgefunden. Er hatte nur noch ihren Tod feststellen können.

Der Körper der Frau war über und über mit unterschiedlichen großen blauen Flecken bedeckt. Es sah aus, als sei die Frau erheblich geschlagen worden. Der Fußboden des Zimmers war mit angetrocknetem Blut verschmiert. Blutende Verletzungen konnte der Arzt am Körper der Toten allerdings nicht finden, sah man von den Blutwischern im Nasenbereich ab.

Ein Tötungsdelikt schien nicht ausgeschlossen. Der Arzt rief die Polizei.

Die Tote, so erklärte L., sei seine Freundin gewesen, die 39 Jahre alte Gaststättengehilfin Anneliese F. Sie habe zuletzt in Köln gewohnt. Nunmehr sei sie bei ihm zu Besuch gewesen. Frau F. sei, wie übrigens auch er, alkoholabhängig gewesen. Sie habe vornehmlich Schnaps getrunken, große Mengen und dies seit Jahren.

In der letzten Zeit sei es bei ihr hin und wieder zu krampfartigen, einer Epilepsie vergleichbaren Anfällen gekommen. Sie sei dann auch hingestürzt. Auch habe sie unter immer wieder auftretendem heftigem Nasenbluten gelitten. Die Blutspuren auf dem Fußboden seien auf eine solche Blutung zurückzuführen. Noch am gestrigen Abend sei sie außerhalb der Wohnung in einen Krampfzustand verfallen und zusammengebrochen. Mit einem Krankenwagen sei sie dem nächsten Krankenhaus zugeführt worden, wo sie aber, inzwischen wieder bei Bewußtsein, jede Behandlung abgelehnt habe.

Er sei dann mit ihr bis nach Mitternacht in verschiedenen Gaststätten gewesen, wo man reichlich Alkohol getrunken habe. Heute Morgen habe sie wieder gekrampft. Der Anfall sei vorbei gewesen, als sie dann plötzlich erneut das Bewußtsein verloren habe.

Die Unterblutungen am Körper der Toten konnte er nicht erklären. Die Leiche wurde obduziert. Die Ärzte stellten folgendes fest:

Natürlicher Tod nach Gehirnblutung?

„Wir fanden bei der Leiche der 39 Jahre alt gewordenen Frau eine tödliche Blutung in das linke Kleinhirn mit Einbruch in die Hirnkammer und das rechte Kleinhirn. Es handelt sich hierbei einwandfrei um einen plötzlichen Tod aus natürlicher Ursache. Für ein Fremdverschulden am Tode der Frau haben sich keine Anhaltspunkte ergeben.

Wie erklärten sich die festgestellten Unterblutungen am Körper der Toten?

Die Leichenöffnung ergab außerdem noch einen frischen Zungenbiß, der dafür spricht, daß die Frau vermutlich einige Stunden vor dem Tode einen Krampfanfall erlitten hat, bei dem sie sich auf die Zunge gebissen hat. Die zahlreichen blauen Flecke, besonders an den Gliedmaßen und in der Kopfschwarte, gehen zweifellos auf stumpfe Gewalteinwirkungen zurück, die sowohl frischer als auch älterer Natur waren. Es ist möglich, daß sich die Frau diese Prellungen zum Teil im Krampfanfall selbst zugezogen hat. Sie können auch, soweit es die Flecken an den Armen betrifft, von einem gewaltsamen Anfassen bzw. Festhalten der Frau, eventuell im Krampfanfall, herrühren."

Bei der Toten wurde eine Blutalkoholkonzentration von 0,9 Promille festgestellt.

Ein neuer Fall:

Die Sache wäre damit abgeschlossen gewesen, wäre nicht anderthalb Jahre später die Leiche einer Frau mit ganz ähnlichen Unterblutungen aufgefunden worden, zu der L. ebenfalls enge Beziehungen unterhalten hatte.

Hausbewohner hatten die Polizei gerufen, weil die 50 Jahre alte Verkäuferin Karoline M. seit Tagen nicht gesehen worden war. Man hatte einen Unglücksfall nicht ausgeschlossen, zumal die Frau auch auf Klopfen und Schellen an ihrer Tür nicht geöffnet hatte. Mit Hilfe eines Schlüsseldienstes waren die Polizeibeamten in die im Erdgeschoß gelegene Wohnung gelangt. Die Tür war nur ins Schloß gezogen gewesen. Im Durchgang von der Diele zur Küche hatten sie die Wohnungsinhaberin am Boden liegend tot aufgefunden. Der Unterkörper der Frau war entblößt gewesen. Sie hatte nur ein Unterhemd, den Büstenhalter und eine Strickjacke getragen.

Gewaltsamer Tod?

Überall am Körper der Toten waren großflächige blaue Flecke zu sehen gewesen. Der hinzugezogene Arzt hatte es für wahrscheinlich gehalten, daß die Frau gewaltsam getötet worden war. Die Mordkommission wurde hinzugezogen.

Die Ermittlungsbeamten kamen in die Wohnung einer Alkoholikerin. In allen Räumen lagen leere Schnaps- und Bierflaschen. Alles wirkte unaufgeräumt, ungepflegt, verschmutzt, jedoch nicht so, als habe ein Kampf stattgefunden. Die Behältnisse schienen nicht durchsucht, nichts, was insoweit Verdacht erregt hätte.

Die Leiche allerdings sah aus, als habe massive stumpfe Gewalt auf die Frau eingewirkt. Überall waren Blutergüsse, wobei die unterschiedlichen Verfärbungen dafür sprachen, daß sie zu verschiedenen Zeiten entstanden waren. Es war verständlich, daß der Arzt ein Tötungsdelikt angenommen hatte.

Hausbewohner berichteten, daß die völlig dem Alkohol verfallen gewesene Frau enge Beziehungen zu einem Mann namens L. gehabt hatte. Mit ihm hatte sie in ihrer Wohnung getrunken und gestritten. Wieder trat L. in einer dubiosen Todesermittlungssache in Erscheinung. Jetzt lag wieder eine Frau mit ganz ähnlichen Verletzungen vor den Beamten. War es eine Duplizität der Ereignisse? Man hatte Zweifel.

L. wurde eingehend vernommen. Er gab an, Frau M. gekannt zu haben. Zeitweise hatte er bei ihr gewohnt, und er hatte mit ihr, der Alkoholabhängigen, vor allem getrunken. Die blauen Flecke an ihrem Körper hatte er gesehen, sich aber über ihr Entstehen keine Gedanken gemacht. Er bestritt, den Tod der Frau verschuldet zu haben.

Ergebnis der Obduktion

Auch diese Leiche wurde geöffnet. Die Rechtsmediziner erklärten:

„Am Körper und an den Armen und Beinen der Leiche bestehen unzählige unterschiedlich große Blutergüsse, welche allesamt auf zahlreiche stumpfe Gewalteinwirkungen zu verschiedenen Zeitpunkten zurückzuführen sind.

Die stärksten Blutergüsse sind über den Knien, dem rechten Unterschenkel und an der linken Schulter vorhanden. Die Blutergüsse, besonders über den Knien, lassen sich durch fortgesetztes Hinstürzen oder Anschlagen des Körpers gegen eine stumpfe oder halbstumpfe Unterlage erklären.

Bei den Blutergüssen an den Handrücken und der Streckseite der Unterarme kann es sich auch um sogenannte Abwehrverletzungen handeln.

Die Sektion hat bisher keine Anhaltspunkte dafür ergeben, daß der Tod der Frau auf die zahlreichen Gewalteinwirkungen zurückzuführen ist.

Tod durch chronischen Alkoholmißbrauch

Wahrscheinlich ist der plötzliche Tod eine Folge des chronischen Alkoholismus. Für einen chronischen Alkoholismus sprechen die schwere Leberschädigung im Sinne einer Fettleber und die Nierenveränderungen.

Wenn die Frau häufig stark betrunken gewesen sein sollte, lassen sich die Blutergüsse zu einem erheblichen Teil durch Stürze und dergleichen infolge Gleichgewichtsstörungen erklären.“

Alle Nachforschungen und Überprüfungen erbrachten keine Anhaltspunkte dafür, daß die Frau geschlagen worden war. Es bestanden auch Zweifel, ob alle diese Unterblutungen durch bloßes Anstoßen oder Hinstürzen verursacht worden waren. Alles sprach dafür, daß auch bei dieser Frau als Folge des ständigen Alkoholabusus und der dadurch bedingten schweren Leberschädigung eine erhöhte Blutungsneigung als Folge einer Blutgerinnungsstörung vorgelegen hatte, deren Auswirkungen auch im nachfolgenden Fall für Verwirrung sorgten, wenn sie auch dort ihre Ursache nicht allein im übermäßigen und langanhaltenden Alkoholgenuß hatte.

Fall 4:

Erster Augenschein: Tötung durch fremde Gewalt

Gegen 09.30 Uhr hatte die 49 Jahre alte Auguste R. auf den Steinstufen im Treppenhaus rötlich braune Flecken bemerkt, die sich bis zu der im Hochparterre gelegenen Wohnung des alleinstehenden kaufmännischen Angestellten Paul W. hingezogen hatten.

W. war zwei Jahre zuvor in die Wohnung eingezogen. Man hatte keinen Kontakt zu diesem Mann gefunden, der häufig nachts unterwegs war und wohl auch trank, denn oft genug hatte man ihn leere Schnapsflaschen in die Mülltonne werfen sehen. Einmal hatte er erwähnt, daß er verwitwet sei und dann hatte er auch, anläßlich eines bevorstehenden Kuraufenthaltes, von einer Herzkrankheit gesprochen, die ihm zu schaffen mache. Irgendjemand hatte den Verdacht geäußert, daß W. möglicherweise homosexuell veranlagt sei, aber wohl nur deshalb, weil man den 48 Jahre alten Mann nie in Begleitung einer Frau gesehen hatte.

Nun hatte sie auch gesehen, daß die Tür zur Wohnung W. einen Spalt breit offenstand. Sie war eingetreten. Im Zimmer, am Ende er Diele, hatte sie einen nur mit einem Slip bekleideten Mann am Boden liegen gesehen. Blut war auf seinem Gesicht und am Körper zu sehen gewesen.

Erste Feststellungen am Ort des Geschehens ließen kaum Zweifel zu, W. war offensichtlich gewaltsam getötet worden. Die Mordkommission übernahm die weiteren Ermittlungen.

Spurenlage

Auf dem zwei Meter breiten Bürgersteig vor dem vier Stockwerke hohen Mehrfamilienhaus fand man die ersten blutverdächtigen Auftropfungen. Die Spur ließ sich durch das Treppenhaus über die Steinstufen der Treppe bis hin zur Wohnung W. verfolgen.

Grobsichtig wiesen weder die Wohnungstür noch das Türschloß Beschädigungen auf, die auf ein gewaltsames Eindringen hätten schließen lassen. Gleich hinter der Tür war der Fußboden der Diele blutverschmiert. Tropfspuren und Blutlachen bedeckten den ganzen Boden. Links führte eine Tür ins Bad. Am Türrahmen innen fanden sich Blutspritzer. Blut war auch am Rande des Toilettenbeckens und massenhaft an einem Handtuch. Im Schlafzimmer das gleiche Bild, ein umgestürzter Stuhl, das zertrümmerte Glas einer Schranktür und überall Blut, Oberbett, Bettlaken, Kopfkissen, Matratzen, alles war blutdurchtränkt und -verschmiert. Zwischen Bett und Wand lehnte das Oberteil eines Tisches. Auf der Tischfläche fanden die Beamten einen großen Blutwischer.

Auf dem Boden, nahe des umgestürzten Stuhles, lag ein Popelinemantel. Auch an ihm waren Blutspuren, am Kragen, an der Knopfleiste und am Ärmel. Unter dem Mantel lag eine goldene Herrenuhr.

Auf einem Läufer vor dem Bett stand ein Aschenbecher. Daneben lagen eine volle und eine angebrochene Packung Filterzigaretten. Im Ascher zählten die Kriminalbeamten elf Zigarettenkippen. Alle Mundstücke waren blutig.

Am Ende der Diele war das Wohnzimmer. Auch hier bot sich das Bild eines gewaltsamen blutigen Geschehens, umgekippte Sitzmöbel, die Sitzflächen blutbehaftet, Blutlachen und blutige Auftropfungen am Boden. Auf dem Tisch standen zwei Schnapsgläser und ein zerbrochenes Trinkglas, dessen Scherben ebenfalls Blutverschmierungen aufwiesen. Auf dem Fußboden zwischen dem Tisch um der Couch fanden sich eine leere Schnapsflasche und daneben ein Behältnis des Medikamentes Marcumar. Es enthielt noch dreizehn Tabletten.

Leichenbefund

Mitten in diesem Durcheinander lag auf dem Fußboden des Wohnzimmers in Rückenlage die nur mit einem Slip bekleidete Leiche eines Mannes. Das Gesicht, die Arme und Hände waren flächenhaft mit angetrocknetem Blut bedeckt. Auch der Slip war im vorderen Bereich blutdurchtränkt. Die Beamten suchten nach der Blutungsquelle, einer offenen Verletzung. Sie fanden nichts. Der Tote war nicht so verletzt, daß sich die Blutspuren hätten erklären lassen. Er hatte aus der Nase geblutet, das stand fest und wohl auch etwas aus dem Mund. Aber sonst waren da keine offenen Wunden. Zweifellos hatte massive stumpfe Gewalt auf W. eingewirkt. Die Schleimhäute der Lippen waren verletzt, Schwellungen und Blutergüsse fanden sich im Gesicht, großflächige Unterblutungen am ganzen Körper und an den Gliedmaßen. Auffallend war, daß auch das Geschlechtsteil dunkelblau verfärbt und mit geronnenem Blut behaftet war.

Dennoch, die Frage blieb, wie waren die Blutspuren in allen Räumen und sogar vor dem Hause zu erklären? War möglicherweise eine zweite Person verletzt worden?

Niemand im Hause hatte Besuch bei W. gesehen oder gehört. Nie war beobachtet worden, daß er andere Personen mit in seine Wohnung genommen hatte.

Eine Hausbewohnerin erzählte, daß sie in der Nacht zuvor, gegen 01.00 Uhr, durch ein lautes Geräusch wach geworden sei. Gleich darauf habe es in der Wohnung W. einen Knall gegeben, so, als wenn ein Gegenstand gegen die Tür gestoßen werde. Danach sei Ruhe eingetreten.

Es wurde ermittelt, daß W. vor Jahren stark alkoholabhängig gewesen war. Nach einer Entziehungskur war er „trocken“ gewesen. Hatte er jetzt wieder angefangen zu trinken?

Zweimal hatte er einen Herzinfarkt gehabt. Er war als Folge dieser Erkrankung erwerbsgemindert gewesen. Um der Gefahr eines Reinfarktes zu begegnen, war ihm das Medikament Marcumar verordnet worden, ein Mittel, das die Blutgerinnung herabsetzt. Das Medikament, so sagten die Ärzte, dürfe auf keinen Fall zusammen mit Alkohol genommen werden.

Lag hier die Erklärung des dubiosen Sachverhaltes? Konnten die Unterblutungen am Körper des Toten Folge einer durch das Medikament M. hervorgerufenen Blutgerinnungsstörung sein? War W. vielleicht deswegen sogar nach außen verblutet, war er es gewesen, der verblutend herumgetaumelt war, Mobiliar umgeworfen, die Blutspuren gelegt hatte und schließlich verblutet zusammengebrochen war? Immerhin hatte sich bei den bisherigen Untersuchungen keine andere Erklärung finden lassen. Es fehlte auch jedes Motiv für ein Tötungsdelikt. Weder bei den umfangreichen Ermittlungen zu seiner Person noch aufgrund des objektiven Tatbefundes hatten sich insoweit Ansatzpunkte ergeben. Bargeld und Wertgegenstände waren in der Wohnung gefunden worden. Nichts war durchwühlt, nichts fehlte.

Eine Leichenöffnung wurde veranlaßt. In ihrem vorläufigen Gutachten erklärten die obduzierenden Ärzte:

Ergebnis der Obduktion: natürlicher Tod

„Es handelt sich im vorliegenden Falle um einen natürlichen Tod. Der Mann ist an einer Verblutung in Verbindung mit einer terminalen Bluteinatmung verstorben.

Er hat sich sowohl in den gesamten Magendarmkanal, als auch nach außen aufgrund der Verletzungen an der Oberlippe und am Zahnfleisch des Oberkiefers verblutet. Das eingeatmete Blut stammt aus diesen Verletzungen. Die Verblutung in den Magendarmkanal ist nicht plötzlich, sondern über einen längeren Zeitraum von mindestens zwei Tagen allmählich in Form einer Sickerblutung erfolgt. Als Blutungsquelle kommt eigentlich nur die Magenschleimhaut in Betracht.

Ursächlich: Blutgerinnungsstörungen

Ursächlich für die Blutungen nach innen und außen kann nur eine Blutgerinnungsstörung sein.

Wenn angegeben wird, daß der Mann unter dem Einfluß von gerinnungshemmenden Mitteln gestanden hat, ist diese Störung durch eine Überdosierung bzw. unkontrollierte Einnahme der Medikamente, wie z. B. Marcumar erfolgt.

Die zahlreichen, unterschiedlich alten Blutergüsse am Körper des Mannes einschließlich Geschlechtsteils können sowohl spontan als auch traumatisch durch den leisesten Anstoß entstanden sein.

Der Mann hat sich während der Sickerblutungen zweifellos in einem immer schwächer werdenden Zustand befunden, wodurch er Gleichgewichtsstörungen, Schwächeanfälle erlitten hat. Diese können durchaus zu wiederholten Stürzen, z. B. auf der Straße vor dem Haus, geführt haben. Zuletzt ist er offensichtlich mit dem Gesicht auf irgendeinen Gegenstand geschlagen, möglicherweise auf das Trinkglas, wobei er sich die offenen Verletzungen an der Oberlippe und im Mund im sterbenden Zustand zugezogen hat.

Für einen Tod aus gewaltsamer Ursache von fremder Hand ergeben sich gerichtsärztlicherseits keine Anhaltspunkte.

Die blutende Verletzung am Penis mit dem größeren Bluterguß kann sich der Mann beispielsweise beim Sitzen auf der Toilette zugezogen haben, z. B. dadurch, daß das Glied vorübergehend zwischen Toilettentrichter und Brille oder dergleichen eingeklemmt gewesen ist.

Der Mann war außerdem schwer herzkrank. Er hatte einen schweren Herzmuskelschaden nach einem ausgeheilten großen Herzinfarkt.“

Sturz aus großer Höhe

Schwierigkeiten in der Beurteilung bereiten auch immer wieder die Fälle, bei denen Menschen durch stumpfe Gewalt als Folge eines Sturzes aus großer Höhe zu Tode kommen, wobei die Probleme dort besonders groß sind, wo die durch solche Gewalt zu Tode Gekommenen vor dem Sturz nicht allein gewesen waren. Ein Fremdverschulden ist hier nur schwerlich und oft erst nach langwierigen Ermittlungen und Vernehmungen auszuschließen. Nur zu oft bleibt in diesen Fällen ein ungutes Gefühl zurück, läßt sich der Verdacht eines Tötungsdeliktes nicht mit der erforderlichen Sicherheit ausräumen.

Fall 1:

Fernmündlich teilte die Ärztin eines Krankenhauses mit, daß dort zwei Tage zuvor eine 72 Jahre alt gewordene Patientin verstorben sei. Man sei überzeugt, daß die alte Frau eines „natürlichen“ Todes gestorben sei und habe dies auch so auf der Todesbescheinigung vermerkt. Ihr Anruf erfolge daher nur, weil ein Pathologe der hiesigen Universität hierzu geraten habe. Dem Tode der Frau vorausgegangen sei nämlich ein Fenstersturz, bei dem die Patientin auf ein vier Meter tiefer gelegenes Markisedach aufgeschlagen sei. Offensichtlich sei die Frau, die einige Tage zuvor wegen verschiedener Organerkrankungen und Depressionen eingeliefert worden sei, in selbstmörderischer Absicht aus dem Fenster ihres im zweiten Stockwerk gelegenen Fensters gesprungen. Die Patientin sei einige Stunden später eines „natürlichen“ Todes gestorben.

Wieder einmal war ohne sorgfältige Prüfung der Tod als „natürlich" bescheinigt worden. Wieder einmal hatte die Kriminalpolizei viel zu spät Kenntnis von einem Geschehen erhalten, das dringend der sofortigen Untersuchung bedurft hätte.

Die Leiche wurde beschlagnahmt und die Kriminalpolizei nahm die Ermittlungen auf.

Der am Abend des Geschehens diensthabende Arzt erklärte, daß er gegen 19.00 Uhr von dem Fenstersturz unterrichtet worden sei. Er habe die Patientin auf der Markise liegend vorgefunden. Die Frau habe sich bewegt und sei ansprechbar gewesen. Auf Befragen habe sie nicht reagiert, sondern alle Zeichen von Verwirrung gezeigt.

Bis auf eine Blutung aus dem Mund habe er am Körper der Frau keine Verletzungen gefunden. Da sie unruhig gewesen sei, habe man sie nicht geröntgt, sondern habe sie in ihr Krankenbett zurückgebracht und dort angeschnallt. Um die Patientin zu beruhigen, habe man ihr Valium verabreicht. Ihr Kreislauf habe sich stabilisiert und gegen 20.00 Uhr sei sie bei normaler Atmung eingeschlafen. Als er gegen 22.00 Uhr erneut zu der Frau gerufen worden sei, habe er nur noch ihren Tod feststellen können.

Er sei von einem „natürlichen" Tod der alten Frau ausgegangen und habe dies auch bescheinigt. An einen Zusammenhang zwischen dem Fenstersturz und dem wenige Stunden später eingetretenen Tod glaube er nicht.

Die Leiche wurde obduziert. In ihrem vorläufigen Gutachten erklärten die Rechtsmediziner unter anderem:

„Wir stellten als Zeichen stumpfer Gewalteinwirkung Prellungen in den Rücken- und Gesäßweichteilen, beiderseitige Rippenserienbrüche mit Unterblutungen des Rippenfelles, eine Lungenprellung vornehmlich des linken Lungenunterlappens, zentrale Leberrisse, einen Beckenbruch und einen oberflächlichen Milzriß mit filmartigen Blutanhaftungen auf den Bauchorganen fest. Die Verletzungen lassen sich zwanglos dem aus der Vorgeschichte bekannt gewordenen Sturzgeschehen zuordnen.

Die Frau ist offenbar an den Folgen der Lungenprellung gestorben."

Auf die Frage, ob die Frau hätte gerettet werden können, wäre die Verletzung festgestellt und behandelt worden, erklärten die obduzierenden Ärzte:

„Selbst unter der Voraussetzung, daß die festgestellten Verletzungen, insbesondere die Lungenprellung, rechtzeitig erkannt worden wären, wäre das Ableben nicht vermeidbar gewesen."

Fall 2:

An einem Sonntag, gegen 14.30 Uhr, wurde in einer leeren, zum Abbruch bestimmten Fabrikhalle die Leiche eines Jungen gefunden.

Der Tote lag ausgestreckt auf dem Rücken, vollständig und regelrecht bekleidet, scheinbar nur geringfügig verletzt. Nichts sprach auf Anhieb für eine gewaltsame Tötung, sah man vom Fundort und der Jugend des Verstorbenen ab. Die Leiche war ganz frisch, kaum ausgekühlt. Der Eintritt des Todes konnte noch nicht lange zurückliegen. Die Bekleidungsstücke waren unbeschädigt, vom Hallenboden nur wenig verschmutzt.

Bis auf ein paar oberflächliche Schrammen und kleine Hautrisse am Rücken fanden sich zunächst keine Verletzungen oder Veränderungen, die den Tod des Kindes erklärt hätten.

Als die Beamten den Brustkorb abtasteten, spürten sie ein seltsames Knirschen, so wie es beim Gehen durch gefrorenen Schnee zu hören ist. Hatte der Junge eine schwere Lungenverletzung? Das Knirschen beim Betasten des Brustkorbes war typisch hierfür. Wie aber konnte er an eine solche Verletzung gekommen sein? Ein Sturz aus großer Höhe bot sich an, und als die Beamten zu dem 12 Meter höher gelegenen Flachdach der Halle hinaufblickten, sahen sie genau über der Fundstelle eine etwa quadratische, ca. 1 m × 1 m große Öffnung im Hallendach.

Konnte das Kind 12 Meter tief abgestürzt und auf den Betonboden aufgeschlagen sein, ohne daß grobe äußere Verletzungen entstanden waren? Die Obduktion der Leiche bestätigte den Verdacht. In ihrem vorläufigen Gutachten erklärten die obduzierenden Ärzte:

„... haben wir an der rückwärtigen Fläche des Körpers und zwar rechts unten mehrere kratzerartige Hautabschürfungen, kleine Hautaufreißungen und Einblutungen der äußeren Fläche des rechten Oberschenkels gefunden.

Weiterhin konnten wir mehrere Rippenbrüche rechts, Platzwunden des rechten Lungenunterlappens, eine Blutansammlung von 400 ml im rechten Brustfellraum, eine Verletzung der rechten Niere, den Bruch des linken Scham- und Sitzbeines und des linken Oberschenkelknochens feststellen.

Alle diese Verletzungen wurden von stumpfer Gewalteinwirkung hervorgerufen. Sie können durch einen Sturz aus der Höhe und beim Aufschlag mit der rechten Fläche des Körpers auf eine harte Oberfläche entstanden sein.

Die Verletzung der rechten Lunge führte durch inneren Blutverlust zum Tode. Wir haben keine Verletzungen gefunden, die sich nicht mit einem Sturz vereinbaren ließen.“

Es gelang, den Jungen zu identifizieren. Es wurden dann sechs weitere 12jährige Kinder ermittelt, die am Tage des Geschehens mit dem jetzt tot Aufgefundenen zusammengewesen waren.

Über ein außen an der Hallenwand stehendes Gerüst waren sie nach oben gestiegen zu dem flachen Fabrikhallendach und hatten dort gespielt. Rückwärtsgehend war ihr Freund an die Öffnung im Dach herangetreten und plötzlich verschwunden gewesen. Voller Entsetzen waren sie über das Gerüst wieder nach unten geklettert. Unten in der leeren Halle hatten sie ihn vorgefunden, wie leblos auf dem Rücken liegend. Voller Angst waren sie davongelaufen und hatten ihn liegengelassen. Die Furcht, wegen des unbefugten Spielens in dem Abbruchgelände bestraft zu werden, hatte sie gehindert, Hilfe herbeizuholen. Sie hatten geschwiegen, alle, wie sie es sich gegenseitig versprochen hatten.

Fall 3:

Tod durch Sturz als Selbsttötung oder Fremdtötung?

In einer Juninacht kurz nach 04.00 Uhr, wurde die Besatzung eines Funkstreifenwagens zu einem sieben Stockwerke hohen Mehrfamilienhaus in der Innenstadt gerufen. Auf dem zum Hause gehörenden Garagenhof trafen die Beamten auf einen jungen Mann, der neben einer am Boden liegenden Frau stand. Seine Bekleidung war im vorderen Bereich blutverschmiert. Der Mann schien völlig verwirrt, nicht ansprechbar. Mit den Worten: „Jetzt hat sie endlich Ruhe“ und „Geht weg, ich schlage Euch kaputt!“ warf er sich über die am Boden Liegende. Mit Gewalt mußten sie ihn von der Frau wegziehen. Die Schutzpolizeibeamten sahen, daß der Schädel der in Bauchlage liegenden Frau völlig deformiert war. Eine Blutlache hatte sich um ihren Kopf gebildet. Sie gab kein Lebenszeichen von sich. Ein Arzt und die Kriminalpolizei wurden gerufen.

Leichenbefund

Die Kriminalbeamten besichtigten die regelrecht bekleidete Leiche. Nur die Schuhe fehlten. Im vorderen Bereich war der Hirnschädel zertrümmert. Knochensplitter und Gehirnmasse waren aus den Wunden ausgetreten. Die Verletzungen erstreckten sich über den gesamten Gesichtsbereich. Das Gesicht wirkte nach unten verschoben. Der Gesichtsschädel war zerstört. Bis auf Schürfwunden schien der Hals unverletzt. Hinweise auf einen Würge- oder Drosselvorgang fanden sich nicht.

Überall im vorderen Brustbereich waren Unterblutungen zu erkennen. Die Rippen schienen, offenbar als Folge von Serienbrüchen, abnorm beweglich. Bauch und Rücken waren unverletzt. Der rechte Arm war voller oberflächlicher Schürfwunden. Das rechte Handgelenk und auch die Mittelknochen der Hand schienen gebrochen. In der Innenhand zeigten sich zwei tiefe, schnittartige, klaffende Verletzungen, an deren Grund jedoch Gewebsbrükken vorhanden waren. Es waren also nicht, wie es auf den ersten Blick erschien, Schnittwunden, sondern offenbar durch stumpfe Gewalteinwirkung hervorgerufene Platzwunden.

Auch am linken Arm fanden sich einige Schürfwunden. Das Handgelenk schien auch hier gebrochen. An der Handgelenkinnenseite war eine zwei Zentimeter lange, klaffende Wunde, wie ein Schnitt bei versuchter Selbsttötung aussehend. Auch auch hier waren in der Tiefe Gewebsbrücken vorhanden. Typische Ab- und Gegenwehrverletzungen fehlten. Beide Beine waren vorn voller oberflächlicher Schürfwunden und Unterblutungen. Vereinzelt steckten in den Verletzungen der Haut kleine Steinchen und Asphaltsplitter.

Einige Zehen schienen gebrochen.

Die Sohlen beider Füße waren über die gesamte Fläche unsauber und schwärzlich verschmutzt. An den Endgliedern der Finger fielen Rußanhaftungen auf. Gleichartige Auflagerungen fanden sich auch am linken Oberschenkel außen.

Die Leiche war frisch, noch warm. In keinem Gelenk waren Anzeichen von Leichenstarre vorhanden. Totenflecke begannen sich während der Leichenbesichtigung langsam auszubilden.

Als die Tote auf den Rücken gedreht wurde, fand man dort, wo vorher der zertrümmerte Gesichtsschädel aufgelegen hatte, zwei gezackte, zwei bis drei Millimeter große, braune Glassplitter. Sie konnten von einer zerschlagenen Bierflasche herrühren.

War die Frau mit einer Flasche niedergeschlagen und dann in die Tiefe gestürzt worden?

Der Mann, ein 22 Jahre alter Mechaniker, der blutverschmiert bei der Leiche angetroffen worden war, erklärte, sie sei in der siebten Etage vom Balkon gestürzt. Er sei zu dieser Zeit in der Wohnung gewesen, in der Wohnung der jetzt Toten.

Er hatte seit ein paar Wochen bei ihr gelebt.

Es war die Wohnung einer Alkoholikerin, verwahrlost, überall leere Schnaps- und Bierflaschen. Spuren einer tätlichen Auseinandersetzung fehlten. Nichts war massiv verlagert, nirgends fanden sich Blutspuren.

In einer Glasschale hatte sie Schriftstücke aufbewahrt. Zuoberst einen Briefumschlag mit Abschiedsworten. Sie hatte sich mit Selbstmordabsichten getragen, weil sie, nervlich zerrüttet, nicht mehr in der Lage gewesen war, zu arbeiten. Ein Abschiedsschreiben war also vorhanden – nur, es trug ein längst verstrichenes Datum.

Da waren aber auch die Kündigung eines Mietvertrages zum Ende des Monats und die Androhung der Zwangsräumung. Auch ein Zahlungsbefehl und ein Schreiben der Stadt mit einer Aufforderung zur Unterhaltszahlung für ihre beiden Kinder fand man.

Konnte sich damit eine mögliche Selbsttötung erklären?

Auch auf dem über der Auffindestelle gelegenen Balkon waren keine Hinweise für eine tätliche Auseinandersetzung zu finden. An seiner Außenwand waren parallel zueinander verlaufende Wischspuren vorhanden, die bis zum unteren Ende der Balkonumwandung verliefen. Als die Beamten mit dem Daumen über den Putz der Balkonaußenwand wischten, entstanden gleiche Spuren. Der Daumen war danach rußgeschwärzt, schwarz von den Rußablagerungen in der porösen Putzfläche.

Ergebnis der Obduktion

Es wurde eine Leichenöffnung veranlaßt. Die Rechtsmediziner erklärten danach folgendes:

„Die Leichenöffnung hat eine ganze Reihe von schwersten Gewalteinwirkungen ergeben, wie sie nach Absturz aus großer Höhe auf eine harte Unterlage beobachtet werden.

Die schwersten Verletzungen bestehen unter anderem aus: Zertrümmerung des Hirn- und Gesichtsschädels, Rippenserienbrüchen beiderseits, Unterarmbruch links, Handbruch rechts, Bruch der zweiten bis vierten Finger rechts, Bruch des linken Oberschenkels, der zweiten linken Zehe und der rechten Großzehe.

Zahlreiche Blutergüsse sowohl unter der Haut als auch an den inneren Organen sprechen mit einem sehr hohen Grade an Wahrscheinlichkeit dafür, daß die Frau lebend abgestürzt ist. Der Tod ist auf der Stelle eingetreten, und zwar durch die Schädelhirnzertrümmerung in Verbindung mit einem Verblutungsschock. Absturzfremde Verletzungen sind bei der Vielzahl der sturzbedingten Verletzungen nicht festzustellen.

Würge- oder Drosselmale sind nicht vorhanden.

Gerichtsärztlicherseits ist in derartigen Fällen niemals festzustellen, ob sich die Frau selbst in die Tiefe gestürzt hat oder mit fremder Hand einen Stoß bekommen hat, welcher zum Absturz führte.

Hochgradig alkoholisiert

Die Frau war zum Zeitpunkt des Todes hochgradig alkoholisiert. Ihre Blutalkoholkonzentration beträgt 2,9 Promille."

Ein Fremdverschulden am Tode der Frau war damit nicht sicher auszuschließen. Weitere Ermittlungen und Vernehmungen waren erforderlich.

Man ermittelte, daß die zu Tode Gestürzte fünfzehn Jahre lang in psychiatrischer Behandlung gewesen war. In all den Jahren hatte eine Suizidtendenz bestanden. Über Monate hinweg war sie nach vorangegangenen Selbstmordversuchen stationär in psychiatrischen Kliniken untergebracht gewesen. Wegen ihrer Alkoholabhängigkeit und sexueller Verwahrlosung hatte sie immer wieder ihre Wohnungen verloren. Zwei unehelich geborene Kinder waren unter Amtsvormundschaft gestellt worden und befanden sich in einem Heim.

Wochen zuvor hatte sie in einer Gastwirtschaft den Mann kennengelernt, der sich zur Tatzeit in der Wohnung aufgehalten hatte. Er, der wegen gefährlicher Körperverletzung vorbestraft war, war zu ihr gezogen, in ihre Wohnung, die sie am Ende des Monats wieder einmal hatte verlieren sollen.

Wegen ihrer Trunksucht war es schon bald zu Spannungen gekommen. Er hatte gedroht, sie zu verlassen, worauf sie jeweils mit Selbstmorddrohungen reagiert hatte. Sie hatte einen Abschiedsbrief geschrieben, Tage zuvor, und zuletzt hatte er ihre Selbstmordankündigungen nicht mehr ernst genommen.

Am Tattage waren sie gemeinsam in einer Gaststätte gewesen. Sie hatte wieder getrunken, übermäßig wie immer. Zwei Ausländer, die sie im Lokal kennengelernt hatten, waren mit in die Wohnung gekommen, wo man weitergetrunken hatte. Die Ausländer wurden ermittelt. Sie hatten schon vor dem Sturz die Wohnung verlassen. Streit hatte es nicht gegeben. Die Frau war plötzlich verschwunden. Ihr Freund hatte nach ihr gesucht und hatte sie schließlich unten im Hof liegen gesehen. Er hatte um Hilfe geschrien, an Nachbarwohnungen geklopft, einen Krankenwagen gefordert, und als er die Tür zum Hof verschlossen vorgefunden hatte, war er durch ein Fenster im ersten Stockwerk zu ihr hinuntergesprungen und hatte sich verzweifelt über die Tote geworfen.

Vieles sprach dafür, daß die Frau selbst in den Tod gesprungen war.

Fall 4:

Todessturz vom Balkon

In einer Freitagnacht, gegen 03.25 Uhr, ging bei der Schutzpolizei die Meldung ein, daß eine Frau vom Balkon ihres Wohnhauses gestürzt und noch auf dem Transport in das nächste Krankenhaus verstorben sei.

Die Frau war am Tage ihres Todes 42 Jahre alt geworden. Der Kriminalpolizei gegenüber erklärte ihr Ehemann, ein um acht Jahre jüngerer Architekt, sie sei nach einer tätlichen Auseinandersetzung in der im ersten Stockwerk eines Altbaus gelegenen Wohnung über die Balkonbrüstung geklettert und in die Tiefe gesprungen.

Die Wohnung war sauber, aufgeräumt, geschmackvoll eingerichtet. Auffallend war eine am Boden liegende zerstörte Brille. Neben den Splittern des Brillenglases fand man ein blutbeflecktes Papiertaschentuch und einige lange schwarze Haare, die offenbar gewaltsam ausgerissen waren und die der Farbe und Länge nach mit hoher Wahrscheinlichkeit von der jetzt Toten stammten.

Der Balkon, von dem die Frau gestürzt sein sollte, stand voller Kartons, Abfall, leeren Flaschen. Die Staubauflagerungen auf diesen Gegenständen zeigten, daß nichts verlagert worden war. Nichts sprach dafür, daß hier ein Kampf stattgefunden hatte. Im Staub der Oberkante der Balkonbrüstung war eine Griffspur, vier Finger einer rechten Hand, daneben eine Wischspur vorhanden. War die Frau, nachdem sie auf Kartons geklettert war, hier abgestürzt? Beschädigungen an den Blumenkästen eines darunter liegenden Balkons schienen diese These zu stützen. Die Kästen waren aus ihren Halterungen gerissen und beschädigt. Abgesplittertes Plastikmaterial, Erde und Blumen lagen an dieser Stelle im Hof, dort, wo nach Angaben von Hausbewohnern die Frau schwer verletzt und bewußtlos gefunden worden war.

Ein Selbstmord also? Oder doch nicht? Wie, wenn die Frau bewußtlos gewesen war, als sie über die Balkonbrüstung gefallen war? Konnte die Griffspur nicht auch vom Ehemann der Verstorbenen herrühren? Die Leiche wurde obduziert.

Der Tod, so erklärten die Rechtsmediziner, sei als Folge einer akuten Hirndrucklähmung und durch die Kompression des verlängerten Rückenmarkes durch ausgetretenes Blut und infolge einer nicht unerheblichen Bluteinatmung eingetreten.

Verletzungen als Folge von Tätlichkeiten

Kleine Blutergüsse in der rechten Unterlippe sowie einige Blutergüsse an der Brust und an beiden Handrücken seien vermutlich nicht sturzbedingt, sondern könnten eventuell auf eine dem Sturzgeschehen vorangegangene tätliche Auseinandersetzung zurückzuführen sein.

Stauungsblutungen

Hinzu komme, daß in den Augenlidern der Frau, in der Gesichtshaut, in den Bindehäuten und der Lippenschleimhaut am Ober- und Unterkiefer Stauungsblutungen vorhanden seien, die darauf schließen ließen, daß die Frau vor dem Absturz gewürgt worden sei.

Höchstwahrscheinlich sei der Würgevorgang aber nicht so massiv gewesen, daß die Frau dadurch bewußtlos und handlungsunfähig geworden sei.

Die Blutuntersuchungen erbrachten bei der Verstorbenen eine Blutalkoholkonzentration von 1,64, bei dem Ehemann eine solche von 1,54 Promille.

Der Architekt bestritt, seine Frau vom Balkon gestürzt zu haben.

Er gab zu, daß es nach einem Gaststättenbesuch tätliche Auseinandersetzungen zwischen ihnen gegeben habe, in deren Verlauf er sie auch in das Gesicht geschlagen und gewürgt habe. Keinesfalls sei sie danach bewußtlos gewesen.

Völlig überraschend für ihn sei sie plötzlich auf den Balkon gelaufen und habe sich in die Tiefe gestürzt. Es sei alles sehr schnell gegangen. Er habe sie nicht daran hindern können.

Selbsttötung?

Man ermittelte, daß die vorher mit einem Gastwirt verheiratet gewesene Frau den Architekten anläßlich eines Kegelausfluges kennengelernt hatte. Sie hatte sich von ihrem Mann getrennt, hatte sich scheiden lassen und hatte den Mann geheiratet, von dem sie sich ein Mehr an Liebe erhofft hatte. Schon bald hatte sie feststellen müssen, daß die berufliche Anspannung des zweiten Mannes noch größer gewesen war. Sie war von Eifersucht auf den jüngeren Mann geplagt worden und hatte Freunden gegenüber geklagt, daß sie auch in der zweiten Ehe nicht die von ihr erhoffte Erfüllung gefunden habe. Immer wieder war sie nun in depressive Verstimmungszustände verfallen. Einer Freundin hatte sie gesagt, daß sie wohl eines Tages vom Balkon springen werde.

Am Abend vor dem Geschehen war sie allein in einer Gaststätte gewesen. Ihr Ehemann, wieder einmal beruflich unterwegs, war Stunden später in das Lokal gekommen. Als er ihr nach Mitternacht zum Geburtstag gratulieren wollte, hatte sie ihm ein Glas Bier in das Gesicht geschüttet. Sie war vor ihm gegangen, und als er später in die Wohnung gekommen war, hatten sie sich gestritten und geschlagen.

Lag ein Tötungsdelikt vor oder nicht? Es fiel schwer, eine abschließende Antwort zu geben.

Fall 5:

Tötungsdelikt durch Überfahren nach Sturz auf die Fahrbahn?

Im Mai, an einem Sonntagabend, gegen 20.30 Uhr, wurde die Kriminalpolizei zu einem das Stadtgebiet berührenden Autobahnteilstück gerufen. Zeugen hatten kurz vorher auf der an dieser Stelle die Autobahn in einer Höhe von 7,50 m überquerenden Fußgängerbrücke mehrere junge Menschen miteinander kämpfen gesehen. Einer von ihnen war plötzlich auf die Fahrbahn gestürzt und sofort von einem Pkw überfahren worden. Es bestand der Verdacht eines Tötungsdeliktes.

Der Pkw-Fahrer hatte sich vom Ort des Geschehens entfernt. Weder seine Personalien noch das Kennzeichen seines Fahrzeuges hatten festgestellt werden können.

Der Tote, ein 21 Jahre alter, 174 cm großer, kräftiger Mann, wies schwerste Verletzungen im Schädel- und Brustbereich auf, aber auch solche, die durchaus Folge einer tätlichen Auseinandersetzung sein konnten.

Auch sein Kontrahent, ein 19 Jahre alter Mann, von der Schutzpolizei am Tatort festgehalten, war verletzt. An seiner Unterlippe, am Hals und an seinen Fingern waren Unterblutungen vorhanden. Er gab zu, sich diese Verletzungen bei der Schlägerei mit dem jetzt Toten zugezogen zu haben. Er habe mit ihm gekämpft, weil er ihn habe vom Selbstmord abhalten wollen. Ein Mädchen sei dabeigewesen.

Ergebnis der Leichenöffnung

Die Leiche wurde obduziert. Die Ärzte erklärten im Anschluß an die Leichenöffnung:

„... haben wir an der Körperoberfläche zahlreiche Spuren von stumpfer Gewalteinwirkung gefunden. Die äußeren Verletzungen lassen sich in drei Gruppen einordnen:

Die kleinen, isolierten und leichten Einblutungen des rechten Oberlides, des Lippenrotes und im Bereich des rechten Mundwinkels könnten auch durch Faustschläge gesetzt worden sein.

Die große sternförmige Platzwunde über der Wölbung des Schädeldaches kann als Sturzverletzung angesehen werden.

Die große Ablederung an der rechten Seite des Schädels mit einem sogenannten Impressionsbruch des Stirnbeins, die Hautabschürfungen an der rechten Seite des Halses, unter der Kinnspitze, im Bereich des vorderen Brustkorbes, des Rückens, an der rechten Fläche des Körpers und im Bereich der Schultergegend wurden wahrscheinlich bei dem Überfahren verursacht.

Die schweren und zum Tode führenden inneren Verletzungen, wie z. B. der Bruch des Schädeldaches und der Schädelbasis sowie die Zertrümmerung der Brustwirbelsäule, die Quetschung des Rückenmarkes, der Leber und der rechten Niere waren ebenfalls Folgen des Überfahrens.

Die Brüche des Zungenbeins und des rechten oberen Horns des Schildknorpels sowie die Einblutung der Herzmuskulatur lassen sich ebenfalls auf das Überfahren, auf Drehung und Zerrung des Halses, zurückführen.“

Der jetzt Tote war stark alkoholisiert gewesen. Die Blutuntersuchung ergab einen Blutalkoholgehalt von 2,62 Promille. Entsprechende Untersuchungen bei den anderen Tatbeteiligten erbrachten bei dem 19jährigen eine Blutalkoholkonzentration von 1,19, bei dem 17 Jahre alten Mädchen eine solche von 0,02 Promille.

Die beiden jungen Männer hatten den ganzen Tag über getrunken. In den Abendstunden war der 21jährige in depressive Verstimmungszustände verfallen. Er hatte Selbstmordabsichten geäußert und erklärt, er werde von einer nahe gelegenen Autobahnbrücke springen. Sie hatten mit ihm gesprochen, hatten ihn von der Sinnlosigkeit seines Tuns überzeugen wollen, aber er war aufgestanden und gegangen. Sie hatten ihn begleitet. Auf der Brücke war er über das 1 m hohe Geländer gestiegen, obwohl sie ihn hatten zurückhalten wollen. Er hatte um sich geschlagen und den 19jährigen am Hals und am Mund getroffen. Dann war er gesprungen.

Beide versicherten, daß es ihnen nicht möglich gewesen sei, den Sturz zu verhindern.

Auf Presseveröffentlichungen meldete sich ein weiterer Zeuge, der kurz vor dem Geschehen über die Brücke gegangen war und beobachtet hatte, wie ein junges Pärchen einen Mann vom Brückengeländer weggezogen hatte.

Zwei Tage später stellte sich auch der Pkw-Fahrer, der mit seinem Fahrzeug über den von den Brücke gestürzten Mann gefahren war und sich im ersten Schock entfernt hatte.

Fall 6:

Ausgangslage: Auffinden eines Toten im Freien

An einem Januarmorgen, gegen 07.00 Uhr, war ein Mann auf einer Polizeiwache in Düsseldorf erschienen und hatte auf einen Betrunkenen hingewiesen, der auf einer Bank im nahe gelegenen Park liege. Die Personalien des Hinweisgebers waren nicht festgehalten worden.

Die Beamten eines zum Park entsandten Funkstreifenwagens fanden den Mann. Er war ohne jeden Zweifel tot.

Es war ein etwa 45 Jahre alt gewordener Mann, der vollständig und der Witterungslage von minus 8 Grad Celsius entsprechend bekleidet in Rükkenlage auf einer Parkbank lag. Die Leiche war relativ frisch. Leichenstarre war in keinem Gelenk feststellbar, die Totenflecke waren noch in der Ausbildung begriffen und der Lage des Toten entsprechend.

Der Mann hatte geblutet, offenbar aus einer im linken Scheitelbereich liegenden, halbkreisförmigen, scharfrandigen Durchtrennung der Kopfschwarte. Hemd, Jacke und Mantel waren im oberen Bereich beblutet.

Sonst schien der Körper des Toten frei von massiven äußeren Verletzungen. Auffallend waren jedoch ganz oberflächliche Schnittverletzungen im Gesicht, am Hals, am Brustkorb und an einer Hand. Diese Verletzungen schienen von feinen Glassplittern herzurühren, die überall an den Kleidern hafteten.

In den Taschen der Bekleidung steckte nur eine Cellophantüte mit einem Geldbetrag von 30,– DM, nichts, was zu einer sofortigen Identifizierung des Unbekannten geeignet gewesen wäre.

In der Nähe der Parkbank fanden sich einige Blutauftropfungen, mehrere Zigarettenkippen unterschiedlicher Marken, unauswertbare Fußspuren und in einem Gebüsch, ca. 3 Meter von der Bank entfernt, ein gefütterter, lederner Herrenhandschuh.

Der Sachverhalt war höchst dubios. Ein Tötungsdelikt konnte nicht ausgeschlossen werden. Man beantragte die Obduktion der Leiche und leitete erste Maßnahmen zur Identifizierung des Toten ein.

Die Obduktion ergab:

„... eine schwere, frische, stumpfe Schädelhirnverletzung.

Im linken Scheitelbereich bestand eine kleine, oberflächliche Kopfplatzwunde. Die Kopfschwarte war in diesem Bezirk flächenhaft blutunterlaufen, ebenso der linke Schläfenmuskel. In der Schädelbasis bestand ein ausgedehnter Scharnierbruch. Es bestanden starke Unterblutungen unter der harten Hirnhaut und in den weichen Hirnhäuten. Des weiteren ausgedehnte Rindenprellungsherde beiderseits im Schläfenbereich und in der Brücke.

Das Zentrum der Gewalteinwirkung lag im Bereich des linken Scheitels mit Übergang auf den Hinterkopf.

Die Schwere der Gewalteinwirkung auf den Schädel spricht nicht für einen einfachen Sturz, sondern weit eher für einen Absturz des Mannes aus einer größeren Höhe.

Die übrigen, am Körper des Mannes festgestellten Schürfungen, Prellungen sowie die Rippenserienbrüchen links und die kleineren Unterblutungen im Herzfell und in der Gekrösewurzel sowie im Fettbindegewebe der Nierenwurzel lassen sich ebenfalls mit einem Absturz aus größerer Höhe und dem anschließenden Aufschlagen des Körpers auf eine harte Unterlage vereinbaren.

Die ganz oberflächlichen Kratz- bzw. Schnittverletzungen im Bereich des Gesichtes, des Halses und des Brustkorbes können durch Glassplitter verursacht worden sein.

In der Kleidung und am Körper des Mannes wurden reichlich feine Glassplitter gefunden.

Der Tod ist an der schweren Schädelhirnverletzung in Verbindung mit einer massiven Bluteinatmung in die Luftröhrenverzweigungen eingetreten. Alle Verletzungen lassen sich durch einen Absturz erklären.

Die Überlebenszeit dürfte nach dem Obduktionsergebnis in keinem Falle mehr als eine Stunde betragen haben. Höchstwahrscheinlich war sie erheblich kürzer.

Der Mann war auch bei rechtzeitiger ärztlicher Behandlung nicht mehr zu retten. Die Schwere der Verletzungen war von anderen Personen nicht zu erkennen."

Verbringen des Sturzopfers an einen anderen Ort

Der Unbekannte war also aus größerer Höhe abgestürzt und danach in den Park gebracht und dort abgelegt worden. Die Beamten fragten sich, weshalb dies notwendig gewesen war, was man mit dem Verbringen des Verletzten zu einem anderen Ort hatte vertuschen wollen.

Bevor es gelang, diese Frage zu beantworten, ging vom Bundeskriminalamt die Mitteilung ein, daß dort identische Fingerabdrücke einlagen. Der Tote hatte als ein 45 Jahre alter Berufs- und Gewohnheitsverbrecher identifiziert werden können. Er war vornehmlich wegen Einbruchdiebstahls vorbestraft.

Sturz aus großer Höhe nach Einbruch

War der Mann bei einem Einbruch abgestürzt? Die Fachdienststelle für Einbruchdiebstahl meldete einen Sachverhalt, der zu dem Fall zu passen schien.

In der Nacht vor dem Auffinden des Toten war ca. 200 Meter von der Fundstelle entfernt in ein Bürohaus eingebrochen worden.

Die Täter waren vom Hof her über einen dort parkenden Pkw auf das an die rückwärtige Gebäudefront angrenzende und mit Schnee bedeckte Glasdach eines Anbaus geklettert. Im Schnee des Daches fanden sich Schuh- und Handeindrücke von zwei Personen. Den Spuren nach zu urteilen waren die Täter vorsichtig über das Glasdach gekrochen. Sie hatten dann ein Fenster eingeschlagen und entriegelt. An einer verschlossenen Flurabschlußtür waren sie nicht weitergekommen. Sie hatten versucht, das Schloß aufzubohren, waren aber gescheitert.

Nun hatten sie eine andere Tür ausgehängt und auf das Glasdach des Anbaus gelegt. Über zwei zusammengebundene Dekorationsleitern waren sie nach oben in die zweite Etage gestiegen, wo sie nach Einschlagen und Entriegeln eines weiteren Fensters erneut in das Gebäude gelangt waren. Im Kassenraum hatten sie den Safe aufgebohrt und mehrere tausend DM entwendet.

Für den Abstieg hatten sie mehrere Elektrokabel aneinandergeknotet und am Fensterrahmen befestigt. Offensichtlich war einer der Männer hierbei abgestürzt, denn im Glasdach des Vorbaus war ein Loch und auf dem Betonfußboden darunter eine Blutlache.

Bei der Tatbefundaufnahme hatten die Beamten an dieser Stelle einen gefütterten, ledernen Herrenhandschuh gefunden, das Gegenstück des Handschuhs, der im Park in der Nähe der Leichenfundstelle gesichert worden war. Und noch ein weiterer Umstand sprach dafür, daß der Mann an dem Einbruch beteiligt gewesen war. Die Cellophantüte mit dem Geldbetrag in seiner Bekleidung stammte sicher aus dem Kassenraum der Firma, in die in der Nacht vor dem Auffinden des Toten eingebrochen worden war.

Vorsorglich ließ man die Blutformel des am Einbruchtatort gesicherten Blutes feststellen. Sie war mit der aus dem Leichenblut erstellten identisch.

Wenige Tage später teilte die geschädigte Firma mit, daß im Zusammenhang mit dem Einbruch auch eine Gepäckkarre abhanden gekommen sei. Bei einer Nachsuche wurde die Karre in einem Teich nahe der Leichenfundstelle gefunden. An der Karre war ein Tuch festgefroren, das ebenfalls aus den Büroräumen entwendet worden war. Offensichtlich hatte der Einbrecher seinen tödlich verletzten Mittäter auf der Gepäckkarre in den Park gefahren. Beim Transport hatte er ihn wohl mit dem bei der Karre gefundenen Tuch zugedeckt.

Der Täter, ein mehrfach vorbestrafter Mann, wurde später ermittelt und wegen gemeinschaftlichen Diebstahls unter erschwerten Umständen zu einer Freiheitsstrafe von einem Jahr und sechs Monaten verurteilt. Den Tod seines Mittäters hatte man ihm nicht angelastet, da dessen Leben auch bei sofortigem Hinzuziehen eines Arztes nicht zu retten gewesen wäre.

Überfahren und getötet oder getötet und überfahren?

Vorbemerkungen

Häufig genug stehen neutrale Zeugen in Todesermittlungsverfahren nicht zur Verfügung und der kriminalpolizeiliche Sachbearbeiter muß anhand der objektiven Feststellungen am Leichenfundort, aufgrund von Spuren, Verletzungen und Veränderungen an der Leiche die notwendigen *Schlüsse ziehen*, muß bemüht sein, die sich immer wieder erneut stellende Frage sicher zu beantworten, ob ein *Unglücksfall*, ein *Selbstmord* oder ein *Tötungsdelikt* vorliegt.

Die Beantwortung dieser oft genug ohnehin schwierigen Frage wird dort erschwert, wo die *Leichen* als Folge erheblicher Gewalteinwirkung *zerstört* sind, wie es oft genug dort der Fall ist, wo Menschen von Fahrzeugen überrollt, getötet und zerstückelt werden.

Natürlich läßt sich mit Hilfe entsprechender medizinischer Untersuchungen in aller Regel feststellen, ob die Verletzungen zu Lebzeiten beigebracht worden sind oder ob eine Leiche überfahren wurde. Die Frage aber, ob alle Schädigungen durch das Fahrzeug verursacht wurden oder ob andere Gewalteinwirkungen der Zerstörung des Körpers vorangegangen sind, läßt sich manchmal nur schwer beantworten und so bleibt letztlich auch hier die Aussage, daß es *oft schwerer ist, einen Mord zu erkennen, als ihn zu bearbeiten.*

Fall 1:

Ausgangslage: unbekannte stark zerstörte Bahnleiche

In einer Nacht im Monat April um 00.41 Uhr, hatte ein aus Richtung Köln kommender Güterzug gerade die im Norden Düsseldorfs die Eisenbahn überführende Brücke passiert, als der Lokomotivführer plötzlich einen dumpfen Schlag an der Lok vernommen hatte. Weil beim Halt am nächsten Bahnhof Blutspuren am Vorderteil der Lokomotive gewesen waren, hatte er vorsorglich die Bahnpolizei benachrichtigt.

Bei einer Nachsuche war dann an der von dem Lokomotivführer angegebenen Stelle in den Gleisen liegend eine starke zerstörte männliche Leiche gefunden worden. Leichenteile waren über eine Strecke von 200 Metern verteilt gewesen. Um 03.10 Uhr hatte man die Kriminalpolizei alarmiert.

In den zerfetzten, blutverschmierten Bekleidungsstücken des Mannes fanden sich keine Ausweispapiere. Einziger Ansatzpunkt zur Identifizierung des unbekannten Toten war ein mit Kugelschreiber aufgetragener Name an der Innenseite eines ledernen Hosengürtels.

Tod durch Strom?

Es fiel auf, daß die metallene Schnalle dieses Gürtels eingekerbt war. Deutlich waren Schweißperlen zu erkennen. Die Stelle sah aus wie eine Strommarke. Und da sich an der mit der Gürtelschnalle korrespondierenden Stelle am Bauch des Toten eine bräunliche Vertrocknung fand, gingen die Beamten davon aus, daß der Mann mit einer stromführenden Leitung in Berührung gekommen war.

Ganz dazu passend schien daher eine am nächsten Tage eingehende Mitteilung der Bundesbahn zu sein, derzufolge in der Tatnacht, um 00.12 Uhr, bei der Schaltbefehlsstelle der Bundesbahn ein Kurzschluß im Fahrleitungsnetz der in Frage kommenden Fahrtstrecke registriert worden war. Der Kurzschluß fand sich im Tragseil des Fahrdrahtes unterhalb des Brückenbogens, wo auf den darunterliegenden Gleisen der Unbekannte vom Zug erfaßt und überrollt worden war. Auffallend war nur, daß die Stelle, an der der Körper des Mannes von der Lokomotive überfahren worden war, nicht lotrecht unter der Schmorstelle des Tragseiles lag, sondern mehrere Meter seitlich davon entfernt. Es paßte irgendwie nicht in die Vorstellung, daß der Mann über das Brückengeländer auf die Schutzabdeckung, die links und rechts von der Brücke über die Fahrleitung geführt war, gestiegen und von dort hinabgesprungen war. Hätte ihn die Berührung mit der Fahrleitung nicht sofort töten müssen? Und wie war er nach einem solchen Sturz zu der Stelle gelangt, an der er schließlich vom Zug erfaßt worden war?

Doch das Ganze wurde noch verworrener, als am Vormittag nach dem Geschehen der Inhaber einer kleinen, nahe der Brücke gelegenen Firma mitteilte, daß er am Morgen an der Wand seiner an der zur Brücke hinführenden Straße gelegenen Betriebshalle einen großen Blutfleck gefunden habe. Möglicherweise sei diese Blutspur ja im Zusammenhang mit dem Leichenfund zu sehen.

Es war ein fußballgroßer Blutfleck, in 1,20 Meter Höhe an der straßenwärts gelegenen Wand der Halle. Die Spur erschien relativ frisch. Im Blut hafteten einige Haare. Die Entfernung von der Blutspur bis zur Brücke betrug etwa 200 Meter.

Der Lokomotivführer wurde vernommen. Es hatte, als er um 00.41 Uhr die spätere Leichenfundstelle mit einer Geschwindigkeit von ca. 100 km/Std. passiert hatte, stark geregnet. Die Sicht auf die Gleise war daher behindert gewesen. Den Anprall hatte er kaum wahrgenommen. Er glaubte daraus schließen zu können, daß der Mann nicht gestanden hatte, als er von der Lokomotive erfaßt worden war.

Bei einer Befragung der Bewohner der nahe der Brücke gelegenen Häuser fanden sich mehrere Zeugen, die kurz nach Mitternacht durch einen mit einem hellen Blitz verbundenen lauten Knall erwacht waren und danach die bald verstummenden Schreie eines Menschen gehört hatten. Sie waren an die Fenster getreten, hatten aber auf der Straße niemand gesehen, und so waren sie wieder zu Bett gegangen, ohne Weiteres zu unternehmen.

Ergebnis der Obduktion

Man ließ die Leichenteile obduzieren. Der Mann hatte gelebt, als er überfahren worden war. Die Stromeinwirkung konnte nicht nachgewiesen werden und wurde von den Rechtsmedizinern bezweifelt. Neben den schweren, auf halbstumpfe Gewalteinwirkung zurückzuführenden Zerstörungen fiel die vollständige Zertrümmerung beider Fußgelenke und ein Querbruch der Lendenwirbelsäule auf, Verletzungen, wie sie nach Aussagen der obduzierenden Ärzte im Zusammenhang mit Stürzen aus großer Höhe beobachtet werden.

Das von der Hallenwand gesicherte Blut, die in der Spur haftenden Haare und Abrieb vom Verputz der Wand sandten die Beamten zusammen mit der Kopfschwarte des Toten zu vergleichenden Untersuchungen zum Bundeskriminalamt. An der Kopfhaut wurde nichts gefunden, was auf eine Berührung mit der Hallenwand hätte schließen lassen. Dagegen sicherten die Wissenschaftler im Hinterhauptbereich der Kopfschwarte einen winzigen Metallsplitter, den Splitter einer Aluminiumlegierung. Das dazu passende Teil fand man in 50 Zentimeter Höhe vorn an der Lokomotive. Es war ein aus eben dieser Legierung bestehender Sandkasten, der seitlich 20 Zentimeter über den Bahnräumer herausragte. Dennoch – die Untersuchungsergebnisse schlossen nicht aus, daß Blut und Haare an der Hallenwand von dem später Überfahrenen stammten. Es war Menschenblut der Blutgruppe A, Blut der gleichen Gruppe, wie es bei dem Toten festgestellt worden war. Auch die Haare glichen in ihren wesentlichen Merkmalen, wie Form, Farbe, Länge, Dicke, Pigmentierung und Struktur der Rindenschicht den Kopfhaaren des unbekannten Toten.

War der Mann von einem Dritten mit dem Kopf gegen die Wand geschlagen und später von der Brücke auf die Schienen geworfen worden? Er hätte 200 Meter weit transportiert, über das Geländer gehoben, über die Schutzabdeckung hinweggebracht und dann in die Tiefe gestoßen worden sein müssen. Für ein solches Geschehen fehlten aber alle Spuren.

Oder stand die Blutspur nicht im Zusammenhang mit den Vorkommnissen an der Brücke? Immerhin sind etwa 43 Prozent aller Menschen im mitteleuropäischen Raum Träger der Blutgruppe A. Untergruppieren ließ sich die Spur aber nicht mehr.

Identifizierung des unbekannten Toten

Der Tote konnte identifiziert werden. Seine Mutter rief aus Norddeutschland an und war besorgt um ihren Sohn, der nach einer Fahrt nach Düsseldorf, die er zusammen mit einem Freund und einem Mädchen angetreten hatte, nicht nach Hause zurückgekehrt war. Der Name, den sie nannte, war auf die Innenseite des Hosengürtels des Toten geschrieben. Der Freund hatte ihr inzwischen die Brieftasche ihres Sohnes mit der Erklärung überbracht, man habe sich in Düsseldorf getrennt. Die Brieftasche aber sei im Pkw zurückgeblieben.

Kein Zweifel, der Tote war der Sohn der Anruferin. Es gelang, ihn sicher zu identifizieren. Er war 19 Jahre alt gewesen.

Er war labil gewesen, unsicher, irgendwie unfertig. Monate vor seinem dubiosen Tode hatte er schuldhaft einen Verkehrsunfall verursacht und dabei einen Menschen getötet. Er war zu einer Freiheitsstraße verurteilt worden, deren Verbüßung demnächst angestanden hatte. Er war depressiv gewesen, war mit seiner Schuld nicht fertig geworden und hatte wiederholt Selbstmordabsichten geäußert.

Seine letzten Begleiter wurden eingehend überprüft. Der Pkw und ihre in der Tatnacht getragenen Bekleidungsstücke wurden auf mögliche tatrelevante Spuren untersucht. Am Schluß stand fest, sie konnten ihn nicht getötete haben, weil sie sicher und durch eine Vielzahl von Zeugen bestätigt, um Mitternacht schon in einer westfälischen Großstadt gewesen waren, zu einer Zeit, zu der der Mann noch gelebt haben mußte.

Sie gaben an, daß er in den Abendstunden in Düsseldorf nach dem Genuß von Haschisch aus dem Auto gestiegen und weggerannt sei. Er habe geweint, sei depressiv gewesen und habe erklärt, daß er einen „Horror-Trip" habe. Es sei ihnen nicht möglich gewesen, ihn zur Rückkehr zu bewegen. Der Ort, wo sie sich von ihm getrennt haben wollten, war weit vom späteren

Fundort der Leiche entfernt. Wie er dorthin gekommen war, sie wußten es nicht.

Nach langwierigen Ermittlungen ergab sich folgendes Bild:

- Der Mann war von der Brücke her auf die Gleise der Bundesbahn gelangt, nachdem er zuvor eine stromführende Leitung berührt hatte. Dies wurde – trotz der Feststellungen der Rechtsmediziner – nicht nur durch die Strommarke an der Gürtelschnalle, sondern auch durch Faseranhaftungen an dieser Leitung bewiesen, die bei Vergleichsuntersuchungen eindeutig seinen Bekleidungsstücken hatten zugeordnet werden können.
- Er war auf den Füßen aufgekommen, was durch die zertrümmerten Fußgelenke und den Querbruch der Lendenwirbelsäule belegt wurde. Offensichtlich war er weder durch den Stromschlag noch durch den Sturz getötet worden, denn er war, wie die Rechtsmediziner bei der Obduktion der Leiche festgestellt hatten, lebend überfahren worden.

  Um aber vom Zug erfaßt zu werden, hatte er sich etwa vier Meter weiter auf ein anderes Gleis schleppen müssen, wo er dann, ausweislich des in seiner Kopfschwarte haftenden Aluminiumsplitters, hockend oder sitzend von der Lokomotive angefahren und überrollt worden war.
- Es war in hohem Maße unwahrscheinlich, daß er von der Brücke hinabgeworfen worden war. Hiergegen sprach vor allem, daß sich in der Staubschicht des die Fahrleitungsdrähte schützenden Berühungsbleches keinerlei auf ein solches Geschehen hinweisende Spuren fanden. Dieses Schutzblech war aber nach Übersteigen des Brückengeländers notwendigerweise zu überwinden gewesen, um überhaupt an die Absturzstelle zu gelangen.

Vieles sprach für eine Selbsttötung, seine depressive Stimmungslage, der vorangegangene Rauschgiftgenuß, das Sich-auf-das-andere-Gleis-Schleppen, vieles – bis auf die Blutspur an der Hallenwand.

Fall 2:

Dubiose Todesermittlungssache im Zusammenhang mit dem Bahnverkehr

In den späten Abendstunden Anfang Juni, etwa gegen 23.00 Uhr, meldete ein junger Mann, daß in seiner Gegenwart eine Frau von einem Zug überrollt worden sei. Er führte die eintreffenden Beamten der Kriminalpolizei über eine Böschung zu den Gleisen hinauf, wo neben einem Schienenstrang die stark zerstörte Leiche einer Frau lag. Hirnmasse und Knochensplitter bezeichneten die etwa 200 Meter südlich eines S-Bahnhofes gelegene Stelle, an der die Frau vom Zug erfaßt worden war. Die Tote war vollständig bekleidet gewesen. Der rechte Fuß der Leiche fehlte und konnte auch nicht aufgefunden werden.

Den Verletzungen nach zu urteilen hatte schwerste stumpfe und halbstumpfe Gewalt auf den Körper, insbesondere auf die rechte Körperhälfte, der Frau eingewirkt.

Die Tote, so erklärte der Mann, sei seine Geliebte gewesen, eine 29 Jahre alte, verheiratete Frau, Mutter von drei Kindern. Mit einem nun auf dem nahen Parkplatz stehenden Lkw sei man gemeinsam hierher gefahren. Im Fahrzeug habe man sich gestritten, einer Kleinigkeit wegen, nichts Ernsthaftes. Er habe sich in einem Stimmungstief befunden und so sei er mit der Ankündigung, sich vor den nächsten Zug zu werfen, ausgestiegen und die Böschung zum nicht weit entfernten Bahnkörper hinaufgegangen. Er habe sich hingelegt, den Hals auf eine Schiene, den übrigen Körper außerhalb der Gleise. Gleich darauf sei die Frau bei ihm gewesen, habe ihn an den Schultern gerüttelt und versucht, ihn von seinem Vorhaben abzubringen.

Plötzlich sei ein Zug dagewesen. Er habe sich noch zur Seite rollen können, die Frau aber sei erfaßt und auf der Stelle getötet worden. Ein dubioses Geschehen!

Der Mann wurde vernommen, verwickelte sich in Widersprüche, verlangte einen Anwalt, verweigerte die Aussage und sagte schließlich wieder aus. In Gegenwart seines Anwaltes wurde versucht, das Geschehen zu rekonstruieren.

Den Zug, so sagte er, habe er zunächst durch seinen auf der Schiene aufliegenden Kopf gespürt, dann gehört und gleich darauf gesehen. Zu dieser Zeit sei die Frau noch bei ihm gewesen, habe ihn noch an den Schultern erfaßt gehabt. Im letzten Augenblick habe er sich vom Gleis heruntergerollt und habe nun, mit dem Kopf in Richtung des ankommenden Zuges, unmittelbar neben dem Schienenstrang gelegen. Der Zug sei donnernd an ihm vorbeigefahren. Als er vorbeigewesen sei, sei seine Freundin verschwunden gewesen. Er habe sie schließlich tot neben den Gleisen gefunden.

Die Beamten zweifelten an seiner Darstellung und fragten sich, ob der Mann in der von ihm geschilderten Weise neben den Schienen gelegen haben konnte, ohne von der Lokomotive oder den Waggons erfaßt, durch den Sog des mit hoher Geschwindigkeit fahrenden Zuges hochgehoben worden zu sein. Sie maßen und wogen den Mann. Sein Gewicht betrug bei einer Körpergröße von 175 Zentimetern 74,6 Kilogramm. Eine von ihm gleich nach dem Geschehen entnommene Blutprobe hatte einen Blutalkoholgehalt von 0,23 Promille erbracht. Er war also nüchtern gewesen. Bei der Frau war eine Blutalkoholkonzentration von 0,12 Promille festgestellt worden. Die Lokomotive, eine 86 Tonnen schwere E-Lok, wurde untersucht. Die Blechverkleidung unterhalb des rechten Puffers war stark eingebeult, der Lacküberzug flächig abgesplittert. Das abgerissene Sandstreurohr berührte mit einem Ende fast den Boden. An der Nahtstelle der verbeulten starken Blechverkleidung unterhalb des Sandkastens fanden sich verklebte Haare und Hautfetzen, an der seitlichen Abstützung und an dem Drehgestellrahmen sowie an den Metallvertiefungen der unmittelbaren Umgebung und im Gestänge hafteten Fleisch-, Blut- und Gehirnspritzer.

Der Lokomotivführer des Zuges gab an, daß er zum Zeitpunkt des Geschehens bei einer Fahrgeschwindigkeit von 150 km/Std. einen Schlag an der Blechverkleidung des unteren rechten Teils seines Führerstandes wahrgenommen habe, einen Schlag, wie er ihn schon mehrfach nach Steinschlag oder beim Anprall eines Vogels bemerkt habe. Bei der nach solchen Geräuschen üblichen Kontrolle am nächsten Haltebahnhof habe er dann die eingebeulte Blechverkleidung und die Fleisch- und Blutspritzer an der Lokomotive gesehen. Auf dem Gleisabschnitt habe im Augenblick des Anpralls äußerste Dunkelheit geherrscht. Die Lokomotivbeleuchtung sei zudem nicht darauf ausgerichtet, die Fahrtstrecke auszuleuchten, so daß ein bewußtes Sehen oder Wahrnehmen unmöglich sei.

In der Tatnacht waren die Sichtverhältnisse bei trockener Witterung und schwacher Bewölkung ausgesprochen gut gewesen.

Eine Obduktion wurde veranlaßt, um den Grad der Zerstörung zu dokumentieren.

Der an der Leiche fehlende rechte Fuß wurde zweieinhalb Monate später im Gestänge des 3. Wagens des betreffenden Zuges gefunden. Vergleichende Untersuchungen bestätigten, daß es der der Toten abgerissene Fuß war.

Die Kriminalpolizei beauftragte Sachverständige mit Untersuchungen zu folgenden Fragen:

1. Kann festgestellt werden, ob der Mann unter den geschilderten Umständen so gelegen haben kann, wie von ihm angegeben, ohne vom Zug erfaßt und verletzt zu werden?
2. Wo müßte er gelegen oder sich aufgehalten haben – absolute Sicherheitsgrenze – um aufgrund der Beschaffenheit des Triebwagens, der Geschwindigkeit und der Verhältnisse am Unfallort unverletzt zu bleiben?
3. Kann anhand der an der Leiche festgestellten Verletzungen gesagt werden, ob die Frau zum Zeitpunkt des Aufpralls lag, stand oder kauerte?
4. Wie groß waren die Möglichkeiten für die Frau, sich in Sicherheit zu bringen, wenn man davon ausgeht, daß beide gleichzeitig den Zug gehört und gesehen haben und der Mann genügend Zeit hatte, sich neben die Gleise zu legen?

Die Sachverständigen erklärten zu den Fragen folgendes:

Zu Frage 1:

„Sowohl nach den Angaben der Kriminalpolizei Düsseldorf als auch nach unseren Beobachtungen an dem der Vorfall-Lok entsprechenden Typ kann festgestellt werden, daß beim Überrollen durch die betreffende E-Lok unmittelbar neben der Schiene, d. h. zwischen den Schwellen und dem sogenannten Achsgabelsteg der E-Lok, lediglich ein Raum mit der lichten Fläche von 30 × 43 cm zur Verfügung gestanden hätte.

Bei einem quaderartigen Hohlraum, der von einer Fläche dieses Ausmaßes vorne und hinten begrenzt wird, ist es grundsätzlich möglich, daß ein menschlicher Körper mit gewöhnlichen Körpermaßen darin Platz finden kann.

Auch im unmittelbaren Schienenbereich dürfte eine in diesem Raum befindliche Person beim Überrollen durch eine E-Lok zweifellos unverletzt bleiben, wenn sie mit einer mäßigen Geschwindigkeit fährt.

Nach Untersuchungen des Lehrstuhls für Schienenfahrzeuge und maschinelle Bahnanlagen der Technischen Universität Hannover von Prof. Voß reichen die Druckdifferenzen in der Umgebung schnellfahrender Züge in der Regel nicht aus, um Personen zu bewegen oder liegende Personen hochzuheben. Es erscheint jedoch möglich, daß von dem fahrenden Zug durch vorspringende Teile bedingt durch den Sog sich Kleidungsstücke hochreißen lassen und verhaken, so daß im Gefahrenbereich befindliche Personen mitgerissen und tödlich verletzt werden können.

Im vorliegenden Fall soll der Mann nach den Aussagen der Zeugen lediglich mit Hemd und Hose bekleidet gewesen sein. Frische Beschädigungen der Bekleidung konnten jedoch nicht festgestellt werden.

Ob die im Schienenbereich auftretenden Sogkräfte auf freier Strecke (nicht im Windkanal) bei Geschwindigkeiten von 150 km/Std. und mehr in der Lage sind, einen menschlichen Körper hochzureißen, müßte – dem jeweiligen Fall entsprechend – experimentell nachgeprüft werden. Es erscheint jedoch nach den vorliegenden Unterlagen unwahrscheinlich.

Zu Frage 2:

Der Mann fertigte eine Handskizze an, welche seine Lage im Schienenbereich vor und nach dem Eintreffen des Zuges kennzeichnen sollte. Danach will er kurz vor dem Eintreffen der E-Lok seinen Oberkörper lediglich nach links abgeknickt haben, wobei die Lage seines Unterkörpers nur unwesentlich verändert worden wäre. Das bedeutet, daß sich zum Zeitpunkt des Überrollens durch die E-Lok lediglich der Oberkörper des Mannes in einer unmittelbaren Gefahrenzone befunden hätte. Die möglicherweise beweglichen bzw. losen Kleidungsstücke welche durch den Sog bedingt hätten mitgerissen werden können, wären verhältnismäßig weit von den tiefsten vorspringenden Lokteilen, z. B. vom Achsgabelsteg gewesen. Ein Hängenbleiben eventuell flatternder Kleidungsstücke an dem Achsgabelsteg der E-Lok erscheint unter diesen Bedingungen aufgrund der Form derselben, der Beschaffenheit der betreffenden Bekleidungsstücke und der Sogrichtung unwahrscheinlich.

Ohne experimentelle Untersuchungen auf der freien Strecke eines Bahnkörpers ist zunächst davon auszugehen, daß sich der Mann in dem von ihm bezeichneten Raum aufhalten konnte, ohne durch die betreffende E-Lok zum Zeitpunkt des Vorfalles verletzt zu werden. Als absolute Sicherheitsgrenze dürfte der Bereich des Bahndamms außerhalb der Bahnkrone (135 cm von dem Schienenaußenrand entfernt) angesehen werden.

Zu Frage 3:

Nach den vorliegenden Informationen sollen an der betreffenden E-Lok in einem nicht exakt beschriebenen Bezirk unterhalb des rechten Puffers an der Blechverkleidung, an der seitlichen Abstützung und am Drehgestellrahmen sowie den Metallvertiefungen Auftreffspuren eines Körpers gefunden worden sein.

Aus den vorliegenden Informationen geht kein Hinweis auf Spuren am Puffer-Teller hervor. Daher ist anzunehmen, daß sich die Getötete zum Zeitpunkt des Anpralls in dem Raum unterhalb des rechten Puffers befunden hat. Zwischen Schienenaußenkante, Puffer und seitlicher Lokbegrenzung sowie der Schienenschwellen wird eine Fläche von 100 × 73 cm bestrichen.

Unter Berücksichtigung der oben angegebenen Flächenbegrenzung und der im Obduktionsprotokoll angegebenen Größe der Leiche der Frau (150 cm) kann davon ausgegangen werden, daß diese bei dem Anstoß durch die E-Lok mit Sicherheit nicht in aufrechter Stellung erfaßt wurde.

Aufgrund der Lokalisation der Anstoß-Beschädigungen an der rechten Seite der E-Lok knapp unterhalb des Puffers kann weiterhin davon ausgegangen werden, daß die Getötete nicht liegend von der E-Lok erfaßt wurde. Für diese Annahme spricht insbesondere die Form, das Ausmaß und die Lokalisation der Verletzungen an der Leiche der Getöteten sowie die Beschädigungen an der Lokomotive.

In diesem Zusammenhang ist daran zu erinnern, daß sich der Schienenräumer bei einer E-Lok des betreffenden Typs in der Regel 10 cm oberhalb der Schienenoberfläche befindet, und daß er eindeutige Verletzungsspuren im Sinne von Zerreißungen und Hautaustrocknungen hinterläßt.

Unter Berücksichtigung der oben genannten Umstände und Informationen könnte die Getötete zum Unfallzeitpunkt lediglich gekniet oder gekauert (sich gebückt) haben, als sie von der E-Lok erfaßt wurde.

Zu Frage 4:

Es stellt sich nun die Frage, wo und wie die Getötete von der betreffenden E-Lok erfaßt wurde. Es fällt zunächst auf, daß die Beschädigungen und die Unfallspuren an der E-Lok unterhalb des rechten Puffers sowie seitwärts davon gefunden wurden. Weiterhin fällt auf, daß die im Bereich des Schienenstranges aufgefundenen Leichenteile und Bekleidungsstücke – bis auf wenige Spuren auf der inneren Schwellenverschraubung der rechten Schiene – rechts vom rechten Schienenstrang (in Fahrtrichtung der E-Lok gesehen) und nicht innerhalb der Gleisspur festgestellt wurden.

Daraus folgt, daß sich der Kopf der Getöteten zum Zeitpunkt des Anpralls gegen die rechte vordere Außenverkleidung der E-Lok mindestens 60 cm und höchstens 100 cm oberhalb der Schienenschwellen befand.

Art, Form und Ausmaß der an der Leiche festgestellten Verletzungen sprechen nach den uns vorliegenden Informationen dafür, daß die Frau von der E-Lok auf der rechten Gesichts- und Körperhälfte erfaßt wurde, bevor sie mitgerissen und zu Boden geschleudert wurde. Dafür spricht auch die breitflächige, ölig-schwärzliche Verschmierung auf der Außenseite des rechten Oberschenkels, welcher unter diesen Bedingungen ebenfalls gegen vorspringende, üblicherweise ölig verschmierte Lokomotivteile geprallt wäre, bevor es zum Sturz auf den Schotter kam. Dies trifft umsomehr zu, als die Verschmutzung der Haut wegen der fehlenden Kratzspuren in der Schmutz-Streifrichtung nicht auf den üblichen Schotterschmutz zurückgeführt werden kann.

Die Frau kann sich demnach unter Berücksichtigung der seitlichen Ausmaße des entsprechenden E-Lok-Typs sowie der obigen Darlegungen entweder zwischen den Schienen in unmittelbarer Nähe der äußeren Schiene (in Fahrtrichtung der E-Lok gesehen) oder knapp neben dieser Schiene befunden haben.

Auf den uns zur Verfügung gestellten Fotos von dem an dem Unfall beteiligten E-Lok-Typ befindet sich unterhalb des Puffers eine sogenannte Hebelklappe ...

Auf der rechten Gesichtshälfte der Getöteten befinden sich im Bereich des Kinns sowie der Stirn Hautverletzungen, die dafür sprechen, „primäre Verletzungen" durch den Anprall auf eine solche Hebelklappe zu sein.

Unterstellt man, daß eine derartige Hebelklappe die Ursache der erwähnten Verletzung auf der rechten Gesichtshälfte war, so wäre daraus zu schließen, daß die Frau zum Zeitpunkt des Anpralls ihren Kopf leicht nach unten gesenkt hätte.

Die festgestellten Verletzungen im Gesichtsbereich sowie die Aufreißung der rechten Bauchhälfte mit vorgelagerten Baucheingeweiden sowie die ölig-schwarze Verschmutzung auf dem rechten Oberschenkel sprechen dafür, daß die Frau zunächst mit dem Kopf und der Schulter in gebückter bzw. kauernder Stellung von der E-Lok erfaßt wurde. Demnach wären ihre rechte Schädelhälfte, die Schultern und der Brustkorb gegen die Verkleidung der E-Lok unterhalb des betreffenden Puffers geprallt. Der darunter liegende Körperteil hätte sich beim Anprall zunächst in Richtung auf das Führungsrad, also der Fahrtrichtung entgegengesetzt, bewegt. Die damit verbundene Überdehnung der rechten Unterkörperhälfte hätte zum Einriß der Bauchmuskulatur und der Vorverlagerung der Darm-Eingeweide führen können. Ebenfalls fände die ölig-schwärzliche Verschmutzung am rechten Oberschenkel eine einfache Erklärung. Die übrigen Verletzungen, insbesondere der Abriß des rechten Unterschenkels, könnten als sekundäre Verletzungen aufgefaßt werden.

Es waren (im Hinblick auf ein mögliches Tötungsdelikt) natürlich auch ... die im Obduktionsprotokoll beschriebenen Kehlkopfverletzungen der Verstorbenen zu erörtern. Es soll zu fleckförmigen Blutungen vor dem Kehlkopf sowie in der Halsmuskulatur gekommen sein. Zudem soll der rechte obere Schildknorpelfortsatz an der Basis und knapp darüber gebrochen gewesen sein, wobei die Bruchränder unterblutet waren. Aus zahlreichen Untersuchungen (u. a. von L. Tamaska, P. Hinz und W. Reimann) geht hervor, daß bei Verkehrsunfällen nicht selten Zungenbein- und Schildknorpelbrüche beobachtet werden können. Es wurde darauf hingewiesen, daß auch nach dem Tode Verletzungen im Kehlkopfbereich gesetzt werden können, die äußerlich kaum von Verletzungen zu unterschieden sind, wie sie beim Erwürgen beobachtet werden können. Die hier beschriebenen Verletzungen lassen daher weder einen sicheren Rückschluß zu, ob es sich um die Folgen eines direkten Angriffs einer dritten Person auf den Hals der Getöteten zu Lebzeiten handelte oder nicht.

Wenn man davon ausgeht, daß der Mann den herannahenden Zug „ein ganzes Stück" vor der Bahnhofseinfahrt wahrgenommen haben will, so dürfte davon auszugehen sein, daß der Zug zu diesem Zeitpunkt mindestens 200 m entfernt war. Diese Strecke wird von der E-Lok mit einer Geschwindigkeit von 150 km/Std. in 5,5 bis 6 Sekunden zurückgelegt (41 m pro Sekunde).

In einer Zeit von 5 bis 6 Sekunden hätte auch die Getötete – in Erwartung der Gefahr – genügend Zeit gehabt, sich in Sicherheit zu bringen. Es ist jedoch eine Erfahrungstatsache, daß bei Dunkelheit Entfernungen und Geschwindigkeiten weit schlechter eingeschätzt werden können als tagsüber. Daher ist es ohne weiteres möglich, daß die Getötete die Gefahr für sich nicht rechtzeitig erkannte, als sie sich bei dem Mann befand."

Soweit die Gutachter.

Es war also nicht auszuschließen, daß der Mann unter den von ihm geschilderten Umständen so gelegen hatte, daß die Sog-Kräfte des mit einer Geschwindigkeit von 150 km/Std. fahrenden Zuges nicht ausgereicht hatten, seinen Körper hochzureißen. Die Frau konnte aufgrund der an der Leiche festgestellten Verletzungen in Verbindung mit den Beschädigungen an der E-Lok nicht gelegen oder aufrecht gestanden haben, sondern sie mußte zum Zeitpunkt des Aufpralls in hockender bzw. gebückter Haltung gewesen sein. Daraus konnte aber auch geschlossen werden, daß sie nicht (nach eventuell vorangegangenem Würgen) tot oder bewußtlos auf die Schienen gelegt worden war. Und sie hatte, setzte man voraus, daß sie gleichzeitig mit dem Mann den herannahenden Zug gehört und gesehen hatte, ausreichend Zeit gehabt, sich in Sicherheit zu bringen. Offenbar hatte sie die Gefahr verkannt. Ein Tötungsdelikt konnte ausgeschlossen werden.

5. Tod durch Schuß

5.1 Kriminalistische Probleme in der Praxis der Todesermittlungen bei Schußverletzungen

Erkennen von Schußverletzungen

Bei den ersten kriminalpolizeilichen Ermittlungen am Tatort ist es von Bedeutung, Schußverletzungen überhaupt zu erkennen bzw. von anderen Verletzungen zu unterscheiden.

Es kann geschehen, daß *Schußverletzungen* bei der ersten Leichenbesichtigung *übersehen* werden, so z. B. bei Einschüssen von kleinkalibrigen Waffen, weil die Einschußöffnungen unscheinbar aussehen (die Haut zieht sich zusammen) oder gar *nicht entdeckt* werden. Da der Ausschuß meist fehlt, verbluten die Opfer oftmals nach innen. Kein Tropfen Blut deutet auf eine Schußverletzung hin.

Erkennen von Ein- und Ausschuß

Die Einschußöffnung ist meist (aber nicht immer!) kleiner als die Ausschußöffnung.

Wird die Waffe auf der Haut aufgesetzt (absoluter Nahschuß), ist der Einschuß oft größer als der Ausschuß. Dies ist deshalb der Fall, weil Pulvergase beim Schußvorgang unter die Haut eindringen, sich ausdehnen und die Haut zum Einreißen bringen. Es entsteht eine oft fünf- oder mehrzackige Platzwunde.

Oft ist die Einschußöffnung am sogenannten *Kontusionssaum* (auch: Kontusionsring oder Schürfsaum) zu erkennen.

Kontusionssaum

Beim Auftreffen des Geschosses auf die Haut wird diese trichterförmig eingedrückt und gedehnt, bis sie reißt. Um die Stelle, wo das Projektil die Haut durchdrungen hat, ist die Haut geschürft worden. Hierdurch entsteht später, wie bei allen Beschädigungen der Oberhaut, ein bräunlicher Vertrocknungssaum[6].

An der Einschußstelle findet sich auch ein *Schmutzsaum* (Schmutzring, Abstreifring), der dadurch entsteht, daß das in die Haut eindringende Projektil aus der Waffe aufgelagerte Öl- und Schmutzteilchen an der Haut um die Einschußöffnung abstreift.

Dieser Schmutzsaum ist aber häufig nicht ohne weiteres erkennbar, weil er vom Schürfsaum verdeckt wird.

Ist der Schuß aus nächster Nähe abgegeben, so finden sich um den Einschuß meist *Verbrennungen, Beschmauchungen, Pulvereinsprengungen.*

---

6 Prokop, O., Forensische Medizin, 2. Auflage 1966, S. 228.

Beim absoluten Nahschuß findet sich oft an der Einschußöffnung eine sogenannte *Stanzmarke*, die dadurch entsteht, daß die durch die Schmauchhöhle abgehobene Haut der Waffe entgegengeschleudert wird. Es kommt so zu einer Beschädigung der Oberhaut, die sich als bräunlicher Abdruck der Waffenmündung darstellt.

Schußhand- und Schußentfernungsfeststellung

Die Frage, ob eine *Tötung* oder ein *Selbstmord* vorliegt, ist in der Regel nur durch

- die Feststellung der *Schußhand* und/oder
- die Feststellung der *Schußentfernung*

zu beantworten.

Schußhandfeststellung

Die Schußhand kann durch die Sicherung an ihr vorhandener Schmauchspuren festgestellt werden.

Beachte:
Auch an der anderen Hand können Schmauchspuren vorhanden sein. Dort deshalb, weil Selbstmörder manchmal die Waffe zur besseren Fixierung nahe der Laufmündung umfaßt halten.

Schmauchspurensicherung

Schmauchspurensicherung an den Händen der Leiche und an den Händen eventuell beteiligter Personen erfolgt zweckmäßigerweise wie folgt:

- Vor der Probeentnahme eigene Hände gründlich waschen!
- Wattebausch (0,15 g) mit destilliertem Wasser (aqua dest.) leicht anfeuchten; nur *gelieferte Watte verwenden! Mit einem solchen feuchten Wattebausch folgende Stellen kräftig abreiben:*
- An der rechten Hand die zugekehrten Flächen von Zeigefinger und Daumen
- Die einander zugekehrten Flächen von Klein- und Ringfinger (als Blindprobe)
- und die gleichen Stellen an der linken Hand.
- Jeden Wattebausch in einem sauberen Plastikbeutel asservieren und beschriften.

- Falls keine gelieferte Watte vorhanden ist, zusätzlich einen weiteren angefeuchteten Wattebausch als Blindprobe mit zur Untersuchung einsenden.
  (In anderer Watte finden sich oft Spuren von Blei!)

In Nordrhein-Westfalen ist die Art der Schmauchspurensicherung durch Erlaß geregelt. Sie erfolgt durch Abkleben der oben bezeichneten Stellen der Hände mit Hilfe einer vom Landeskriminalamt gelieferten Spezialfolie und anschließendem Abreiben der gleichen Flächen mit angefeuchteten Wattestäbchen.

Merke: Schmauchspuren werden durch Wasser vernichtet! Daher vor der Schmauchspurensicherung alle möglicherweise beteiligten Personen hindern, sich die Hände zu waschen!

Beim Selbstmörder finden sich an der Schußhand oft feine Blutspritzer (fotografieren!).

Schußentfernungsfeststellung

Die *Schußentfernung* läßt sich vornehmlich aus dem Umfang der Beschmauchung um den Einschuß feststellen.

Durchschossene *Bekleidungsstücke* so asservieren, daß eventuelle Schmauchspuren um den Durchschuß nicht verwischt oder auf andere Bereiche des Kleidungsstückes übertragen werden können.

Wurde die *unbekleidete Haut* durchschossen, ist wie folgt zu verfahren:

- Die Haut um den Einschuß möglichst großflächig entnehmen lassen (etwa $10 \times 10\ cm^2$)
- Dicke der Haut so groß wie möglich (zur Feststellung einer eventuell vorhandenen Schmauchhöhle beim absoluten Nahschuß)
- Haut auf feste Pappe oder Kork auflegen und an den vier Ecken mit Stecknadeln fixieren und in sauberen Plastikbeutel verpacken.

Das Plastikmaterial soll die Hautoberfläche im Bereich des Einschusses möglichst nicht berühren, um die Verschleppung von Schmauchelementen in die Umgebung zu verhindern.

Merke: Liegt der Verdacht vor, daß eine Leiche eine Schußverletzung haben könnte, stets röntgen lassen. Projektile in der Leiche werden oft nur auf diese Weise gefunden.

Grundsätze für die Sicherung der Tatwaffe und der Tatmunitionsteile:

- Fundort der Waffe fotografisch und durch Vermessen sichern.
- Bevor die Waffe angefaßt wird, eventuell vorhandene Fingerspuren sichern.
- Zustand der Waffe feststellen und festhalten
  - geladen?
  - gesichert?
  - Patronen im Magazin?
- *Vorsicht*, an der Laufmündung und im Laufinneren können Blutspuren und Gewebeteile anhaften.
- *Nicht unnötig mit der Waffe hantieren.* Keinesfalls den Abzugmechanismus betätigen. Der Schlagbolzen und andere wichtige Waffenteile können beschädigt und verändert werden.
- *Keine* aufgefundenen Geschosse oder andere Gegenstände in den Lauf stecken.
- Waffe vor fremdem Zugriff sichern und sorgfältig asservieren.
- Den Tatort nach Munitionsteilen absuchen. Selbstladewaffen werfen, je nach Haltung der Waffe, abgeschossene Hülsen oft in verschiedene Richtungen aus.
- In Mauern, Holz oder anderen Materialien steckende Projektile *nicht* mit dem Taschenmesser, Schraubenzieher, Pinzette oder Zange entfernen. Hierdurch wird das Spurenbild am Projektil verändert! Je nach Lage des Geschosses das Material soweit abtragen, daß sich das Projektil von selbst löst und mit den Fingern entfernt werden kann.
- Tatmunitionsteile *nicht* in aufgefundene Waffen einpassen. Hierdurch werden vorhandene Spuren vernichtet.
- Ist zur Tatausführung *Schrotmunition* benutzt worden, so sind neben den Tathülsen auch noch Abdeckplättchen (Pappscheiben mit Zahlenangaben) und Filzpfropfen dieser Munitionsart zu suchen. Sie werden bis zu 20 m weit in Schußrichtung geschleudert.
- Tatmunitionsteile einzeln in saubere Papierbehälter einwickeln und erst dann in Plastikhülle asservieren. Keinesfalls lose in die Tasche oder in die Geldbörse stecken. Die Reibung untereinander oder mit anderen Gegenständen vernichtet die Spuren.

Merke: Individuelle Spuren auf Tatmunitionsteilen sind mikroskopisch klein. Sie werden durch unsachgemäße Behandlung leicht überlagert oder vernichtet.

5.2 Zur Phänomenologie des Todes durch Schuß – Problemfälle

Vorbemerkungen

Immer wirft die Tötung durch Schuß eine Vielzahl von Fragen auf, Fragen nach dem *Schützen*, der *Schußentfernung,* der zur Tat benutzten *Waffe*, ihrer *Funktionsfähigkeit.* Es sind Fragen, deren Beantwortung Sicherheit geben soll, um jene Zweifel zu beseitigen, die im Zusammenhang mit der Feststellung stehen, ob der *Tod selbst* oder durch *Dritte verursacht* worden ist.

Diese Sicherheit ist aber dann besonders schwer zu erlangen, wenn die Tötung in Gegenwart anderer erfolgt ist, wenn die Spuren scheinbar den Aussagen der Beteiligten widersprechen oder wenn sie gar durch den leichtfertigen Umgang mit dem Tatort vernichtet wurden.

Sind gar mehrere Schußverletzungen an der Leiche vorhanden, von denen eigentlich schon eine hätte tödlich gewesen sein müssen, oder werden Frauen erschossen aufgefunden, die ja, wäre die weitverbreitete Ansicht richtig, fast nie eine Schußwaffe benutzen, um ihr Leben zu beenden, oder kommen Jugendliche und Kinder durch Schuß zu Tode, werden die Zweifel besonders groß sein.

Fall 1:

Dubiose Todesermittlungssache: Fremdtötung durch Schuß?

Ort des Geschehens war eine Villa im Süden der Stadt. Nachts, gegen 02.15 Uhr, war die Besatzung eines Streifenwagens dorthin entsandt worden. Ein Unglücksfall sollte sich ereignet haben. Drei Personen trafen die Beamten an, ein älteres Ehepaar mit Schlagverletzungen im Gesicht, Alkoholgeruch war bei ihnen festzustellen. Weiterhin war eine Frau in mittleren Jahren im Wohnzimmer des luxuriös eingerichteten Hauses anwesend. Sie kniete vor einer Couch, auf der ein Mann mit blutverschmiertem Gesicht lag. Er habe sich erschossen, sagte die Frau und die Polizeibeamten rochen, daß auch sie Alkohol getrunken hatte. Sie sahen eine Pistole vor der Couch am Boden liegen.

Unsachgemäße Sicherung der Tatwaffe

Einer der Beamten hob sie auf und entlud sie. Dann steckte er die Waffe in seine Hosentasche. An Finger- und andere Spuren an der Pistole hatte er, wie er später zugab, in der Hektik des Geschehens nicht gedacht, zumal sie in diesem Moment bemerkt hatten, daß der Mann noch lebte. Auf dem Transport ins nächste Krankenhaus war der 39 Jahre alte Kaufmann Heinz B. aber dann gestorben, ohne das Bewußtsein noch einmal wiedererlangt zu haben. Er hätte, wie die späteren Untersuchungen ergaben, auch dann nicht gerettet werden können, wenn ärztliche Hilfe schneller zur Stelle gewesen wäre.

Beseitigung von Schmauchspuren an der Schußhand?

Das ältere Ehepaar, von dem die Schutzpolizeibeamten erfuhren, daß sie die Schwiegereltern des Erschossenen waren, bat, sich vor dem Verbringen zum Polizeipräsidium säubern zu dürfen. Es wurde ihnen erlaubt, ebenso wie der Frau, deren Hände blutverschmiert waren. Die Frage, ob einer von ihnen – und wer – Schmauchspuren an seinen Händen gehabt hatte, war danach nicht mehr zu beantworten. Bei den weiteren Ermittlungen ergaben sich aber sofort erhebliche Zweifel, ob sich B. selbst erschossen hatte. B., ein überaus erfolgreicher Kaufmann, hatte mit seiner Frau in Scheidung gelebt. Die Summe, die er ihr als monatliche Unterhaltszahlung geboten hatte, war ihr nicht ausreichend erschienen. An jenem dem Geschehen vorausgegangenen Abend war man, um dies zu regeln, noch einmal zusammengekommen. Die Eltern der Frau waren zu deren Unterstützung mitgekommen. Man hatte Alkohol getrunken. Die Auseinandersetzung war heftig geworden und schließlich in Tätlichkeiten ausgeartet. Auch die Frau wies Schlagverletzungen im Gesicht auf.

Schließlich, so erklärten die Drei, sei ein Taxi bestellt worden. Man ermittelte den Taxifahrer. Er war an der Villa B. gewesen, hatte geschellt und vergeblich gewartet. Dann war er weggefahren.

Ja, man habe das Schellen gehört und sei nach draußen gegangen. Vielleicht ein wenig langsam, alle hätten ja etwas unter Alkoholeinfluß gestanden. Den Taxifahrer habe man jedenfalls nicht mehr vorgefunden. Sie gaben an, vor dem Hause gestanden zu haben, sie, die Frau und deren Eltern, als im Hause ein Schuß gefallen sei. Auf der Couch, halb liegend, halb sitzend, habe man B. blutend und scheinbar tot aufgefunden.

Die Untersuchungen ergaben, daß B. völlig betrunken gewesen war, als er die tödliche Schußverletzung erhalten hatte. Die Tatsache, daß ein aufgesetzter Schuß vorlag, bedeutete in diesem Zusammenhang gar nichts, denn der Mann konnte durchaus volltrunken und schlafend auf der Couch gesessen haben und so erschossen worden sein.

Hinzu kam, daß der Einschuß auf der linken Kopfseite lag. Nun gibt es natürlich eine ganze Anzahl von Menschen, die die linke Hand beim Schießen benutzen, aber die der Rechtshänder überwiegt doch bei weitem. Und in diesem Falle war es so, daß man ihn auf der Couch ohnehin nur von links hätte erschießen können. Im Wege stehende Möbelstücke hätten ein Herantreten von rechts erheblich erschwert.

Ergebnis: Selbsttötung

Es blieb die Hoffnung, daß Schmauchspuren an den Händen des Toten gefunden wurden. Den Wissenschaftlern gelang dieser Nachweis. Dies und der Umstand, daß B. nachweislich Linkshänder gewesen war, gaben die Sicherheit, abschließend zu sagen: Selbstmord – kein Mord.

Fall 2:

Ausgangslage: Auffinden einer männlichen Leiche mit Schußverletzungen und eines Angeschossenen

An einem Donnerstag, in den späten Nachmittagsstunden, wurde die Polizei zu einem türkischen Reisebüro in der Innenstadt Düsseldorfs gerufen. Ein Mann war erschossen, ein anderer angeschossen und bereits in ein Krankenhaus transportiert worden. Seine Anhörung verzögerte sich der notwendigen ärztlichen Versorgung wegen.

Blieb zunächst der objektive Tatbefund, denn unmittelbare Zeugen des Geschehens standen nicht zur Verfügung. Der Tatort bot ein verwirrendes Bild. In einem 5-geschossigen, an einer Hauptstraße gelegenen Gebäude befanden sich im Erdgeschoß die Geschäftsräume und Büros des Reiseunternehmens. Sah man von dem dem Publikum zugänglichen Raum ab, wiesen alle Räume Spuren auf, die auf eine bewegte Schießerei hinzudeuten schienen. Einschüsse fanden sich in den Türen und Wänden der Büros, Blutspuren zogen sich durch die Räume, und in einem der Büros wurde eine männliche Leiche aufgefunden. Der Tote, ein 31 Jahre alter türkischer Staatsangehöriger, saß, vornübergesunken, an einem Schreibtisch. In seiner linken Hand hielt er einen Telefonhörer, die rechte umklammerte eine Pistole der Marke „Radom", Kaliber 9 mm. Die Waffe war gespannt und entsichert. Der Mann wies einen Kopfdurchschuß auf. Hatte er um Hilfe telefonieren wollen, als er erschossen worden war?

Spurenlage

Blutspuren, die nicht von dem Erschossenen herrühren konnten, begannen in der Nähe der Tür und zogen sich von dort aus in andere Räume. Auf einem Schränkchen, dicht bei der Tür, lag eine weitere Waffe, ein Revolver der Marke „Smith & Wesson", Kaliber 38 Spezial. Die Waffe war ungeladen. Es sah nicht so aus, als wäre kurz zuvor aus ihr geschossen worden.

Im Zimmer fand man eine Hülse des Kalibers 9 mm, aber trotz aller Nachsuche nicht das Projektil, das den Kopf des am Schreibtisch sitzenden Mannes durchschlagen hatte. Ein solches Projektil lag aber in einem anderen Raum, in den die an der Tür beginnende Blutspur führte. Die Beamten fragten sich, wie das alles zu interpretieren war.

Schußspurenlage

Die Spuren an der Leiche sprachen dann aber eine eindeutige Sprache. Der Mann mußte sich selbst erschossen haben. Da war nicht nur die typische, sternförmig aufgeplatzte Wunde des aufgesetzten Schusses mit massiven Schmauchauflagerungen. Da waren auch jene ganz charakteristischen feinen Blutspritzspuren an der Schußhand, und dies alles wurde noch untermauert durch Schmauchspuren, die der mit den Untersuchungen beauftragte Wissenschaftler später in den Abrieben jener Hand fand. Und bestätigt wurde dies auch durch die weiteren Ermittlungen, insbesondere durch die Aussagen des Verletzten, eines türkischen Kaufmannes. Die Waffen, beide, hatten diesem Kaufmann gehört. Waffennarren waren sie beide gewesen und so hatten sie mehrfach, insbesondere wenn sie betrunken gewesen waren, in den Büros geschossen, daher die Einschüsse in den Türen und Wänden. Der jetzt Tote hatte sich in letzter Zeit in einer mißlichen finanziellen Situation befunden, in die er sich durch unvorsichtige Geschäfte selbst hineinmanövriert hatte. Hinzu waren Spannungen in seiner Ehe gekommen.

Ergebnis: Selbsttötung

Zur Tatzeit hatte er am Schreibtisch sitzend mit seiner Frau telefoniert, sein Freund hatte den Raum verlassen wollen und sich in der Nähe der Tür befunden, als plötzlich ein Schuß gefallen war. Noch mit seiner Frau am Telefon verbunden, hatte sich der Mann erschossen.

Die Kugel hatte seinen Schädel durchschlagen, und es war dasselbe Projektil, das unmittelbar darauf den Arm seines Freundes verletzt hatte. In seiner Bekleidung hatte sich dann die Kugel verfangen gehabt und so hatte er sie blutend hinausgetragen in einen anderen Raum und dort verloren.

Fall 3:

Selbsttötung durch Abgabe von zwei Schüssen in die Stirn

Die Frau gab an, daß sie wegen der Trunksucht ihres Ehemannes wieder einmal eine lautstarke Auseinandersetzung mit ihm gehabt habe. Er sei unerträglich, wenn er getrunken habe, und an diesem Abend sei er wieder einmal völlig alkoholisiert gewesen. Sie habe ihn schließlich aus dem Zimmer gewiesen. Wütend sei er ins Schlafzimmer gegangen. Gleich darauf habe sie einen Schuß gehört. Sie habe ihren Mann leblos und am Kopf blutend aufgefunden. Bei ihm habe ein Gewehr gelegen.

Die Leiche des Arbeiters Kurt St. lag auf dem Fußboden des Schlafzimmers. Neben ihm lag ein KK-Gewehr der Marke „Voere", Kaliber 22. Die Waffe war entsichert. Im eingeführten Magazin befanden sich sechs Patronen, im Lauf eine Hülse. Der Einschuß lag mitten in der Stirn. Beim genauen Hinsehen entdeckte man noch eine zweite, etwa anderthalb Zentimeter darüberliegende Verletzung der Stirnhaut. Beide waren blutverschmiert und von daher nicht ganz sicher zu beurteilen, aber sie sahen sich doch zum Verwechseln ähnlich.

Konnte sich St. zweimal in die Stirn geschossen haben?

Er hatte immerhin einen Blutalkoholgehalt von 2,35 Promille gehabt, wie die späteren Untersuchungen ergaben.

Eine zweite Hülse wurde nicht gefunden, ebensowenig wie bei der Obduktion ein zweites Projektil. Es stellte sich heraus, daß nur die untere Verletzung eine Schußverletzung war. Sie war mit aufgesetzter Waffe beigebracht worden. Die obere Verletzung rührte von der scharfen Kante des Kornschutzes des Gewehres her. Bei der Schußabgabe hatte dieser Kornschutz die Haut der Stirn bis auf den Knochen durchschlagen (Abb. 23).

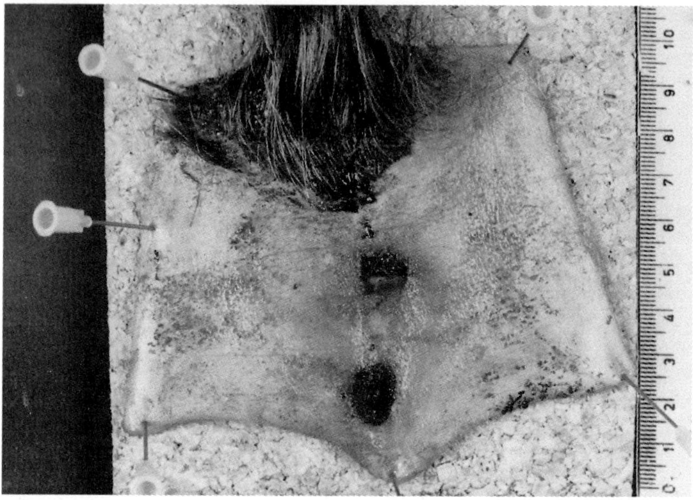

Abb. 23: Stirnhaut mit zwei Schußverletzungen, doch es war nur einmal geschossen worden

Obwohl der Schußhandnachweis negativ verlief, blieben nach Abschluß der Ermittlungen keine Zweifel, daß St. sich selbst erschossen hatte.

Fall 4:

Selbsttötung durch Schuß oder Tötung durch fremde Hand?

Es war mitten in der Nacht, um 01.15 Uhr, als die Polizei zu einer Wohnung in der Innenstadt von Düsseldorf gerufen wurde. Eine Frau sollte sich erschossen haben. Die Beamten trafen den Notarzt an, der gerade die 37 Jahre alte Ingrid K. ärztlich versorgte. Die Frau, so erklärte der Arzt, habe einen Kopfschuß, offenbar einen Steckschuß. Sie lebe noch, aber es stehe schlecht um sie. Frau K. wurde der Neurochirurgischen Klinik zugeführt. Ansprechbar war sie nicht. Ohne das Bewußtsein wiedererlangt zu haben, verstarb sie am nächsten Vormittag.

Der Wohnungsinhaber, der 67 Jahre alte Rentner Siegfried R., war zugegen gewesen, als der Schuß gefallen war. Er könne das alles nicht verstehen, erklärte er. Den ganzen Abend hätten sie zwar gestritten, aber nur Kleinigkeiten wegen, kein Grund sich umzubringen. R. stand deutlich unter Alkoholeinfluß. Er erklärte, man habe getrunken, Frau K., die seit einiger Zeit bei ihm wohne, sei Alkoholikerin. Sein Blutalkoholgehalt betrug 1,45 Promille.

Plötzlich und für ihn völlig unerwartet, habe sich Frau K. einen Revolver an die Schläfe gehalten. Zu dieser Zeit habe er unmittelbar neben ihr auf der Couch gesessen. Er habe ihr den Revolver sofort wegreißen wollen, aber da sei schon der Schuß gefallen.

R. wies auf einen auf der Couch liegenden Kleinkaliberrevolver der Marke „Weihrauch HW 3" und erklärte, das sei die Tatwaffe. Den Revolver, der sein Eigentum sei, habe er immer im Schlafzimmer aufbewahrt gehabt. Frau K. müsse ihn geholt haben, ohne daß er dies bemerkt habe. Sie sei ohnehin den ganzen Abend unruhig in der Wohnung umhergelaufen.

Die Hände wurden abgerieben, um Schmauchspuren zu sichern, und zwar sowohl die der Verletzten als auch die von R. Erste Ermittlungen ergaben, daß das Zusammenleben der beiden in letzter Zeit keineswegs mehr harmonisch gewesen war. Frau K. hatte sich offenbar von R. trennen wollen, was diesem sichtlich nicht behagt hatte.

Hatte sich die Frau wirklich selbst erschossen – eine Frau, der der Umgang mit Waffen nicht vertraut gewesen war?

Steht nicht in allen Lehrbüchern, daß Frauen nur in den seltensten Fällen eine Schußwaffe benutzen, wenn sie die Absicht haben, sich selbst zu töten?

Schmauchspuren an der Hand des Verdächtigen

Das Ergebnis der Schmauchspurenuntersuchungen paßte genau in diese Überlegungen. Die Abriebe von den Händen der Frau zeigten keinerlei Beschmauchungen. R. dagegen hatte massive Schmauchauflagerungen an seiner rechten Hand gehabt. Er hatte also geschossen. R. wurde festgenommen.

Vernommen, bestritt er die ihm zur Last gelegte Tat. Er habe zwar unmittelbar neben ihr gesessen, aber sie habe die Waffe in ihrer rechten Hand gehalten und auch selbst geschossen. Den Widerspruch zwischen seinen Aussagen und den festgestellten Spuren vermochte er auch nicht zu erklären.

Das Geschehen wurde nach Angaben des Verdächtigen rekonstruiert. Die Frau, die das Opfer darstellte, führte die Waffe, wie er es ausgesagt hatte, zum Kopf (Abb. 24). R., neben ihr sitzend, griff zu. Als die Frau abdrückte, lag R.'s Hand genau über der Trommel (Abb. 25). Waren so die Schmauchspuren an seine rechte Hand gekommen? Aber hätten sich nicht auch an der Schußhand der Frau Beschmauchungen finden müssen?

Rekonstruktion der Schußabgabe

Der Revolver wurde beschossen. Einer legte die rechte Hand lose von oben über die Trommel, so, wie es nach R.'s Erinnerung gewesen sein konnte. Die Untersuchungen ergaben, daß die über der Trommel liegende Hand alle Beschmauchungen aufgefangen hatte. An der Schußhand fand sich nichts. Ein mit der Überprüfung der Untersuchungsergebnisse betrauter Sachverständiger bestätigte die Feststellungen.

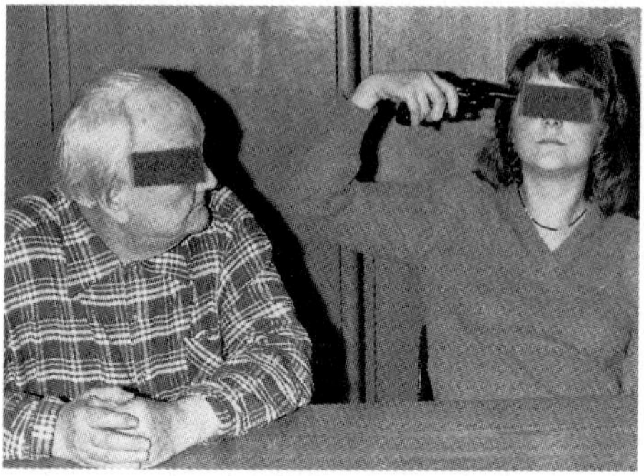

Abb. 24: Rekonstruktion der Tat. Die Lage der Schmauchspuren schien der behaupteten Selbsttötung zu widersprechen

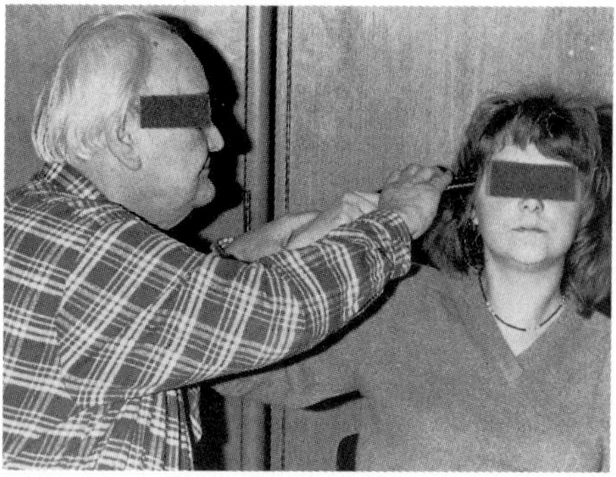

Abb. 25: Die über der Trommel des Revolvers liegende Hand hatte alle Schmauchspuren aufgefangen

Fall 5:

Selbsttötung durch Schuß nach Abgabe von Probeschüssen

Es war gegen 17.15 Uhr gewesen, als der Bankkaufmannslehrling Kurt N. seine Mutter Gertrud N. schwerverletzt in ihrem Schlafzimmer gefunden hatte. Ihr Kopf war blutverschmiert. Auf dem Bett sah Kurt N. eine ihm gehörende Pistole des Kalibers 45 liegen. N. rief den Hausarzt herbei, der die sofortige Überführung der Frau in ein nahe gelegenes Krankenhaus veranlaßte. Dort stellte man fest, daß der Vorderschädel der 58jährigen durchschossen war.

Frau N. wurde weiter in die Neurochirurgische Klinik der Universität geleitet. Von dort aus erhielt die Kriminalpolizei Kenntnis von dem Geschehen. Der Klinikchef teilte mit, daß er am Schädel der Frau, neben einem Durchschuß, auf Beilhiebe verdächtige Verletzungen festgestellt habe. Er bat um die sofortige Besichtigung dieser Verletzungen durch einen erfahrenen Kriminalbeamten.

Schußspurenlage

Bei dem Eintreffen der Kriminalbeamten in der Klinik lag Frau N. bereits im Operationssaal. Der Schädel war glatt rasiert und, ebenso wie das Gesicht, von Blut gesäubert. Im rechten Schläfenbein war eine gut pfennigstückgroße runde Einschußverletzung mit feingezackten, dunkelrot-braunverfärbten Rändern vorhanden. Unterhalb der Einschußverletzung konnte man deutlich Pulverschmauchauflagerungen feststellen.

Über dem linken Stirnhöcker war eine etwa zweipfennigstückgroße, unregelmäßig begrenzte Öffnung mit zackigen, zerfetzten Rändern im Schädelbereich und in der Kopfschwarte vorhanden. Aus dieser Öffnung traten Knochensplitter heraus. Von dieser Verletzung ausgehend, wies die Kopfschwarte eine 6 Zentimeter lange, klaffende Wunde in Form eines spitzwinkligen Dreiecks auf. Etwa fünf Zentimeter von der Öffnung über dem linken Stirnhöcker entfernt war in der linken Schädelseite, im Bereich des Scheitelbeines, eine weitere gut zweipfennigstückgroße Verletzung im Schädeldach und in der Kopfschwarte sichtbar. Dieses Loch wies ebenfalls zerfetzte Ränder, herausragende Knochensplitter und ausgetretene Hirnmasse auf. Von der Öffnung aus verlief eine fast gleichartige und gleichgroße Verletzung der Kopfschwarte zur rechten Schädelseite hin. Zwischen den beschriebenen Verletzungen und auch im Stirnbereich war das Schädeldach unregelmäßig zerklüftet, wie bei unregelmäßiger Zertrümmerung der Schädelknochen.

Die Art der Verletzungen schloß die Einwirkung scharfer oder stumpfer Gewalt auf den Schädel aus. Sie waren allein Auswirkungen des absoluten Nahschusses mit der großkalibrigen Waffe.

Vier Tage später verstarb die Frau an den Folgen dieser schweren Schädel-Hirnzertrümmerungen.

Es waren inzwischen im Tatzimmer drei weitere Einschüsse und in einem im Keller der Villa gelegenen Wohnraum ein vierter gefunden worden. Alle Schüsse waren aus der Waffe abgegeben worden, die neben der Verletzten gefunden worden war.

Ergebnis der Ermittlungen

Die Nachforschungen ergaben, daß der Ehemann des Opfers, ein wohlhabender Bankkaufmann, zwei Jahre zuvor gestorben war. Frau N. hatte den Tod ihres Mannes nie überwunden. Sie hatte sich ganz zurückgezogen. Wiederholt hatte sie Selbstmordabsichten geäußert. Ihre beiden Söhne hatten es nicht vermocht, sie aus ihren Depressionen zu lösen. Ein Jahr vor dem jetzigen Geschehen war sie zweimal mit Vergiftungserscheinungen aufgefunden worden. Sie hatte versucht, durch Überdosierung von Schlafmitteln aus dem Leben zu scheiden.

Wenige Wochen bevor sie mit der schweren Schußverletzung aufgefunden wurde, hatte Frau N. ihrem Hausarzt eine Pistole gezeigt und erklärt, sie habe nun ein sicheres Mittel, um Selbstmord zu begehen. Im Umgang mit Waffen sei sie geübt. Der Arzt hatte ihr die Pistole abgenommen und sie einem der Söhne, einem Waffensammler, übergeben.

Einige Tage später war die Frau erneut bei ihrem Hausarzt erschienen. Sie war in Begleitung ihres Fensterputzers gewesen. Beide hatten dem Arzt eine Tasche mit sieben Pistolen gezeigt, und Frau N. hatte erklärt, daß sie die Waffenkassette ihres Sohnes von dem Mann habe aufbrechen lassen. Sie werde die Pistolen, die sie unbedingt aus dem Hause haben wolle, dem Fensterputzer in Verwahrung geben.

Am Tage vor der Tat hatte der Mann ein von Frau N. abgesandtes Telegramm mit folgendem Inhalt erhalten: „Erwarte morgen Ihren Besuch mit Tasche." Am Vormittag des Tattages hatte er die Tasche mit den Waffen an Frau N. übergeben.

Es fanden sich Zeugen, die gegen 14.00 Uhr drei oder vier Schüsse vom Grundstück N. her gehört, dem jedoch keine Bedeutung beigemessen hatten. Wahrscheinlich war dies die Tatzeit gewesen, denn als der Hausarzt die Verletzte um 17.25 Uhr gesehen hatte, war das Blut der Abrinnspuren an ihrem Gesicht schon fest angetrocknet gewesen.

Es blieb kein Zweifel, die Frau hatte sich selbst erschossen, nachdem sie zuvor mehrere Probeschüsse abgegeben hatte.

Fall 6:

Auffinden eines augenscheinlich unverletzten Toten

In einer kleinen Schlosserei auf dem Gelände einer Baufirma stellte der Notarzt den Tod des 38 Jahre alt gewordenen Bauschlossers Kurt Sch. fest. Sch. war kurz zuvor von anderen Bauarbeitern in seiner Werkstatt, in einem Sessel sitzend, leblos aufgefunden worden.

Tod durch innere Verletzungen?

Von den zum Tatort entsandten Beamten der Schutzpolizei hörte der Arzt, daß man schon am Vortage nach Sch. gesucht habe. Sch. habe nämlich einen Verkehrsunfall verursacht gehabt und sei danach geflohen. Der Arzt, der an der Leiche keinerlei Verletzungen gefunden hatte, erklärte den Beamten, daß Sch. vermutlich bei dem Verkehrsunfall innere Verletzungen erlitten habe, an deren Folgen er nun verstorben sei. Die Kriminalpolizei wurde gerufen. Der Tote saß mit weit in den Nacken zurückgesunkenem Kopf in dem bereits erwähnten Sessel. Bekleidet war er mit Arbeitskleidung, Hose, Schuhen, Arbeitshemd und grobmaschigem dunkelgrauem Pullover. Auf

Anhieb waren keine Auffälligkeiten zu erkennen, und die Sache wurde erst dann brisant, als die Leiche entkleidet worden war. Unmittelbar unterhalb der linken Brustwarze und vier Zentimeter von der Körperlängsachse entfernt, war ein sechs Millimeter langes und zwei Millimeter breites Loch vorhanden, um das die Haut in einer Breite bis zu fünf Millimeter dunkel verfärbt war. Als man den Toten herumdrehte, sahen die Beamten im Rükken eine weitere, etwa drei mal drei Millimeter große Öffnung. Weder vorn noch hinten war Blut ausgetreten. Es sah aus wie ein Körperdurchschuß, eine Schußverletzung, verursacht von einer kleinkalibrigen Waffe.

Die Bekleidung wurde durchsucht und tatsächlich, bei genauem Hinsehen, fand man auf dem dunkelgrauen Pullover einen im Durchmesser etwa neun Zentimeter dunkel verfärbten Kreis und in dessen Mitte ein ca. sechs Millimeter großes Loch. Um das Loch war ein weiterer, kreisrunder Eindruck zu erkennen, der sich farblich nicht vom Pullover abhob. Im Rückenbereich war in dem groben Gewebe keine Beschädigung zu finden. In den beiden Hemden fanden die Kriminalbeamten aber entsprechende Beschädigungen, und zwar sowohl vorn, als auch hinten. Die Löcher im Unterhemd waren geringfügig mit Blut behaftet.

Der Sessel, in dem der Tote gesessen hatte, wurde untersucht. In der Rükkenlehne, innen und außen, waren die gleichen Beschädigungen. Offensichtlich hatte der Mann eine tödliche Schußverletzung davongetragen – nur eine Schußwaffe war nicht zu finden. Lag ein Tötungsdelikt vor?

Etwa einen Meter von dem Sessel entfernt stand auf einer Werkbank eine Blechschachtel. In dieser lag ein Bolzensetzgerät. Im Patronenlager steckte eine verfeuerte Hülse. Hatte sich Sch. damit erschossen? Man suchte nach dem verschossenen Bolzen. Trotz aller Mühe wurde er nicht gefunden.

Wenn sich Sch. mit diesem Gerät die tödlichen Verletzungen beigebracht hatte, war er dann noch in der Lage gewesen, den Bolzensetzapparat zu der Werkbank zu bringen und dort in einer Schachtel abzulegen? Auffinder, Notarzt und Schutzpolizeibeamte sagten aus, das Gerät weder gesehen noch in der Hand gehabt zu haben.

Das Geschoß hatte, wie die Obduktion ergab, auf dem Wege durch den Körper den Herzbeutel durchschlagen und das Herz im Bereich der linken Kammer gestreift. Es war durch die große Körperschlagader gedrungen, hatte die Lunge an mehreren Stellen gestreift und dann den Körper links vom 6. Brustwirbel verlassen. Sch. war in die Brusthöhle verblutet.

Selbsttötung unter Verwendung eines Bolzenschußgerätes

Auf Fragen erklärten die Ärzte, daß ein Bolzen aus einem Bolzensetzgerät geeignet sei, die festgestellten Verletzungen zu verursachen. Das Verbluten habe eine Zeitlang gedauert, so daß Sch. durchaus noch in der Lage gewesen sein könne, das Gerät einen Meter entfernt abzulegen.

Die Bekleidung wurde kriminaltechnisch untersucht. Die damit beauftragten Wissenschaftler wiesen nach, daß es sich bei der kreisförmigen Anhaftung vorn auf dem Pullover um Pulverschmauch handelte. Der Durchmesser des Schmauchringes betrug etwa neun Zentimeter, und sie fanden heraus, daß er identisch war mit der runden Kante der Aufsetzplatte des Bolzensetzgerätes, in deren Zentrum sich die Mündung der Schußvorrichtung befand.

Vergleichsschüsse ergaben, daß das Gerät nur mit aufgesetzter Mündung ausgelöst werden konnte, und es entstanden bei den vergleichenden Untersuchungen gleichartige Schmauchbilder mit gleichen Schmauchbestandteilen.

Sch. hatte sich selbst getötet. Er hatte gewußt, daß er gesucht wurde, weil er unter Alkoholeinfluß stehend einen Verkehrsunfall verursacht hatte und danach geflohen war. Es war ihm klar gewesen, daß er damit auch eine Freiheitsstrafe würde verbüßen müssen, die nach einer Verurteilung wegen eines nahezu gleichartigen Deliktes zur Bewährung ausgesetzt worden war.

Fall 7:

Eine ungewöhnliche Selbsttötung durch Selbstbeibringung von drei Schußverletzungen mit einem großkalibrigen Revolver

Von besorgten Freunden gebeten, hatte der Hausmeister die Wohnung des 39 Jahre alten Dieter B. geöffnet. Die Wohnung war verschlossen gewesen. Im Schloß hatte kein Schlüssel gesteckt. Quer über einem französischen Bett liegend hatten sie die Leiche des Wohnungsinhabers gefunden. Auf seiner Brust war Blut zu sehen gewesen.

Nahe der rechten Hand des Toten wurde ein Revolver der Marke „Smith & Wesson", Kaliber 38 Spezial gefunden. In der Trommel der Waffe befanden sich drei Patronenhülsen. An der linken Brustseite waren drei untereinanderliegende typische Einschußöffnungen zu sehen (Abb. 26). In der Umgebung der Verletzung war die Haut von Pulverschmauch verschmutzt. Am Rücken, und zwar über der Mitte der Lendenwirbelsäule, war eine von einem Hautabschürfungssaum umgebene Verletzung vorhanden. Sie schien für eine Ausschußöffnung untypisch.

Frage: Mord oder Selbstmord?

War der Mann in der Lage gewesen, sich mit einer derart großkalibrigen Waffe dreimal in die linke Brustseite zu schießen?

Er sei depressiv gewesen, versicherten seine Freunde, nachdem ihn seine Firma nach jahrzehntelanger Tätigkeit entlassen hatte. Um die Existenz der Waffe habe man gewußt. Sie sei sein Eigentum gewesen. Es meldete sich eine Frau, die noch in der Tatnacht mit ihm telefoniert hatte. Während des Telefonats hatte es an seiner Wohnungstür geschellt. Eine Frauenstimme war zu hören gewesen. Und dann wurde auch das Fehlen seines Schlüsselbundes festgestellt. Es war zwar ein einzelner, auf die Wohnungstür passender Schlüssel vorhanden, aber alle waren sich einig, er hatte einen Schlüsselbund besessen.

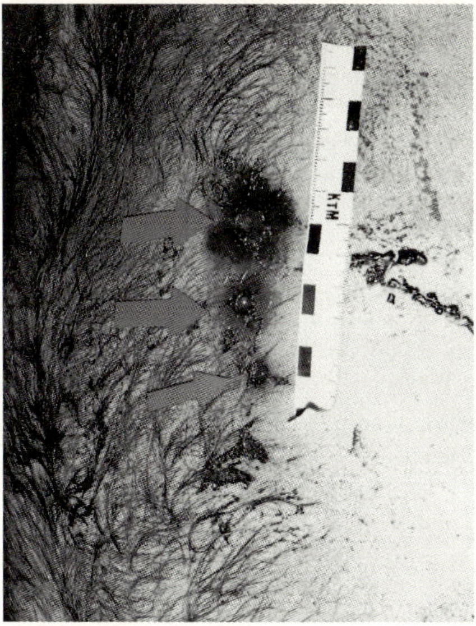

Abb. 26: Drei untereinander liegende Einschüsse im Bereich der linken Brust. Tatwaffe war ein Revolver, Kaliber 38. Lag eine Selbsttötung vor?

Die Frau, die in der Wohnung gewesen war, wurde ermittelt. Mit anderen hatte sie bei ihm Sylvester gefeiert und des genossenen Alkohols wegen war sie zu Fuß nach Hause gegangen. Sie hatte den Wagenschlüssel bei ihm geholt, mitten in der Nacht. Er hatte ihr seinen Schlüsselbund mitgegeben, der regelmäßig verschlossenen Haustür wegen. Unten hatte sie die Schlüssel in den Briefkasten geworfen, wo sie auch noch lagen.

Atypische Schußverletzung

Auch den obduzierenden Ärzten fiel die atypische Schußverletzung am Rücken auf. Sie erklärten sie damit, daß der Körper zum Zeitpunkt des Schusses auf einer festen Fläche aufgelegen haben müssen. Zwei Projektile waren oberhalb des linken Rippenbogens in die Bauchhöhle eingedrungen. Von diesen Geschossen war die vordere und die hintere Wandung des Magens durchbohrt worden. Ein Projektil hatte die Hauptkörperschlagader zerfetzt. Beide waren unter der Haut des Rückens steckengeblieben. Das dritte Geschoß war dicht unterhalb des linken Rippenbogens in die Bauchhöhle eingedrungen. Es hatte den Körper in Höhe des dritten Lendenwirbels verlassen.

Der Mann war durch inneres Verbluten als Folge der Verletzung der Hauptkörperschlagader gestorben.

Die Ärzte erklärten, daß es durchaus möglich sei, daß sich der Mann die Schußverletzungen selbst beigebracht habe.

Sie wurden durch den Schußsachverständigen bestätigt, der feststellte, daß es sich bei der oberen Schußöffnung um einen Schuß mit fest aufgesetzter Waffenmündung, bei der mittleren um einen Schuß mit lose aufgesetzter Mündung und bei der unteren Verletzung um einen relativen Nahschuß gehandelt hatte.

Bei den Untersuchungen der Watteabriebe der Hände hatte er in den zwei Proben der linken Hand Antimon und Bleispuren nachgewiesen, was, wie er sagte, durch das umgekehrte Halten der Waffe mit beiden Händen zu erklären sei.

Es liege, so versicherte der Sachverständige, aufgrund der Schußentfernung und der massiven Beschmauchung an der linken Hand eine Selbsttötung vor – obwohl die Abgabe von drei Schüssen in die Herzgegend selten sei.

Fall 8:

Selbsttötung einer 16jährigen durch Schuß

Ein Spaziergänger hatte – nachdem er zuvor ein leises knallendes Geräusch wahrgenommen hatte – vor einer Bank ein auf dem Rasen liegendes junges Mädchen gefunden. Gegen die Bank gelehnt stand ein Damenfahrrad.

Am Kopf des Mädchens war Blut zu sehen gewesen. Sie hatte noch geatmet. Als er sie in die Seitenlage gebracht hatte, war ihrer rechten Hand eine kleine Pistole entfallen.

Die Tatwaffe

Neben Blutspuren fanden die Kriminalbeamten auf der Bank, vor der das Mädchen gelegen hatte, einen Karton für eine Pistole der Marke „Walther, Modell TPH", Kaliber 6.35, mit einem mit fünf Patronen gefüllten Magazin. Ferner eine Schachtel mit 50 Patronen des Kalibers 9 mm Parabellum. Auf dem Rasen vor der Bank lag die Betriebsanleitung der Walther-Pistole, die Waffe fand sich dicht daneben. Sie war geladen und entsichert, drei Patronen enthielt das Magazin. Nach einigem Suchen entdeckten die Beamten 2,60 m vom rechten vorderen Bein der Parkbank entfernt im Gras eine Hülse des Kalibers 6.35. Ein Projektil wurde nicht gefunden.

Im Krankenhaus trafen die Beamten auf die Eltern. Im Mantel des Mädchens hatte man ihren Ausweis gefunden und die Eltern verständigt. Die Ärzte erklärten, es liege ein Kopfdurchschuß vor. Das Mädchen sei bereits bei der Einlieferung klinisch tot gewesen. Die Hände habe man, der Schmauchspuren wegen, vorsorglich mit Plastiktüten gesichert.

Das Mädchen, die Gymnasiastin Susanne A., war erst 16 Jahre alt. Die Eltern waren fassungslos. Eine Selbsttötung dieses jungen, in besten familiären Verhältnissen aufgewachsenen jungen Menschen erschien unvorstellbar, außerhalb jeglicher Realität. Mit zwei Geschwistern war Susanne aufgewachsen. Mit der 13jährigen Schwester hatte sie sich ein Zimmer geteilt. Natürlich hatte es hin und wieder kleinere Schwierigkeiten mit dem Mädchen gegeben, Spannungen, deren Ursachen sicherlich in der mit diesem Alter nun einmal verbundenen Labilität zu suchen gewesen waren. Wirkliche Probleme, auch in der Schule, habe es nicht gegeben. Noch am Tage vor ihrem Tode hatte sie das große Latinum erreicht – und sie hatte sich sichtlich darüber gefreut.

Die Waffe gehörte dem Vater. Immer habe er sie, neben anderen Pistolen und Gewehren, in einem Waffenschrank verschlossen gehalten, Waffen und Munition getrennt. Niemand außer ihm habe das Versteck des Schlüssels zu diesem Schrank gekannt. Susanne sei nicht mit den Waffen vertraut gewesen. Nie habe sie eine Pistole in der Hand gehalten.

Und doch hatte sich die 16jährige selbst erschossen. Es fanden sich Zeugen, die sie unmittelbar vor dem Schuß allein auf der Bank sitzend gesehen hatten. Niemand war in ihrer Nähe gewesen.

Die Obduktion ergab einen Einschuß im rechten Schläfenbereich. Der Ausschuß lag am linken Scheitelbein.

Fehlende Schmauchspuren an der Schußhand

Der Schußsachverständige wies nach, daß es sich um einen Schuß mit fest aufgesetzter Waffenmündung gehandelt hatte. Trotz der Spurensicherung durch die erfahrenen Ärzte gelang es nicht, an den Watteabrieben der beiden Hände Schmauchspuren zu finden, was darauf zurückzuführen war, daß die kleinkalibrige Pistole bei einmaliger Schußabgabe nur sehr geringe Schmauchspuren an der Schußhand erzeugte.

Eine Selbstbeibringung des Schusses, so erklärte der Sachverständige, sei trotz des negativen Befundes an der Schußhand wahrscheinlich.

Aber weshalb hatte sie es getan? Ihre ebenfalls 16 Jahre alte Freundin sagte dazu aus. Seit Monaten hatten sie über den Sinn des Lebens diskutiert, darüber, ob es möglich sei, Glück und Zufriedenheit in einer Welt zu erreichen, in der sich die Menschen im Grunde mehr und mehr gleichgültig gegenüberstünden. Susanne hatte Zweifel gehegt. Beide hatten an Selbstmord gedacht. Sie hatten darüber gesprochen, gemeinsam aus dem Leben zu scheiden, ein Leben, das ihnen sinnlos und ohne Hoffnung erschienen war. Am Tattage hatte es so nur noch eines kleinen Anstoßes bedurft, eines Verweises durch die Mutter in einer belanglosen Angelegenheit. Susanne war ins Wohnzimmer gegangen, wo der Waffenschrank stand. Dann war sie auf ihr Fahrrad gestiegen und war davongefahren.

Fall 9:

Selbsttötung eines 18jährigen mit einer Perkussionspistole

Die Mutter, geschieden und von der Sozialhilfe lebend, hatte neben dem 18jährigen Andreas noch drei weitere Kinder zu versorgen. Andreas, scheu und kontaktarm, war Auszubildender. Er lernte den Beruf des Bauzeichners. Man war mit dem stillen Jungen zufrieden gewesen, der sich als äußerst geschickt im Erstellen von Modellen und Zeichnungen erwiesen hatte. Basteln war ihm über alles gegangen, dafür hatte er sein Geld ausgegeben, zuviel, wie die Mutter in Anbetracht ihrer angespannten finanziellen Situation gemeint hatte. Immer wieder war es deshalb zu Auseinandersetzungen gekommen. Schließlich hatte sie den Jungen bei einem solchen Streit aus der Wohnung gewiesen. Oben, im Mansardenzimmer, könne er wohnen und für sich selbst sorgen, hatte sie ihm gesagt und war dabei überzeugt gewesen, daß er schnell und reumütig zu ihr zurückkehren werde. Aber er war nicht gekommen. So war sie es schließlich gewesen, die nach oben zu ihm zu seiner Mansarde gestiegen war. Doch er hatte nicht geöffnet. Schließlich hatte sie sich Sorgen gemacht, und als ihr auf Anfrage gesagt worden war, daß Andreas auch nicht zur Arbeit gekommen war, hatte sie den Schlüsseldienst gerufen.

Der Zimmerschlüssel hatte von innen auf der Tür gesteckt. Der Mann hatte ihn herausstoßen können. Mit einem Zweitschlüssel hatten sie aufgeschlossen. Die Tür war verschlossen gewesen.

Mitten im Zimmer auf dem Fußboden liegend hatten sie Andreas gefunden. Er war tot. An seinem Hemd hatten sie Blut und zu seinen Füßen eine alte Pistole gefunden. Daraufhin war die Polizei gerufen worden.

Der Junge lag auf dem Rücken. Etwa am unteren Ende des Brustbeines wies sein Hemd ein fast kreisrundes Loch auf (Abb. 27). Sonst schien der Tote unverletzt. Als man ihn herumdrehte, sahen die Beamten an seinem Rücken, am unteren inneren Rand des linken Schulterblattes, ein fetziges, etwa 2 cm großes Loch. Inmitten einer Blutlache lag hier ein stark deformiertes Projektil. Bei der in Höhe der Füße liegenden Waffe handelte es sich um eine Perkussionspistole der Marke „Kentuckian", Kaliber 44, eine in Italien hergestellte Nachbildung einer Faustfeuerwaffe (Abb. 28).

Die Mutter hatte die Pistole nie bei ihrem Sohn gesehen.

Bei der weiteren Nachsuche wurden in einer Streichholzschachtel drei selbstgebastelte Patronen gefunden, die der Junge wie folgt hergestellt hatte (Abb. 29):

Etwa sechs Zentimeter lange Streifen normalen Schreibpapiers hatte er zusammengerollt und an einem Ende verdreht. Danach hatte er die so entstandenen Hülsen mit aus Zündholzköpfen gewonnenem Pulver gefüllt. Mit einem kleinen Filzstück war dann die Hülse nach oben hin verschlossen worden. Darauf hatte er unebene, offenbar selbst gegossene, etwa 12 mm im Durchmesser große Bleiprojektile gesetzt (Abb. 30). Mit Hilfe von Zünd-

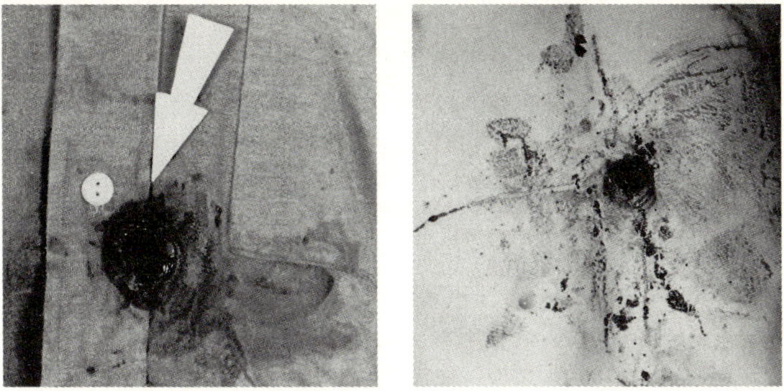

Abb. 27: Links, der Einschuß; rechts, die großkalibrige Einschußverletzung in der Brust

Abb. 28: Tatwaffe, Selbsttötung mit einer Perkussionspistole, Kaliber 44

hütchen, wie sie im Handel für Spielzeugrevolver erhältlich sind, hatte er die Patrone gezündet, deren Geschoß seine Brust durchschlagen hatte. Die Explosionskraft war so groß gewesen, daß der hölzerne Schaft der Waffe mehrfach gerissen war.

Die Schmauchhöhle an der Einschußöffnung bewies, daß es sich um einen aufgesetzten Schuß gehandelt hatte. Das Projektil hatte den linken Lungenunterlappen und das Herz vollkommen zerfetzt und außerdem die Brustschlagader durchtrennt, bevor es am Rücken aus dem Körper ausgetreten war. Andreas war durch Verbluten nach innen und außen verstorben. Er hatte sich selbst getötet.

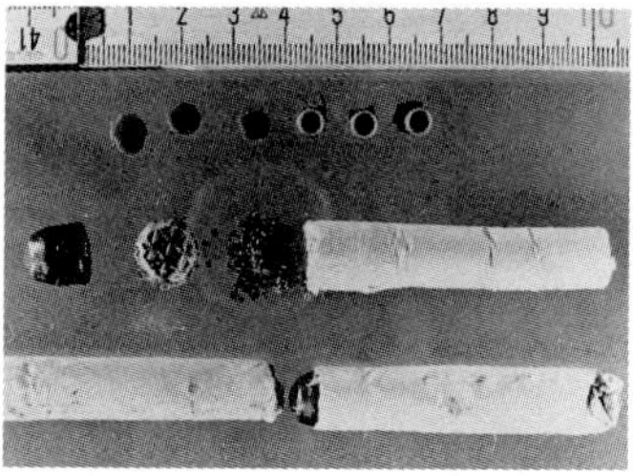

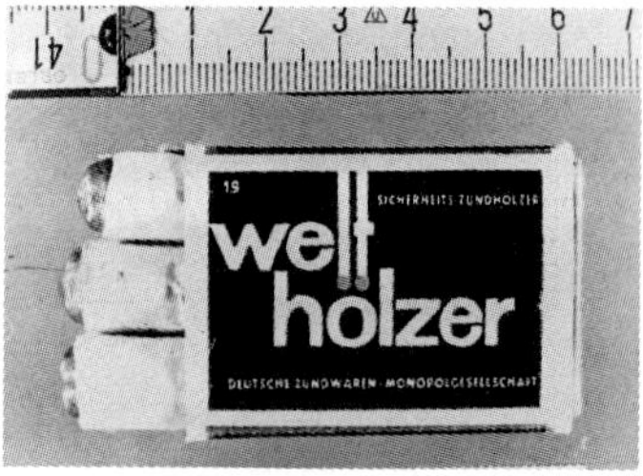

Abb. 29: Die zur Perkussionswaffe selbst hergestellten Patronen

Abb. 30: Patronen aus Schreibpapier, Pulver aus Zündholzköpfen und selbst gegossene Projektile

6. Tod durch Ertrinken

6.1 Kriminalistische Probleme beim Tod durch Ertrinken

Mögliche Todesursachen

Wird eine menschliche Leiche im Wasser oder anderer Flüssigkeit gefunden, so bedeutet dies keineswegs, daß ein Ertrinkungstod vorliegen muß.

Der Mensch kann gestorben sein durch

- Ertrinken.
- Es kann ein Badetod vorliegen.
  Der Betroffene geht in diesen Fällen meist unmittelbar nach Hineingehen oder Hineinspringen oder nach kurzer Schwimmstrecke unter.
- Oft liegt ein plötzlicher Reflextod als Todesursache vor.
- Es kann zu einem plötzlichen natürlichen Tod gekommen sein, d. h. die Person befand sich rein zufällig im Wasser, als es zu einem Herzinfarkt, zu einer Hirnblutung oder einer Embolie kam.
- Es kann ein Ertränken durch fremde Hand vorliegen.
- Der Mensch kann auf andere Weise getötet und dann in das Wasser geworfen worden sein[7].

7 Blaha, R., Krause, D., Leichenschau und Fundortbesichtigung bei nichtnatürlichen Todesfällen, 1976, S. 46 f.

Beachte:
Betrunkene oder Bewußtlose können in flachen Pfützen oder in ähnlichen Wasseransammlungen ertrinken.

Deshalb:

- Wasserleichen in Zweifelsfällen stets obduzieren lassen!
- Blutalkoholgehalt bestimmen lassen!

Verletzungen an Wasserleichen

Wasserleichen treiben in der Regel in Bauchlage mit tiefhängendem Kopf und Gliedmaßen. Hierdurch bedingt kommt es sehr oft zu Abschleifungen im *Stirnbereich* sowie an den *Handrücken*, den *Knien* und den *Fußspitzen* (oder Schuhspitzen).

Verletzungen an Wasserleichen können entstanden sein

- durch Kopfsprünge in seichte oder unbekannte Gewässer,
- durch Sprünge aus großer Höhe, von Brücken, Kaimauern pp.,
- durch Auf- oder Anschlagen gegen Kaimauern, Brückenpfeiler, Steine,
- durch Berührung mit Eisschollen und Schiffskörpern,
- beim Bergen,
- durch Schiffsschrauben,
- durch Tierfraß.

Diese Verletzungen, insbesondere Verletzungen durch Schiffsschrauben, sind oft *schwer zu beurteilen*. Es wird in diesen Fällen manchmal eine postmortale Zerstückelung durch menschliche Hand vorgetäuscht.

Daher in Zweifelsfällen Wasserleichen immer obduzieren lassen!

Beachte:

- Locker sitzende Oberbekleidung, wie Mäntel, Jacken, Blusen oder Röcke, auch leichtes Schuhwerk, können beim Treiben der Leiche verlorengehen.
- Nach Bergung der Wasserleiche tritt sehr schnell fortschreitende Fäulnis ein.

Daher:
Sofort fotografieren, Identifizierungsmaßnahmen ohne Verzögerung einleiten!

Die Bestimmung der *Liegezeit* im Wasser ist sehr schwierig. Um einigermaßen gültige Aussagen eines Rechtsmediziners hierzu zu erhalten, muß folgendes geschehen:

- Eine exakte, alles berücksichtigende Leichenbeschreibung unmittelbar nach der Bergung (auch die Waschhautbildung genau beschreiben) sowie
- die Messung der Temperatur des Wassers, aus dem die Leiche geborgen wurde – in 1 m Tiefe –.

Ertrinken in der Badewanne

Dem Ertrinkungstod in der Badewanne liegen im allgemeinen folgende Ursachen zugrunde:

- Allgemeine *Hilflosigkeit* infolge körperlicher Gebrechen,
- starke *Bewußtseinstrübung* bzw. Bewußtlosigkeit.

Merke:

- Fälle von *Selbstertränken* in bewußtseinsklarem Zustand sind bisher *nicht* bekanntgeworden.
- Hingegen sind Fälle von gewaltsamem Ertränken durch fremde Hand keineswegs selten.

  Der Engländer Georges Joseph Smith tötete mehrere Frauen in der Badewanne, indem er sie an den Füßen erfaßte und blitzschnell unter Wasser zog. Das jähe Einschießen des Wassers in Nase und Mund führte zu einem Schock und sofortigem Bewußtseinsverlust. An den Leichen wurden keinerlei Verletzungen festgestellt.

Merke:

- Ein in der Badewanne auftretender *Kreislaufkollaps* führt in der Regel *nicht zum Ertrinken*, weil in horizontaler Lage meist nach Sekunden, höchstens nach Minuten, das Bewußtsein zurückkehrt.
- Es ist *kein Fall bekannt*, wo ein Mensch, der infolge *natürlicher Übermüdung* in der Badewanne eingeschlafen und untergetaucht ist, *ertrunken* wäre.

  Schon bei den ersten Atemzügen unter Wasser wachen eingeschlafene Menschen schlagartig auf.

Neben körperlichen Gebrechen (Herztod) können ursächlich für Todesfälle in der Badewanne sein:

- Kohlenmonoxydvergiftungen, z. B. durch falsch eingestellte oder ungenügend gereinigte Durchlauferhitzer,
- starke Alkoholisierung des Badenden, oft in Verbindung mit
- der Überdosierung von Medikamenten, insbesondere von Schlafmitteln,
- Strom, z. B. Fön, Radiogeräte, Elektrorasierer im Badewasser.

Daher ist in diesem Zusammenhang stets auf mögliche Quellen für CO-Gase zu achten. CO-Gase sind völlig geruchlos. Eine CO-Vergiftung ist auch dann möglich, wenn die Flamme des Durchlauferhitzers brennt!

Im Zweifelsfalle eine Kohlenmonoxydbestimmung des Blutes durchführen lassen sowie den Blutalkoholgehalt bestimmen und Blutuntersuchung auf Medikamente vornehmen lassen.

Stromtod in der Badewanne

Beim Stromtod in der Badewanne finden sich in aller Regel an der Leiche *keine Strommarken*, weil der Strom, wenn keine metallische Hautberührung stattfindet, lediglich großflächig in den Körper eindringen kann und die Wärmeentwicklung zu gering ist.

Stromstärken ab 0,1 A können bereits tödlich sein.

Bei einem Fön im Badewasser wurden Stromstärken von ca. 0,35 A, bei einem Kassetten-Radio-Recorder von 0,5 A und bei einem elektrischen Rasierapparat von 0,65 A gemessen.

Diese Stromstärken führen nicht zum automatischen Abschalten des Netzes durch den Leitungsschutzschalter, weil dieser erst bei 16 A nach längerer Zeit anspricht.

6.2 Zur Phänomenologie des Todes durch Ertrinken in der Badewanne

Vorbemerkungen

Es ist keineswegs so, daß die Polizei mit dem Ertrinkungstod vornehmlich in Form von aus Flüssen oder Seen geborgenen Wasserleichen konfrontiert wird. *Viel häufiger hat sie es mit dem Todesfall in der Badewanne zu tun.* Gerade hier aber gestalten sich die Ermittlungen im Hinblick auf die Frage, ob ein Fremdverschulden vorliegt oder nicht, oft äußerst schwierig.

Völlig unverletzte Leichen und scheinbar unauffällige Fundsituationen führen hier allzuoft zu der vorschnellen Entscheidung: Keine Verletzung erkennbar – offenbar natürlicher Tod. Nur selten ist der Sachverhalt in diesen Fällen jedoch so eindeutig, daß es keiner weiteren Untersuchungen bedürfte.

Fall 1:

Tod in der Badewanne – Unfall oder Mord?

Es war nicht nur das jugendliche Alter der Frau, was die Kriminalbeamten hatte mißtrauisch werden lassen, es war auch das merkwürdige Verhalten des Mannes gewesen, der die Tür nicht aufgebrochen hatte, obwohl er gewußt hatte, daß seiner Frau im Badezimmer etwas zugestoßen sein mußte.

Die Beamten hatten an die „Badewannenmorde“ in England denken müssen. Lag hier etwas ähnliches vor? Das Mißtrauen der Beamten war geweckt. Es war auch nicht durch die Tatsache, daß die Badezimmertür nachweislich von innen verschlossen gewesen war, wieder einzuschläfern gewesen.

Es war genau um 23.45 Uhr gewesen, als der Anruf bei der Einsatzleitstelle im Polizeipräsidium eingegangen war. Ein Mann namens B. hatte sich gemeldet und um Entsendung von Polizeibeamten gebeten. Er glaube, seiner Frau sei etwas zugestoßen, hatte der Mann gesagt und hinzugefügt, sie sei wahrscheinlich im Badezimmer, dessen Tür von innen verschlossen sei.

Der den Anruf entgegennehmende Beamte hatte sich gewundert und dem Anrufer geantwortet, daß er doch in der Lage sein müsse, die Tür aufzubrechen, wenn er glaube, daß seiner Frau im Badezimmer etwas passiert sei. Er habe das schon versucht, hatte der Mann erwidert, er sei aber nicht dazu imstande.

Ein Streifenwagen mit zwei Polizeibeamten wurde zum Ereignisort entsandt. Vorsorglich wurden auch noch ein Krankenwagen und ein Werkzeugwagen der Berufsfeuerwehr alarmiert, obwohl der Beamte sich einfach nicht erklären konnte, daß ein erwachsener Mann nicht in der Lage sein sollte, die Badezimmertür aufzubrechen, noch dazu, wenn er vermutete, daß seiner Frau dahinter etwas zugestoßen sein könnte.

Die Wohnung der Familie B. lag im dritten Stockwerk eines Mehrfamilienhauses. Einer der Beamten erkannte den Ehemann, er arbeitete als Privatdetektiv. Er war 26 Jahre alt, 185 cm groß und 95 Kilo schwer. Ein durchtrainierter Bursche.

Er habe gerade ein Stemmeisen gesucht, erklärte er den beiden Polizeibeamten und dann zeigte er auf die Badezimmertür und sagte, daß da seine Frau drin sein müsse. Es sei abgeschlossen. Er habe schon gerufen und geklopft, aber sie reagiere nicht. Die Tür sei nicht aufzubekommen. Er habe sich schon mehrfach dagegen geworfen.

Die Tür war tatsächlich abgeschlossen. Man konnte sehen, daß im Bad das Licht brannte, denn unter der Tür hindurch fiel ein Lichtschimmer in die Diele der Wohnung. Der Schlüssel steckte von innen im Schloß. Einer der Schutzpolizeibeamten, der sich nicht vorstellen konnte, daß die Tür nicht aufzubrechen war – so stabil sah sie gar nicht aus – warf sich vier- oder fünfmal dagegen. Ohne daß es größerer Kraftanstrengungen bedurft hätte, brach das Schließblech heraus. Die Tür ließ sich nun öffnen. Die Badewanne war bis zum Überlaufen mit Wasser gefüllt. In der Wanne lag in Seitenlage unter Wasser die Ehefrau B.

Auffindesituation der weiblichen Leiche in der Badewanne ihrer Wohnung

Der Beamte entsann sich später, daß er gehört hatte, daß über den Überlauf der Wanne Wasser ablief. Es fiel ihm auch ein, daß die Brause auf dem Boden der Wanne gelegen hatte. Als er später hierzu vernommen wurde, erklärte er: „Ich hob den rechten Arm aus dem Wasser, um den Puls zu fühlen, aber ich konnte keinen Puls fühlen. Der Körper der Frau befand sich in linker schwebender Seitenlage unter Wasser. Die oberen Augenlider waren herabgesunken, geschlossen. Ich habe mich nicht darüber gewundert, weil ich mir dachte, die Frau müsse in der Badewanne eingeschlafen sein. Ich habe eindeutig Leichenstarre bei der Frau festgestellt. Es waren keine Lebenszeichen mehr zu erkennen. Für meine Begriffe war die Frau tot.“

Um 00.20 Uhr war in der Wohnung der Notarzt, ein Facharzt für innere Medizin, erschienen. Wie er später angab, hatte er im Badezimmer die unbekleidete Leiche einer jungen Frau in der mit Wasser gefüllten Badewanne untergetaucht vorgefunden. Die Frau war ihm als die 19 Jahre alte Ursula B. bezeichnet worden. Die Arme der Toten waren angezogen gewesen. Er hatte die Arme aufgrund der bereits eingetretenen Leichenstarre nicht mehr beugen können.

Auch in der Kiefermuskulatur hatte er eine feste Sperre festgestellt. Die Lippen waren livide, das Gesicht blaß und blutleer gewesen. Äußere Verletzungen hatte er an der Toten nicht gefunden, und so hatte er dann den Tod bescheinigt, die Todesursache aber offen gelassen. Die Temperatur des Wassers, das klar, handwarm und seiner Erinnerung nach unter Badetemperatur gewesen war, hatte er nicht gemessen, weil er geglaubt hatte, daß dies durch die uniformierten Polizeibeamten geschehen werde.

Wegen der Enge des Raumes hatte er eine nur allmähliche Abkühlung des Wassers in Betracht gezogen, eine Abkühlung von einer Badetemperatur um + 17 Grad C innerhalb von etwa zwei Stunden auf eine handwarme Wassertemperatur um etwa + 28 Grad C, und er war bei solchen Berechnungen auf einen Todeszeitpunkt gekommen, der etwa drei bis vier Stunden zurücklag, also gegen 21.00 Uhr des Vortages.

Von einem mutmaßlichen Warmwasserzulauf durch die Handbrause war ihm dabei nichts bekannt gewesen.

Aber weder die Schutzpolizeibeamten maßen die Wassertemperatur, noch die um 00.30 Uhr in der Wohnung B. eintreffenden Kriminalbeamten. Als man später alle Beteiligten gerade zu diesem wichtig gewordenen Punkt vernahm, kamen dann auch recht unterschiedliche Aussagen zustande.

Einer der Schutzpolizeibeamten wußte sich zu erinnern, daß das Wasser „gut handwarm" gewesen war. Ein Feuerwehrmann der Krankenwagenbesatzung, die zum Ereignisort gerufen worden war, meinte, daß das Wasser „normale Badetemperatur" gehabt habe. Er sei ausgebildeter Klempner und könne das daher gut abschätzen.

Dagegen sagte der Kriminalbeamte, der bei der Leichenbesichtigung einige Zeit hatte im Badewasser hantieren müssen, aus, er schätze, daß die Wassertemperatur „über 40 Grad C" betragen habe. Als bei einem späteren Versuch das Wasser in der Badewanne auf die Temperatur gebracht wurde, die der Kriminalbeamte in der Nacht des Geschehens wahrgenommen haben wollte, ergaben die Messungen eine Wassertemperatur von 43 Grad C.

Die Schätzungen der Temperatur gingen also von + 28 Grad C bis zu + 43 Grad C auseinander.

Die Kriminalbeamten hatten den Befund aufgenommen.

Es war ein recht kleiner Raum gewesen, 221 cm breit, bei einer Tiefe von 166 cm und einer Höhe von 249,5 cm. In die Wand über dem Fußende der Wanne war in einer Höhe von 205 cm ein 9 cm breiter und 18 cm hoher Lüftungsschacht eingelassen. Ein Fenster hatte das Zimmer nicht. Der hinter der Tür montierte Heizkörper war kalt.

Die Kriminalbeamten hatten ebenfalls keine Verletzungen an der Toten gefunden, aber sie hatten immerhin eine mittelstark ausgeprägte Waschhautbildung an den Händen und Füßen der Leiche festgestellt, und sie hatten die Leichenerscheinungen exakt beschrieben. So konnten die Sachbearbeiter am folgenden Tag lesen, daß die Leichenstarre um 0.30 Uhr im Kiefergelenk mittelstark ausgebildet gewesen war und daß an den abhängenden Körperpartien dunkelrote, noch wegdrückbare Leichenflecke vorhanden gewesen waren.

B. hatte bei einer ersten Befragung durch die Kriminalbeamten erklärt, daß seine Frau vor etwa vierzehn Tagen wegen allgemeiner körperlicher Schwäche krankgeschrieben worden sei.

Eine ihrer Angewohnheiten sei es gewesen, einmal, manchmal auch zweimal täglich, zu baden. Dabei habe sie häufig, um den Genuß des Badens zu verlängern, heißes Wasser nachlaufen lassen. Einen Selbstmord seiner erst 19 Jahre alt gewordenen Frau schließe er völlig aus, trotz einer, wie er sagte, „verfahrenen Ehe".

Nach einem Besuch seiner Eltern gegen 23.40 Uhr nach Hause zurückkehrend, habe er die Badezimmertür verschlossen vorgefunden. Ihm sei es nicht möglich gewesen, die Tür zum Badezimmer aufzubrechen. Er habe es mehrfach vergeblich versucht.

Als Todesursache komme seiner Ansicht nach nur ein Unglücksfall in Betracht. Er sei der Meinung, daß seine Frau infolge der großen Hitzeeinwirkung des Badewassers einen Herzschlag erlitten habe.

Das zuständige Amtsgericht ordnete am darauffolgenden Tage die Obduktion der Leiche der jungen Frau an.

Nach Abschluß der Leichenöffnung erklärten die Ärzte unter anderem:

Ergebnis der Obduktion: Tod durch Ertrinken

„Die junge grazile Frau scheint ertrunken zu sein. Hierfür spricht die akute Lungenblähung mit der Ansammlung von feinblasigem Schaum in den Luftwegen und vor den äußeren Atemöffnungen. Vermutlich handelt es sich um eine Kombination von typischen und atypischem Ertrinken.

Grobe krankhafte Veränderungen, die einen plötzlichen Schwächeanfall in der Badewanne erklären würden, sind nicht vorhanden. Es fällt lediglich eine leichte Blutarmut auf.

Daß eine akute Überhitzung entscheidend zum Eintritt des Todes beigetragen haben könnte, ist bisher nicht anzunehmen. An der Leiche bestehen keine frischen Verletzungen, insbesondere keine Strommarken. Es ist im höchsten Grade unwahrscheinlich, daß der angebliche Blutunterdruck eine entscheidende Ursache für den plötzlichen Tod in der Badewanne dargestellt hat."

Auf die Frage, wie lange die Tote wohl in der Badewanne gelegen hatte, konnten die Ärzte keine befriedigende Antwort geben.

Sie sagten hierzu:

„... es läßt sich auch nicht feststellen, wie lange die Leiche im Wasser gelegen haben mag. Aufgrund der nur ganz schwach ausgeprägten Waschhaut an den Händen und Füßen und unter Berücksichtigung einer angeblichen Wassertemperatur von etwa 40 Grad kann der gesamte Aufenthalt vom Hineinlegen in die Wanne bis zum Entfernen der Leiche aus der Badewanne nicht lange gewesen sein. Sehr wahrscheinlich hat der Aufenthalt im Wasser weniger als eine Stunde betragen."

Aussagen des Ehemannes zur ehelichen Situation

B. wurde zur gleichen Zeit im Polizeipräsidium zum Tode seiner Frau vernommen. Er schilderte, daß es in seiner Ehe schon bald zu Schwierigkeiten gekommen sei. Man habe sich gestritten, und es sei auch zu Tätlichkeiten gekommen. Er gebe zu, seine Frau des öfteren geschlagen zu haben. Sie sei im sexuellen Bereich ihre eigenen Wege gegangen. Schließlich sei man kürzlich übereingekommen, sich scheiden zu lassen. Er glaube nicht an einen Selbstmord seiner Frau, die habe viel zu gern gelebt. In letzter Zeit sei sie, bis auf den niederen Blutdruck und die damit verbundene Schwäche, gesund gewesen. Zum Todestage seiner Frau erklärte er, daß er gegen 19.00 Uhr in die Düsseldorfer Altstadt gefahren sei, um dort beruflich einen

Mann zu suchen. Gegen 21.45 Uhr sei er in der Wohnung seines Schwiegervaters in Hilden gewesen. Um 23.30 Uhr sei er in Hilden abgefahren und etwa 15 Minuten später in seiner Wohnung eingetroffen.

Auch jetzt blieb er dabei, daß er sich ein paarmal erfolglos gegen die Badezimmertür geworfen habe.

Der Hausarzt der Verstorbenen wurde gehört

Wenige Wochen zuvor habe er bei Frau B. den niedrigen Blutdruck von 85 : 50 festgestellt. Wegen nervöser Erschöpfungszustände und aufgrund einer Streßsituation habe er die Frau krank geschrieben. Ihm sei in Erinnerung, daß Frau B. von häuslichen Affären gesprochen hatte. Die Frage, ob die Frau infolge ihres niedrigen Blutdruckes im heißen Badewasser einen Kreislaufzusammenbruch erlitten haben könne und in diesem Zustand ertrunken sei, beantwortete der Arzt mit einem klaren „Nein". Er selbst, so erklärte er, habe noch von keinem Fall gehört, bei dem eine Frau mit zu niedrigem Blutdruck im warmen Badewasser einen Kollaps erlitten habe.

Die Schwester der Verstorbenen erschien bei der Kriminalpolizei und sprach von ständigen Mißhandlungen ihrer Schwester durch B. Er habe seine Frau häufig in übelster Weise beschimpft. Und dann erzählte sie etwas, was aufhorchen ließ. Ihre Schwester hatte ihr erzählt, daß sie kürzlich, in der Badewanne liegend, von ihrem Mann überraschend am Hals erfaßt und mehrmals in der Wanne untergetaucht worden sei. Sie habe nach Atem ringend dem Ertrinkungstod zu entgehen versucht. Ihrer Meinung nach habe ihr Mann versucht, sie umzubringen.

Im übrigen, so erklärte die Schwester der Verstorbenen, halte sie B. durchaus für fähig, einen Mord zu begehen. Sie wies darauf hin, daß auch andere Verwandte von diesem und anderen Vorfällen wüßten.

Die Verwandten wurden dazu vernommen

Der Stiefvater B.'s erklärte, der Junge habe schon mal gesagt: „Die bringe ich um!" oder „es wäre besser, wenn die kaputt geht." Und dann sei er auch schon mal zu ihnen gekommen und habe erklärt, daß er seiner Frau mal wieder habe eine Tracht Prügel geben müssen.

Auch die Mutter des B. und sein Bruder wußten von den ständigen Mißhandlungen.

„Ich habe meinem Bruder wiederholt zu erklären versucht, daß man ein junges Mädchen nicht mit Ohrfeigen erziehen kann", erklärte der Bruder, und er wußte auch von dem Geschehen im Badezimmer einige Wochen zuvor. Vorausgegangen war ein Streit zwischen den Ehepartnern, der derart ausgelöst worden sei, daß die Frau seines Bruders von einem Liebesverhältnis zwischen ihrem Mann und einer bei ihm angestellten Detektivin erfahren hatte. Sein Bruder hatte ihm selbst erzählt, daß er seine Frau mit dem Kopf unter Wasser gedrückt hatte. Und von seiner Schwägerin hatte er erfahren, daß sie dabei viel Wasser geschluckt und von ihrem Mann erst wieder losgelassen worden war, als sie schon ganz benommen gewesen sei.

Hatte es wieder Streit gegeben und hatte er sie dabei zu lange unter Wasser gehalten?

Aber einer solchen Annahme stand die nachweislich von innen abgeschlossene Badezimmertür entgegen – obwohl den Beamten die Tatsache, daß B. die Tür nicht aufgebrochen hatte, keine Ruhe ließ. Er wäre, das bewiesen die erfolgreichen Bemühungen des körperlich viel schwächeren Polizeibeamten, durchaus dazu in der Lage gewesen. Etwas stimmte nicht. Man fand aber zunächst keinen Anhaltspunkt, der hätte weiterhelfen können.

In einer erneuten Vernehmung wurden B. die Aussagen seiner Verwandten vorgehalten, und er wurde erstmals mit dem Verdacht konfrontiert, seine Frau getötet zu haben.

Der verdächtige Ehemann

In höchster Erregung, wild gestikulierend, sprang er auf. Er schien sich auf die Vernehmungsbeamten stürzen zu wollen. Offensichtlich hatte er völlig die Fassung verloren. Wenig später hatte er sich jedoch wieder in der Gewalt. Er entschuldigte sich wegen seines Verhaltens und erklärte nun, daß er tatsächlich vor einigen Wochen seine Frau mit dem Kopf unter Wasser gedrückt habe, als sie in der Badewanne gewesen sei.

B. mußte zugeben, daß er gelogen hatte, als er kurz vorher ausgesagt hatte, daß er nie ins Badezimmer gegangen sei, wenn seine Frau gebadet habe.

Er habe seine Frau nach einem langen Streitgespräch damals nur zur Vernunft bringen wollen. Er sei diesmal nicht in gleicher Weise tätig gewesen. Seine Frau sei nicht durch ihn zu Tode gekommen.

Er war mit dem Ausbau und der Sicherstellung des Schlosses seiner Badezimmertür und auch mit der Durchsuchung seiner Wohnung einverstanden. Das Schloß wurde ausgebaut und mit dem dazugehörenden Schlüssel den Kriminaltechnikern zur Untersuchung übergeben. Gesucht wurde nach Spuren, die ein Abschließen der Tür von außen bei innen steckendem Schlüssel beweisen konnten. Aber die Techniker fanden weder Spuren, die auf das Einführen von Fremdwerkzeugen in das Schloß schließen ließen, noch fanden sie Anzeichen dafür, daß er etwa durch das Ansetzen einer Zange oder eines anderen Werkzeuges den Schlüssel gedreht hatte und daß durch eine solche Manipulation ein Schließvorgang von außen bewerkstelligt worden war. Eines fiel jedoch auf. Das Schloß war außergewöhnlich leichtgängig.

Verdachtsindizien gegen den Ehemann

Es war bei der Durchsuchung der Wohnung B. ein 21 cm langer und 2,5 mm starker Eisendraht gefunden und sichergestellt worden, der in ungewöhnlicher Form zurechtgebogen war. Niemand wußte zunächst mit diesem Drahtstück etwas anzufangen, bis ein Beamter der Kriminaltechnischen Unter-

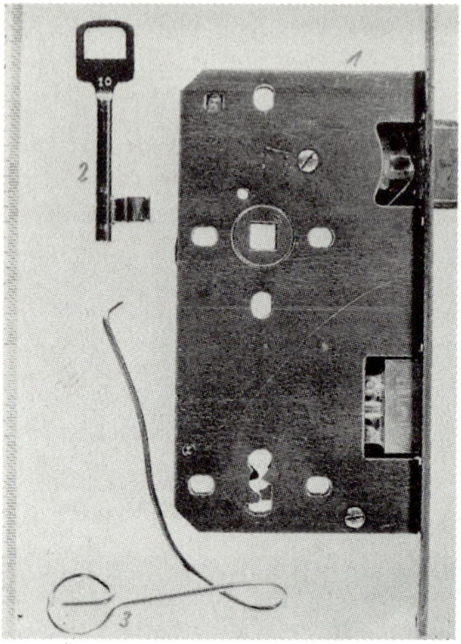

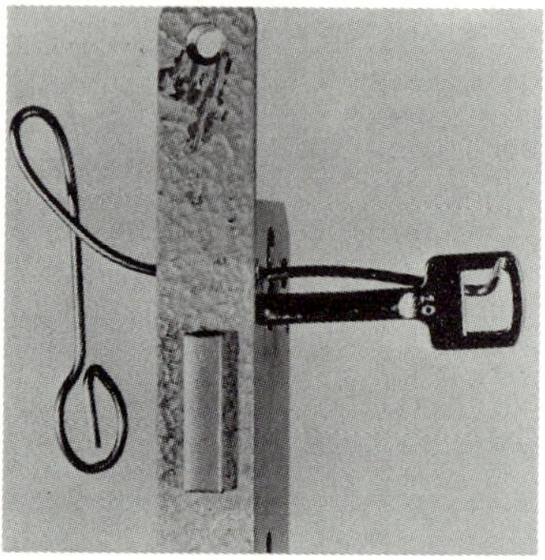

Abb. 31: Das ausgebaute Schloß der Badezimmertür, der Schlüssel und der in der Wohnung des Tatverdächtigen gefundene Draht

Abb. 32: So war die Badezimmertür von außen bei innen steckendem Schlüssel verschlossen worden

suchungsstelle auf den Gedanken kam, daß mit diesem Drahtstück der Schlüssel betätigt worden sein könnte (Abb. 31).

Tatsächlich ließ sich das Drahtstück von außen bei innen steckendem Schlüssel ohne jede Schwierigkeit durch das Schlüsselloch stecken und mit dem rechtwinklig abgebogenen Ende des Drahtes die Aussparung im Griff des Schlüssels erfassen (Abb. 32). Durch Drehbewegungen war das Schloß von außen bei innen steckendem Schlüssel leicht zu schließen. Erkennbare Spuren traten hierbei weder am Schloß noch am Schlüssel auf.

B., mit diesen Feststellungen konfrontiert, erklärte, daß er den Draht zum Öffnen seines Pkw – er vergesse schon mal den Schlüssel abzuziehen und schlage die Wagentür zu – so zurechtgebogen habe. Die Badezimmertür habe er damit nicht abgeschlossen. Tatsächlich gelang es ihm, in wenigen Minuten die Fahrzeugtür seines Wagens mit diesem Draht aufzubekommen, nur – er hatte den Draht, um überhaupt den Türhebel zu erreichen und betätigen zu können, in völlig anderer Weise zurechtbiegen müssen.

Es gelang ihm nicht, den Verdacht zu entkräften, daß er mit Hilfe dieses Drahtstückes die Badezimmertür von außen bei innen steckendem Schlüssel abgeschlossen hatte, um so einen Unglücksfall vorzutäuschen.

Immer wieder verwickelte er sich nun bei seinen Aussagen in Widersprüche. Bemerkte er dies, reagierte er aufbrausend und unbeherrscht. Schließlich verweigerte er jede weiteren Angaben.

Die weiteren Ermittlungen ergaben indessen, daß B. im Oktober 1970 die damals 17 Jahre alte Ursula geheiratet hatte. Sie hatte unbedingt aus ihrem Elternhaus weggewollt. Die Ehe der Eltern war nicht gut gewesen, beide Elternteile hatten außereheliche Beziehungen unterhalten, und sie war froh gewesen, als sie das Elternhaus hatte verlassen können. Es war eine Flucht in die Ehe gewesen. Doch schon in den ersten Monaten der Ehe war es zu erheblichen Spannungen, Streitigkeiten und tätlichen Auseinandersetzungen gekommen. Die noch sehr junge, fast kindliche Frau war offenbar bei der Führung des Haushaltes und beim Umgang mit Geld überfordert gewesen. Von ihrem Mann war sie häufig so geschlagen worden, daß sie tagelang mit entstelltem Gesicht herumgelaufen war. Diese Streitigkeiten hatten sich in den letzten Wochen vor dem Tode der Frau in ihrer Intensität gesteigert gehabt. Jetzt war auch von Scheidung die Rede gewesen.

Man erfuhr, daß B. seine Frau Anfang Januar 1973 mitten in der Nacht gezwungen hatte, mit ihm zu einem Bahnübergang zu fahren. Unter Drohungen hatte er sie dort zu bewegen versucht, sich auf die Schienen zu legen. Er hatte ihr gesagt, er werde sich dazulegen, damit endlich Schluß sei. Unter Bitten und Flehen hatte sie ihren Mann bewegen können, seinen Plan aufzugeben. Ein anderes Mal hatte er seiner Frau gedroht, sie eine Treppe hinunter zu stürzen. Und er hatte sich damit gebrüstet, daß er durchaus in der Lage sei, seine Frau umzubringen, ohne daß man ihm das werde nachweisen können.

Weitere kriminalpolizeiliche Ermittlungen

Weil es den Beamten höchst ungewöhnlich erschienen war, daß sich eine Frau, die sich allein in der Wohnung befand, im Badezimmer eingeschlossen haben sollte, wurden auch Nachforschungen im Hinblick auf ihre diesbezüglichen Angewohnheiten angestellt. Die Mutter der Verstorbenen erklärte hierzu, daß sie einmal, anläßlich eines Besuches in der Wohnung ihrer Tochter gebadet und dabei die Badezimmertür hinter sich abgeschlossen habe. Ihre Tochter sei hierüber außer sich gewesen und habe ihr vorgehalten, daß einem doch im Bad etwas zustoßen könne. Sie hatte daraus geschlossen, daß ihre Tochter die Badezimmertür nicht abschloß. Auch die sonstige Verwandtschaft der Toten wußte, daß sich die junge Frau nie im Badezimmer eingeschlossen hatte. Einer Arbeitskollegin gegenüber hatte sie erwähnt, daß es bei ihnen nicht üblich sei, sich im Badezimmer einzuschließen.

Ermittlungen hinsichtlich des von B. angegebenen Alibis wurden angestellt. Trotz intensiver Nachforschungen fand sich niemand, der seinen Aufenthalt in der Düsseldorfer Altstadt am Abend des Geschehens bestätigt hätte. Es gelang aber Zeugen dafür zu finden, daß B. gegen 21.30 Uhr in Hilden bei seinen Stiefeltern eingetroffen war.

Ein älteres Ehepaar, das in der zweiten Etage, unmittelbar unter der Wohnung B. wohnte, entsann sich, daß am besagte Abend in einer Wohnung der oberen Etagen das Badewasser eingelaufen sei.

Bei einer Rekonstruktion, bei der man im Badezimmer der Wohnung B. Wasser in die Badewanne einlaufen ließ, erklärten diese Leute, daß es genau das Geräusch gewesen sei, was sie an dem Abend gehört hätten.

Es wurde versucht, den Zeitraum, in dem die Zeugen das in die Badewanne einlaufende Wasser gehört hatten, einzuengen, aber das gelang nur bedingt.

Um die Badewanne zu füllen, hatte man während der Rekonstruktion sieben Minuten gebraucht.

Die bis zu diesem Zeitpunkt vorliegenden Ermittlungsergebnisse wurden zusammengefaßt. Was sprach dafür, daß B. seine Frau getötet hatte?

- Fest stand, daß die Ehe B. zerrüttet gewesen war. Seit langem hatte es Auseinandersetzungen gegeben, in deren Verlauf B. seine Frau brutal geschlagen hatte. Er hatte sie in Gegenwart anderer Personen in unflätiger Weise beschimpft, hatte gesagt: „Ich bringe sie um" und „es wäre besser, sie wäre kaputt". B. hatte seiner Frau gedroht, er werde sie die Treppe hinabstürzen, er war mit ihr mitten in der Nacht zu einem Bahnübergang gefahren und hatte versucht, sie zu zwingen, sich auf die Schienen zu legen.
- Er hatte seine Frau in der Badewanne mit dem Kopf unter Wasser gedrückt, und seine Frau hatte den Eindruck gehabt, daß er sie töten wollte.
- Am Todestage seiner Frau hatte er, nach Hause zurückkehrend, angeblich die Badezimmertür von innen verschlossen vorgefunden, obwohl sich seine Frau – wie die Ermittlungen ergeben hatten – nie einzuschließen pflegte und ein Einschließen schon deshalb nicht notwendig gewesen wäre, weil sie allein in der Wohnung gewesen war. Er hatte die Tür nicht aufgebrochen, was ihm, dem 182 cm großen und 95 kg schweren Schwergewichtsboxer ohne jeden Zweifel möglich gewesen wäre – dies trotz des Umstandes, daß er, wie er angab, befürchtet hatte, seiner Frau sei im Badezimmer etwas zugestoßen. Seine Angaben, er habe dies mehrfach vergeblich versucht, waren jedenfalls völlig unglaubwürdig, zumal ein körperlich wesentlich schwächerer Polizeibeamter dies wenig später vermocht hatte.
- In der Wohnung B. war ein stark gebogenes Drahtstück gefunden worden, mit dem das Schloß der Badezimmertür von außen bei innen steckendem Schlüssel geschlossen werden konnte. Die Erklärung B.'s, er habe diesen Draht nur zum Öffnen seines Pkw verwandt, hatte sich als nicht stichhaltig erwiesen, denn bei einer Rekonstruktion hatte sich gezeigt, daß er dazu den Draht hatte in völlig anderer Weise verbiegen müssen.
- B. hatte sich gebrüstet, daß es ihm möglich sei, seine Frau zu töten, ohne daß man ihm das werde nachweisen können.
- Der zuletzt behandelnde Arzt der Frau B. hielt einen plötzlichen natürlichen Tod oder eine Badetod bei ihrem Gesundheitszustand für ausgeschlossen.

- B. hatte seit einiger Zeit eine Freundin gehabt. Seine Frau hatte dies erfahren.
- Bei seinen Vernehmungen hatte sich B. immer mehr in Widersprüche verwickelt.
- Nach den Schilderungen seiner Angehörigen war er impulsiv und reagierte unbeherrscht.
- Er hatte im Dezember 1962, als 16jähriger, eine Frau bis zur Bewußtlosigkeit gewürgt.
- Im August 1963 hatte er seine Eltern durch Schläge mit einer Hundepeitsche schwer mißhandelt. In der darauffolgenden Fürsorgeerziehung war er bei einer psychiatrischen Untersuchung als rücksichtslos, kühl und introvertiert mit schizoidem Einschlag charakterisiert worden.
- In seinem Beruf war er in zahlreichen Fällen gegen Personen gewalttätig geworden, die er bei Kaufhausdiebstählen gestellt hatte.
- Hatte B. seine Frau getötet, so konnte das Motiv der Tat in einer Auseinandersetzung mit seiner Frau wegen seiner außerehelichen Beziehungen zu suchen sein.
- Es konnte aber auch darin begründet sein, daß sich seine Frau gegen seinen Willen hatte von ihm scheiden lassen wollen und daß sie – das wußten die ermittelnden Beamten inzwischen – an dem dem Geschehen folgenden Morgen hatte aus der ehelichen Wohnung ausziehen wollen.

Es waren eine Vielzahl von Verdachtsmomenten, die für eine Täterschaft des B. sprachen – mehr aber nicht! Eine endgültige Klärung war nur mit Hilfe medizinischer Gutachten herbeizuführen.

Die Staatsanwaltschaft in Düsseldorf ersuchte deshalb das Institut für Rechtsmedizin, ein abschließendes Gutachten über die Todesursache und Todesart der Frau B. zu erstatten. Vier Monate später lag dieses Gutachten vor.

Die Ärzte stellten zunächst einmal dar, daß im Leichenblut der Frau B. kein Kohlenmonoxyd festgestellt worden war, daß die Blutalkoholkonzentration nur 0,27 Promille Äthylalkohol betragen hatte und daß die chemisch-toxikologische Analyse keine Hinweise dafür ergeben hatte, daß die Verstorbene unter dem Einfluß von Arzneimitteln oder verwandten Verbindungen gestanden hatte.

Nach eingehenden feingeweblichen Untersuchungen waren sie zu der Feststellung gekommen: „... daß die junge Frau typisch in der Badewanne ertrunken ist."

„Das typische Ertrinken", so erklärten sie, „unterscheidet sich vom atypischen dadurch, daß während des Ertrinkungsvorganges nicht nur Ertrinkungsflüssigkeit, sondern zwischenzeitlich auch Luft eingeatmet wird."

Phänomene des typischen und atypischen Ertrinkens

Das klassische Beispiel für einen typischen Ertrinkungstod sei der Sturz eines Nichtschwimmers ins tiefe Wasser.

„Der dem Untergang geweihte Nichtschwimmer versucht sich mit allen Kräften gegen den „nassen Tod" zu wehren, indem er mit dem Kopf mehrmals wieder an die Wasseroberfläche gelangt, um Luft zu schöpfen. Hierbei wird also nicht nur Wasser aspiriert, sondern zusätzlich, d. h. intermittierend, Luft inspiriert, aber nicht mehr oder nur unvollständig expiriert. Ausschlaggebend für den Ertrinkungstod ist die allmähliche Sauerstoffverarmung des ganzen Organismus, welche schließlich zu einer sogenannten Cardio-respiratorischen Insuffizienz führt."

Der Vorgang des atypischen Ertrinkens, so führten sie weiter aus, spiele sich dagegen nur im Ertrinkungsmilieu ab, d. h., daß der Ertrinkende nur Flüssigkeit aspiriere und keine Luft mehr inspiriere. Ein derartiger Ertrinkungsvorgang habe aber bei der verstorbenen Frau B. nicht vorgelegen, „diese Frau hat einen typischen Ertrinkungstod erlitten."

Zu fragen sei, weshalb die 19 Jahre alte Frau in der Badewanne ertrunken sei.

Dem Ertrinkungstod in der Badewanne lägen im allgemeinen folgende Ursachen zugrunde: Allgemeine Hilflosigkeit infolge körperlicher Gebrechen, plötzliche Ohnmacht bzw. Kreislaufkollaps und starke Bewußtseinstrübung bzw. Bewußtlosigkeit.

Fälle von Selbstertränken in bewußtseinsklarem Zustand, so erklärten die Mediziner, seien ihnen weder aus eigenem Erleben noch aus der Literatur bekannt. Hingegen seien Fälle von gewaltsamen Ertränken durch fremde Hand durchaus nicht so selten.

Eine Hilflosigkeit als Folge von körperlichen Gebrechen habe bei der völlig gesund gewesenen Frau nicht vorgelegen.

Der zweite Ursachenkomplex, eine plötzlich aufgetretene Ohnmacht oder ein Kreislaufkollaps könne unter Umständen auch schon bei einem jüngeren, in diesem Falle 19jährigen Menschen, zum Tragen kommen. Es könne sich hierbei sowohl um organische als auch um funktionelle Störungen handeln, welche beim Aufenthalt in der Badewanne zu einem akuten Kreislaufkollaps führen. Hierfür kämen erfahrungsgemäß zahlreiche Möglichkeiten in Betracht.

Nach eingehender Diskussion all dieser Möglichkeiten, wobei insbesondere die bei Frau B. festgestellte leichte Blutarmut und ihr Blutunterdruck eine Rolle spielten, kamen die Ärzte zu der Feststellung, daß „selbst wenn man einen plötzlichen Kreislaufkollaps – ganz gleich welcher Ursache – unterstellen würde, die Frau nicht typisch sondern ganz überwiegend atypisch ertrunken wäre."

Dieselben Voraussetzungen lägen dem zweiten Komplex, nämlich einer schweren Bewußtseinstrübung bzw. Bewußtlosigkeit zugrunde, sei es durch einen Schlag- oder Krampfanfall, ungewöhnlich tiefes Einschlafen durch Einnahme einer Überdosis von Schlaf- oder Beruhigungsmitteln, hochgradige Trunkenheit oder Kohlenmonoxydvergiftung.

Alle diese Faktoren schieden nachweislich im vorliegenden Falle aus.

War die junge Frau in der Badewanne eingeschlafen?

Zu erörtern sei lediglich, ob die junge Frau eventuell in der Badewanne infolge natürlicher Übermüdung eingeschlafen und deshalb untergetaucht sein könne. Hierzu könne aber aus rechtsmedizinischer Sicht gesagt werden, daß erstens über ein solches Geschehen kein einziger Fall bekannt sei und zweitens die betreffende eingeschlafene Person schon bei den ersten Atemzügen unter Wasser wieder schlagartig aufwache.

Nach alledem komme also auch eine Bewußtseinstrübung oder Bewußtlosigkeit – sei es aus natürlicher oder unnatürlicher Ursache – für den typischen Ertrinkungstod nicht in Betracht.

Es sei daher zu prüfen, ob der Tod durch typisches Ertrinken auf äußere Ursachen wie z. B. Einwirkung von elektrischem Strom, inadäquate Wassertemperaturen oder die Beteiligung fremder Personen zurückzuführen sei. Ein Stromschlag, der zu einem Kreislaufkollaps hätte führen können, scheide nach den polizeilichen Ermittlungen aus.

Nach den äußeren Umständen hätten sich auch keine Anhaltspunkte dafür ergeben, daß das Badewasser entweder ungewöhnlich kalt oder ungewöhnlich heiß gewesen sei. Aber selbst wenn man einen derartigen thermischen Einfluß unterstelle, wäre es nicht zum typischen Ertrinken gekommen.

Gewaltsames Ertränken durch einen Dritten?

Nachdem die ganze Palette der möglichen Ursachen für den typischen Ertrinkungstod durchgeprüft worden sei, bleibe gerichtsärztlicherseits eigentlich nur noch ein gewaltsames Ertränken durch eine andere Person übrig. Wenn dies der Fall gewesen sei, habe die Verstorbene während des Untertauchens Gelegenheit gehabt, zwischendurch noch mehrmals Luft zu schöpfen. Dies sei entweder im Verlaufe einer verzweifelten Abwehr geschehen oder der Täter habe sein Opfer nicht ständig unter Wasser gehalten, sondern mehrfach untergetaucht. Berücksichtige man in diesem Zusammenhang wiederum die bereits schon erwähnten Erstickungsmerkmale, so scheine der Tod nicht sehr schnell, sondern langsam eingetreten zu sein. Die Befunde sprächen für einen protrahierten Erstickungs- bzw. Ertrinkungstod.

Diese wissenschaftlichen Feststellungen ließen sich damit in Einklang bringen, daß der Ehemann der verstorbenen Frau B. „vor einiger Zeit nach einem Streit den Kopf seiner körperlich schlanken, zarten Frau, als diese in der Badewanne saß, mehrmals unter Wasser getaucht“ hat.

Überblicke man abschließend noch einmal den gesamten Sachverhalt, so ergebe sich folgende Zusammenfassung:

„1. Die 19jährige Ehefrau Ursula B. ist in der Badewanne typisch ertrunken.
2. Die Frau ist höchstwahrscheinlich ertränkt worden.“

Soweit auszugsweise das endgültige Gutachten des Institutes für Rechtsmedizin der Universität Düsseldorf, das in seiner Deutlichkeit nichts zu wünschen übrig ließ und das deshalb hier so ausführlich dargestellt worden ist, weil es zu vielen grundsätzlichen Problemen um den Ertrinkungstod in der Badewanne Stellung nimmt.

Es war klar, daß B., sollte er überhaupt aussagen, vor Gericht alles bestreiten würde. Zweifellos würde die Verteidigung versuchen, einen Unglücksfall dennoch als nicht völlig unmöglich darzustellen, und sie würde sicherlich immer wieder auf den niedrigen Blutdruck der jungen Frau zu sprechen kommen. Es schien daher unbedingt erforderlich, ein weiteres Gutachten eines Facharztes für innere Medizin zu der Frage einzuholen, welche Auswirkungen ein heißes Bad für einen Menschen mit niedrigem Blutdruck haben konnte.

Zwischenzeitlich geschah jedoch folgendes

Die Kriminalpolizei in Wiesbaden teilte fernschriftlich mit, daß dort ein zunächst unbekannter Mann ein Juweliergeschäft in der Innenstadt betreten und den Inhaber, dessen Ehefrau und einen Kunden mit einer Pistole bedroht habe. Der Mann habe mehrere, sehr wertvolle Schmuckstücke an sich genommen und sei damit auf die Straße gelaufen. Der Juwelier sei dem Täter gefolgt und habe ihn unter Vorhalt einer Schußwaffe aufgefordert, stehenzubleiben. Als der Mann sich daraufhin seinem Verfolger zugewandt und mit der Pistole gedroht habe, habe der Juwelier geschossen und den Täter lebensgefährlich verletzt. Bei dem Mann sei Schmuck im Werte von DM 170.000,– sichergestellt worden. Der Verletzte habe weder Personalpapiere noch andere auf seine Person hinweisende Gegenstände bei sich gehabt. Nach der Operation habe er Personalien angegeben, die sich bei der Überprüfung als falsch erwiesen hätten.

Der Vergleich seiner Fingerabdrücke beim Bundeskriminalamt habe nun ergeben, daß es sich bei dem Täter um jene Person handelte, gegen den die Kriminalpolizei Düsseldorf wegen des mysteriösen Todes seiner Ehefrau ermittelte.

Das Amtsgericht in Wiesbaden hatte gegen B. Haftbefehl wegen des dringenden Verdachts des bewaffneten Raubes erlassen.

B. hatte einen Einschuß links neben der Wirbelsäule erlitten. Das Projektil war im Bereich des Nabels steckengeblieben. Er war in ein Krankenhaus in Wiesbaden eingeliefert worden, wo er ständig durch Beamte der Schutzpolizei bewacht wurde. Immer wieder hatte er ins Gefängniskrankenhaus verlegt werden sollen, aber dann hatten Vereiterungen und hohes Fieber jeweils den Transport unmöglich gemacht.

In einer Nottrauung heiratete B. eine 23 Jahre alte Frau, die einige Monate zuvor in Wuppertal wegen Anbietens zur Unzucht aufgefallen war. Gegen B. war in diesem Zusammenhang wegen Verdachts der Zuhälterei ermittelt worden. Jetzt, zum Zeitpunkt der Heirat, war die Frau schwanger.

Vier Monate nach der Tat beantragte B., den gegen ihn bestehenden Haftbefehl aufzuheben. Die 2. Strafkammer des Landgerichts Wiesbaden wies diesen Antrag zwar als unbegründet zurück, setzte aber gleichzeitig den Haftbefehl gegen eine Sicherheitsleistung von 30.000,– DM außer Vollzug. B. erhielt die Auflagen, nach seiner Entlassung bei seiner Ehefrau Wohnung zu nehmen und sich an jedem Samstag bei dem für seinen Wohnsitz zuständigen Polizeirevier zu melden.

Fortführung der Ermittlungen

Die Ermittlungen der Kriminalpolizei Düsseldorf wurden fortgeführt.

Die Staatsanwaltschaft Düsseldorf wandte sich an die Medizinische Klinik der Universität Düsseldorf und bat um gutachtliche Stellungnahme zu folgender Frage:

„Kann nach den bisherigen Ermittlungs- und Untersuchungsergebnissen aufgrund Ihrer medizinischen Erfahrung – und gegebenenfalls Ihrer medizinischen Versuche – mit an Sicherheit grenzender Wahrscheinlichkeit ausgeschlossen werden, daß Ursula B. in der Badewanne ohnmächtig geworden und in ihrer Ohnmacht ertrunken ist?"

Vier Monate später lag dieses Gutachten vor

Die Ärzte riefen zunächst einmal die rechtsmedizinischen Feststellungen in Erinnerung, indem sie erklärten:

„Entsprechend dem rechtsmedizinischen Gutachten trat bei Frau B. der Tod im Rahmen eines protrahierten typischen Ertrinkens ein. Charakteristisch ist für den typischen Ertrinkungstod im Unterschied zum atypischen Ertrinkungstod und Badetod ein mehrmaliges Auftauchen mit wechselnder Luft- und Flüssigkeitsaufnahme, so daß eine mit Flüssigkeit angefüllte und stark überblähte Lunge resultiere."

Zu der ihnen gestellten Frage, inwieweit eine plötzliche Ohnmacht bzw. ein Kreislaufkollaps bei Frau B. zum Ertrinkungstod hätte führen können, sagten sie unter anderem, daß bei Frau B. zu Lebzeiten eine Ohnmacht nicht beobachtet worden sei, auch nicht trotz mehrmaligen Badens in der Woche.

Einmalig sei bei Frau B. bei ambulanter Untersuchung bei offensichtlich nervöser Erschöpfung ein Blutdruck von 85/50 mm Hg gemessen worden. Vorangehende Blutdruckwerte hätten bei 120/60 mm Hg gelegen. Eine Bewußtlosigkeit oder Ohnmacht sei auch am oder um den Tag, an dem die Messung des niedrigen Blutdruckes erfolgte, nicht festgestellt worden.

Die bei Frau B. einmalig festgestellte hypotone (Unterdruck) Kreislaufregulationsstörung sei demnach nicht als arterielle Dauerhypotonie zu werten. Ein organisches Leiden habe weder zum Zeitpunkt der Untersuchung, noch anläßlich der vierzehn Tage später durchgeführten Obduktion festgestellt werden können. Die Frau sei gesund gewesen.

Vorübergehende hypotone Kreislaufstörungen hätten meist banale Ursachen: Beginnende oder überstandene Infekte, Arzneimittelgebrauch oder

-abusus, Alkohol- und Nikotinabusus oder einseitige Ernährungsweise sowie psychovegetative Syndrome. Bezogen auf die Situation der Frau B. sei bis auf eine psychische Belastung, die von dem behandelnden Arzt in Begleitung eines Erschöpfungszustandes bei Streßsituationen beschrieben werde, kein ursächlicher Faktor erkennbar, der die hypotone Kreislaufregulationsstörung hätte bedingen können.

Der Ertrinkungstod der Frau B. sei im Badewasser eingetreten, das eine geschätzte Temperatur bis zu 45 Grad C aufgewiesen habe. Warmes Wasser könne Blutdruckwerte beeinflussen. Es könne zu einer vorübergehenden Ohnmacht (vagovasale Synkope) oder über die Erweiterung der Hautgefäße zu einer Blutleere des Gehirns und Bewußtlosigkeit kommen.

Aber die Bewußtlosigkeit führe zu einem atypischen Ertrinkungstod, wie er bei Frau B. nicht vorgelegen habe.

Auch verstärktes Schwitzen könne bei höheren Badetemperaturen bis zu 45 Grad C eine hypotone Kreislaufregulationsstörung infolge eintretenden Volumenmangels verstärken.

Wenn unterstellt werde, daß es zu einer Ohnmacht bei hypotonen Kreislaufregulationsstörungen im warmen Badewasser gekommen sei, so könne davon ausgegangen werden, daß es nicht zum Ertrinkungstod kommen werde, zumal eine vorübergehende Ohnmacht in der Regel nach Sekunden überwunden sei.

In der Literatur sei das Eintreten eines typischen Ertrinkungstodes nach Ohnmacht nicht bekannt. Vielmehr komme es bei einer über eine Ohnmacht eingeleiteten langdauernden Bewußtlosigkeit zum atypischen Ertrinkungstod, der bei Frau B. nicht vorgelegen habe.

Zusammenfassende gutachterliche Feststellungen

Zusammenfassend lassen sich die gutachterlich zu entscheidende Frage wie folgt beantworten:

„Nach den bisherigen Ermittlungen und Untersuchungsergebnissen kann aufgrund der medizinischen Erfahrung mit an Sicherheit grenzender Wahrscheinlichkeit ausgeschlossen werden, daß Ursula B. in der Badewanne ohnmächtig geworden und in ihrer Ohnmacht ertrunken ist."

Die Frage nach Unfall oder Tötung durch fremde Hand blieb offen.

Soweit und so eindeutig (auszugsweise) die gutachtlichen Stellungnahmen der Fachmediziner, doch B. sollte sich nie verantworten. Kein Gericht sollte je die Frage beantworten müssen, ob B. seine Frau ertränkt und einen Unfall vorzutäuschen versucht hatte.

Anderthalb Jahre nach dem Tode seiner jungen Frau Ursula verstarb B. in einem Düsseldorfer Krankenhaus an den Folgen der im Zusammenhang mit dem von ihm verübten Raubüberfall erlittenen Schußverletzung.

Fall 2:

Tod in der Badewanne durch elektrische Ursache

An einem Sonntagmittag rief ein Mann über Notruf 110 die Polizei. Er habe soeben seine Freundin tot in der Badewanne gefunden, erklärte er und bat, einen Arzt vorbeizuschicken.

Der noch vor dem Notarzt eintreffende Polizeibeamte wurde an der Wohnungstür von dem 32 Jahre alten Maschinenbautechniker Fritz V., dem Wohnungsinhaber, empfangen. Er sei zwei Stunden aus dem Hause gewesen und nun liege seine Freundin in der Badewanne und sei offenbar tot.

In der zu zwei Drittel mit Wasser, das offenbar einen Badezusatz enthielt, gefüllten Badewanne fand der Beamte eine unbekleidete junge Frau vor. Es sei seine Freundin Marlene U., erklärte V. Sie habe seit einer Woche wieder bei ihm gewohnt, nachdem man sich eine zeitlang getrennt gehabt habe.

Der Beamte stellte keine Lebenszeichen bei der, wie er von V. erfuhr, 27 Jahre alten Frau fest. Er sah, daß ein Stromkabel in die Wanne führte.

Unter dem linken Bein der Toten lag im Wasser ein eingeschalteter Fön. Sofort riß er den Stecker aus der Steckdose. Er fragte sich, weshalb V. dies nicht getan hatte. Dieser erklärte bei seiner späteren Vernehmung, er habe den Fön in seiner Aufregung überhaupt nicht bemerkt.

Kurz danach erschien der Notarzt. Er stellte den Tod der Frau fest. Die Wassertemperatur schätzte er auf „über 40 Grad C“. Eine exakte Messung unterblieb auch in diesem Falle.

Am nächsten Tage erfolgte die Obduktion der Leiche im Institut für Rechtsmedizin. Die Tote war völlig unverletzt. Die junge Frau war organisch gesund gewesen. Sie hatte weder unter Alkohol- noch unter Medikamenteneinfluß gestanden. Auch Kohlenmonoxid wurde nicht gefunden. So war die sofortige und eindeutige Klärung der Todesursache nicht möglich. Im Obduktionsprotokoll wurde festgestellt: „... so kann man zunächst aufgrund des Obduktionsbefundes und der Fundsituation einen Tod durch Stromschlag annehmen.“

Mord, Selbstmord oder Unfall?

Die Kriminalpolizei ermittelte, daß V. die Textiltechnikerin Marlene U. seit acht Jahren gekannt hatte. Zeitweise hatten sie zusammen gewohnt, aber immer wieder einmal war es zwischen ihnen zu Streitigkeiten und, wie V. zugab, bei solchen Gelegenheiten auch zu Tätlichkeiten gekommen. Mehrfach war Frau U. bei ihm ausgezogen. Seit einer Woche aber sei sie wieder bei ihm gewesen, man hatte sich vertragen. Streitigkeiten hatte es am Tage des Geschehens nicht gegeben.

Er sei mit dem Fahrrad unterwegs gewesen, erklärte V. Ein sicheres Alibi vermochte er nicht zu erbringen, und auch den Ermittlungsbeamten gelang es nicht, die Lücke zu schließen, die offen blieb, in der er zu Hause den Fön in die Wanne seiner badenden Freundin hätte werfen können. Aber es fehlte auch am Motiv. Unwiderlegt blieb V. dabei, daß man sich in jüngster Zeit gut vertragen habe.

Lag vielleicht ein Selbstmord vor? Die umfangreichen Nachforschungen zur Person der jungen Frau ergaben auch dafür keine Anhaltspunkte. Zeichen von Depressionen waren bei ihr nie beobachtet worden. Zu keiner Zeit hatte sie Selbstmordabsichten geäußert. War es eventuell ein Unglücksfall? V. gab an, daß er es nie erlebt habe, daß sich seine Freundin in der Badewanne die Haare gefönt hatte. Der Fön, so erklärte er, sei immer in einem Korb unter dem Waschbecken aufbewahrt worden. Die Frau trug einen Lockenkopf, kurz geschnittene Haare, Locke an Locke. Die Frisur war gerade in Mode. Keinesfalls darf man bei dieser Frisur den Fön benutzen. Die ganze Lockenpracht wäre dahin! Lag also doch ein Mord vor? Sagte V. die Wahrheit, wenn er erklärte, er habe den Fön in der Wanne überhaupt nicht bemerkt, und war es möglich, daß er, wie er es behauptete, unbeschadet in das Badewasser hineinfassen und seine Freundin hatte berühren können, ohne einen Stromschlag zu erhalten oder gar selbst getötet zu werden?

Ein Sachverständiger für Elektrotechnik wurde hinzugezogen. Er wurde beauftragt, alle die Fragen zu prüfen, die sich auch im technischen Bereich auftaten.

Er erklärte später in seinem Gutachten unter anderem:

„Im Badezimmer der Wohnung konnte ich keine Fehler in der Anlage und keine nicht sachgerechten Ausführungen feststellen. Es ist insbesondere die in diesem Fall wichtige Vorschrift nach VDE 0100 erfüllt, wonach Steckdosen einen Mindestabstand vom Rand der Badewanne von 600 mm haben müssen. Der Abflußraum unter der Badewanne wurde geöffnet. Hierbei konnte ich feststellen, daß die Badewanne sachgerecht über das Wasserleitungsnetz geerdet ist.

Der SHG-Fön Super 1000 wurde von mir untersucht. Er ist in einem technisch einwandfreien Zustand; unzulässige Veränderungen konnte ich nicht erkennen. Insbesondere habe ich festgestellt, daß äußerlich kein Punkt vorhanden ist, an dem Spannung führende Teile hätten berührt werden können.

Selbstverständlich kann ein Fön nicht gegen das Eindringen von Wasser geschützt sein, da er sonst seine eigentliche Aufgabe nicht erfüllen würde. Beim Eindringen durch die Lufteintritts- oder Luftaustrittsöffnung wird gefährliche Spannung von innen nach außen übertragen. Die kann auch auftreten, wenn der Fön nicht eingeschaltet, sein Stecker jedoch in eine Steckdose gesteckt ist.

Ein bei der Ortsbesichtigung durchgeführter Versuch hat gezeigt, daß der Fön in der Badewanne unter Wasser (12 cm Höhe) weiterläuft, ohne daß der Sicherungsautomat den Strom abschaltet. Dies ist dadurch zu erklären, daß der hierbei fließende Strom wesentlich kleiner ist als der zur Abschaltung erforderliche Strom von 16 A.

Bei einer Rekonstruktion habe ich bei im Badewasser laufendem Fön folgende Stromstärken messen können:

0,34 A bei kaltem Leitungswasser
0,34 A bei 40 °C warmem Leitungswasser und
0,39 A bei 40 °C warmem Leitungswasser mit dem vorhandenen Duft-Schaumbad-Zusatz.

Bekanntlich können Stromstärken ab 0,1 A schon tödlich sein. Der Tod wurde in diesem Fall deshalb mit hoher Wahrscheinlichkeit durch den unter Wasser laufenden Fön verursacht. Beim Anfassen der Toten in der Badewanne hat Herr V. trotz des laufenden Föns deshalb keinen elektrischen Schlag bekommen, weil er hierbei offenbar keine leitende Verbindung zur Erde hatte.

Ungeklärt bleibt die Frage, ob das Opfer selbst oder eine andere Person absichtlich oder versehentlich den Fön in das Badewasser fallen ließ."

Diese Frage konnte trotz umfangreicher Ermittlungen nicht geklärt werden.

Fall 3:

Natürlicher Tod in der Badewanne?

Diesmal war es der Notarzt, der am Samstagmorgen, gegen 09.00 Uhr, die Kriminalpolizei rief. Es handele sich um einen ungeklärten Todesfall.

Die Wohnung W. lag im zweiten Stockwerk des Mehrfamilienhauses. Eine saubere, aufgeräumte und gepflegte Wohnung. Neben einer Streifenwagenbesatzung der Schutzpolizei und dem Notarzt wurden die Beamten von dem Rentner Hans W. erwartet. Es handele sich um seine Frau. Sie sei heute morgen gegen 07.45 Uhr aufgestanden und habe gleich darauf das Badewasser einlaufen lassen.

Während das Wasser in die Badewanne gelaufen sei, habe sie die Wohnung gelüftet, indem sie die Wohnzimmerfenster weit geöffnet habe. Gegen 08.00 Uhr sei sie dann ins Bad gegangen. Zu dieser Zeit sei er selbst noch im Bett gewesen. Als sie nach etwa einer halben Stunde immer noch nicht aus dem Bad gekommen sei, sei er aufgestanden, um nach ihr zu sehen. Er habe die unverschlossene Badezimmertür geöffnet und seine Frau leblos in der Badewanne vorgefunden. Sie habe nicht mehr reagiert, auch nicht, als er ihr mit der Hand leicht gegen die Wange geschlagen habe. Er habe sofort den Notruf der Feuerwehr 112 gewählt und um einen Arzt gebeten.

Von den Beamten nach dem Gesundheitszustand seiner verstorbenen Frau befragt, erklärte W., daß sie seit geraumer Zeit unter Kreislaufbeschwerden und Diabetes gelitten habe. Am heutigen Morgen habe sie aber nicht über Beschwerden irgendwelcher Art geklagt.

In dem 2,13 m × 1,66 m × 2,50 m großen Bad fanden die Beamten in der bis zu einer Höhe von 30 cm mit grünlich verfärbtem Wasser gefüllten Badewanne die unbekleidete Leiche einer korpulenten Frau. Die Tote befand sich in Rückenlage. Aus dem Wasser ragten der Oberkörper und der Kopf, die Unterarme und die Knie.

Um 10.00 Uhr maßen die Kriminalbeamten eine Wassertemperatur von 30 Grad Celsius.

Leichenbefund

Die Leiche war völlig unverletzt. Leichenstarre war nur im Kiefergelenk festzustellen. Totenflecke fanden sich lagegerecht an den abhängenden Körperpartien. Ihre Farbe beschrieben die Beamten als „rötlich“. Waschhautbildung stellten sie nicht fest. In der hinteren Querwand war ein 115 × 83 cm großes Fenster. Das Fenster war geschlossen. Es war eines der neuen, mit Gummilippen versehenen, dicht abschließenden Fenster. Um Heizenergie einzusparen, habe der Hauswirt diese Fenster und auch neue Türen einbauen lassen, klärte W. die Beamten auf.

Über der Badewanne war ein Heizgeyser der Firma Vaillant, Typ VCW 15 S mit einer Wärmeleistung von 15.000 Kcal/h installiert. Der Geyser wurde mit Erdgasfeuerung betrieben, und er diente der Erzeugung von Heizwärme für die Etagenheizung und Warmwasser für Küche und Bad. Die Beamten stellten fest, daß das Gerät ausgeschaltet war. Es brannte keine Flamme, auch nicht die sogenannte Spar- oder Zündflamme. Als sie probeweise eine Zündung vornahmen, arbeitete das Gerät offensichtlich einwandfrei. Sie stellten insbesondere fest, daß beim Erlöschen der Zündflamme das Gasmagnetventil innerhalb einer Sicherheitszeit von 30 Sekunden die Gaszufuhr zum Brenner abschaltete. Die Sicherheitseinrichtungen des Gerätes schienen also ebenfalls in Ordnung zu sein, und so erklärten die Beamten schließlich, daß die Frau wohl eines natürlichen Todes als Folge ihrer organischen Erkrankungen gestorben sei. Gewalt hatte auf ihren Körper nicht eingewirkt, denn die Leiche war völlig unverletzt.

Ertrunken war die Frau auch nicht, denn ihr Kopf hatte sich außerhalb des Wassers befunden und alles sprach dafür, daß auch der erdgasbetriebene Autogeyser bei ihrem Tode keine Rolle gespielt hatte.

Hätte der Ehemann der Verstorbenen den behandelnden Arzt seiner Frau erreichen können, der die Krankheiten der Frau gekannt hatte, wäre sicherlich ein „natürlicher Tod“ bescheinigt worden, aber der war gerade in Urlaub.

Todesursache CO-Vergiftung

Vorsorglich ließ man bei der Toten Blut entnehmen und veranlaßte die Untersuchung auf Alkohol und Kohlenmonoxyd. Und noch am gleichen Tage teilte das Institut für Rechtsmedizin mit, daß die Untersuchung des Blutes der verstorbenen Frau einen Kohlenmonoxydgehalt von 70 Prozent ergeben hatte. Ohne jeden Zweifel war die Frau an den Folgen einer CO-Vergiftung gestorben, denn 70 Prozent waren eine absolut tödliche Menge.

Also war doch der Autogeyser die Ursache? Ein Sachverständiger für Heizungsanlagen und ein weiterer für Schornsteinanlagen wurden hinzugezogen und beauftragt, gutachtlich zu den Ursachen dieses Geschehens Stellung zu nehmen.

Am Ende ihrer Untersuchungen stand fest, daß letztlich die in dem Bestreben, Energie zu sparen, neu eingebaute Badezimmertür und das nunmehr völlig luftdicht schließende Fenster zu diesem tödlichen Unfall geführt hatten.

Die Sachverständigen erklärten, daß nach den „Technischen Regeln für Gas-Installationen" DVGW-TRJ 1972 und der früheren Ausgaben 1962 und 1950 Gas-Wasserheizer bis zu 300 Kcal/min. = 18.000 Kcal/h in Räumen von 6 m^3 bis 8 m^3 Inhalt aufgestellt werden dürfen. Diese Räume müssen allerdings zwingend mit einer oberen und einer unteren Lüftungsöffnung versehen sein, die in den angrenzenden Raum führen müssen. Die obere Lüftungsöffnung ist, so schreiben diese Bestimmungen vor, dicht unterhalb der Decke, jedoch mindestens 1,8 m über dem Fußboden, die untere Lüftungsöffnung in der Nähe des Fußbodens anzubringen. Die Lüftungsöffnungen, die einen freien Querschnitt von mindestens je 150 cm^2 haben müssen, dürfen nicht verschließbar sein.

W. erklärte auf entsprechende Fragen, solche Öffnungen seien in der alten Badezimmertür vorhanden gewesen.

Das Fenster, so stellten die Sachverständigen fest, war fugendicht. Die Bodenfreiheit der Tür betrug 0,01 m, d. h. bei einer Breite von 0,67 m war der Luftschlitz 0,0067 m^2. Weitere Zu- und Abluftöffnungen waren im Bad nicht vorhanden.

Rußansatz im Abgasrohr und im Gerät, das ansonsten einwandfrei arbeite, beweise, daß es in der Feuerstätte bereits früher zur unvollkommenen Verbrennung und damit zur Bildung von Ruß und Kohlenmonoxid (CO) gekommen sei.

Die Entstehung von CO sei nur durch Mangel an Verbrennungsluft in der Feuerstätte erklärbar.

Durch die niedrigen Außentemperaturen um den Gefrierpunkt am Tage des Geschehens sei ein großer Wärmebedarf um etwa 65-70 Prozent der oberen Leistungsgrenze erforderlich gewesen.

Der böige Wind an diesem Tage um 5 bis 7 Uhr habe über den unteren Türschlitz einen Unterdruck in das Badezimmer gebracht, der den Auftrieb im Schornstein ausgeglichen oder umgekehrt habe. Die Abgase seien somit im Bade verblieben und hätten durch ein fehlendes Sauerstoffangebot zur Bildung von CO in einer tödlichen Konzentration geführt.

Die in der Tür nach der Erneuerung fehlenden Zu- und Abluftöffnungen von je 150 cm^2, die als Lüftungseinrichtung infolge Raumkonvektion für einen Luftwechsel im Unfallraum gesorgt hätten, seien bei diesem Unfall als ursächlich anzusehen.

7. Tod durch Brand

7.1 Kriminalistische Probleme in der Praxis der Todesermittlungen bei Tod durch Brand

Mögliche Todesursachen

Ursächlich für Todesfälle im Zusammenhang mit Bränden können sein:

- Tod durch Verbrennen,
- CO-Vergiftung,
- ein anderer unnatürlicher Tod oder
- ein dem Brand vorangegangener natürlicher Tod.

Merke:

- Bei Brandleichen stets eine Bestimmung des CO-Gehaltes des Leichenblutes durchführen lassen.
  Ist die Untersuchung positiv, so beweist dies, im Zusammenhang mit anderen Zeichen, daß der Mensch zum Zeitpunkt der Brandeinwirkung gelebt hat.
- Im Zweifelsfalle die Leiche immer obduzieren lassen, da nur so die Todesursache zu klären ist.
  Die bloße Leichenbesichtigung führt in diesen Fällen nicht zu gesicherten Erkenntnissen, weil das Verkohlen der Leiche natürlich auch dann gegeben ist, wenn der Mensch beim Ausbruch des Brandes bereits tot war.

Leichenerscheinungen als Folge von Brandeinwirkung

Menschliche Leichen nehmen als Folge von Hitzeeinwirkung eine sogenannte *Fechterstellung* ein, und zwar unabhängig davon, ob zur Zeit der Hitzeeinwirkung die Leichenstarre ausgeprägt war oder nicht.

Ursache für die Fechterstellung ist die Kontraktur der Beuge und zum Teil auch der Streckmuskulatur.

Typisch ist bei Brandleichen das *Aufplatzen der Haut* besonders im Bereich der Gelenkbeugen (Achsel-Leistenbeugen). Die dabei entstehenden Wunden sind oft sehr glattrandig und können von daher Schnittwunden vortäuschen.

Als Folge der Hitzeeinwirkung ist vielfach auch das Aufplatzen des Schädels zu beobachten, mitunter unter Austritt von Teilen des Gehirns.

Bei durch Brandeinwirkung oberflächenzerstörten Leichen werden Einschüsse und andere Verletzungen sehr leicht übersehen. Derartige Leichen daher stets vorsorglich röntgen lassen.

An die Röntgenidentifizierung denken! Brandleichen sind meist auf andere Weise nicht mehr identifizierbar.

Das vollständige Verbrennen einer Leiche ist möglich, aber bei erwachsenen Menschen schwierig. Die Leiche eines Neugeborenen ist dagegen in einem kleinen Küchenherd in wenigen Stunden ohne Rückstände zu verbrennen.

7.2 Zur Phänomenologie des Todes durch Brand

Vorbemerkungen

Brand- und Todesermittlungsverfahren haben eines gemeinsam – sie zählen zu den schwierigsten kriminalpolizeilichen Aufgabenbereichen überhaupt. Dort aber, wo Menschen verbrannt sind, sich selbst verbrennen, verbrannt werden, potenzieren sich die Schwierigkeiten der Ermittlungen allein schon deshalb, weil *durch das Feuer wichtige Spuren ganz oder teilweise vernichtet werden können*. Der menschliche Körper ist gegen Zerstörungen durch Feuer nicht sehr widerstandsfähig. So findet man selbst bei verhältnismäßig kleinen Bränden oft so schwere Brandverletzungen und Zerstörungen an den Leichen, daß sie scheinbar in keinem Verhältnis zum Ausmaß des Brandes zu stehen scheinen. Als Folge davon treten dort immer wieder Schwierigkeiten auf, wo es darum geht, *Brandleichen zu identifizieren*. Visuelle Identifizierungsmethoden scheiden meist aus, und oft sind die Verbrennungen so erheblich, daß auch Fingerabdrücke nicht mehr genommen werden können. Vielfach bleibt daher nur das Röntgenidentifikationsverfahren, denn jede Leiche muß identifiziert werden!

Aber es sind nicht nur die Probleme um die Identifizierung. In aller Regel ist auch die Beurteilung von Verletzungen und Veränderungen als Folge der Oberflächenzerstörung erheblich erschwert. *Einschüsse und damit Tötungsdelikte werden nur zu leicht übersehen.*

Würge- und Drosselmarken sind oftmals äußerlich nicht mehr zu sehen. Aufgeplatzte Haut kann *Stich- und Schnittverletzungen*, ein *geborstenes Schädeldach Gewalteinwirkung vortäuschen*, obwohl beides durchaus Folge großer Hitzeeinwirkung sein kann.

Neben der *Röntgenuntersuchung* muß hier daher auch immer wieder mit Hilfe der Leichenöffnung Klarheit zu gewinnen versucht werden, wobei die Ärzte stets auch zu der oft so entscheidenden Frage Stellung nehmen müssen, ob der Mensch lebend den Flammen ausgesetzt war oder ob er bei Ausbruch des Brandes schon nicht mehr gelebt hat.

Erinnert sei in diesem Zusammenhang an die beiden klassischen, in die Kriminalgeschichte eingegangenen Fälle, bei denen so recht die Probleme um den Tod durch Brand deutlich wurden, gemeint sind die *Mordsache Tetzner* und das gegen den *Zahnarzt Dr. M.* aus Kaiserslautern geführte Strafverfahren.

Der 1903 in Leipzig geborene Kaufmann Erich Tetzner hatte 1929 einen von ihm in seinem Pkw mitgenommenen Wanderburschen getötet und im Pkw verbrannt. Er hatte damit seinen eigenen Tod vortäuschen und eine hohe Versicherungssumme kassieren wollen. Der Wagen war, gegen einen Kilometerstein geprallt, brennend vorgefunden worden. Vom Fahrersitz des Wagens hatte nur ein völlig verkohlter menschlicher Torso geborgen werden können.

Mißtrauisch geworden war nicht die Polizei, sondern eine Versicherungsgesellschaft, der aufgefallen war, daß sich Tetzner erst wenige Wochen vor seinem Tode mit der für seine Verhältnisse enorm hohen Summe von 145.000,– Reichsmark versichert hatte. Seine Witwe hatte wenige Tage nach dem Geschehen Ansprüche auf die Versicherungssumme geltend gemacht.

Man hatte an einen möglichen Selbstmord Tetzners gedacht und hatte der Witwe nach langem Hin und Her die Erlaubnis zur Sektion der Leiche abgerungen. Mit der Leichenöffnung war der Leipziger Gerichtsmediziner Richard Kockel beauftragt worden.

Kockel stellte fest, daß im Blut des Toten kein Kohlenmonoxid vorhanden war. Er fand in den Luftwegen auch keinen Ruß und ging daher, wie sich im Nachhinein erwies, zu Recht davon aus, daß der Mann nicht mehr gelebt hatte, als der Wagen in Flammen aufgegangen war.

Er fand auch Fetteinschwemmungen in der Lunge und schloß daraus, daß stumpfe Gewalt auf den Mann eingewirkt hatte.

Kockel unterrichtete die Leipziger Kriminalpolizei und teilte dieser mit, daß er aufgrund der Altersstruktur davon ausgehe, daß der Tote nicht Tetzner sei. Vermutlich sei der Unbekannte ermordet und nachher beraubt worden.

Tetzner, der sich in Straßburg unter dem Namen Sranelli aufhielt, wurde nach Überwachung seiner Ehefrau festgenommen. Er gab zu, Tetzner zu sein und den Wanderburschen getötet und verbrannt zu haben, um so in den Besitz der Versicherungssumme zu gelangen.

Die Frage, inwieweit eine *Fettembolie* als Zeichen für die Einwirkung von Gewalt auf den Körper vor Eintritt des Todes gelten muß oder ob sie nicht auch durch Fetteinschwemmungen als Folge der Hitzeeinwirkung beim Verbrennen eintreten kann, spielte damals schon eine große Rolle.

Sie erlangte erneut aufsehenerregende Bedeutung in dem spektakulären Strafverfahren gegen den *Zahnarzt Dr. M.* aus Kaiserslautern.

Dr. M. wurde beschuldigt, seine Ehefrau in seinem Pkw verbrannt und einen Unglücksfall vorgetäuscht zu haben. Der Zahnarzt hatte, zur Sache vernommen, angegeben, seine Frau habe bei der gemeinsamen Fahrt im Pkw den Verlust eines Schmuckringes bemerkt. Sie habe den Ring im Pkw vermutet und schon während der Fahrt danach gesucht. Weil eine Radkappe seines Wagens abgesprungen sei, habe er angehalten und sei zurückgegangen. Plötzlich habe das Fahrzeug in hellen Flammen gestanden. Er vermute, daß seine Frau bei der Suche nach dem Ring ein Streichholz angezündet und so fahrlässig möglicherweise aus einem mitgeführten Kanister ausgelaufenes Benzin entzündet habe. Vielleicht, so gab er an, sei auch der im Pkw installiert gewesene Katalytofen explodiert und habe den Brand ausgelöst.

Die sorgfältig geführte Tatbefundaufnahme und Spurensuche am Brandort widerlegte aber die Angaben des Zahnarztes in vielen Punkten. So wurde festgestellt, daß die Radkappe, deren Federung völlig in Ordnung war, nicht selbst abgesprungen sein konnte, sondern mit Hilfe eines Schraubenziehers entfernt worden war, was Dr. M. schließlich zugab.

Der Schmuckring, nach dem die Frau angeblich im Pkw gesucht hatte, wurde 1,20 m von dem ausgebrannten Wagen entfernt gefunden.

Eine Flasche, die Dr. M. zum Nachfüllen von Benzin für den Katalytofen zu verwenden pflegte, fanden die Beamten 10 m von der Straßenböschung entfernt. Sie entdeckten auch, wenige Meter davon entfernt, den zur Flasche gehörenden Stöpsel.

Wissenschaftler des Bundeskriminalamtes stellten fest, daß die Flasche weder Sprünge noch Rußanhaftungen aufwies. Sie hatte sich also zur Zeit des Brandes nicht im Wagen befunden, ebensowenig wie der Schmuckring, der keinerlei Brandbeschädigungen aufwies. Durch eingehende Zeugenvernehmungen gelang es, die Branddauer festzustellen. Dadurch, daß man den Grad der Entkalzinierung der Knochen der verbrannten Frau feststellte, konnte man auf die Temperatur im Fahrzeuginneren zum Zeitpunkt des Brandes schließen.

Es wurden umfangreiche Rekonstruktionen des Geschehens durchgeführt, so Fahrversuche mit einem gleich großen gefüllten Kanister mit Benzin, um zu prüfen, ob ein Auslaufen der Flüssigkeit möglich war, Fahrten mit einem unverschlossenen Kanister. Es wurde ein Vergleichsfahrzeug so hergerichtet, wie es den tatsächlichen Verhältnissen vor Ausbruch des Brandes entsprochen hatte. Der Wagen wurde dann durch Entzünden von Benzin (dem entsprechenden Inhalt der im Wald vorgefundenen Flasche) in Brand gesetzt. Über den Verlauf dieses Versuches fertigte man Filmaufnahmen und legte exakte Aufzeichnungen nieder. Alle diese Maßnahmen trugen wesentlich zur Beweisführung bei.

Daß es letztlich nicht, wie von den Vertretern der Staatsanwaltschaft beantragt, zu einer Verurteilung zu lebenslanger Freiheitsstrafe wegen Mordes, sondern nur wegen eines Vergehens der gefährlichen Körperverletzung und eines weiteren Vergehens der fahrlässigen Tötung zu einer Gesamtstrafe von 6 Jahren kam, lag wohl vor allem daran, daß die Gerichtsmediziner sich nicht in der Beurteilung der Frage einig waren, wie Frau M. zu Tode gekommen war. Die Todesursache war nicht eindeutig zu klären, weil durch das Feuer wesentliche Teile der Leiche vernichtet worden waren.

Es war ein Prozeß gewesen, der so recht die ganze Problematik der Ermittlungen im Zusammenhang mit Brandleichen deutlich gemacht hatte, der die Schwierigkeiten aufgezeigt hatte, die durch die starken Veränderungen und Zerstörungen, die das Feuer an Leichen anzurichten vermag, immer wieder eintreten.

Die Gefahren, daß wichtige Dinge übersehen werden, daß es zu Fehleinschätzungen kommt, sind daher gerade hier besonders groß.

Fall 1:

Auffinden einer unbekannten Brandleiche im Brandschutt eines abgebrannten Kleingartenhauses

An einem Januarabend, gegen 23.00 Uhr, wurde die Feuerwehr zu einem nahe des Rheins gelegenen Kleingartengeländes gerufen. Eines der dort stehenden unbewohnten Gartenhäuser brannte in voller Ausdehnung.

Man hatte den Brand gelöscht und hatte bei der nachfolgenden Absuche im Brandschutt die Leiche eines Mannes gefunden.

Zwischenzeitlich war dort auch der Pächter des Gartens eingetroffen. Noch in der Mittagszeit, so erklärte er, sei er in seinem Garten gewesen. Das Gartenhaus habe er, wie den Garten selbst, verschlossen. Er könne sich nicht erklären, wer der Tote sei. Zu keiner Zeit habe er irgendjemand die Erlaubnis gegeben, in seinem Gartenhaus zu nächtigen.

Der Tote lag mitten im Raum. Reste von Bekleidung hafteten an der oberflächlich verbrannten Leiche. Bis auf Hautabschürfungen an der linken

Brustseite und am linken Oberarm beschrieben die Beamten den Toten als frei von groben äußeren Verletzungen. Gegenstände, die eine sofortige Identifizierung des Unbekannten ermöglicht hätten, wurden weder an der Leiche noch im Brandschutt gefunden. Nach Rücksprache mit der Feuerwehr gingen die Beamten davon aus, daß die von ihnen festgestellten Hautabschürfungen von den von der Feuerwehr bei den Löscharbeiten eingesetzten Geräten herrührten. Sie vermuteten, daß der Tote ein sogenannter Stadtstreicher gewesen war, der im Gartenhaus hatte nächtigen wollen und beim fahrlässigen Hantieren mit offenem Feuer das Gartenhaus in Brand gesetzt hatte und dabei zu Tode gekommen war.

Die Obduktion der Leiche ergab folgendes:

„... haben wir ausgedehnte Brandverletzungen bis zum IV. Grade im Bereich der behaarten Kopfhaut, des Gesichtes, des Halses, des Rückens und an der linken unteren Extremität gefunden. Das Blut war überall dunkelrötlich schwärzlich und nach einer orientierenden Untersuchung ohne CO-Gehalt.

Weiterhin haben wir keine Spuren von Rußeinatmung gefunden.

Aufgrund der beschriebenen Feststellungen muß man zunächst davon ausgehen, daß die Brandverletzungen der Körperoberfläche nach dem Tode dieses Mannes entstanden sein können.

Die Obduktion konnte keine Ursache eines natürlichen Todes feststellen.

Die Befunde an den Nebennieren weisen darauf hin, daß dieser Mann wahrscheinlich eine Bluthochdruckkrankheit gehabt hat.

Weiterhin konnten wir Zeichen einer chronischen Magenschleimhautentzündung feststellen. Diese krankhaften Organveränderungen sind aber nicht geeignet, einen Tod aus natürlicher innerer Ursache zu erklären.

Im Bereich der linken Ellenbeuge waren auf Injektionsstiche verdächtige Spuren zu sehen. Die mehreren, aber oberflächlichen Stichwunden des Rükkens sind von postmortaler Natur. Sie sind Folge der Bergung der Leiche.

Das Alter dieses Mannes kann man aufgrund der Abnutzung der Zähne auf ca. 30 bis 35 Jahre schätzen.

Aufgrund des Obduktionsbefundes und der Fundsituation ist es gut möglich, daß dieser Mann infolge einer Intoxikation gestorben ist.“

Ein Fremdverschulden war nicht auszuschließen. Um weiterzukommen mußte man versuchen, den Unbekannten so schnell wie möglich zu identifizieren. Die Fingerabdrücke des Toten waren an das Bundeskriminalamt gegangen, aber von dort hatte nicht geholfen werden können. Identische Fingerabdrücke lagen nicht ein.

Fernschreiben mit der Beschreibung des Toten wurden an alle Polizeidienststellen gesandt, eine Vielzahl weiterer Maßnahmen eingeleitet.

Der Brandort wurde noch einmal aufgesucht und der Brandschutt gesichtet. Die Beamten fanden neben einer goldenen Herrenarmbanduhr mit der

Gravur „Ruhrkohle AG 1945–1970" eine Einwegspritze mit der Aufschrift „Insulin".

Identifizierung des Toten

Am Tage darauf rief die Kriminalpolizei einer Ruhrgebietsstadt an und teilte mit, daß dort der 48 Jahre alte Werner B. vermißt werde. B. sei vor zwei Tagen nach einem Streit mit seiner Ehefrau von zu Hause weggegangen und seitdem nicht zurückgekehrt. Die von den Angehörigen in der Vermißtenanzeige beschriebenen Bekleidungsstücke stimmten mit denen überein, deren Reste an der Leiche gefunden worden waren.

Die Angehörigen beschrieben, daß der Vermißte im Besitz einer goldenen Herrenarmbanduhr mit der Gravur „Ruhrkohle AG 1945–1970" gewesen sei. Die Uhr sei ihm anläßlich seines 25jährigen Dienstjubiläums überreicht worden.

Ärztliche Befunde, vergleichbar mit entsprechenden Feststellungen der Rechtsmediziner, Besonderheiten im Zahnbefund und andere Dinge kamen hinzu. Es blieb kein Zweifel, der Tote aus dem Gartenhaus war Werner B.

B. war Alkoholiker gewesen. Die Streitigkeiten in seiner Ehe hatten sich gehäuft. Wiederholt war er mit Selbstmordandrohungen von zu Hause weggegangen, war aber regelmäßig zurückgekehrt. So war es auch am Tage vor seinem Auffinden gewesen. Nach einem Streit war er gegangen, wieder einmal mit dem Hinweis, nicht mehr zurückzukommen.

Die im gleichen Hause lebende Mutter B.'s war zuckerkrank. Sie bewahrte Insulin und gleichartige Einwegspritzen auf, wie sie am Brandort gefunden worden war. Es fehlte Insulin, und es wurden zwei Ampullen Valium 10, jede zu zwei Milliliter vermißt.

Lag eine Selbsttötung vor?

Hatte sich B. diese Medikamente in selbstmörderischer Absicht injiziert, nachdem er nach Düsseldorf gefahren, in ein abseits gelegenes Gartengelände gegangen und dort in ein unbewohntes Gartenhaus eingedrungen war? Vieles sprach für diese Annahme.

Fahrlässige Brandstiftung

Und das Feuer, wie war das entstanden? Man zog einen Brandsachverständigen hinzu. Er erklärte nach Abschluß seiner Untersuchungen, daß von einer fahrlässigen Brandstiftung durch unvorsichtiges Umgehen mit offenem Licht oder durch Herabfallen einer brennenden Zigarette ausgegangen werden müsse.

Hinweise für die Verwendung von Brandbeschleunigungsmitteln hatte er bei der Untersuchung der Brandstelle nicht gefunden.

Fall 2:

Ausgangslage: 16jähriges vermißt gemeldetes Mädchen

An einem Dienstag im September wurde eine 16 Jahre alte Postangestellte als vermißt gemeldet. Das Mädchen war von einem Schreibmaschinenkursus, den es im Rahmen seiner Ausbildung am Vormittag des Vortages besucht hatte, nicht zu seiner Arbeitsstelle zurückgekehrt und seitdem spurlos verschwunden. Die Suchaktionen verliefen zunächst ohne jeden Erfolg. Drei Tage später wurden die Ermittlungen durch die Meldung unterbrochen, daß Heizungsmonteure in der Brennkammer eines Ölofens im Keller eines Bürohochhauses in der Düsseldorfer Innenstadt eine Leiche gefunden hätten (Abb. 33). Es war die Vermißte.

Auffinden der Vermißten als Leiche

Um die Leiche bergen zu können, mußten Brenner und Gebläseaggregat vom Ofen abgebaut werden. Die Tote war teils faulig aufgetrieben, teils verbrannt (Abb. 34). Die stärksten Verbrennungen fanden sich am Unter-

Abb. 33: Der Ölofen, in dessen Brennkammer der Täter sein Opfer zu verbrennen versucht hatte

Abb. 34: Die Leiche der 16 Jahre alten Postangestellten in der Brennkammer des Ölofens nach Abbau des Brenners und des Gebläseaggregates

körper. Der rechte Fuß war durch die Brandeinwirkung erheblich zerstört und in seiner knöchernen Gliederung nicht mehr exakt beschreibbar.

Tötung des Opfers nach schweren Mißhandlungen durch Erdrosseln

Die Obduktion ergab, daß das Mädchen – sie war die Tochter eines Polizeibeamten – nach schweren Mißhandlungen erdrosselt worden war.

In mühsamer Kleinarbeit gelang es, in dem ca. 1.200 qm großen Keller die Tat anhand der vorgefundenen Spuren weitgehend zu rekonstruieren. Dies und die Ergebnisse der weiteren Ermittlungen führten zur Festnahme des Hausmeisters dieses Gebäudes, eines Mannes, der Jahre in psychiatrischen Anstalten zugebracht hatte und vielfach vorbestraft war.

Beseitigung des Opfers durch Verbrennen

Die Beseitigung seines Opfers war ihm nur deshalb nicht gelungen, weil infolge eines Defektes in der Ölzufuhr der Brenner des Ofens vorzeitig ausgegangen war.

Nachdem die Leiche geborgen worden war, wurden aus einer Ecke der Brennkammer schwarze, kohleartige, zunächst nicht identifizierbare Stücke gesichert und mit dem anderen Spurenmaterial zur weiteren Überprüfung an das Landeskriminalamt gegeben. Eines Tages teilte die mit den Untersuchungen der Spuren betraute Biologin mit, daß es sich bei den bis zu 5-DM-Stück großen kohleartigen Stücken offenbar um Teile menschlicher Knochen handele. Rechtsmediziner und Anatomen der Universität Düsseldorf bestätigten das und, da der Obduzent versicherte, das knöcherne Gerüst der aus dem Ofen geborgenen Leiche sei mit Sicherheit vollständig und unzerstört gewesen, konnte das nur bedeuten, daß ein weiterer Mensch im Ölofen verbrannt worden war.

Die Kriminalbeamten wandten sich an Prof. Dr. Neiss an der Universität Nürnberg-Erlangen und beauftragten ihn mit der weiteren fachärztlichen Überprüfung.

Ergebnisse des Röntgenidentifizierungsverfahrens

Mit Hilfe von Röntgenaufnahmen wies der Arzt nach, daß nur ein Teil der aus der Brennkammer des Ofens geborgenen Stücke Knochenfragmente waren. Er hielt es für wahrscheinlich, daß alle Bruchstücke einem menschlichen Fuß zuzuordnen waren. Prof. Dr. Neiss riet – trotz der Aussagen des Obduzenten – die Leiche des Mädchens vorsorglich röntgen zu lassen und die Fuß- und Unterschenkelknochen für die notwendig werdenden Untersuchungen sicherzustellen.

Inzwischen war die Tote aber längst beerdigt. Auf Antrag der Staatsanwaltschaft wurde die Leiche exhumiert. Füße und Unterschenkel wurden gesichert (Abb. 35), die Unversehrtheit des übrigen Skeletts mit Hilfe von Röntgenaufnahmen nachgewiesen.

Bei den anschließenden Untersuchungen bestätigte sich, daß alle Knochenteile dem rechten Fuß bzw. dem rechten Unterschenkel der Ermordeten zuzuordnen waren. Zu der Frage, wie es zu einer falschen Beurteilung der Brandverletzungen sowohl durch die den objektiven Tatbefund aufnehmenden Kriminalbeamten als auch durch die obduzierenden Ärzte hatte kommen können, erklärte der Gutachter:

„Bei Brandkontraktur werden Füße sohlenwärts gebeugt. Die Kontraktur war vermutlich in diesem Falle außerordentlich stark. Die Hitze wirkte mehr auf die Fußsohlen und auf die Rückseite des Unterschenkels als auf die Vorderseite. Durch die Kraft der Kontraktur wurde das Sprungbein im Hals auseinandergebrochen. Das isolierte Teil wurde mit Knochensplittern aus der Umgebung gedrückt.

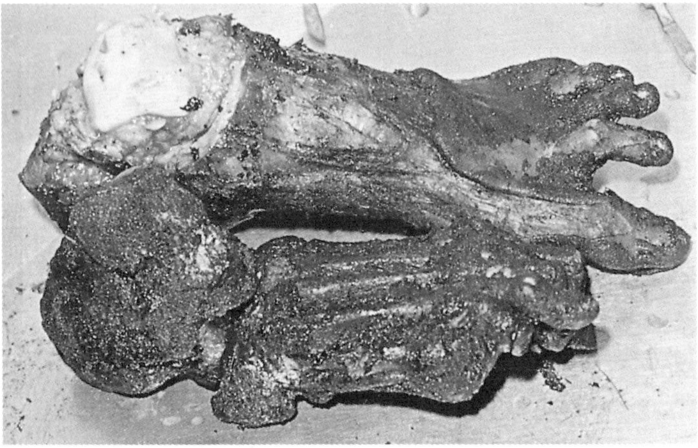

Abb. 35: Die Füße des Opfers, aus denen Knochenteile herausgebrochen waren

Das Fehlen der Fußknochen fiel wegen der Karbonisierung der Leiche bei der Inspektion nicht auf. Auch täuschte die Karbonisierung Knochenteile vor, die in Wirklichkeit aus dem Fuß herausgedrückt waren."

Fall 3:

Ausgangslage: Vermißter 10jähriger Junge

An einem Freitag, mitten im Dezember, gegen 12.45 Uhr, meldete der Eigentümer eines angesehenen Ausfluglokals einer kleinen Stadt im Nordosten Düsseldorfs seinen drei Jahre alten Sohn als vermißt. Der Anzeigende gab an, daß das Kind noch gegen 10.00 Uhr von Bediensteten in den Räumen der Gaststätte beobachtet worden sei. Er habe bereits zusammen mit seinem Personal sämtliche Räume der Haupt- und Nebengebäude und auch die nähere Umgebung des Lokals vergeblich nach dem Jungen abgesucht. Er könne nicht ausschließen, daß das nur mit Pullover, Strickhose und Wildlederschuhen bekleidete Kind das Haus unbemerkt verlassen und sich in dem zur Zeit herrschenden starken Nebel verirrt habe.

Nach Eingang der Vermißtenmeldung leitete die örtlich zuständige Polizei unverzüglich eine umfangreiche Suchaktion ein, an der neben Beamten der Schutz- und Kriminalpolizei auch Angehörige der Freiwilligen Feuerwehr teilnahmen. Suchhunde wurden eingesetzt und die Bevölkerung über Lautsprecher zur Mitfahndung nach dem vermißten Kind aufgerufen. Die Nachsuche erstreckte sich auf die nähere und weitere Umgebung der Gaststätte und auf sämtliche Gebäude dieses Lokals.

Unzulängliche Suchmaßnahmen durch Polizeikräfte

Im Zuge dieser Ermittlungen wurde auch ein unter einer Garage liegender Heizungs- und Kartoffelkeller mehrfach von Kriminalbeamten durchsucht. Auch ein Beamter der Schutzpolizei überprüfte mit seinem Diensthund diese Kellerräume.

Einer der Kriminalbeamten erklärte später, daß er bei der Durchsuchung dieses Kellers auch in den alten, nicht mehr benutzten Kohleofen geleuchtet habe, in dem später die Leiche gefunden wurde. Es wurde weder die Leiche entdeckt, noch wurden die im Kartoffelkeller massenhaft vorhandenen Blutspuren bemerkt.

Fortsetzung der Suchmaßnahmen

Die Suche nach dem Kind ging weiter.

Am Nachmittag, gegen 17.00 Uhr, betrat ein Kellner auf der Suche nach dem Jungen den Keller. Auch er fand nichts, was mit dem Verschwinden des Kindes hätte in Zusammenhang gebracht werden können.

Auffinden der Leiche durch Journalisten durch private Nachsuche

Während gegen 20.00 Uhr in den Räumen der Gaststätte die Presse über das Verschwinden des Dreijährigen unterrichtet wurde, begab sich ein Fotoreporter einer Boulevardzeitung in die Kellerräume des Lokals und suchte dort „auf eigene Faust" nach dem vermißten Kind. Er betrat hierbei auch den Kartoffelkeller und leuchtete in den Kohleofen. Auch er sah die Leiche nicht. Weil ihm, wie er später aussagte, „unheimlich" wurde, brach er schließlich die Suche in den Kellerräumen ab. Von der Redaktion ihrer Zeitung nach weiteren Einzelheiten des Geschehens bedrängt, entschloß sich der Fotoreporter, zusammen mit einem Kollegen, gegen 23.30 Uhr noch einmal in den Räumen des Lokals nach dem Jungen zu suchen. Bei dieser Nachsuche gelangten sie wieder in den Heizungs- und Kartoffelkeller. Einer der Journalisten öffnete die Heizungsklappe des Ofens und forderte seinen Kollegen auf, mit einer Kerze hineinzuleuchten. Gegen den dunklen Hintergrund des Ofeninnenraums bemerkten sie das bekleidete Bein eines Kindes.

Die beiden Reporter unterrichteten die noch im Hause anwesenden Beamten der Kriminalpolizei von ihrem Fund. Die Leiche des Jungen wurde geborgen. Da ohne Zweifel ein Tötungsdelikt vorlag, wurde die Mordkommission gerufen.

An der Leiche fanden sich die Kleidungsstücke, mit denen das Kind zuletzt gesehen worden war. Um den Hals des Jungen war lose ein mit einer einfachen Schlinge versehenes Leinenband geschlungen. Im Gesicht des Kindes fanden sich zahlreiche, offensichtlich auf die Einwirkung stumpfer Gewalt zurückzuführende Verletzungen. Am rechten Bein waren erhebliche Brandzerstörungen festzustellen. In Höhe des Sprunggelenkes war der rechte Fuß fast vollständig vom Unterschenkel getrennt. Er war mit diesem nur noch durch einen Hautfetzen verbunden. Die Haut an beiden Händen war braunschwärzlich verfärbt und stark verhärtet, Veränderungen, die offensichtlich auf Hitzeeinwirkung zurückzuführen waren.

Aufgrund der im Kartoffelkeller vorgefundenen Blutspuren konnte davon ausgegangen werden, daß dem Kind dort blutende Verletzungen beigebracht worden waren. Offenbar war der Junge erst dann in den Raum gebracht worden, in dem der Kohleofen stand. Der Täter hatte versucht, das Kind zu verbrennen, was aber mißlungen war.

Todesursache: erhebliche Gewalteinwirkung und CO-Vergiftung

Die Leichenöffnung ergab, daß der Junge an den Folgen ausgedehnter Gewalteinwirkungen auf Schädel und Gehirn im Zusammenhang mit der für das Lebensalter des Kindes erheblichen Kohlenmonoxydvergiftung von 33 Prozent gestorben war.

Es wurde festgestellt, daß der Junge lebend in den Ofen verbracht worden war und zumindest einen Teil der Verbrennungen zu Lebzeiten erlitten hatte.

Da die Gaststätte zum Zeitpunkt des Verschwindens des Kindes noch geschlossen gewesen war, konzentrierten sich die Ermittlungen auf den Personenkreis, der sich zu dieser Zeit im Lokal aufgehalten hatte. Bei den Vernehmungen des Personals erfuhren die Beamten der Mordkommission, daß der Junge zuletzt gegen 10.00 Uhr auf dem Flur vor der Küche gesehen worden war. Das Kind hatte dort mit einem Spielzeugtrecker gespielt.

Ein Kochlehrling entsann sich, daß er kurze Zeit später eine 49 Jahre alte Küchenhilfe mit dem Jungen auf dem Hof der Gaststätte gesehen hatte. Sie hatte das Kind auf dem Arm getragen und war in Richtung des Kartoffel- und Heizungskellers gegangen. Eine ebenfalls im Lokal beschäftigte Angestellte hatte die gleiche Frau gegen 10.30 Uhr bemerkt. Sie war zu dieser Zeit aus dem Keller nach oben gestiegen. Das Kind war nicht bei ihr gewesen.

Ermittlung der Tatverdächtigen

Die Verdächtige wurde vernommen und bestritt. Die Beamten stellten fest, daß die von ihr zur Tatzeit getragenen Oberbekleidungsstücke frisch ausgewaschen waren. Bei der sofortigen Untersuchung der Bekleidung durch Wissenschaftler des Landeskriminalamtes konnten noch erhebliche Blutspuren nachgewiesen werden, Spuren, die aufgrund ihrer Lage durchaus bei der Tötung des Jungen entstanden sein konnten.

Tatmotiv: Rache

Die Frau gab schließlich zu, den Dreijährigen getötet zu haben, um sich an ihrer Chefin, von der sie sich ungerecht behandelt geglaubt hatte, zu rächen. Sie hatte das Kind stranguliert, mit einer Schaufel geschlagen und hatte es schließlich, schwerverletzt wie es gewesen war, in den Ofen gesteckt. Sie hatte Papier und Holzwolle auf den Körper des Jungen gehäuft und angezündet. Das Kind war an den Folgen dieser Handlungen gestorben. Die Leiche aber war erhalten geblieben, weil das Feuer vorzeitig verlöscht war.

Fall 4:

Ausgangslage: Überfall mit gefährlicher Körperverletzung durch eine jugendliche Tätergruppe

In einer Januarnacht, gegen 02.30 Uhr, ging bei der Polizei einer Kleinstadt südlich von Düsseldorf der Anruf eines Mannes ein, der erklärte, soeben von mehreren Männern überfallen und zusammengeschlagen worden zu sein. Er rufe, so gab er an, von einer nahe eines Gartengeländes stehenden Telefonzelle aus an.

Die Beamten eines zum Ort des Geschehens entsandten Funkstreifenwagens trafen an der Telefonzelle auf zwei Jugendliche, einen 17 Jahre alten Deutschen und einen 16 Jahre alten Italiener. Der Deutsche blutete aus einer Schnittverletzung, die sich in seiner rechten Hohlhand befand.

Er erzählte den Beamten, daß er mit seinem italienischen Freund nach einem Gaststättenbesuch auf dem Nachhauseweg gewesen sei, als ihnen fünf junge Männer entgegengekommen seien, die sie völlig grundlos angegriffen hätten. Beim Abwehren von Schlägen, die man mit einer zersplitterten Flasche gegen ihn geführt habe, sei er an der Hand verletzt worden. Man habe ihn schließlich zu Boden geschlagen. Die Täter seien in das Gartengelände gelaufen. Der Italiener bestätigte die Angaben und erklärte, daß er gleich zu Anfang weggelaufen und erst nach Beendigung der Auseinandersetzung zurückgekommen sei. Den Beamten erschien die Verletzung des jungen Mannes doch so erheblich, daß sie einen Krankenwagen herbeiriefen.

Brand eines Gartenhauses

Noch während sie auf das Eintreffen des Krankenwagens warteten, bemerkten sie plötzlich, daß im nahegelegenen Gartengelände ein Gartenhaus in Flammen aufging. Über Funk alarmierten sie die Feuerwehr, die um 02.44 Uhr am Brandort eintraf. Trotz aller Löschversuche brannte das hölzerne Haus bis auf die Stützbalken nieder.

Beim Aufrollen der Schläuche fand ein Feuerwehrmann auf dem schmalen, an den Gärten vorbeiführenden Weg eine größere Blutlache und dicht dabei ein Paar Lederhandschuhe und den Personalausweis eines jungen Mannes.

Erneut wurde die Polizei gerufen.

Bei der weiteren Nachsuche wurde dann noch eine über und über mit Blut verschmierte Zaunlatte und in einer Hecke ein Schal gefunden. Auch das Gartentor der Parzelle, auf der das Gartenhaus abgebrannt war, wies Blutanhaftungen auf und im Maschendraht waren einige Ausbeulungen, so, als sei jemand von innen in die Maschen getreten um das Tor zu überklettern.

Auffinden einer Brandleiche im Brandschutt eines Gartenhauses

Die Beamten durchsuchten nunmehr den Brandschutt. Bedeckt von Asche und verbrannten Balken fanden sie den völlig verkohlten und stark zerstörten Torso einer männlichen Leiche. Die Extremitäten waren fast vollständig weggebrannt.

Der Eigentümer des Gartenhauses hatte keine Erklärung, wer der Tote war.

Die weiteren Ermittlungen wurden von der Mordkommission übernommen.

Es galt zunächst einmal, den Toten zu identifizieren. Es mußte geklärt werden, wie der Mann zu Tode gekommen war und ob sein Tod etwas mit dem Überfall auf die beiden jungen Männer zu tun hatte.

Die Mutter des Jugendlichen, dessen Ausweis auf dem Weg vor den Gärten gefunden worden war, erkannte die aufgefundenen Handschuhe und den in einer Hecke gesicherten Schal als Eigentum ihres Sohnes. Von ihr erfuhr man, daß ihr Sohn von Kindheit an Schwierigkeiten mit seinem Gehör gehabt hatte. Er war deshalb mehrfach in der Hals-, Nasen- und Ohrenklinik der Universität Düsseldorf operiert worden. Die Ärzte des Institutes für Rechtsmedizin, die mit der Obduktion des Torsos beauftragt worden waren, wurden entsprechend unterrichtet. Ärzte der Hals-, Nasen- und Ohrenklinik wurden gebeten, bei der Identifizierung des unbekannten Toten zu helfen.

Ergebnisse der Leichenöffnung

Im Anschluß an die Leichenöffnung erklärten die Ärzte:

„Am Torso befanden sich lediglich noch verkohlte Stümpfe der Gliedmaßen.

Es bestand außerdem eine Aufsprengung der Schädelkapsel über dem gesamten linken Scheitel- und Schläfenbereich bei relativ dünnem Schädeldach.

Außerdem war die Vorderwand der Stirnhöhle nicht mehr vorhanden. Die gesamte linke Bauchseite war aufgeplatzt.

Die beschriebenen Verletzungen gehen auf Brandeinwirkung zurück. Auf den linken Schädel können jedoch zusätzlich noch Gewalten zu Lebzeiten eingewirkt haben.

Zwischen rechtem Scheitelbein und der harten Hirnhaut bestand ein ausgedehntes sogenanntes Brandhämatom, welches sich auf die rechte vordere und rechte mittlere Schädelgrube erstreckte.

Am Gehirn wurden grobsichtig keine Prellungsherde und auch keine durch Gewalt bedingten Blutungen gefunden.

Eine Gewalteinwirkung auf den Hirnschädel ist in Anbetracht der Brandverletzungen jedoch mit Sicherheit nicht nachweisbar.

Die knöchernen Wände der linken Kieferhöhle waren mehrfach gebrochen und auch zertrümmert. In der Vorderwand der rechten Kieferhöhle befand sich ein Knochensprung. Die beiden Kieferhöhlen waren durch gekochtes Blut bzw. dickflüssiges Blut völlig austamponiert. Die Schleimhaut in der linken Kieferhöhle war zum größten Teil abgelöst und am Übergang zur Nase abgerissen, so daß eine Verbindung von der linken Kieferhöhle zum linken Nasengang bestand. Beide Kieferhöhlen waren durch verkohlte bzw. gekochte Weichteile vollkommen überdeckt.

Im Nasen- Rachenraum, auf dem harten Gaumen, auf dem Zungenrücken, im untersten Abschnitt der Luftröhre und in den großen Luftröhrenverzweigungen lagerte reichlich dunkelrotes Blut, welches mit Schleim und Rußschlieren vermengt war.

Im Magen, im Zwölffingerdarm und auf einer Strecke von 40 cm im oberen Dünndarm fand sich kaffeesatzartiger, auf Blut verdächtiger Schleim, der auch mit Ruß vermengt war.

Das Blut in den Luftröhrenverzweigungen ist eingeatmet worden. Es ist im höchsten Grade unwahrscheinlich, daß es sich um eine postmortale Erscheinung handelt.

Als Blutungsquelle ist die Zertrümmerung vornehmlich der linken Kieferhöhle anzusehen. Der Mann kann aber auch zusätzlich aus der Nase und aus der rechten Kieferhöhle in den Nasenrachenraum geblutet haben und Blut eingeatmet und verschluckt haben.

Derartige Verletzungen der Knochen der Kieferhöhlen beobachtet man in aller Regel nach gezielten Faustschlägen ins Gesicht, eventuell auch nach Fußtritten.

Es ist sehr unwahrscheinlich, daß nach einem Sturz die Knochen beider Kieferhöhlen brechen.

Der rechte zweite Schneidezahn im Oberkiefer fehlte und befand sich nicht bei oder in der Leiche. Mit Sicherheit hat es sich um einen frischen Zahnverlust gehandelt. Die Zahnwurzel war grobsichtig nicht vorhanden. Im knöchernen Zahnbett befand sich reichlich gekochtes Blut.

Außerdem war der erste rechte Schneidezahn im Oberkiefer mitsamt der Vorderwand des knöchernen Zahnbettes gelockert. Er ließ sich ohne weiteres aus dem Zahnbett entfernen. Erfahrungsgemäß handelt es sich hierbei nicht um Brandeinwirkungen, zumal sämtliche übrigen Zähne nicht durch die Brandeinwirkungen beschädigt waren und auch die knöchernen Zahnfächer gänzlich intakt waren. Es handelt sich hierbei um die Folgen zumindest einer stumpfen Gewalteinwirkung auf den Mund.

Stumpfe Gewalteinwirkung auf das Gesicht des Opfers

Der Mann hat die stumpfen Gewalteinwirkungen, die auf das Gesicht erfolgt sind, überlebt und hat sie offenbar vor der Rauchgasvergiftung erlitten.

Todesursache

Die Todesursache ist einwandfrei eine Rauchgasvergiftung.

Im Schenkelvenenblut wurde 67 Prozent Kohlenmonoxid festgestellt. Es handelt sich hierbei um eine absolut tödliche Konzentration. Die Flammen können durchaus, zumindest noch kurz vor dem Ableben, auf den Körper eingewirkt haben.

Im Zwölffingerdarm und zusätzlich im oberen Dünndarm, und zwar auf einer Länge von 40 cm, fanden sich reichlich Rußbestandteile.

Dieser Befund spricht dafür, daß der Mann mit Sicherheit eine längere Zeit der Rauchentwicklung ausgesetzt gewesen ist. Es ist durchaus denkbar, daß der Mann etwa eine halbe Stunde der Rußeinwirkung lebend ausgesetzt war. Das würde außerdem für einen Schwelbrand sprechen.

Die bereits durchgeführte Blutalkoholbestimmung ergab im Schenkelvenenblut einen Wert von 1,9 Promille.

Es lag somit eine ganz erhebliche Alkoholisierung des Mannes zum Zeitpunkt des Ablebens vor."

Während der Leichenöffnung erklärten zwei aus der Hals-, Nasen- und Ohrenklinik der Universität hinzugezogene Ärzte, daß die am karbonisierten, teilweise kalzinierten und eröffneten Schädel noch nachweisbaren Befunde (Radikaloperation beider Mittelohren, ungewöhnlich große Stirn- und Kieferhöhlen und Zustand nach alter Tonsilektomie) völlig mit den Aufzeichnungen ihrer Krankenunterlagen und den früher angefertigten Röntgenaufnahmen von dem jungen Mann übereinstimmten, dessen Personalausweis in dem Gartengelände gefunden worden war.

Der Tote war identifiziert, und es war festgestellt, daß eine gewaltsame Tötung vorlag.

Vorsätzliche Tötung durch mehrere Verletzungshandlungen

Es gelang schließlich, die beiden jungen Männer, die angeblich Überfallenen, als Täter zu überführen. Sie hatten am Abend zusammen mit dem später Getöteten in verschiedenen Lokalen gezecht. Er war betrunken gewesen und hatte noch einen Hundertmarkschein besessen, und so war ihnen der Gedanke gekommen, ihn zu überfallen und zu berauben. In dem Gartengelände hatten sie ihn zu Boden gerissen, hatten ihn geschlagen und getreten, hatten ihm das Geld und die Armbanduhr abgenommen und hatten schließlich mit einer Zaunlatte, aus der noch die Nägel herausgeragt hatten, auf sein Gesicht eingeschlagen. Als er auch danach noch gelebt hatte und als eine Schnur gerissen war, mit der sie versucht hatten, ihn zu erdrosseln, waren sie auf die Idee gekommen, ihr Opfer durch Verbrennen zu töten. Sie hatten ihn in den Garten geschleppt und hatten ihn, nach Einschlagen einer Fensterscheibe in ein Gartenhaus geworfen. Das Gebäude hatten sie in Brand gesetzt.

Die blutende Handverletzung hatte sich einer der Täter beim Einschlagen der Scheibe zugezogen.

Die Polizei hatten sie gerufen, weil sie überzeugt gewesen waren, so jeden Verdacht von sich fernhalten zu können.

8. Tod durch Unterkühlung

8.1 Erscheinungsformen des Todes durch Unterkühlung in der kriminalistischen Praxis

Der Unterkühlungstod kommt praktisch nur als *Unglücksfall*, meist im Zusammenhang mit übermäßigem Alkoholgenuß, mit Schlafmittelvergiftung o. ä. vor.

Als *vorsätzliche Tötungsart* wird der Unterkühlungstod fast nur bei Neugeborenen und Kleinkindern beobachtet.

Zum Unterkühlungstod kann es unter ungünstigen Umständen (Feuchtigkeit und starker Wind) auch bei Temperaturen kommen, die nicht unter dem Gefrierpunkt liegen.

Unterkühlung ist eine Art allgemeiner *Erstickung*, da das Blut seinen Sauerstoff bei niederer Temperatur weniger schnell abgibt.

Der *Leichenbefund* bei Unterkühlung ist weitgehend *uncharakteristisch*.

Die *hellroten Leichenflecke*, die man in solchen Fällen findet, sind *meist Kälteflecke* (immer ist aber auch die Möglichkeit einer CO-Vergiftung in Betracht zu ziehen), die kein Beweis für einen Unterkühlungstod sind. Kälteflecke treten bei allen in der Kälte liegenden Leichen infolge der Diffusion des Sauerstoffs durch die durchlässig gewordene Hautdecke und dessen Bindung an das Hämoglobin auf.

Die Klärung, ob ein Todesfall als Folge von Unterkühlung vorliegt, ist nur durch eine *Obduktion* möglich.

8.2 Zur Phänomenologie des Todes durch Unterkühlung

Vorbemerkungen

Die Leichen werden oft völlig unverletzt gefunden, und auch bei den Leichenöffnungen finden sich in aller Regel keine auf einen Unterkühlungstod hinweisenden Kriterien, *keine* für eine solche Todesart *charakteristischen Merkmale*.

Der Verdacht eines Todes durch Unterkühlung ergibt sich meist nur aus der *Beurteilung der Gesamtsituation* als das Ergebnis kriminalpolizeilicher Ermittlungen.

Obwohl derartige Todesfälle meist Folgen von Unglücksfällen sind, bedarf es in jedem Falle der Prüfung, ob der Tod nicht durch vorsätzliches oder fahrlässiges *Unterlassen von notwendigen lebensrettenden Maßnahmen verschuldet* worden ist. Ein Fremdverschulden ist von daher nur selten von vornherein völlig auszuschließen.

Der Tod durch Unterkühlung ist eine Art allgemeiner Erstickung. Das Blut gibt bei niedriger Temperatur den Sauerstoff langsamer ab. Als Folge des dadurch auftretenden Sauerstoffmangels kommt es zur Abnahme der Erregbarkeit der nervösen Hirnzentren und schließlich zum Erliegen ihrer Funktion. Das Atemzentrum im Gehirn setzt aus, die Gewebsatmung hört auf, der Mensch stirbt[8].

Menschen mit vermehrter Wärmeabgabe, z. B. Alkoholisierte, als Folge der alkoholbedingten Lähmung der Hautgefäße, oder kleine Kinder infolge der im Verhältnis zur kleinen Masse großen Körperoberfläche sind unter den entsprechenden klimatischen Voraussetzungen besonders gefährdet, an den Folgen einer Unterkühlung zu sterben.

Fall 1:

Vermißt – Tod durch Unterkühlung

An einem noch recht kalten Tage Anfang April führten zwei Pflegerinnen einer Anstalt für Kinder- und Jugendpsychiatrie sieben psychisch erkrankte und hirngeschädigte Kinder zu einem Spaziergang in ein nahe der Klinik gelegenes Waldgelände aus. Gegen 16.00 Uhr vermißte man plötzlich den 14 Jahre alten Manfred K. Manfred war schwer hirngeschädigt. Es war unwahrscheinlich, daß er allein in die Anstalt zurückfinden würde. Alles sprach dafür, daß sich der Junge unbemerkt von der Gruppe entfernt und verlaufen hatte. Die Pflegerinnen brachten die restlichen Kinder in die Klinik zurück und begannen danach, unterstützt von weiteren Bediensteten der Anstalt, nach dem Vermißten zu suchen. Manfred wurde nicht gefunden. Schließlich wurde die Polizei unterrichtet. Eine sofort durchgeführte größere Suchaktion, bei der auch Diensthunde eingesetzt wurden, führte ebensowenig zum Auffinden des Jungen wie die auch an den beiden folgenden Tagen fortgesetzten und durch den Einsatz von Hubschraubern unterstützten Nachsuchen.

Sechs Tage später fanden Forstarbeiter die Leiche des Kindes in einem mehrere Kilometer entfernten, zu einem großen Gut gehörenden Park.

Der tote Junge lag, vollständig bekleidet, in Schlafstellung auf der rechten Körperseite. Die Bekleidung saß regelrecht und war frei von groben Ver-

8 Prokop, O., Forensische Medizin, 2. Auflage 1966, S. 146.

schmutzungen oder Beschädigungen. Im näheren Bereich der Fundstelle fanden sich keine auf ein bewegtes Geschehen hinweisenden Spuren. Der Boden und die Kleidungsstücke des Kindes waren naß. An den Vortagen waren Regen- und Graupelschauer niedergegangen. Verletzungen oder verdächtige Veränderungen waren an der Leiche nicht vorhanden. Den Leichenerscheinungen nach zu urteilen war der Tod mehrere Tage vorher eingetreten. Am Auffindetage herrschte, wie auch an den Tagen zuvor, eine Lufttemperatur von plus 2 Grad Celsius. Nachts war die Temperatur auf minus 1 Grad abgefallen gewesen.

Die Leiche wurde obduziert. Die Rechtsmediziner erklärten:

„Für ein Ableben infolge äußerer Gewalteinwirkung besteht kein Anhalt.

Da sich für ein Ableben aus natürlicher Ursache bisher ebenfalls keine eindeutigen Befunde ergeben haben, ist letztendlich in Verbindung mit der Auffindesituation und den derzeitigen klimatischen Verhältnissen ein Tod infolge Unterkühlung in Betracht zu ziehen.

In Verbindung mit den derzeitigen klimatischen Verhältnissen ist es denkbar, daß der Tod bereits in der Nacht nach dem Verschwinden eingetreten ist.“

Auch die weiteren Ermittlungen und Untersuchungen erbrachten kein anderes Ergebnis. Der Junge hatte sich offenbar verlaufen und in der kalten und regennassen Nacht in dem weitläufigen und unübersichtlichen Park erschöpft zum Schlafen niedergelegt. Er war an den Folgen der hierbei erlittenen Unterkühlung gestorben.

Fall 2:

Auffinden einer weiblichen Leiche – Verdacht der vorsätzlichen Tötung

Es war ein kalter, regnerischer Januartag mit Temperaturen, die nur wenig über dem Gefrierpunkt lagen, als eine 17 Jahre alte Schülerin auf einem Ackerstück die Leiche einer Frau gefunden hatte. Die Mordkommission wurde gerufen. Die Gesamtumstände sprachen für ein Tötungsdelikt. Noch vor dem Eintreffen war es gelungen, die Tote als die in einer mehrere Kilometer entfernt gelegenen Stadt in einer Bar beschäftigt gewesene 31 Jahre alt gewordene Serviererin Regina W. zu identifizieren.

Beschreibung der Leiche und der Situation am Auffindungsort

Die Leiche lag in Bauchlage neben dem Feldweg auf dem umgepflügten und vom Regen aufgeweichten Acker. Sie war lediglich mit einem blau-silbernen Cocktailkleid bekleidet, dessen Rückenteil von der Halsborde bis zur Taille geöffnet war. Der Reißverschluß, der das Kleid hier zusammen gehalten hatte, war aufgezogen, aber unbeschädigt.

Etwa einen Meter oberhalb des Kopfes standen die dick mit Schlamm verschmierten Schuhe der Toten.

Außer Trittspuren, die ganz offensichtlich von der Frau selbst gelegt worden waren, fanden sich im Erdboden in der Umgebung der Leiche keine auf ein bewegtes Geschehen hinweisenden Veränderungen, insbesondere keine weiteren Fußspuren.

Das Kleid war unbeschädigt, ebenso die Perlonstrümpfe, die die Tote an den Beinen trug. Auffallend waren nur erhebliche Verschmutzungen im Gesäßbereich, so, als habe die Frau eine zeitlang auf dem verschlammten Acker gesessen und Erdanhaftungen an den Fußsohlen, die darauf schließen ließen, daß die jetzt Tote ohne Schuhe durch den Schlamm gegangen war.

Unter dem Kleid trug die Frau lediglich einen Büstenhalter und einen Schlüpfer. Beide Bekleidungsstücke saßen nicht regelrecht. Die Körbchen des Büstenhalters waren bis unter die Brustwarzen nach unten verlagert. Der Schlüpfer war nur über einen Oberschenkel gestreift.

Nach Entkleiden der Leiche stellte man fest, daß die bei einer Körpergröße von 151 cm etwa 50 kg schwere Frau völlig unverletzt war. Es fanden sich keine äußerlich sichtbaren Veränderungen, die auf eine gewaltsame Tötung hätten schließen lassen, keine Abwehrverletzungen, nichts.

Die überlangen, dunkelrot gefärbten Fingernägel waren völlig intakt, nicht einer abgebrochen oder eingefetzt. Die Leichenstarre war in allen Gelenken ausgebildet. Auffallend waren die hellroten, der Lage der Toten entsprechenden Leichenflecke.

Ergebnis der Obduktion: eindeutige Todesursache nicht feststellbar

Nach der Obduktion erklärten die Ärzte folgendes:

„Bei dieser 31 Jahre alt gewordenen Frau haben wir eine eindeutige Todesursache nicht feststellen können.

Am Hals der Leiche, kurz oberhalb des Schlüsselbeins, fand sich in der Oberfläche und der etwas tieferen Muskulatur bei den in Blutleere präparierten Halsorganen eine mittelstarke Blutunterlaufung. Die Haut war überall unverletzt, auch konnten Verletzungen im Bereich des Kehlkopfes oder des Zungenbeins nicht festgestellt werden.

Die Lungen waren mäßig gebläht. Ein Erstickungstod erscheint nicht völlig ausgeschlossen, jedoch nicht sehr wahrscheinlich.

Am Körper der Leiche fanden sich Spuren stumpfer Gewalteinwirkungen oder einer Fremdeinwirkung sonst nicht.

Die Haut war in großen Bezirken mit Lehm beschmiert. Auch im Bereich der Geschlechtsteile fanden sich Lehmverschmierungen. Die Geschlechtsteile waren unverletzt. Die Scheide war leer.

In einem Abstrich vom hinteren Scheidengewölbe und vom Muttermund konnten Samenfäden nicht festgestellt werden. Ein Hinweis auf einen vorangegangenen Beischlaf fand sich also nicht.

Schwere organische Erkrankungen, die den Tod der Frau erklären würden, wurden nicht festgestellt. Die auffällig bewegliche Halswirbelsäule wurde genau untersucht. Hier fand sich keine Verletzung oder Blutung.

Blut und Urin wurden zur Alkoholbestimmung zurückgehalten. Es erscheint nicht ausgeschlossen, daß die Frau zum Zeitpunkt des Todes unter Alkoholeinwirkung stand.

Bei dem negativen Befund besteht die Möglichkeit, daß die Frau, unter Alkoholeinwirkung stehend, bei der kalten Witterung und nur geringfügiger Bekleidung an einer Unterkühlung verstarb. Hierüber behalten wir uns allerdings ein endgültiges Gutachten vor bis nach Durchführung weiterer Untersuchungen an den zurückgehaltenen Leichenteilen.

Wegen möglicher Einwirkungen von Schlafmitteln oder ähnlichem wurden entsprechende Organteile zur chemischen Untersuchung zurückgehalten.

Auf die Frage nach dem Eintritt des Todes: An der Vorderseite der Leiche wurden nicht wegdrückbare Totenflecke festgestellt. Wenn sich die Leiche in Bauchlage befand und später auf den Rücken gedreht wurde, muß angenommen werden, daß bis zum Zeitpunkt des Auffindens der Leiche mindestens acht bis zehn Stunden seit dem Tode verstrichen waren."

Die Blutuntersuchung ergab einen Blutalkoholgehalt von 1,51 Promille, der Alkoholgehalt des Urins betrug 2,78 Promille.

Mit der Untersuchung der Bekleidung der Frau wurde das Landeskriminalamt beauftragt. Im Schlüpfer der Toten konnten Spermien eines Ausscheiders der Blutgruppe – A – festgestellt werden.

Ergebnis der kriminalpolizeilichen Ermittlungen

Die Ermittlungen ergaben, daß Regina W. gegen 01.10 Uhr ihre Arbeitsstelle in Begleitung eines Mannes verlassen hatte. Der Mann wurde ermittelt. Er war nachweislich mit ihr nur bis zu einer anderen Bar in der gleichen Stadt gefahren. Bis 02.45 Uhr war sie in diesem Lokal gewesen. Sie hatte getrunken und Kontakt zu einem Mann gesucht, mit dem sie schließlich gegangen war. Es gelang auch diesen Mann zu ermitteln, und es fanden sich Zeugen, die Regina W. und den Mann beobachtet hatten, als sie zu seiner Wohnung gegangen waren. Dort aber war die Ehefrau des Mannes anwesend gewesen. Regina W. war aus der Wohnung gewiesen worden. Sie hatte sie allein verlassen. Zeugen hatten sie danach noch auf der Straße gesehen, allein.

Wie war sie an den späteren Fundort gelangt? Alles sprach dafür, daß sie „per Anhalter" gefahren war, wie sie es, nach Aussagen ihrer Freunde, immer wieder getan hatte. Sie hatte im angetrunkenen Zustand Kontakt zu Männern gesucht und war bedenkenlos in jedes Fahrzeug gestiegen.

Offenbar war sie so in die Nähe der Stelle gebracht worden, an der sie später aufgefunden worden war. Im Wagen war es, den Spuren und dem Sitz der Bekleidung nach zu urteilen, zum Geschlechtsverkehr oder zumindest zu dessen Versuch gekommen, wohl nicht gegen ihren Willen, was die unverletzte Leiche und die unbeschädigte Bekleidung bewiesen.

Tod durch Zurücklassen in hilfloser Lage

Ihr letzter Begleiter hatte sie dann wohl, betrunken wie sie gewesen war, aus dem Fahrzeug gesetzt. Erheblich unter Alkohol stehend und bei der kalten Witterung nur leicht bekleidet, war sie, wie die weiteren rechtsmedizinischen Untersuchungen ergaben, im Schneeregen auf einem schlammigen Acker an Unterkühlung gestorben.

Es gelang nicht, den Mann zu ermitteln, der sie in hilfloser Lage zurückgelassen und dadurch ihren Tod verschuldet hatte.

Fall 3:

Auffinden einer jugendlichen Toten im Fahrwerkschacht eines Passagierflugzeuges

Gegen 02.30 Uhr, in einer Nacht Ende April, teilten die Verantwortlichen einer Fluggesellschaft fernmündlich mit, daß soeben bei der technischen Überprüfung eines Flugzeuges auf dem Flughafen Düsseldorf im Fahrwerkschacht der Maschine die Leiche eines Mannes gefunden worden sei.

Bei dem Flugzeug handelte es sich um eine im Charterverkehr eingesetzte Maschine des Typs SE -210-10 R Caravelle. Die Leiche befand sich, zusammengekrümmt, im rechten hinteren Fahrwerkschacht.

Der Tote, er mochte etwa 15 Jahre alt sein, war vom äußeren Erscheinungsbild her ein Ausländer, eventuell ein Türke. Er war, neben entsprechender Unterwäsche, mit einem Sporthemd und einem ärmellosen Pullover bekleidet. Darüber trug er einen olivfarbenen Arbeitsanzug, an den Füßen Gummistiefel. Die Bekleidung saß regelrecht. Sie war weder auffällig verschmutzt, noch beschädigt.

Die Leiche war gefroren. Verletzungen oder Veränderungen, die auf Gewalteinwirkungen hätten schließen lassen, fanden sich an der Leiche nicht.

Der Tote führte nichts bei sich, was seine sofortige Identifizierung ermöglicht hätte. In den Taschen seines Arbeitsanzuges fanden sich lediglich zwei in Istanbul verlegte Tageszeitungen, die zwei Tage zuvor erschienen waren.

Die Ermittlungen ergaben, daß die Maschine zwei Tage vorher von Düsseldorf aus über Stuttgart nach Istanbul geflogen worden war. In der darauffolgenden Nacht war sie dort auf dem Flughafen abgestellt gewesen. Am Tage danach hatte das Flugzeug zwischen Istanbul, Stuttgart, Alicante und Düsseldorf verkehrt.

Es waren dabei Flughöhen bis zu 12.000 Meter erreicht worden. Bei dieser Höhe hatte die Außentemperatur etwa minus 60 Grad Celsius betragen.

Identifizierung der Leiche

Es gelang, den Toten anhand seiner Fingerabdrücke zu identifizieren. Er war, trotz seines jugendlichen Alters, bereits zweimal in verschiedenen Städten des Bundesgebietes wegen Diebstahls erkennungsdienstlich behandelt worden, und er wurde wegen Diebstahls mit Haftbefehl des Amtsgerichtes einer Ruhrgebietsstadt gesucht.

Er war 15 Jahre alt und türkischer Staatsangehöriger.

Die Leiche wurde obduziert. Die Leichenöffnung hatte folgendes Ergebnis:

„Bei diesem Jungen, der 15 Jahre alt geworden ist, haben wir ein Hirnödem und eine Blutstauung der Leber sowie der Nieren, jedoch keine krankhaften Veränderungen gefunden, die geeignet wären, den Tod des jungen Mannes aus natürlicher Ursache zu erklären.

Die Frage, ob der Junge an den Folgen einer Unterkühlung oder sogar durch Erfrieren gestorben ist oder aber einen sogenannten Erstickungstod erlitten hat, läßt sich vorläufig aufgrund der bei der Leichenöffnung erhobenen Befunde nicht beantworten. Dazu sind weitere Untersuchungen, insbesondere feingewebliche, erforderlich.

Zeichen grober Gewalteinwirkung auf den Körper des Jungen haben wir nicht feststellen können. Auch keine Strangulations- oder Würgemale, so daß in dieser Hinsicht nichts für die Mitwirkung fremder Personen am Tode dieses Jungen spricht."

Er war ein Umhertreiber gewesen, war immer wieder seinen im Ruhrgebiet wohnenden Eltern entwichen. Ein Jahr zuvor war er, wie seine Angehörigen zu berichten wußten, als „blinder Passagier" in die Türkei und anschließend in die Bundesrepublik Deutschland zurückgeflogen. Später war er am Flughafen Istanbul bei dem Versuch aufgegriffen worden, sich an Bord eines dort abgestellten Flugzeuges zu begeben.

Die türkischen Behörden hatten ihn an Verwandte übergeben, aber auch dort war er schon bald wieder weggelaufen. Wenig später war er an seinem 3000 Kilometer von Istanbul entfernt liegenden Geburtsort aufgetaucht, wo er einen Onkel besucht hatte. Alsbald war er auch von dort verschwunden. Offensichtlich war es ihm diesmal nicht möglich gewesen, unbemerkt in eine in Richtung Deutschland fliegende Maschine zu gelangen. Und so war er wohl in den Fahrwerkschacht des Flugzeuges geklettert, in der Hoffnung, auf diese Weise zurückfliegen zu können.

Tod durch Erfrieren in großer Höhe?

Offen blieb, weshalb er nicht beim sogenannten Außencheck der Maschine entdeckt worden war, dann, als der Copilot die Hydraulikleitungen des Fahrwerks geprüft hatte, zumal die Außenchecks nach Angaben der Verantwortlichen bei allen Zwischenlandungen wiederholt worden waren.

9. Tod durch Strom und Blitzschlag

Kriminalistische Grundsätze und Erscheinungsformen bei Todesermittlungen im Zusammenhang mit Stromtod oder Blitzschlag

Bei kaum einer anderen Todesart ist eine genaue Fundort- und Leichenbesichtigung von solcher Bedeutung, wie dort, wo der Verdacht besteht, daß ein Stromtod vorliegen könnte.

Zu achten ist auf

- elektrische Geräte mit Metallgehäuse, die unter Strom stehen können,
- defekte Kabel,
- offene Elektrogeräte pp.

Die Bekleidungsstücke sind auf Spuren von Stromeinwirkungen, der Körper auf mögliche Strommarken hin zu untersuchen, denn die bei der Leichenöffnung erhobenen Befunde sind beim Stromtod häufig uncharakteristisch.

Charakteristisch für eine Strommarke ist in der Regel ein von einem wallartigen Rand umgebener bräunlicher vertrockneter Bezirk.

In den Fällen, wo es zu einem flächenhaften Kontakt kommt, z. B. dann, wenn die Füße auf feuchtem Boden stehen oder bei geringem Widerstand, beispielsweise bei Stromkontakt im Wasser (Fön in der Badewanne – siehe unter Ertrinken), kommt es in der Regel deshalb nicht zur Ausbildung von Strommarken, weil die Wärmeentwicklung zu gering ist.

Beim Blitzschlag kommt es zu elektrischen Entladungen von etwa 20.000 A. Wenn es zu Entladungen über metallische Leiter am Menschen kommt, bestehen kaum Unterschiede zu Hochspannungsverletzungen. Am Körper des vom Blitz Getroffenen finden sich häufig scharlachrote, farnwedelartige sogenannte Blitzfiguren. Neben solchen oberflächlichen Gewebeschäden kann es zu schweren Hautabschürfungen, zu Verbrennungen, Gewebszerstörungen, zum Abreißen von Gliedmaßen, Zertrümmern des Schädels und schußartigen Durchlöcherungen kommen.

Es kommt vor, daß durch einen Blitzschlag zugleich mehrere Menschen getötet werden.

Fall 1:

Tötung des Ehepartners durch Erdrosseln und Selbsttötung durch elektrischen Strom

Ein Tötungsdelikt bereitete vor allem deshalb Schwierigkeiten, weil die festgestellten Leichenerscheinungen und ein daraus abzuleitendes Alibi nicht mit den sonstigen Ermittlungen in Einklang zu bringen waren.

An einem Februartag waren die Eheleute Johann und Elisabeth M., er 42 und sie 38 Jahre alt, gegen 18.00 Uhr von ihrer 13 Jahre alten Tochter und Wohnungsnachbarn in ihrer Wohnung tot aufgefunden worden.

Die mit einem Rollkragenpullover und einer Cordhose regelrecht bekleidete Leiche der Frau saß, weit nach links gebeugt, in einem Sessel im Wohnzimmer. Auf dem Sessel und daneben auf dem Fußboden wurden mehrere Tabletten und auf dem Tisch neben der Toten eine leere Schachtel eines Schlafmittels gefunden. Die Tote war unverletzt. Weil sich die Frau noch warm anfühlte, nahm die hinzugerufene Besatzung eines Krankenwagens zunächst Wiederbelebungsversuche vor und rief erst später die Polizei. Den Mann fand man, mit langer Hose, Oberhemd, Socken und Unterwäsche bekleidet, auf einem Bett im Schlafzimmer sitzend vor. Die linke Hand sowie Zeige- und Mittelfinger der rechten Hand waren mit abisolierten Enden eines Elektrokabels umwickelt, das in einer Steckdose steckte. Die Sanitäter schalteten den Strom ab.

Bei einer Leichenbesichtigung gegen 21.00 Uhr stellten die zum Leichenfundort entsandten Kriminalbeamten bei der Frau keine Leichenstarre, wohl aber Leichenflecke von regelrechter Farbe und lageentsprechend fest. In den Augenbindehäuten der Toten sahen sie flohstichartige Blutungen, die aber durchaus durch die „Hanglage" der Leiche entstanden sein konnten. Der Hals der Frau war frei von äußeren Verletzungen. Bei Johann M. wurde eine in allen Gelenken ausgeprägte Leichenstarre festgestellt. Erscheinungen, wie sie nach herrschender Lehre frühestens sechs bis neun Stunden nach Eintritt des Todes beobachtet werden. Er mußte also Stunden vor seiner Frau gestorben sein.

Beide Leichen wurden obduziert. Die Ärzte erklärten, daß Frau M. erdrosselt worden sei. Johann M. war als Folge der Einwirkung elektrischer Energie gestorben.

Die Ermittlungen ergaben, daß das Ehepaar M. bis vor wenigen Wochen eine glückliche, harmonische und unauffällige Ehe geführt hatte. M. war Amtmann bei der Bundesbahn gewesen. Bei seiner Dienststelle war er als grundsolide, fleißig und gewissenhaft bekannt und entsprechend gut angesehen. Aus der Ehe waren zwei Kinder hervorgegangen, ein Sohn, 18 Jahre alt und eine Tochter, 13 Jahre alt, beide noch Schüler.

Aus unerklärlichen Gründen, möglicherweise infolge einer beginnenden psychischen Erkrankung des Mannes, war es seit einigen Monaten zu Spannungen zwischen den Ehepartnern gekommen. M. hatte seine Frau, unbegründet, der Untreue, der Prostitution und schließlich sogar der Unzucht mit dem eigenen Sohn bezichtigt. Er war mehrfach seiner Frau gegenüber tätlich geworden und hatte von Selbstmord gesprochen.

Wegen der zunehmenden Schwierigkeiten mit dem Vater war der 18jährige Sohn aus der Wohnung ausgezogen.

Am Tage des Geschehens hatte die 13jährige Tochter gegen 16.00 Uhr die elterliche Wohnung verlassen, um eine Freundin zu besuchen. Als sie gegen 18.00 Uhr zurückgekehrt war, hatte sie die Wohnungstür verschlossen, zweimal herumgeschlossen, vorgefunden. Der Türschlüssel hatte von innen im Türschloß gesteckt. Sie hatte, das Schloß ließ das zu, dennoch mit ihrem Schlüssel aufschließen können. Im Wohnzimmer hatte sie ihre Mutter leblos vorgefunden. Sie hatte Nachbarn hinzugerufen.

Alles sprach dafür, daß Johann M. seine Frau in den Nachmittagsstunden, zwischen 16.00 und 18.00 Uhr erdrosselt und anschließend Selbstmord begangen hatte. Dafür, daß ein Dritter als Täter in Frage kommen könnte, sprach nach umfangreichen Ermittlungen nichts. Völlig im Widerspruch zu diesem Ermittlungsergebnis standen die bei der Tatbefundaufnahme festgestellten Leichenerscheinungen. Aus ihnen mußte geschlossen werden, daß Johann M. Stunden vor seiner Frau gestorben war, ein Widerspruch, den auch die Rechtsmediziner zunächst nicht zu lösen vermochten.

In der Fachliteratur fand sich schließlich die mögliche Erklärung des Phänomens. Im „Handwörterbuch der gerichtlichen und naturwissenschaftlichen Kriminalistik", Springer, Berlin 1940, fand sich ein Artikel unter der Überschrift „Tod und Gesundheitsbeschädigung durch elektrische Energie". In ihm heißt es unter anderem: „Das frühe Eintreten der Totenstarre wird mehrfach erwähnt. Die Ursache kann einmal die bei der elektrischen Verletzung entstandene Wärme sein (Wärmestarre), dann der hochgradige Muskelkrampf, vor allem nach längerer Stromeinwirkung."

Fall 2:

Tod durch Blitzschlag

An einem schwülen Nachmittag im August lagerte eine sechsköpfige Reitergruppe auf einer Wiese nahe des an der nordöstlichen Stadtgrenze gelegenen Waldgeländes in Düsseldorf. Die abgesattelten Pferde hatte man am Waldrand angebunden. Die Männer bemerkten zunächst nicht, daß hinter dem Wald ein Gewitter aufzog. Einsetzender Regen ließ sie aufspringen. Sie nahmen die Sättel und bewegten sich in Richtung der Pferde. Der 46 Jahre alte Heinz E. hatte sein Pferd gerade erreicht und wollte den Sattel auflegen, als ein Blitz einschlug. Der Mann wurde sofort getötet. Bei der späteren Leichenbesichtigung fand man eine etwa zweimarkstückgroße Durchlöcherung der Schädeldecke und nahezu gleich große Verletzungen an beiden Fußsohlen. Am Körper des Toten zeichneten sich hellrote, farnwedelartige Hautveränderungen ab.

Seine Begleiter, die zum Zeitpunkt des Geschehens drei bis fünf Meter von ihm entfernt gewesen waren, stürzten zu Boden und waren teilweise über Stunden hinweg halbseitig gelähmt. Alle sechs Pferde waren sofort tot. Verletzungen wurden an den regennassen Tieren nicht gefunden.

10. Tod durch Vergiftung

10.1 Kriminalistische Probleme in der Praxis der Todesermittlungen bei Tod durch Vergiftung

Begriff und Bedeutung

Als Gift im engeren Sinne versteht man eine Substanz, die schon dann eine schädigende oder tödliche Wirkung zur Folge hat, wenn sie dem Körper in ganz geringer Menge zugeführt wird. Obwohl das Vergiften eine der ältesten Mordarten ist, bearbeitet die Kriminalpolizei nur sehr wenige Fälle von Giftmord.

Grund: Giftmorde werden meist nicht erkannt.

Fehlende Verletzungen an der Leiche allein sind daher *kein Beweis* für das Nichtvorliegen eines Fremdverschuldens.

Kriminalistische Grundsätze

Der Leichenfundort ist stets auf Umstände zu prüfen, die für eine Vergiftung sprechen können:

- Auf verdächtige Gerüche achten! Den Geruch beschreiben.
- Beim Vorhandensein von Kohleöfen, Kaminanschlüssen, Gasherden, Gasboilern über Badewannen, Durchlauferhitzern pp. stets an die Möglichkeit einer Kohlenmonoxydvergiftung denken.

Beachte:
Zu Kohlenmonoxydvergiftungen kann es auch dann kommen, wenn der vorhandene Kohleofen nicht in Betrieb ist. Bei gewissen Wetterlagen kann es zum Rückstau derartiger Gase kommen, wenn in einer der oberen Etagen des Hauses ein am gleichen Kamin angeschlossener Kohleofen in Betrieb ist.

- Der Leichenfundort ist auf Reste möglicher Giftstoffe hin zu untersuchen.

Zu suchen ist nach

- leeren Medikamenten- und Giftbehältnissen (Abfalleimer überprüfen!),
- verdächtigen Trinkgefäßen,
- Spuren möglicher Giftstoffe an oder bei der Leiche (in der Umgebung des Mundes).

Die *Farbe der Totenflecke* ist zu beachten und zu beschreiben.

Hellrote Totenflecke findet man bei:

- Kohlenmonoxydvergiftungen,
- Vergiftungen durch Zyankali, Blausäure,
- narkotischen Giften der Benzolreihe.

Auf die Weite der Pupillen ist zu achten.

- Die bei Vergiftungen mit Atropin, Scopolamin, Cocain, Tropocain zu beobachtende maximale Pupillenerweiterung ist auch an der Leiche noch für einige Zeit nachweisbar.
- Maximal verengte Pupillen kommen bei Intoxikationen mit Morphium zustande.

Hautverätzungen im Bereich des Mundes können auf Vergiftungen durch Säure, Laugen, Salzlösungen hindeuten.

Der Körper ist auf Injektionsstellen abzusuchen.

Gelbliche Hautverfärbungen können Folge von Lebergiften, wie z. B. Phosphor, von chronischer Arsenvergiftung, Pilzgiften, Chloroform oder Tetrachlorkohlenstoff sein.

Obwohl es keine eine Vergiftung beweisenden Krankheitssymptome gibt, sollte schon bei den ersten Zeugenanhörungen nach verdächtigen, dem Tode vorangegangenen Geschehnissen geforscht werden.

Symptome wie Erbrechen, Durchfall, Schwindelgefühle, Schmerz, starke Schlafbenommenheit, vorübergehende Bewußtlosigkeit, Delirien und Kollaps können Anzeichen einer Vergiftung sein, aber auch Blutungen aus der Nase, den Genitalien oder dem Darmkanal.

Weitere Anzeichen, die auf eine Vergiftung hinweisen, können sein:

- Gelbsucht (Verdacht auf Lebergifte),
- Schweißsekretion (Verdacht auf Vergiftung mit Kollapsgiften wie Opium, Nikotin, Cholin, Aspirin, Salizylsäure),

- Überempfindlichkeit der Haut gegen Berührungen (Verdacht auf Thalium – oder Arsenvergiftungen. Im akuten Vergiftungsfall treten hier Erbrechen und choleraartige Durchfälle auf),
- Haarausfall (bei chronischer Arsen- und Thaliumvergiftung),
- Sehstörungen (bei Methylalkoholaufnahme aber auch durch Schwermetallsalze, Chinin, Nitroverbindungen),
- Krampfhaltung (Verdacht auf Strychninvergiftung).

10.2 Zur Phänomenologie des Todes durch Vergiftung

Vorbemerkungen

Die Tötung mit Substanzen, die schon dann eine tödliche Wirkung haben, wenn sie in geringen Mengen beigebracht werden, bereitet dort, wo es darum geht, den vorliegenden Sachverhalt zu erkennen, immer wieder enorme Schwierigkeiten. In nahezu allen Fällen weisen die Leichen äußerlich keinerlei verdächtige Veränderungen auf, sind sie völlig unverletzt, unauffällig, und nur zu schnell wird von der unverletzten Leiche auf das Fehlen jeglichen Fremdverschuldens geschlossen.

Fall 1:

Selbsttötung durch Genuß bitterer Mandeln?

Gegen 17.30 Uhr hatte eine etwa 55 Jahre alte Frau an der Tür eines städtischen Altenheimes geschellt. Die Frau war der an der Pforte Dienst versehenden Schwester nicht bekannt gewesen. Ihr sei übel, sie müsse sich erbrechen, hatte die Frau, die eine Einkaufstasche bei sich geführt und eine Tüte in der Hand gehalten hatte, geklagt. In der Tüte waren, wie man im Nachhinein festgestellt hatte, bittere Mandeln gewesen.

Ein zufällig anwesender junger Mann hatte sich angeboten, die Frau, die einen schwerkranken Eindruck gemacht hatte, in das nächste Krankenhaus zu fahren.

In der aufnehmenden Klinik wurde zum Krankheitsverlauf und zur klinischen Diagnose notiert:

„Einlieferung ohne Angehörige, hochgradige Verwirrung und Unruhe, zeitweise toxische Krämpfe. Blau-graue Zyanose, weite, lichtstarre Pupillen. Intensiver Geruch nach Bittermandeln. Einige Mandeln noch in der Tasche.

Trotz intensiver Therapie mit Stimulanzien und künstlicher Beatmung konnten die Spontanatmung und der Puls nicht mehr in Gang gebracht werden. Um 19.30 Uhr Tod an zentraler Atem- und Kreislauflähmung infolge Zyanintoxikation.“

Die Leiche wurde beschlagnahmt. Die Obduktion wurde angeregt, doch sie erbrachte auf Anhieb keine Bestätigung der Diagnose der Kliniker. Im vorläufigen Gutachten hieß es:

„Die Leichenöffnung hat nicht eindeutig eine Todesursache ergeben.

Wegen des Verdachts einer Vergiftung, der durch die Leichenöffnung nicht ausgeräumt werden konnte, wurden Blut, Mageninhalt, Darmschlingen, Nieren sowie Gehirn zur chemischen Untersuchung zurückbehalten."

Die weiteren chemisch-toxikologischen Untersuchungen bestätigten dann aber, daß die 56 Jahre alte Frau an den Folgen einer Zyanintoxikation gestorben war.

Seit ihrer Scheidung war sie immer mehr vereinsamt. Sie hatte unter Depressionen gelitten und mehrfach Selbstmordabsichten geäußert.

Offenbar hatte sie in Selbstmordabsicht bittere Mandeln gekauft und gegessen, wobei nach Aussagen der Ärzte eine mittlere Menge von etwa 30 Gramm ausgereicht hatte, um den Tod herbeizuführen.

Gleiche Todesursache – Tod nach Genuß von bitteren Mandeln – war bei einem 48 Jahre alt gewordenen Mann festgestellt worden.

Er war tot in der Wohnung aufgefunden worden. Im Abfalleimer lag, neben vier Rotweinflaschen, eine leere 100-Gramm-Packung bittere Mandeln.

Nach Abschluß der Ermittlungen stand fest: der Mann war an einer Zyanintoxikation als Folge des Verzehrs von bitteren Mandeln gestorben.

Fall 2:

Selbsttötung einer 17jährigen durch Schlafmittelüberdosierung

An einem Freitagabend im April hatten Kinder an der Uferböschung eines im Süden der Stadt gelegenen Sees die Leiche eines jungen Mädchens gefunden. Die Tote saß, regelrecht bekleidet, im Schneidersitz mit weit nach vorn gebeugtem Oberkörper. Der Kopf war blutgestaut, was Folge eines Erstickungsvorganges, aber auch durch die Fundlage bedingt sein konnte. Vor den Füßen der völlig unverletzten Toten lag eine offene Schultertasche mit verschiedenen Utensilien und einem Plastikbeutel mit einigen Tabletten und Pulversubstanzen.

Aufgrund einer vorliegenden Vermißtenanzeige gelang es recht schnell, die Tote als ein 17 Jahre altes Mädchen zu identifizieren, das drei Tage zuvor die elterliche Wohnung verlassen gehabt hatte und seitdem nicht nach Hause zurückgekehrt war.

Der Vater des Mädchens schilderte, daß seine Tochter durch die Bekanntschaft mit zwei jungen Männern Kontakte zur Rauschgiftszene gefunden habe. Sie habe Haschisch geraucht, sei in ihren schulischen Leistungen immer mehr abgefallen und habe schließlich das Gymnasium verlassen müssen. In letzter Zeit sei es ihm gelungen, seine Tochter von ihrem Freundeskreis mehr und mehr fernzuhalten. Er habe keine Erklärung für ihren Tod.

Für eine Selbsttötung sehe er kein Motiv.

Die Obduktion brachte folgendes Ergebnis:

„Die Leichenöffnung hat weder Anzeichen für einen natürlichen, noch für einen gewaltsamen Tod ergeben. Somit ergibt sich auch gerichtsärztlicherseits der dringende Verdacht auf eine unbekannte Vergiftung.

Für eine Vergiftung können unter Umständen die Hirnschwellung, die stark gefüllte Harnblase und der eigentümliche Fleck über dem Grundglied der rechten Großzehe sprechen.

Die bereits durchgeführte Blutalkoholbestimmung ergab 0,00 Promille.“

Die Staatsanwaltschaft beantragte chemisch-toxikologische Untersuchungen.

Das in der Schultertasche vorgefundene verdächtige Material gaben die Beamten zur chemischen Analyse an das Landeskriminalamt, von wo nach Abschluß der Untersuchungen folgendes mitgeteilt wurde:

„In der Plastiktüte befand sich grauweißes, krümeliges Pulver, Gesamtmenge: 830 Gramm.

Mit Hilfe chromotografischer und infrarotspektroskopischer Methoden konnten wir als Hauptwirkstoffe in dem Material die Pharmaka Metaqualon, Diphenhydramin und Etodroxizin nachweisen.

Es ist nicht ausgeschlossen, daß noch in geringer Menge ein vierter Wirkstoff enthalten ist, der allerdings nur gaschromatografisch nachgewiesen werden kann. Um eine weitere Identifizierung bemühten wir uns nicht mehr, da es weder ein Betäubungsmittel noch ein stark wirkendes Schlafmittel bzw. Psychopharmakon ist.

Die anderen drei obengenannten Stoffe werden als Schlafmittel verwendet. Die Kombination Metaqualon-Diphenhydramin ist unter anderem in der Spezialität „Mandrax“ enthalten.

In den ebenfalls sichergestellten Kapseln mit dem Aufdruck „Roche“ konnte der Wirkstoff Medacepam (Nobrium) nachgewiesen werden.

In einer Kapsel ist schwarzes Pulver, das jedoch keine Wirkstoffe enthält. Es handelt sich um Kohle für medizinische Zwecke.

In einer Plastiktüte fanden sich zwei selbstgedrehte Zigaretten, in denen nach Überprüfung kein Betäubungsmittel erkannt werden konnte.“

Die weiteren Nachforschungen ergaben, daß das Mädchen, nachdem es die Schule hatte verlassen müssen, immer mehr vereinsamt war, zumal auch die Eltern jeden Kontakt zu ihren früheren Freunden unterbunden hatten.

Sie war, wie die weiteren chemisch-toxikologischen Untersuchungen ergaben, an den Folgen einer Überdosierung von Schlafmitteln gestorben. Die in ihrem Körper festgestellte Menge dieser Substanzen hatte nicht gegen ihren Willen beigebracht werden können, so daß von einer Selbsttötung ausgegangen werden konnte.

Fall 3:

Ausgangslage: Vermißtenfall eines 26jährigen Italieners

Der Fall hatte damit begonnen, daß der Arbeitgeber des 26 Jahre alten italienischen Staatsangehörigen Salvatore A. diesen bei der Kriminalpolizei einer westfälischen Stadt als vermißt gemeldet hatte.

Die ersten Ermittlungen hatten ergeben, daß A. 14 Tage vorher seine Wohnung verlassen hatte, um zu seiner Schwester nach Krefeld zu fahren. Dort war er nie eingetroffen.

Nachdem die örtlichen Überprüfungen nicht zum Auffinden des Vermißten geführt hatten, war A. als Vermißter ausgeschrieben worden. Er blieb verschwunden. Drei Monate später hatte sich eine am Flughafen Düsseldorf ein Parkhaus betreibende Gesellschaft an das Straßenverkehrsamt der Stadt gewandt, in der A. als vermißt gemeldet worden war. Die Parkgesellschaft hatte um die Feststellung des Halters eines seit mehreren Monaten im Parkhaus abgestellten Pkw gebeten, für den schon erhebliche Parkgebühren aufgelaufen waren. Der Sachbearbeiter des Straßenverkehrsamtes erfuhr bei einer Nachfrage bei der Polizei, daß das dem italienischen Staatsangehörigen A. gehörende Fahrzeug im Zusammenhang mit einem Vermißtenvorgang gesucht werde. Die Vermißtenstelle erhielt von dieser Anfrage keine Kenntnis. Im polizeilichen Bereich geschah nichts.

Der Sachbearbeiter des Straßenverkehrsamtes ordnete die Stillegung des Pkw und die Entstempelung des Kennzeichens an. Er bat das Straßenverkehrsamt Düsseldorf, die Entstempelung vorzunehmen. Ein Außendienstbeamter begab sich in das Parkhaus und entstempelte das Kennzeichen. Verdächtige Umstände nahm er hierbei am Fahrzeug nicht wahr.

Fünf Wochen später stellten Beamte der Flughafenwache der Polizei bei einem Streifengang fest, daß im Parkhaus des Flughafens ein Pkw mit entstempeltem Kennzeichen stand. Eine Überprüfung ergab, daß der Opel-Kadett von der Kriminalpolizei einer westfälischen Stadt im Zusammenhang mit einer Vermißtensache gesucht wurde. Die Beamten unterrichteten die ausschreibende Stelle.

Auffinden einer stark verwesten Leiche im Kofferraum des Pkw des vermißt Gemeldeten

Als sie den Pkw zur kriminaltechnischen Untersuchung einschleppen lassen wollten, bemerkten sie am Kofferraum starken Verwesungsgeruch. Der Kofferraum wurde aufgebrochen. In ihm lag eine stark verfaulte, teilweise mumifizierte und großflächig mit Pilzrasen bewachsene männliche Leiche. Der Tote lag in typischer Schlafstellung auf zwei ordentlich zusammengelegten Arbeitskitteln. Der Kopf ruhte auf einem Kissen. Die Bekleidung war geordnet und saß regelrecht. Lediglich die Schuhe standen, ordentlich nebeneinander, in Höhe der Füße. Am linken Handgelenk trug der Tote eine abgelaufene Armbanduhr. Neben der Leiche fanden sich im Kofferraum unter anderem die Fahrzeugschlüssel, eine angebrochene Flasche Limonade und eine einzelne Tablette. Im Handschuhfach des Wagens wurde ein Parkschein für das Parkhaus, datierend von dem Tag aufgefunden, an dem A. sechs Monate zuvor zuletzt an seinem westfälischen Wohnort gesehen worden war. Unter dem rechten Vordersitz lag eine Herrenumhängetasche, in der sich unter anderem die Personal- und Fahrzeugpapiere A.'s und eine Geldbörse mit DM 495,70 Bargeld befanden.

Selbsttötung durch Einnahme von Medikamenten?

Die Wahrscheinlichkeit war groß, daß es sich bei der Leiche um die des vermißten A. handelte. Vieles sprach dafür, daß der Italiener am Tage seines Verschwindens im Kofferraum seines Pkw Selbstmord durch Einnahme von Medikamenten begangen hatte. Ein Fremdverschulden ließ sich dennoch nicht mit der gebotenen Sicherheit ausschließen. Außerdem bedurfte es dringend der Identifizierung des Toten.

Die Leichenöffnung ergab folgendes

„Die Leiche des im Pkw aufgefundenen Mannes war hochgradig durch Fäulnis und Mumifizierung verändert. Außerdem zeigten mehrere Körperpartien, besonders die linke Gesichtsseite, die unteren und oberen Gliedmaßen, ausgedehnten Pilzrasen.

Aus der Beschaffenheit der Leiche läßt sich unter Berücksichtigung der Temperaturverhältnisse die Feststellung treffen, daß der Tote einige Monate an der Fundstelle gelegen hat. Es kann sich dabei um vier bis sechs Monate gehandelt haben.

Es läßt sich weiter feststellen, daß es sich um einen 163 cm langen Mann von schlankem Körperbau, der etwa 60 bis 65 Kilogramm gewogen haben mag, gehandelt hat.

Die Beschaffenheit des Gebisses, das im übrigen vollständig und zur weiteren Untersuchung und Identifizierung zurückgehalten wurde, spricht dafür, daß es sich um einen jungen Mann gehandelt hat. Es kann sich um einen 25 Jahre alt gewordenen Mann handeln.

Das Gebiß ist vollständig intakt. Nur die Zähne 7 und 8 im Unterkiefer sind gefüllt, im Oberkiefer sind die Zähne 8 kariös verändert. Außerdem ist der Zahn 7 im Unterkiefer gefüllt. Die Beschaffenheit der Kauflächen spricht ebenfalls dafür, daß es sich um das Gebiß eines jungen Menschen handelt.

Keine Feststellung einer eindeutigen Todesursache

Wegen des fortgeschrittenen Fäulniszustandes haben wir keine eindeutige Todesursache feststellen können.

Zeichen grober Gewalteinwirkung auf den Körper des Mannes haben wir trotz des Zustandes der Leiche nicht nachgewiesen.

Die sandige Beschaffenheit des Magen- und Dünndarminhaltes läßt die Möglichkeit einer Tablettenvergiftung zu. Deshalb haben wir die geringfügigen noch vorhandenen Mengen des Magen- und Darminhaltes sowie Leber und Urin zur chemisch-toxikologischen Untersuchung zurückbehalten.

Zur Identifizierung haben wir noch den Ringfinger der rechten Hand entnommen. An diesem Finger soll der junge Mann, bei dem es sich möglicherweise um diese Leiche handeln kann, eine teilweise Versteifung im Endglied gehabt haben. Noch bei der Leichenuntersuchung haben gewisse Bewegungseinschränkungen an diesem Finger nachgewiesen werden können. Zur sicheren Klärung sind weitere Untersuchungen erforderlich, insbesondere im Vergleich mit noch existierenden Röntgenaufnahmen."

Da die Identifizierung der Leiche durch Fingerabdruckvergleich nicht mehr möglich war und auch eine Anerkennung durch die Angehörigen wegen der erheblichen Fäulnisveränderungen ausschied, mußten andere Identifizierungshilfen in Anspruch genommen werden. Es fanden sich lediglich Röntgenaufnahmen der rechten Hand A.'s, die im Zusammenhang mit einem Betriebsunfall angefertigt worden waren. Die Aufnahmen wurden per Telebild überspielt. Sie waren, nach Aussagen des mit den vergleichenden Untersuchungen beauftragten Röntgenologen, für Identifizierungszwecke geeignet.

Identifizierung der Leiche durch Röntgenidentifizierung

In seinem Gutachten erklärte der Facharzt unter anderem:

„Vorliegende Kopien der Röntgenaufnahmen sowie die hier angefertigten Röntgenaufnahmen des abgetrennten rechten Ringfingers des bisher nicht sicher identifizierten Leichnams zeigen identische Verhältnisse insofern, daß bei den im Jahre 1972 angefertigten Röntgenaufnahmen eine frische Querfraktur des Mittelgliedes vorgelegen hat. Die hier angefertigten Röntgenaufnahmen zeigen den Zustand nach einer verheilten Querfraktur des Mittelglieds entsprechend der Resorptionszone des auf der Übersichtsaufnahme beschriebenen ausgesprengten hirsekorngroßen zentralen Fragments.

Vergleicht man die Kopien der 1972 angefertigten Röntgenaufnahmen des Salvatore A. mit den jetzt angefertigten Röntgenaufnahmen des abgetrennten rechten Zeigefingers des bisher nicht sicher identifizierten Leichnams, muß man zu dem Schluß kommen, daß – unter Berücksichtigung der Recherchen der Kriminalpolizei Düsseldorf – eine Identität mit an Sicherheit grenzender Wahrscheinlichkeit besteht."

Da die Vergleichsuntersuchungen nicht an Hand von Skelettvariationen, sondern nur durch den Vergleich einer Skelettverletzung hatten geführt werden können, bedurfte es weiterer Überprüfungen.

Bereits bei der Obduktion war festgestellt worden, daß es sich um die Leiche eines Mannes handelte, der hinsichtlich seines Lebensalters, seiner Körperlänge und seines Körperbaus der Personenbeschreibung A.'s entsprach. Das gleiche traf auf die Frisur zu, wie durch entsprechende Nachermittlungen festgestellt werden konnte.

Ergänzende Identifizierung aufgrund des Gebißbefundes

Vorsorglich wurde auch noch der bei der Leichenöffnung gesicherte Gebißbefund ausgewertet. Es gelang den Zahnarzt A.'s zu ermitteln. Das von ihm erstellte Zahnschema stimmte genau mit dem bei der Obduktion erhobenen Befund überein.

Die Untersuchung der im Kofferraum des Wagens vorgefundenen einzelnen Tablette ergab, daß es sich um ein adalinhaltiges Schlafmittel handelte. Solche Schlafmittel sind nicht rezeptpflichtig und können in Apotheken von jedermann käuflich erworben werden.

Nach Darstellung der Angehörigen A.'s hatte dieser seit mehr als fünf Jahren regelmäßig in der Bundesrepublik gewohnt und gearbeitet. Er wurde als zurückhaltend und verschlossen geschildert. Niemand wußte etwas über enge Freunde, niemand etwas von Frauenbekanntschaften zu berichten. Allen war er als gehemmt und voller Komplexe erschienen.

Eine starke Vertrauensbindung hatte er offenbar nur zu seiner Schwester gehabt. Als diese einige Monate vor seinem Verschwinden geheiratet hatte, hatte sich A., der bis dahin äußerst zuverlässig und arbeitsam gewesen war, deutlich verändert. Er hatte begonnen zu trinken, war mehrfach unentschuldigt seiner Arbeit ferngeblieben und hatte sich einmal über mehrere Tage hinweg in seinem Zimmer eingeschlossen gehabt.

Einem seiner Arbeitskollegen gegenüber hatte er von Selbstmord gesprochen und erklärt, daß er sich in einem solchen Falle so verstecken werde, daß ihn niemand auffinden könne.

Selbsttötung durch Einnahme einer Überdosis Schlaftabletten

Am Schluß umfangreicher Ermittlungen waren die Beamten überzeugt, daß A. am Tage seines Verschwindens, an dem Tag, an dem der in seinem Wagen gefundene Parkschein ausgestellt worden war, im Kofferraum seines Pkw Selbstmord durch Einnahme einer Überdosis Schlaftabletten begangen hatte.

Anhaltspunkte für eine andere Todesart oder Hinweise auf ein Tötungsdelikt hatten sie nicht finden können.

A. hatte das Parkhaus am Düsseldorfer Flughafen gekannt. Er hatte dort häufig sein Fahrzeug abgestellt gehabt, wenn er in den Ferien nach Italien geflogen war.

Fall 4:

Maden im Badezimmer und Schlafzimmer führten zur Auffindung einer Leiche

Immer wieder hatte der im 3. Stockwerk eines Mehrfamilienhauses wohnende Gymnasiallehrer durch sein Badezimmer hindurch dicke Maden kriechen gesehen. Sie schienen aus einem Spalt in der Wand eines Luftschachtes zu kommen, der in einer Ecke seines Badezimmers nach oben bis zum Dach des Hauses führte. Er hatte Schädlingsvernichtungsmittel versprüht, aber die Maden waren weiterhin am Boden des Badezimmers entlanggekrochen und schließlich sogar bis ins Schlafzimmer gelangt. Er hatte sich nicht mehr anders zu helfen gewußt, als ein beidseitig klebendes Band auf dem Fußboden zu verlegen, dort wo die Maden aus der Wand gekrochen waren, aber die kräftigsten Tiere waren auch darüber und schließlich sogar noch über ein zweites Band hinausgelangt. Erst ein drittes, dahinter verlegtes Klebeband hatte auch die Aktivsten zu stoppen vermocht. Die „Madenfalle" war perfekt gewesen. Dennoch, die ganze Sache hatte ihn irritiert, und es war ihm klar gewesen, daß irgendetwas in dem Luftschacht sein mußte, was die Maden ernährte und so kräftigte, daß sie in der Lage waren, eine Wanderung durch seine Wohnung anzutreten. Zu gern hätte er einmal in den Schacht geblickt, aber eine Klappe, die dies ermöglicht hätte, war nicht zu öffnen, weil vor ihr Heizrohre verlegt worden waren.

An einem Samstagnachmittag im September war er schließlich nach oben gegangen auf den Speicher des Hauses und hatte von dort aus mit einer Taschenlampe in den 70 × 70 cm großen Schacht, durch den ein Abflußrohr, zwei Wasserleitungsrohre und eine Telefonleitung verliefen, hineingeleuchtet. Tief unten, dort, wo in der dritten Etage in Höhe seiner Wohnung der Schacht endete, hatte er eine Leiche stehen gesehen. Übler Fäulnisgeruch war ihm in die Nase gestiegen, Geruch, von dem er unten in seiner Wohnung nichts wahrgenommen hatte. Er hatte die Polizei gerufen.

Auffinden einer stark verwesten weiblichen Leiche in einem Luftschacht

Ein Blick in die Öffnung des Schachtes bestätigte die Angaben des Lehrers. Im Luft- und Versorgungsschacht stand eine Leiche. Es blieb kein anderer Weg, man mußte, um die Leiche bergen zu können, ein großes Loch in die Wand des Badezimmers stemmen, hinter der sich der tote Mensch befand.

Es war die Leiche einer Frau, die mit nach vorn gebeugtem Oberkörper an der rechten Schachtwand lehnte. Die nur mit einem Slip bekleidete Tote befand sich in fortgeschrittenem Fäulniszustand. Die Leiche war stark von Maden befallen.

Die in allen Farben verfärbte Oberhaut hatte sich in Fetzen abgelöst, teilweise hatten sich mit Fäulnisflüssigkeit gefüllte Blasen gebildet. Der Lage der Leiche entsprechend war aus den Körperöffnungen reichlich Fäulnisflüssigkeit ausgetreten und über beide Brustdrüsen, die linke Bauchseite, den linken Oberschenkel und das linke Knie hin abgeronnen.

Alle Öffnungen des Körpers waren durch Madenfraß erweitert. Die Augäpfel waren zerstört, die Ohrmuscheln, die Nasenflügel und die Zehen und Finger weitgehend mumifiziert.

Am linken Ringfinger trug die Frau einen Ring mit einem lilafarbenen Stein und an den Ohren Ohrstecker. Man schätzte das Leichenalter auf mehrere Wochen, nachdem im Schacht eine Temperatur von 19 Grad Celsius gemessen worden war.

Grobe Verletzungen, die sich nicht durch Fäulnis oder Madenfraß hätten erklären lassen, fanden die Beamten auf Anhieb nicht.

Nachdem die Tote geborgen worden war, sah man, daß sie auf ihren Bekleidungsstücken und auf einem Kissen gestanden hatte.

Neben den Bekleidungsstücken lagen Medikamentenbehältnisse, leere Streifen des Medikamentes Samoat und ein weiteres leeres Behältnis des Medikamentes Thomapyrin.

Identifizierung der Toten

In der Handtasche fanden sich die Personalpapiere der 27 Jahre alten Krankenschwester Gabriele K. Als Wohnsitz war ein Ort in der Eifel angegeben. Man fand auch einen handgeschriebenen Abschiedsbrief, in dem die Verfasserin ihren Selbstmord ankündigte.

War die Tote Gabriele K. und wenn ja, wie kam sie in das Haus und in den Luftschacht?

Es wurde ermittelt, daß in der Wohnung darüber eine Studentin mit ihrem Lebensgefährten wohnte. Auch sie hieß K., Marion K. War sie eine Verwandte der Frau, deren Leiche man aus dem Schacht geborgen hatte? Marion K. war nicht zu erreichen. Sie war weggefahren, zusammen mit ihrem Lebensgefährten, wohin wußte niemand.

Nachdem die Leiche geröntgt worden war, wurde die Obduktion beantragt. Die Ärzte kamen zu folgender Aussage:

„Bei der Obduktion konnten wir weder äußerlich noch innerlich Verletzungen oder Zeichen von Gewalteinwirkung objektivieren.

Die junge Frau war – abgesehen von Verwachsungen zwischen den Eileitern und Eierstöcken – organisch gesund. So konnten wir mit Hilfe der Obduktion einen Tod aus natürlicher Ursache ebenfalls nicht feststellen.

Aufgrund der äußeren Umstände des Falles kann man annehmen, daß diese Frau infolge einer Vergiftung verstorben ist. Deswegen haben wir Material für die chemisch-toxikologische Analyse asserviert.

Die Stirnnaht war nicht verknöchert. Nach Angaben der Neurologen ist diese Anomalie manchmal mit einer Depression verbunden.

Die Obduktion allein ergab keine Hinweise für die Mitwirkung von dritter Hand.“

Die unter der Leiche gefundenen Bekleidungsstücke wurden von der zwischenzeitlich nach Hause zurückgekehrten Studentin Marion K. eindeutig als ihrer Schwester Gabriele gehörend wiedererkannt, ebenso der an der Leiche gesicherte Schmuck. Sicherheit brachte aber erst der Vergleich von Röntgenaufnahmen. Ein Facharzt für Röntgenologie bestätigte, daß die aus dem Schacht geborgene Tote Gabriele K. war.

Ermittlungsergebnisse der Kriminalpolizei

Sie hatte ein Jahr zuvor ihre Arbeitsstelle als Krankenschwester verloren gehabt, weil sie immer wieder unentschuldigt der Arbeit ferngeblieben war. Danach hatte sie unter Depressionen gelitten, hatte mehrere Selbstmordversuche unternommen. Zuletzt war sie erheblich verschuldet gewesen.

Anfang August hatte sie ihre Schwester in Düsseldorf besucht und war ein paar Tage geblieben. Als Marion K. an einem Donnerstag nach auswärts gefahren war, hatte sie ihre Schwester aufgefordert, nun endlich wieder in ihre eigene Wohnung in die Eifel zurückzukehren. Sie habe, so hatte sie ihr gesagt, wegen ihrer Anwesenheit schon Ärger mit ihrem Lebensgefährten gehabt.

Als sie am Tage darauf zurückgekehrt war, war Gabriele verschwunden gewesen. Ihr Freund hatte ihr gesagt, daß Gabriele nicht mehr anwesend gewesen sei, als er am Morgen erwacht sei.

Etwa einen Monat später hatte Marion K. ihre Schwester in der Eifel zu erreichen versucht. Seit Monaten, so hatte ihr der Vermieter gesagt, wohne sie nicht mehr bei ihm. Ihre Sachen habe er zurückbehalten, da sie ihm mehrere hundert Mark schulde.

Eine Vermißtenanzeige war nicht erstattet worden. Der Mitinhaber der Wohnung wurde gehört, ein 24 Jahre alter Student, der gleich darauf hinwies, daß er homosexuell veranlagt sei und einen festen Freund habe. An Gabriele K. sei er daher völlig uninteressiert gewesen.

Als er an dem Donnerstagabend Anfang August in die Wohnung zurückgekehrt sei, habe sie ihm erklärt, daß sie in die Eifel zurückfahren wolle. Irgendwann in der Nacht müsse sie dann verschwunden sein, denn am Freitagmorgen sei sie nicht mehr anwesend gewesen. Die Klappe zum Luftschacht im Badezimmer ihrer Wohnung habe hin und wieder offen gestanden. In Ermangelung eines Fensters sei dies ja doch die einzige Entlüftungsmöglichkeit gewesen. Ob dies am Morgen nach dem Verschwinden der Frau auch so gewesen sei, könne er nicht mehr sagen.

Ergebnis: Selbsttötung

Das Ergebnis der vergleichenden Schriftuntersuchung ergab, daß der bei der Toten gefundene Abschiedsbrief, in dem die Selbsttötung angekündigt wurde, mit Sicherheit von Gabriele K. verfaßt worden war. Und da auch die chemisch-toxikologischen Untersuchungen ergaben, daß die junge Frau an den Folgen einer Medikamentenüberdosierung gestorben war, blieb kein Zweifel am Selbstmord der Frau.

Sie war, fünf Wochen bevor sie aufgefunden wurde, durch die Lüftungsklappe im Badezimmer der Wohnung ihrer Schwester in den Lüftungs- und Versorgungsschacht gestiegen, nachdem sie vorher ihre Bekleidungsstücke und ein Kissen hineingeworfen hatte. An den im Schacht verlegten Rohren mochte sie nach unten in die dritte Etage geklettert sein, um dort zu sterben.

Die räumliche Enge hatte verhindert, daß sie zusammengebrochen war, und so war sie stehen geblieben, auch nach Eintritt des Todes.

Fall 5:

Selbsttötung eines 18jährigen oder Tod nach experimenteller Selbstbeibringung von Gift

In den Nachmittagsstunden eines Septembertages hatte die Mutter des 18 Jahre alten Gymnasiasten Konrad M. das Zimmer ihres Sohnes verschlossen vorgefunden. So sehr sie auch gerufen und geklopft hatte, er hatte sich nicht gemeldet, obwohl von innen der Schlüssel im Schloß gesteckt hatte. Sie hatte Angst bekommen und so hatte sie einen Nachbarn hinzugerufen. Er hatte die Tür aufgebrochen. Mitten im Zimmer hatte Konrad M. leblos auf dem Fußboden gelegen. Der hinzugezogene Notarzt hatte nur noch den Tod des jungen Mannes feststellen können. In Anbetracht der Jugend des Verstorbenen hatte er keinen natürlichen Tod bescheinigt, obwohl ihm die Gesamtumstände, die von innen verschlossene Wohnung, die unverletzte Leiche, unverdächtig erschienen waren.

Den Beamten der Kriminalpolizei fiel die umfangreiche Bibliothek pharmakologischer und toxikologischer Fachliteratur auf. In den Behältnissen der Schränke fanden sie die verschiedensten Chemikalien. Der Junge habe Mediziner werden wollen, erklärte die Mutter. Er habe deshalb unter anderem mit Chemikalien experimentiert und sehr viel pharmakologische und toxikologische Fachliteratur gelesen. Er sei ein ausgezeichneter Schüler gewesen, insoweit habe er keinerlei Probleme gehabt. Nur sei er ein Eigenbrötler gewesen, immer für sich allein. Freunde habe er nicht gehabt.

In einer Schublade fanden die Kriminalbeamten zwei Injektionsspritzen. Eine enthielt den Rest einer dunkelfarbenen Flüssigkeit.

An der linken Brustseite und am linken Oberschenkel des Toten fand man je eine frisch erscheinende Injektionsstelle. Der den Tod feststellende Arzt hatte diese Verletzungen übersehen.

Hatte man es mit einem „Fixer" zu tun? Nein, versicherte die Mutter, der Junge habe keine Drogen genommen. Sie wisse aus Gesprächen mit ihm, daß er den Konsum von Rauschmitteln verabscheut habe. Es sei undenkbar, daß er etwa heroinabhängig gewesen sei.

Die Leiche des jungen Mannes wurde obduziert. Er war organisch gesund gewesen. Bei der Leichenöffnung fielen ein eigenartiger aromatischer Geruch sämtlicher Organe sowie eine erhebliche Blutstauung und eine Lungen- und Hirnwassersucht auf. Die Ärzte erklärten, daß aufgrund dieser Befunde der Verdacht einer Vergiftung mit einer noch unbekannten Substanz bestehe.

Auf Antrag der Staatsanwaltschaft wurden chemisch-toxikologische Untersuchungen an den zurückbehaltenen Leichenteilen vorgenommen. Auch die beiden im Zimmer des 18jährigen gefundenen Injektionsspritzen wurden in die Untersuchungen einbezogen.

Es wurde folgendes festgestellt:

„Durch die chemisch-toxikologische Untersuchung konnten erhebliche Mengen von Diäthyläther und Chloroform im Blut und Urin aufgefunden werden.

Die aufgefundenen Konzentrationen liegen niedriger, als die in der Literatur beschriebenen Konzentrationen bei Todesfällen, die nach Inhalation von Chloroform bzw. Diäthyläther festgestellt wurden. Da jedoch die Fremdstoffe sehr wahrscheinlich injiziert wurden und bei injiziertem Diäthyläther bzw. Chloroform geringe Konzentrationen schon zum Tode führen können, muß angenommen werden, daß die aufgetretenen Fremdstoffkonzentrationen ausreichend für den Tod des 18 Jährigen waren."

Es blieb offen, ob sich Konrad M. die Substanzen in selbstmörderischer Absicht injiziert hatte oder ob er das Opfer eines Experimentes, eines Versuches an sich selbst, geworden war. Anhaltspunkte für ein Verschulden Dritter fanden sich nicht.

Fall 6:

Unfalltod durch austretendes CO-Gas aus einem Gasboiler

Ein 61 Jahre alter amerikanischer Geschäftsmann aus einer Kleinstadt in Pennsylvania war entschlossen gewesen, nach Deutschland zu reisen, obwohl ihm alle, seiner schweren Herzkrankheit wegen, davon abgeraten hatten. Er hatte sein Enkelkind, den Jungen, den seine in Düsseldorf mit einem Studienrat verheiratete Tochter geboren hatte, sehen wollen.

Am Flughafen in Düsseldorf war er abgeholt worden und hatte gleich darauf bestanden, in einer Pension oder in einem Hotel untergebracht zu werden. Tagsüber, so hatte er seinen Kindern erklärt, wolle er mit ihnen zusammensein, am Abend aber werde er sich zurückziehen.

Am nächsten Vormittag, gleich nach dem Frühstück, hatten sie ihn abholen wollen. Sein Zimmer war verschlossen gewesen, als sie verabredungsgemäß erschienen waren. Er hatte sich auf Klopfen nicht gemeldet. Mühsam hatte man den von innen steckenden Schlüssel herausstoßen müssen. Mit einem Zweitschlüssel war die Tür geöffnet worden. Rücklings auf dem Bett liegend hatte man ihn gefunden. Ein sofort hinzugezogener Arzt hatte nur noch seinen Tod feststellen können.

Der Tote war nur mit Unterwäsche bekleidet. Verletzungen hatte der Arzt an der Leiche nicht finden können, und obwohl ihn der Schwiegersohn des Verstorbenen auf die vorangegangene schwere Herzerkrankung hingewiesen hatte, hatte der Arzt den Tod nicht als natürlich bescheinigen wollen. Er hatte den Toten vorher noch nie gesehen gehabt. Ohne Kenntnis der Krankenvorgeschichte war ihm eine derartige Diagnose als zu gewagt erschienen.

Die Kriminalpolizei wurde gerufen. Zwei Beamte der Kriminalwache (es war ein Sonntag), nicht ständig mit der Bearbeitung von Todesermittlungsverfahren befaßt, erschienen am Leichenfundort.

Die Fundsituation erschien ihnen unauffällig. Die Tür und die Fenster des Zimmers waren von innen verschlossen gewesen. An der Leiche fanden sich weder Verletzungen noch Veränderungen, die ihren Verdacht erregt hätten. Neben dem Toten lag ein Behältnis mit einem Medikament gegen Herzerkrankungen. Einige Tabletten waren auf dem Bett verstreut. Die Wertgegenstände, Bargeld, Travellerschecks, waren vorhanden und Tochter und Schwiegersohn berichteten, daß der jetzt Verstorbene schon zwei Herzinfarkte hinter sich habe. Die Beamten kamen zu dem Schluß, daß der 61 Jahre alte Mann offensichtlich an den Folgen seiner Herzkrankheit gestorben sei. Anhaltspunkte für ein Fremdverschulden hatten sie nicht gefunden.

In ihrem Tatbefundbericht vermerkten die Beamten, daß vom Pensionszimmer aus eine Tür in das Badezimmer führe. Sie beschrieben, daß oberhalb der Wanne ein Gasboiler installiert war, bei dem die Zündflamme brannte. Dieser Gasboiler war es, der den Beamten der Fachdienststelle für Todesermittlungsverfahren, dem die Sache zur weiteren Bearbeitung übertragen worden war, bewog, das Blut des Toten auf Kohlenmonoxid hin untersuchen zu lassen – rein vorsorglich. Wiederholt hatte er Todesfälle zu bearbeiten gehabt, wo Menschen durch falsch eingestellte oder verunreinigte Gasboiler – auch bei brennender Zündflamme – infolge der sich bildenden CO-Gase gestorben waren. Am nächsten Tag lag das Ergebnis der von ihm beantragten Untersuchung vor. Im Blut des Verstorbenen war eine Kohlenmonoxydkonzentration von 60 Prozent festgestellt worden, eine absolut tödliche Menge. Der Mann war ohne jeden Zweifel daran gestorben.

Die weiteren Untersuchungen ergaben, daß der im Badezimmer installierte Gasboiler tatsächlich für die Bildung der CO-Gase verantwortlich war. Es fehlte der Abgasschornstein. Die Abgase waren in einen Blindschacht geleitet worden. Hinzu kam, daß sich das Gerät in einem äußerst schlechten Wartungszustand befand. Es lag kein natürlicher Tod vor sondern schuldhaftes, fahrlässiges Verhalten.

Fall 7:

Dubiose Vergiftungserscheinungen nach Genuß von Tee

Gegen 23.00 Uhr, an einem Januartag, erhielt die Kriminalpolizei Kenntnis, daß wenig vorher ein Ehepaar, der Mann 69 Jahre alt, die Frau 53 Jahre alt, mit akuten Vergiftungserscheinungen in ein Krankenhaus eingeliefert worden sei. Den Symptomen nach liege möglicherweise eine Atropinvergiftung vor. Die Eingelieferten waren nicht ansprechbar. Es bestand akute Lebensgefahr. Erste Ermittlungen ergaben, daß der Mann noch einem von der im gleichen Haus wohnenden Mutter herbeigerufenen Arzt berichtet hatte, er habe mit seiner Frau Tee getrunken, Braunwurzeltee, bevor diese Erscheinungen aufgetreten seien.

Braunwurzeltee (radix scopholariae), so erklärten die Ärzte, sei keinesfalls geeignet, derartige Vergiftungserscheinungen hervorzurufen. Tee und Trinkgefäße wurden sichergestellt und die Wohnung nach Giftstoffen durchsucht. Darüber hinaus wurden ärztlicherseits Mageninhalt, Blut und Urin der Betroffenen gesichert.

Die Verpackung des sichergestellten Tees ließ erkennen, daß er von einer Düsseldorfer Apotheke bezogen worden war. Es wurde dort bestätigt, daß der 69 Jahre alte Mann eine Woche vor dem Geschehen erschienen sei und Braunwurzeltee habe erwerben wollen. Er habe bei dieser Gelegenheit erzählt, daß der Tee für einen befreundeten Arzt in der DDR bestimmt sei, der den Tee schon erfolgreich bei der Behandlung von Diabetes angewandt habe. Da der Tee nicht vorrätig gewesen sei, habe man ihn bei einem Arzneimittelgroßhandel bestellt. 250 Gramm einer als radix scopholariae bezeichneten Droge sei von dieser Arzneimittelfirma wenige Tage später geliefert worden.

Der Apotheker gab an, daß die Ware von einer Apothekenassistentin dahingehend geprüft worden sei, ob sie eventuell verdorben war. Eine andere Überprüfungsmöglichkeit habe nicht bestanden, da es sich bei Braunwurzeltee um eine sehr obsolente Droge handele, über die in der Fachliteratur nur wenig veröffentlicht sei. In den Fachbüchern sei weder ein Lupenbild noch die Beschreibung eines mikroskopischen Schnittes angegeben.

Die Arzneimittelgroßhandlung, von der die Apotheke den Tee bezogen hatte, wurde aufgesucht. Im November, so erklärte man dort, habe man zwanzig Kilogramm dieser Droge von einer Import- und Exportfirma aus dem süddeutschen Raum bezogen. Außer der an die Düsseldorfer Apotheke gelieferten Menge sei hiervon bisher nichts verkauft worden. Die Beamten entnahmen eine Probe und untersagten den Weiterverkauf des Tees.

Den Tee, so gab der Inhaber der in Süddeutschland angesiedelten Firma an, habe man bereits fertig geschnitten von Firmen in Österreich und Jugoslawien bezogen. Beim Eingang der Ware sei diese von Drogisten auf Reinheit und Beschaffenheit überprüft worden. Eine Untersuchung auf unzulässige oder giftige Beimengungen erfolge nicht, da seine Firma nur an pharmazeutische und chemische Betriebe und den pharmazeutischen und Drogengroßhandel liefere und diese Firmen ihre Arzneimittel aufgrund eigener Untersuchungen erst zusammenstellten.

Aufgrund der Verkaufs- und Lieferungsbedingungen habe der Käufer zudem das Recht und die Pflicht, jede eingehende Ware auf ihre Echtheit und Reinheit sofort zu prüfen.

Auch bei dieser Firma stellte man Proben des angeblichen Braunwurzeltees sicher und untersagte auch hier vorerst jeden Weiterverkauf der gelagerten Droge.

Der Leiter der Arzneimittelgroßhandlung bestätigte, daß ihm die Verkaufs- und Lieferbedingungen bekannt und auch von ihm anerkannt worden seien. Man habe nur eine optische Prüfung der gelieferten Ware vorgenommen und sei aufgrund des Aussehens der Ware überzeugt gewesen, daß es sich bei der Droge um radix scophollariae gehandelt habe.

Inzwischen hatte sich der Zustand der Vergifteten soweit gebessert, daß sie angehört werden konnten. Drei Teelöffel habe sie, so erklärte die Frau, in zwei Tassen kochendem Wasser aufgebrüht. Sie selbst habe zunächst nur eine halbe Tasse getrunken, während ihr Ehemann die Tasse des von ihm mit Honig vermischten Tees ausgetrunken habe.

Bereits nach dem Genuß der halben Tasse Tees seien bei ihr Schwindelgefühle aufgetreten, deren Ursache sie aber nicht dem Tee zugeschrieben habe. Sie habe daher den Rest auch noch getrunken.

Danach sei ihr immer übler geworden. Ihre Hände und Füße seien eiskalt geworden und auch bei ihrem Mann seien ähnliche Erscheinungen aufgetreten. Er habe sich steif wie eine Holzpuppe bewegt. Da sich ihr Allgemeinbefinden rapide verschlechtert habe, hätten sie sich hilfesuchend zu ihrer im gleichen Hause wohnenden Mutter begeben. Zu dieser Zeit seien sie nur noch in der Lage gewesen, sich kriechend fortzubewegen.

Ein sofort hinzugezogener Arzt hatte bei den Eheleuten Lähmungserscheinungen der Sprechorgane, erweiterte Pupillen und beschleunigten Herzrhythmus festgestellt und die sofortige Einweisung in ein Krankenhaus veranlaßt.

Die Untersuchung des sichergestellten Materials beim Landeskriminalamt und beim Botanischen Institut einer Universität ergab, daß es sich nicht um Braunwurzeltee handelte, sondern um ein Nachtschattengewächs, das giftige Tropaalkaloide und als Hauptbestandteil das Alkaloid Hyoscyamin enthielt. Die bei dem Ehepaar aufgetretenen schweren Vergiftungserscheinungen waren eindeutig auf diese Giftstoffe zurückzuführen.

Fall 8:

Unfalltod durch Einatmen von giftigen Dämpfen aus Reinigungsmitteln

An einem Donnerstagabend im Mai suchten eine 45 Jahre alte Hausfrau und ihr um sechs Jahre älterer Lebensgefährte einen Selbstbedienungs-Wasch-und Reinigungssalon auf, einen Laden, in dem wie üblich neben zahlreichen Münz-Waschautomaten eine Heißmangel und mehrere Trockenschleuderautomaten aufgestellt waren. Im hinteren Teil des Raumes standen eine Reinigungsmaschine mit zwei Münzautomaten und eine Dezimalwaage.

Obwohl der Salon bis 22.00 Uhr geöffnet hatte, war keine Aufsicht anwesend.

Nach dem Studium der an dem Reinigungsautomaten angebrachten Bedienungsanweisung reinigten die beiden Besucher zunächst zwei Steppdekken und legten danach zwei 4,20 × 2,40 m große Vorhänge aus blauem Samt in die Trommel.

Sie hatten zwar auf der Bedienungsanleitung gelesen, daß der Automat nur mit Reinigungsgut von einem Gewicht bis höchstens 5 Kilogramm beschickt werden durfte, da aber beide Vorhänge in die Trommel paßten, hatten sie keinen Grund gesehen, dies nicht auszunutzen. Einen Hinweis auf die mit der Überladung des Automaten verbundenen Gefahren hatten sie aus der Bedienungsanleitung nicht entnehmen können.

Die beiden Vorhänge wogen, wie die spätere Überprüfung ergab, zusammen 5980 Gramm.

Während der Reinigungsprozeß automatisch ablief, begaben sich die beiden Personen in eine nahe gelegene Gastwirtschaft. Als sie zurückkamen, hatte sich der Automat noch nicht abgeschaltet. Bald darauf konnten sie aber die beiden Vorhänge, die sich noch feucht anfühlten und einen eigenartigen Geruch ausströmten, aus der Trommel entnehmen. Sie verstauten das gereinigte Gut in ihrem Pkw und fuhren dann zu der nicht weit entfernten Wohnung.

Obwohl die Fenster des 60 Kubikmeter großen Wohnzimmers angekippt waren, wurde ihnen beim Aufhängen der Vorhänge übel. Sie mußten sich übergeben. Der Mann schleppte sich zur nächsten Liege und wurde bewußtlos, während die Frau noch am Fenster ohnmächtig zu Boden stürzte. Stunden später erwachte der Mann aus der Bewußtlosigkeit. Es gelang ihm, trotz starker Benommenheit, einen Krankenwagen zu alarmieren. Die Frau war tot.

Die Obduktion der Leiche führte nicht zur eindeutigen Feststellung der Todesursache. Es wurde festgestellt, daß sie im Zustand tiefer Bewußtlosigkeit massenhaft Speisebrei eingeatmet hatte. Offenbar war sie an den Folgen der Aspiration erstickt.

Ergebnis der kriminalpolizeilichen Ermittlungen

Die Ermittlungen ergaben folgendes: In dem von den Geschädigten in Anspruch genommenen Reinigungsautomaten wurde, wie auch in anderen chemischen Reinigungen üblich, der Chlorkohlenwasserstoff Perchloräthylen (Per) als Reinigungsmittel verwandt. Bei Perchloräthylen handelt es sich um eine wasserklare, farblose Flüssigkeit mit ausgezeichneten Lösungseigenschaften für Fette, Öle, Harze, Wachse und ähnliches. Die Reinigungswirkung des Perchloräthylen ist schnell und intensiv. Sowohl die Lösungsmittel als auch die gelösten Stoffe können ohne besonderen Aufwand zurückgewonnen werden, so daß sich erhebliche Kosten sparen lassen.

Perchloräthylen hat allerdings noch andere Eigenschaften. Es verdunstet rasch an der Luft. Die Dämpfe, vermischt mit Luft eingeatmet, wirken narkotisch. Sie verursachen zuerst Heiterkeit, dann Rausch, Müdigkeit, Übelkeit, Bewußtlosigkeit und können schließlich tödlich wirken.

Es wurde festgestellt, daß das Reinigungsprogramm in dem Automaten wie folgt ablief: Nach Einlegen des Reinigungsgutes wurde dieses von Perchloräthylen durchspült. Die Reinigungsflüssigkeit wurde abgepumpt, sobald der Reinigungsprozeß beendet war. Danach schaltete sich automatisch der Schleudergang ein und die Flüssigkeit wurde aus der Ware herauszentrifugiert. Schließlich wurde heiße Luft in die Trommel geblasen, während sich die Trommel weiter drehte. Die heiße Luft bewirkte, daß die noch vorhandene Flüssigkeit verdunstete. Nachdem noch einmal kalte Frischluft durchgeblasen worden war, konnten die gereinigten Sachen trocken und geruchsfrei entnommen werden.

Als man den gleichen Vorgang mit den beiden Vorhängen, also bei überladener Reinigungstrommel, zu wiederholen versuchte, sprang der Schleuderautomat zwar an, vermochte aber nicht die Trommeldrehzahl zu erhöhen. Nach kurzer Zeit schon schaltete sich der Motor wieder ab. Das Abschalten wurde durch eine Schutzschaltung bewirkt, die eine Überlastung und damit ein Durchbrennen des Schleudermotors verhindern sollte. Der Motor schaltete sich nach kurzen Pausen noch zweimal ein und jeweils wieder ab, ohne die Trommeldrehung merklich beschleunigt zu haben. Vier Minuten später war der programmierte Schleudervorgang beendet und der Automat schaltete auf Trocknen. Bis dahin hatte der Automat tatsächlich noch keinen Augenblick geschleudert. Als Folge davon fühlten sich die beiden Vorhänge nach Ablauf des Reinigungsvorganges noch stark feucht an und strömten einen intensiven Per-Geruch aus. Die Vorhänge, die vor dem Reinigen 5980 Gramm gewogen hatten, wogen nunmehr 9240 Gramm, enthielten also 3260 Gramm der Reinigungsflüssigkeit.

Durch das schnelle Verdunsten des Perchloräthylen waren in der Wohnung der Geschädigten Dämpfe mit narkotisierender Wirkung entstanden, die schließlich zu diesen katastrophalen Folgen geführt hatten. Bei einer von den Kriminalbeamten 12 Stunden nach dem Auffinden der Opfer in der Wohnung vorgenommenen Messung mit einem Draeger-Gerät wurde über dem Fußboden noch eine Konzentration der Perchloräthylendämpfe von 200 ppm (ppm = parts per million) und in einer Höhe von 1,50 m eine solche von 180 ppm festgestellt und dies, obwohl der Raum gelüftet worden war. Der MAK-Wert (Maximale Arbeitsplatzkonzentration) für Perchloräthylen liegt bei 100 ppm. Alle darüberliegenden Werte werden als gesundheitsschädlich angesehen.

Fall 9:

Ärztliche Feststellung: natürlicher Tod – Beschlagnahme der Leiche vor Feuerbestattung

Der Amtsarzt, der nach dem Gesetz über die Feuerbestattung vom 15.5.1934 und der aufgrund dieses Gesetzes ergangenen Verordnung zur Durchführung des Feuerbestattungsgesetzes vom 10.8.1938 die Leiche der 30 Jahre alten Frau besichtigt hatte, hatte Bedenken gehabt. Nicht daß da Verletzungen oder verdächtige Veränderungen an der Leiche gewesen wären, nein, die Leiche war völlig unverletzt und sein Verdacht hatte sich allein darauf begründet, daß junge Menschen nur selten an „Herzversagen" sterben, wie es der Hausarzt der Frau in der Todesbescheinigung vermerkt hatte.

Zu der Leichenbesichtigung durch den Amtsarzt war es nur deshalb gekommen, weil die Leiche hatte verbrannt werden sollen. In solchen Fällen aber schreiben die oben genannten gesetzlichen Regelungen die Besichtigung durch den Amtsarzt zwingend vor. Der Grund hierfür ist die Tatsache, daß im Falle der Erdbestattung durch Exhumierung in manchen Fällen eben doch noch die Spuren eines kriminellen Geschehens gesichert werden können, wenn sich im Nachhinein der Verdacht eines Tötungsdeliktes ergibt, daß aber durch eine Feuerbestattung an der Leiche zu findende Spuren und Beweismittel ein für allemal vernichtet werden.

Nachdem der Arzt seine Bedenken der Kriminalpolizei mitgeteilt hatte, wurde die Leiche beschlagnahmt.

Der Arzt, der den natürlichen Tod der Frau bescheinigt und zur Todesursache ein Herzversagen nach Herz- und Kreislaufschwäche auf der Todesbescheinigung vermerkt hatte, erklärte, daß er sich im Grunde den plötzlichen Tod der relativ jungen Frau habe auch nicht erklären können. Sie sei seit vier Jahren in seiner Behandlung gewesen und habe in letzter Zeit über Herzbeschwerden geklagt. Ein vierzehn Tage vor ihrem Ableben gefertigtes EKG habe jedoch keine auf eine Herzerkrankung hinweisenden Befunde erbracht.

Die Leiche sei aber völlig unverletzt gewesen. Sie habe im Bett gelegen, nichts habe für einen gewaltsamen Tod gesprochen. Die Familienverhältnisse seien ihm als geordnet bekannt gewesen und so habe er keine Bedenken gehabt, den Tod als „natürlich" zu bescheinigen. Da er keine Erklärung der Todesursache gehabt habe, habe er „Herzversagen" geschrieben.

Ergebnis der Obduktion: Vergiftung durch E 605

Die Leiche wurde obduziert. Die Ärzte erklärten nach der Leichenöffnung:

„Bei der Obduktion konnten wir einerseits keine Ursache eines natürlichen Todes, besonders keine krankhaften Veränderungen des Herzens feststellen und andererseits haben wir im Magen große Mengen von E 605 gefunden.

Allein die makroskopischen Befunde der Obduktion weisen einwandfrei darauf hin, daß diese junge Frau an einer Vergiftung durch E 605 verstorben ist.

Zur Erhärtung dieser Feststellungen haben wir Material für die chemisch-toxikologische Analyse und auch für die feingeweblichen Untersuchungen asserviert."

Sie war unverheiratet gewesen und hatte allein in ihrer in einem Dreifamilienhaus gelegenen Wohnung gelebt. Im gleichen Hause wohnte die ebenfalls alleinstehende 54 Jahre alte Mutter der Verstorbenen. Man durchsuchte ihre Wohnung, die Garage, ihren Pkw, die Mülltonnen, die Wohnung der

Mutter. Nirgends fanden sich Reste des Pflanzenschutzmittels, an dem die Frau gestorben war, kein entsprechendes Verpackungsmaterial, keine Trinkgefäße mit verdächtigen Anhaftungen, keinen Abschiedsbrief, nichts.

Die Beamten suchten alle in der Umgebung ihrer Wohnung und ihrer Arbeitsstelle gelegenen Drogerien, Apotheken, Blumen- und Samenhandlungen auf. Niemand wollte das Gift an die Frau oder deren Mutter verkauft haben.

Die Mutter, die sie tot aufgefunden hatte, erklärte, ihre Tochter habe keine Freunde gehabt. Sie sei völlig auf ihren Beruf fixiert gewesen. Im Bereich der elektronischen Datenverarbeitung eingesetzt, habe sie eine Position inne gehabt, in der sie sehr gefordert worden sei. In letzter Zeit habe sie sich krank gefühlt und über Kreislaufbeschwerden geklagt. Am Tage ihres Todes habe sie deshalb vormittags einen Arzt aufsuchen wollen. Man habe gemeinsam gefrühstückt. Danach sei sie, die Mutter, zur Arbeit gegangen. Als sie um 10.50 Uhr nach Hause gekommen sei, um ihre Tochter zum Arzt zu begleiten, habe sie die Haus- und Wohnungstür ins Schloß zugezogen vorgefunden. Alles sei völlig unauffällig gewesen. Im Schlafzimmer habe sie ihre Tochter im Bett liegend vorgefunden. Sie sei leblos gewesen.

Auch auf eindringliches Befragen blieb die Frau dabei, daß sie keine Reste des Giftes, keine verdächtigen Trinkgefäße, keinen Abschiedsbrief beseitigt habe. Ein derartiges Pflanzenschutzmittel, so versicherte sie, sei nie in ihrer oder in der Wohnung ihrer Tochter gewesen.

Die Tote war eine Frau gewesen, die völlig zurückgezogen gelebt hatte. Als überaus ehrgeizig und engagiert und auch erfolgreich beschrieb man sie auf ihrer Arbeitsstelle. Freundschaftliche Beziehungen waren da nicht gewesen. Getrieben von ihrem Ehrgeiz, hatte sie sich wohl selbst überfordert. Sie hatte gekränkelt und offenbar befürchtet, die Anforderungen, die sie an sich selbst gestellt hatte, nicht mehr erfüllen zu können.

Lag hier das Motiv eines Selbstmordes?
Oder war die junge Frau getötet worden?

Obwohl die Reste des Giftes nicht gefunden worden waren, sprach doch die große Menge des bei der Leichenöffnung festgestellten Pflanzenschutzmittels gegen ein Tötungsdelikt. Es erschien wenig wahrscheinlich, daß der Frau derartig viel dieses mit einer Warnfarbe und einem übelriechenden Geruchswarnstoff versehenen Giftes gegen ihren Willen hatte beigebracht werden können.

Fall 10:

Tötung durch Fremde Hand oder Tod durch Alkohol- und Medikamentenmißbrauch

Um 22.10 Uhr, an einem Freitag im April, erhielt die Besatzung eines Funkstreifenwagens einen Einsatz. Es sollte bei einer Familie T. eine Leiche aufgefunden worden sein.

In der im ersten Obergeschoß des Hauses gelegenen Wohnung trafen die Beamten auf den Wohnungsinhaber, dessen Ehefrau und eine 44 Jahre alte Frau, die T. als seine Mutter Gisela T. vorstellte. Die Leiche liege im Kraftfahrzeug seiner Mutter, erklärte T. Der Wagen, ein gelber Opel-Kadett, stehe nur wenige Häuser weiter vor dem Hause Stahlstraße 16.

Auffinden des Toten in der Wohnung, Ablage der Leiche in einem Pkw

Auf Befragen erklärte Gisela T., der Tote sei ihr Lebensgefährte Josef B., mit dem sie in einem kleinen Ort westlich von Düsseldorf zusammengelebt habe. Am Morgen habe sie ihn tot auf der Couch im Wohnzimmer der gemeinsamen Wohnung aufgefunden. B. sei Alkoholiker und außerdem medikamentenabhängig gewesen. In der Nachbarschaft wisse man, daß sie von B. wiederholt schwer mißhandelt worden sei. Sie habe nun befürchtet, in den Verdacht zu geraten, den Mann getötet zu haben. „In einer Art Schock" habe sie die Leiche deshalb in ihrem Pkw gebracht. Sie habe den Toten beseitigen wollen. Es sei ihr nicht möglich gewesen.

Die Beamten fanden den Pkw und auf dem Beifahrersitz des Wagens, mit einem Schlafsack zugedeckt, die Leiche des Mannes. Die Kriminalpolizei wurde gerufen.

Der Tote, ein 48 Jahre alter Mann, lag in Seitenlage halb auf dem Beifahrersitz, halb davor. Die Leiche war vollständig bekleidet. Die Kleidungsstücke waren offenbar als Folge des Transportes verschoben, jedoch nicht auffällig beschädigt oder verschmutzt. Der Tote wies oberflächliche Unterblutungen im Bereich des Brustkorbes und der Lendengegend auf. Grobe Verletzungen oder Veränderungen, die seinen Tod sofort erklärt hätten, fanden sich nicht.

Im Pkw lag ein Koffer mit Bekleidungsstücken eines Mannes. Es sei die Kleidung B.'s, erklärte Frau T. Sie habe diese ebenfalls beseitigen wollen, um das Verschwinden ihres Lebensgefährten glaubwürdiger zu machen.

Die Frau wurde vernommen. Klar, ruhig, fließend, ohne Widersprüche und trotz der Gesamtumstände plausibel, schilderte sie, wie sie am Morgen den Mann tot aufgefunden hatte. Sie sei voller Furcht gewesen, habe geglaubt, in den Verdacht zu geraten, ihn getötet zu haben, zumal jedermann gewußt habe, daß sie von B. ständig gequält und mißhandelt worden sei. Die Angst habe von ihr Besitz ergriffen. Sie habe nicht mehr vernünftig denken können. Als einziger Ausweg sei ihr die Beseitigung der Leiche erschienen.

Man durchsuchte ihre Wohnung, fand aber außer Kreislaufmitteln keine Medikamente noch Giftstoffe, nichts, was geeignet gewesen wäre, den plötzlichen Tod des Mannes zu erklären.

Die Sache war höchst dubios. Die Ruhe und Sicherheit der Frau bei der Vernehmung stand im krassen Widerspruch zu der von ihr geschilderten Kopflosigkeit. Sie machte nicht den Eindruck einer Frau, die sich in schwierigen Situationen zu unkontrollierten Handlungen hinreißen ließ. Die Beamten zweifelten auch daran, daß sie, keineswegs kräftig, in der Lage gewesen war, die Leiche aus der im ersten Stockwerk gelegenen Wohnung heraus über eine steile Treppe und einen großen Hof hinweg bis zur Straße zu bringen und dort in den Pkw zu heben.

Dennoch mußte ihr bewiesen werden, daß sie log, und dazu bedurfte es weiterer Untersuchungen und Ermittlungen.

Die Leichenöffnung brachte folgendes Ergebnis

„Bei der Obduktion dieses 48 Jahre alt gewordenen und nach den bisherigen Ergebnissen der Ermittlungen von seiner Freundin auf der Couch tot aufgefundenen und nachträglich im Wagen transportierten Mannes konnten wir keine Ursache eines natürlichen Todes feststellen.

Die Kopfschwarte und die Weichteile des Brustkorbes und der Lendengegend zeigten ausgedehnte und zu Lebzeiten entstandene Einblutungen. Knochenbrüche waren jedoch nicht feststellbar. Diese Verletzungen, diese Blutunterlaufungen, konnten bei einem Sturz entstanden sein. Sie sind von leichter Natur und nicht geeignet, den Eintritt des Todes zu erklären.

Nach den Ermittlungen war dieser Mann Alkoholiker und nahm reichlich Medikamente.

Bei der Obduktion konnten wir einen deutlichen Alkoholgeruch des Mageninhaltes objektivieren.

Aufgrund der bisherigen Ermittlungs- und Obduktionsergebnisse kann man annehmen, daß dieser Mann infolge einer kombinierten Alkohol- und Medikamenteneinwirkung verstorben ist. Deswegen ist die Durchführung der chemisch-toxikologischen Analyse der sichergestellten Organe, des Blutes und Urins unbedingt notwendig.

Ein abschließendes Gutachten bleibt vorbehalten.“

Die Blutalkoholbestimmung ergab einen Wert 0,07 Promille. B. war also zum Zeitpunkt des Todeseintritts nüchtern gewesen. Eine von den Rechtsmedizinern vermutete kombinierte Alkohol-Medikamentenvergiftung konnte also nicht vorliegen.

Chemisch-toxikologische Untersuchungen an den zurückbehaltenen Leichenteilen waren dringend erforderlich. In der Zwischenzeit bemühte man sich, die Beziehungen zwischen Frau T. und ihrem Lebensgefährten transparent zu machen.

Sie hatten sich im August des Vorjahres kennengelernt. Die offenbar anfangs noch auf Sympathie begründete Verbindung war später zu einer Beziehung geworden, in der Gisela T. ganz und gar den unberechenbaren Launen B.' ausgesetzt gewesen war. Zeugen beschrieben, wie die Frau von dem alkoholabhängigen Mann immer wieder körperlich mißhandelt worden war. Mehrfach war sie mit Unterblutungen im Gesicht auf ihrer Arbeitsstelle, einer Versicherungsgesellschaft, bei der sie als Archivarin tätig war, erschienen. Sie hatte die Verletzungen als Sturzverletzungen zu kaschieren versucht, obwohl Art und Lage der Hämatome ihre Herkunft deutlich verraten hatten. Waren beide zusammen aufgetreten, war sie geduckt und verschüchtert, er dagegen forsch und rücksichtslos erschienen. Aus nichtigen Anlässen hatte er sie in der Öffentlichkeit regelrecht „heruntergemacht".

Nicht verständlich erschien, weshalb sich die Frau unter diesen Umständen nicht von B. getrennt hatte, mit dem sie außer einem mehrmonatigen Zusammenleben weder rechtlich noch moralisch verbunden gewesen war.

Eine starke sexuelle Bindung im Sinne einer „Hörigkeit" schien nicht bestanden zu haben, da sie sich gegenüber einer Zeugin zum Sexualverhalten ihres Partners in abfälliger Weise geäußert hatte. Hatte die Frau Angst gehabt, sich von B. zu trennen?

Vier Tage später erschien Frau T. in der Dienststelle der zuständigen Kriminalpolizei und übergab eine halbvolle Flasche des Pflanzenschutzmittels „E 605 forte". Sie habe, so gab sie an, das Fläschchen beim Säubern der Wohnung unter der Couch gefunden, auf der B. tot gelegen habe.

Konnte das Gift beim Durchsuchen der Wohnung übersehen worden sein? Es war ausgeschlossen! Man hatte auch unter der Couch gründlich gesucht. Das Fläschchen hatte nicht dort gelegen. Die Frau log!

Die chemisch-toxikologischen Untersuchungen im Institut für Rechtsmedizin waren zwar noch nicht abgeschlossen, aber Anzeichen für eine Parathionvergiftung hatte man bisher nicht gefunden. Man versprach weitere eingehende Untersuchungen.

Tötung durch Giftbeibringung

Die Beamten vernahmen indessen Frau T., die sich nunmehr selbst in eine Lage gebracht hatte, in der sie im höchsten Grade verdächtig erschien, B. getötet zu haben. Stunden später gab sie zu, ihren Lebensgefährten am Abend vor dem Geschehen in Düsseldorf mit dem Pflanzenschutzmittel „E 605 forte" vergiftet und getötet zu haben.

Ihre Aussagen wurden nunmehr auch durch weitere chemisch-toxikologische Untersuchungen bestätigt. B. war an den Folgen einer Parathionvergiftung gestorben.

Frau T. schilderte, wie sie B. im August des Vorjahres aufgrund einer Heiratsanzeige kennengelernt hatte. Er hatte sich ihr gegenüber als Zollbeamter ausgegeben, der wegen eines schweren Arbeitsunfalles arbeitsunfähig geworden sei. Nach etwa zwei Monaten war B. zu ihr in die Wohnung gezogen, und sie hatten fortan in einer eheähnlichen Gemeinschaft gelebt. Er hatte ihr verheimlicht, daß er mehrfach geschieden war. Nach relativ kurzer Zeit des Zusammenlebens hatte sie feststellen müssen, daß ihr Partner arbeitsscheu und alkoholabhängig war. Fast täglich war sie von ihm grundlos verprügelt worden. Wegen der Folgen dieser Mißhandlungen hatte sie mehrfach Ärzte aufsuchen müssen, wobei sie stets die wahre Ursache der Verletzungen zu verheimlichen versucht hatte. Immer hatte sie angegeben, gestürzt zu sein.

Befragt, weshalb sie sich denn nicht aus dieser unglückseligen Verbindung gelöst habe, gab sie an, B. habe gedroht, sie in einem solchen Falle zu töten.

Auf den Gedanken, sich ihres Lebensgefährten mit Hilfe von Gift zu entledigen, war sie gekommen, als sie im Februar mit B. im Wartezimmer eines Arztes sitzend und in der Zeitschrift „Frau aktuell“ blätternd, auf einen Beitrag der in diesem Heft veröffentlichten Serie „Die eiskalten Mörderinnen – Frauen zwischen Haß und Liebe“ gestoßen war. In dem Artikel war über die Giftmorde der Christa Lehmann berichtet worden, über die Frau, die mehrfach mit dem Pflanzenschutzmittel „E 605“ getötet hatte. In jedem der Fälle hatten die den Tod feststellenden Ärzte den Tod der Vergifteten als natürlich bescheinigt. Die Lehmann war nur aufgefallen, weil sie sich selbst durch ihr Verhalten verdächtig gemacht hatte.

So ungeschickt hatte sie nicht sein wollen. Von einer Arbeitskollegin hatte sie erfahren, daß das Gift in jeder Drogerie erworben werden könne, und so war sie eines Tages in eine nahe gelegene Stadt gefahren und hatte in einer Drogerie ein Fläschchen des Pflanzenschutzmittels gekauft. „In den folgenden Tagen habe ich immer wieder mit dem Gedanken gespielt, den Josef umzubringen.“ Aufgrund ihrer Beschreibung ermittelte man die Drogerie und den Mann, den Inhaber, der ihr das Pflanzenschutzmittel verkauft hatte. Er bestritt, und erst als man ihn der Beschuldigten gegenüberstellte, gab er zu, das Gift an Frau T. verkauft zu haben. Er hatte es unterlassen, die Abgabe gegen Vorlage des Personalausweises und durch die Eintragung in das Giftbuch abzusichern.

Am Tattag hatte sie den Mord vorbereitet, indem sie Nachbarn erzählt hatte, B. gehe für längere Zeit ins Ausland. Er habe dort eine Arbeitsstelle gefunden. Sie hatte die Leiche beseitigen und allen Fragen nach dem plötzlichen Verschwinden B.’s auf diese Weise begegnen wollen.

In einer nahe gelegenen Imbißstube hatte sie für ihn Bier holen müssen. Wie immer hatte sie ihm in der Küche die Flasche geöffnet. „Aus meiner Handtasche, die auf einem Stuhl in der Küche stand, holte ich die Flasche mit dem „E 605“. Oben an der Flasche ist ein roter Streifen, den habe ich abgerissen. Dann habe ich den Verschluß abgezogen und „einen Schuß“ von dem „E 605“ ins Bier getan. Es schäumte nur ein bißchen. Mehr habe ich nicht in die Flasche getan, weil ich Angst hatte, daß er sonst etwas merkt“.

Er hatte getrunken, wie immer aus der Flasche. Plötzlich hatte er sich über den bitteren Geschmack des Bieres beschwert. Sie hatte Angst gehabt, daß er etwas merken würde.

„Um seinen Verdacht zu zerstreuen, habe ich auch einen kleinen Schluck davon genommen. Es war mehr Schaum als Bier. Ich hatte die Flasche Bier nach Zugabe des „E 605“ nicht geschüttelt und ging davon aus, daß im Schaum kein Gift sein könnte.“

„Das kann auch altes Bier sein", hatte sie gesagt. Er hatte weiter getrunken und war dann mit dem Rest des Bieres ins Wohnzimmer gegangen. Sie war in der Küche geblieben und hatte sich mit dem Hund beschäftigt.

Später hatte sie den Rest des Giftes und auch das Behältnis beseitigt. Auch die inzwischen von B. geleerte Bierflasche hatte sie gründlich gesäubert. Sie hatte nichts dem Zufall überlassen.

Vor dem Schwurgericht gab sie später zu, ihn noch ächzend und stöhnend auf der Couch liegend vorgefunden zu haben. Er war gestorben, wie sie es beabsichtigt hatte.

Sie war zu Bett gegangen und hatte bis gegen Mitternacht geschlafen. Dann hatte sie begonnen, die Beseitigung der Leiche vorzubereiten.

Weil sie den Nachbarn von dem geplanten Auslandsaufenthalt B.'s erzählt hatte, hatte sie seine Bekleidungsstücke in einen Koffer gepackt, um sie ebenfalls verschwinden zu lassen.

Dann hatte sie versucht, den Pkw nahe an die Haustür heranzufahren, aber das war ihr nicht gelungen. „Ich kann schlecht rückwärtsfahren", sagte sie später als Erklärung, und so hatte sie den Wagen wieder draußen an der Straße abgestellt. Durch ihr Rangieren auf dem Hof war der Hauseigentümer erwacht. „Ich bin es nur", hatte sie gesagt, und er war beruhigt wieder ins Bett gegangen.

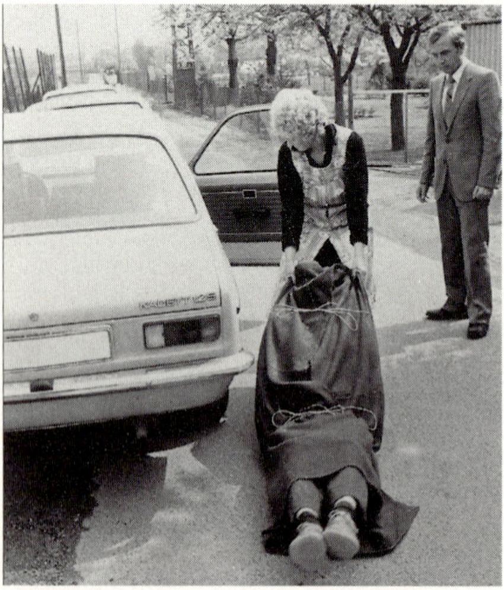

Abb. 36: Der Verfasser mit der Giftmörderin Gisela T. bei der Rekonstruktion der Tat

Schließlich hatte sie die Leiche aus der Wohnung heraus und vorsichtig die steile Treppe hinuntergezogen, vorsichtig, damit die Nachbarn nicht noch einmal aufmerksam werden sollten. Unten am Fuße der Treppe hatte sie ihn abgelegt und hatte einen Schlafsack herbeigeholt. Sie hatte ihn darin eingehüllt und hatte ihn dann, immer wieder absetzend, über den 40 Meter breiten Hof bis hin zur Straße gezogen, bis dorthin, wo der Wagen stand.

Bei einer Rekonstruktion der Tat bewies sie, daß sie hierzu körperlich in der Lage gewesen war (Abb. 36).

Es war ihr nicht möglich gewesen, die Leiche in den Kofferraum zu legen. Mit viel Mühe hatte sie den Toten auf den Beifahrersitz heben können. Sie hatte ihn mit dem Schlafsack zugedeckt.

Dann war sie wieder zu Bett gegangen. Am anderen Morgen war sie zu ihrer Arbeitsstelle gefahren. Den Pkw mit der Leiche hatte sie auf dem Firmenparkplatz abgestellt. Bis um 15.00 Uhr hatte sie gearbeitet. Sie war unauffällig in ihrem Verhalten gewesen – wie immer.

Dann war sie zurückgefahren in ihre Wohnung. Der Hund hatte ja versorgt werden müssen.

Und dann war sie losgefahren, in Richtung Siegburg. Seit dem Tage, an dem sie sich entschlossen gehabt hatte, B. zu vergiften, hatte sie überlegt, wie sie die Leiche verschwinden lassen könnte. Der „Drachenfels" mit seinen steil abfallenden Felswänden war ihr eingefallen. „Weil ich gedacht habe, da würde er nie gefunden werden, weil das ja steil runter geht. Ich war mal da, da hat es mir sehr gut gefallen."

Sie hatte gewußt, daß sie mit dem Pkw bis oben auf dem Berg fahren konnte. Von dort aus hatte sie ihn dann hinunterstürzen wollen. Aber es waren Menschen dort oben gewesen. Irritiert war sie weggefahren. Nun, wo alles nicht wie erwartet abgelaufen war, war sie verwirrt gewesen, hatte sie plötzlich keine andere Stelle mehr suchen können. Sie war zurückgefahren, nach Düsseldorf, zu ihrem Sohn.

Im Stadtgebiet hatte sie einen parkenden Pkw angefahren. Sie hatte die Polizei gerufen und der Unfall war aufgenommen worden. Die Leiche auf dem Beifahrersitz war unbemerkt geblieben.

Es war ihr bewußt gewesen, daß sie versuchen mußte, den Tod B.'s als Selbstmord oder Unglücksfall zu kaschieren. Als ihr dann gesagt worden war, daß die Leiche obduziert werden würde, war sie überzeugt gewesen, daß man dabei die Vergiftung mit dem Pflanzenschutzmittel feststellen würde. In der Wohnung aber, das war ihr erschreckend klar geworden, hatte sie alle auf das Gift „E 605" hinweisenden Dinge beseitigt. Sie war sicher gewesen, daß dieser Umstand Verdacht erregen würde und so war sie am Montag nach ihrer Vernehmung noch einmal zu der Drogerie gegangen und hatte ein weiteres Fläschchen des Pflanzenschutzmittels erworben. Die Hälfte davon hatte sie weggeschüttet, den Rest zur Kriminalpolizei gebracht. Doch gerade das war falsch gewesen, gerade damit hatte sie den gegen sie bestehenden Verdacht verstärkt.

Literaturverzeichnis

Ahlers, K. u. Küper, F., Der „stille" Mord. Elektromagnetische Beeinflussung von Herzschrittmachern als Todesursache. Kriminalistik, 44, 215-216 (1990).

Bänziger, F. u. Sigrist, T., Bewährungsprobe für den Kriminalisten. Der außergewöhnliche Todesfall als Gegenstand der Zusammenarbeit zwischen Arzt, Jurist und Ermittler. Kriminalistik, 43, 252-255 (1989).

Behrendt, R., Die Bedeutung gerichtlicher Sektionen für die Arbeit der Ermittlungsbehörden, Diss. Heidelberg (1966).

Betsch, J. u. Giesel, B., Stromtod in der Badewanne. Schwierige Todesermittlungsverfahren. Kriminalistik, 43, 45-53 (1989).

Blaha, R., Leichenschau und Fundortbesichtigung bei nichtnatürlichen Todesfällen, Verlag Th. Steinkopff Dresden (1976).

Bockelmann, P., Strafrecht des Arztes, Stuttgart (1968).

Boltz, W., Jahresbericht 1959, Beitr. Ger. Med., 21, 221-256 (1961).

Bosch, K., Kritische Betrachtungen zur ärztlichen Leichenschau. Dtsch. Zschr. Ges. ger. Med., 59, 200-205 (1972).

Brettel, H.F., Eine Aufklärung ist nicht immer gewährleistet, Rechtsmedizinische und kriminalistische Probleme beim Tod in der Badewanne. Kriminalistik, 42, 7-9 (1988).

Burkart, F., Mord-Selbstmord-Unfall, Kriminalpolizei, JG 12, 1, 15-27 (1994).

Bushart, W. u. P. Rittermeyer, Die Kriterien des Todes unter Berücksichtigung der modernen Möglichkeiten der Wiederbelebung und der Intensivbehandlung. Materia med. Nordmark, 21, 22-29 (1969).

Faller-Marquardt, M. u. Pollak, S., Zweimalige suizidale Schußabgabe mit submentaler und parietaler Einschußlokalisation. Archiv für Kriminologie, 193, 129-138 (1994).

Feigl, W., J.H. Holzner, R. Neuhold und G. Syre, Zur Feststellung der Todesursache, Beitrag aus der Sicht des Pathologen, Münch. Med. Wschr., 116, 57-62 (1974).

Glaeser, J., Das Leichenschauwesen in der Bundesrepublik. Dtsch. Ärzteblatt, 44, 768-774 (1959).

Grede, J., Plötzlich und unerwartet ... Eine schlimme Fehldiagnose oder – wie verläßlich ist die ärztliche Leichenschau. Kriminalistik, 41, 580-581, 583-584 (1987).

Händel, K., Leichenschau und gerichtliche Leichenöffnung aus der Sicht der Rechtspflege. Dtsch. Zschr. Ges. ger. Med., 62, 80-83 (1968).

Hallermann, W., Jeder Fall eines unerwarteten Todes sollte obduziert werden. Dtsch. Zschr. Ges. ger. Med., 62, 74-79 (1968).

Henssge, C., Todeszeitbestimmung durch Rektaltemperaturmessung – Abhängigkeit von den Faktoren Körpergewicht und thermische Isolierung. Forensic Science International, 54, 51-66 (1992).

Janssen, W., Rechtsmedizinische Probleme bei der diagnostischen Tätigkeit des Pathologen. Kunstfehler und nichtnatürlicher Tod. Kriminalistik, 32, 5-10 (1978).

Janssen, W., Praktische und rechtliche Probleme bei der Feststellung des Todes und der Todesart. Hamb. Ärzteblatt, 33, 286-290 (1979).
Jelen, H.J., Forensische Tücken, Probleme bei Identifizierung und Todeszeitbestimmung von Wasserleichen, Kriminalistik, 44, 377-378 (1990).
Karger, J., v., Leichenrecht in: Handwörterbuch der Rechtsmedizin, Bd. III S. 254, Hrsg. G. Eisen, Stuttgart (1977).
Karger, J., v., und *K. Peters*, Probleme der Arztaussage nach dem Tode des Patienten, in: An den Grenzen von Medizin und Recht. Festschrift für W. Hallermann, Hrsg. J. Gerchow, Stuttgart (1966).
Klein, W., Erfahrungen bei der statistischen Bearbeitung der Berliner Leichenschauscheine. Bundesges. Bl. 11, 52-54 (1968).
Kohlhaas, M., Ärztliche Leichenschau und Meldepflicht gewaltsamer Todesfälle? Dtsch. Med. Wschr., 90, 407-408 (1965).
Kohlhaas, M., Anzeigepflicht des Leichenbeschauers. Dtsch. Med. Wschr., 94, 2570 (1969).
Leder, H.C., Leichenschau-Regelungen mit Mängeln. Todeszeitbestimmung und eine mögliche Einengung des Dunkelfeldes, Kriminalistik, 49, 381-382, 384 (1994).
Leipziger, K., Die Mühlen der Gerechtigkeit. Zur Aufklärung „alter“ Vermißtensachen. Kriminalistik, 43, 731-735 (1989).
LeMoyne Snyder, Morduntersuchung, Kriminalistik-Verlag Hamburg.
Lessig, R., Hammer, H.J., Hunger, R., Stromtod durch einen Fön in der Badewanne. Krim. For. Wiss., 77-78, 149-151 (1990).
Mätzler, A., Ärztliche Todesbescheinigung für Lebende. Kriminalistik, 32, 157 (1978).
Mätzler, A., Über Schwachstellen im Leichenwesen. Kriminalistik, 32, 205 (1978).
Mätzler, A., Über Fehlerquellen im polizeilichen Ermittlungsverfahren. Kriminalistik, 32, 247 (1978).
Mätzler, A., Gutachter – alles andere als unfehlbar. Durch unrichtige rechtsmedizinische Feststellungen zu Unrecht verdächtigt. Kriminalistik, 40, 65-70 (1986).
Madea, B., Branddauer und Verkohlungsgrad einer Brandleiche. Archiv für Kriminologie, 39-47 (1992).
Maiwald, M., Zur Ermittlungspflicht des Staatsanwaltes in Todesfällen. NJW, 12, 561 (1978).
Mallach, H.J. und Narr, H., Notfallarzt und Leichenschau. Dtsch. Med. Wschr., 45, 1561-63 (1980).
Maurer, M., Aufklärungshilfe durch Sachverständige und Gutachter für die Ermittlungsarbeit der Polizei. Polizeinachr., 32, 2-5, (1992).
Medder, F., Ärztliche Leichenschau und Dunkelziffer bei unnatürlichen Todesfällen. Kriminalistik, 4, 155 (1978).
Meyer, K., Die unbestraften Verbrechen; eine Untersuchung über die sog. Dunkelziffer in der Kriminalstatistik. In Exner Abh., Heft XLV, 22, Leipzig (1941).
Middendorff, W., Soziologie des Verbrechens. Düsseldorf (1959).

Mueller, B., Aktuelle Fragen der Leichenschau und Leichenöffnung – II. Rechtliche Seite. Dtsch. Zschr. Ges. ger. Med., 62, 65-74 (1968).
Müller, B., Der Schwurgerichtsprozeß in Kaiserslautern gegen den Zahnarzt Dr. Richard Müller, Archiv für Kriminologie 121 Bd.
Müller, G., Die polizeiliche Todesermittlung. Definitions- und Rechtsfragen. Kriminalpolizei. JG 12, 1, S. 7, 9, 11-13 (1994).
Naeve, W., Gerichtliche Medizin für Polizeibeamte. Heidelberg (1978).
Naeve, W., Über ärztliche Bemühungen um gesetzliche Einführung von Verwaltungssektionen in Deutschland. Öff. Gesundh.-Wesen 42, 191-199 (1980).
Oehmichen, M., u. *Reiter, A.,* Die Intoxikation als Ursache eines nicht-natürlichen Todes. Kriminalistik, 46, 191-194 (1992).
Petersmann, W., Zur Kasuistik des Scheintodes im 20. Jahrhundert. Inaug. Diss. Tübingen (1980).
Pioch, W., Gesetzliche Grundlagen der Leichenschau. Gedanken zur Sorgfaltspflicht des Leichenschauers. Rhein. Ärzteblatt, 12, 456 (1978).
Pribilla, O., Plädoyer für die medizinische Sektion. Ärztl. Praxis, 29, 3196 (1977).
Pribilla, O., Die Rechtslage bei der klinischen Autopsie. Ärztl. Praxis, 29, 3235 (1977).
Prokop, O., Forensische Medizin, 2. Auflage, Berlin (1966).
Püschel, K., Koops, E., Lignitz, E., Ungewöhnliche Verblutungsfälle. Nach einem Vortrag, gehalten auf dem Symposium gerichtliche Medizin am 29. u. 30.9.1986, Krim. For. Wiss., 100-103 (1988).
Rautenberg, E., Ein bemerkenswerter Fall von Scheintod. Dtsch. Med. Wschr., 445, 1277-1278 (1919).
Reinecke, T., Auf den ersten Blick Mord. Zur Kasuistik atypischer Suizide. Kriminalistik, 46, 457-458 (1992).
Riepert, T., Lasczkowski, G., Becker, J., Extrem differierende Rektaltemperaturen bei zehn Todesfällen nach Wohnungsbrand. Archiv für Kriminologie, 191, 107-113 (1993).
Rumrich, U., Lange-Bertalot, H., Rumrich, M., Tod durch Ertrinken? Eine Methode zur kritischen Differenzierung mit Hilfe von Diatomeen. Kriminalistik, 44, 325-330 (1990).
Schleyer, F., Aktuelle Fragen der Leichenschau und Leichenöffnung. Begründung von Reformvorschlägen anhand kasuistischer Erfahrungen. Dtsch. Zschr. Ges. gerichtl. Med., 62, 55-65 (1968).
Schmechta, H., Begriffbestimmung des „nicht-natürlichen Todes" und Verfahrensweise bei solchen Ergebnissen. Z. Militärmed., 14, 337-340 (1973) ref.: Zbl. Rechtsmed., 7, 279 (1974).
Schmidt, G., Die ärztliche Leichenschau, Therapiewoche 20, 3424-28 (1970).
Schweitzer, H., Die letzte Diagnose. Rheinisches Ärzteblatt, Heft 4 (1982).
Spann, W., Liebhardt, E. u. Braun, W., Zur Meldepflicht des Pathologen bei Feststellung von Anzeichen fehlerhafter ärztlicher Behandlung. 4. Tag. Arbeitskreis Süddeutscher Rechtsmediziner 21.5.1977, Nürnberg (zit. nach Mallach).

Spann, W., Der Ermittler als Anwalt des Verstorbenen. Leichenschau und polizeiliche Nachforschungen. Kriminalistik, 41, 586-588, 606-608.

Spengler, B.J., Über die ärztliche Leichenschau. Gedanken zur Vermeidung fehlerhafter Feststellungen des Todes. Inaug.Diss. Münster (1978).

Spengler, H., Ärztliche Fehlbeurteilung bei der Leichenschau. Vortrag 9. Tag. Arbeitskreis Norddeutscher Rechtsmediziner, 13.5.1977 Berlin (zit. nach Mallach, B. u. H. Spengler).

Staak, M. u. Saternus, K.St., Aktuelle Probleme der ärztlichen Leichenschau. Rhein. Ärztebl., 8, 195-200 (1981).

Steinherr, J. u. Haimerl, J., Scheinbar eindeutige Selbsttötung – Chloroform gibt Rätsel auf. Kriminalistik, 21, 29-34 (1989).

Teige, K. u. Gerlach, D., „Scheintod" oder nur auf dem Schein tot? Med. Welt, 26 (NF), 167-169 (1975).

Teufel, M., Ein „typischer" Verdeckungsmord. Kriminalistik, 47, 10, 645 - 646 (1993).

Thomsen, H., Schewe, G., Ärztliche Leichenschau. Probleme im ärztlichen Bereich, bei Ermittlungsbehörden und bei landesrechtlichen Regelungen. Arch. Krim., 193 (BD), 3-4, 79-89 (1994).

Weber, F., Bearbeitung von Kapitalverbrechen, insbesondere Todesermittlungssachen. Kriminalistik, 564-68 (1963).

Wehner, B., Ärztliche Todesfeststellungen und kriminalpolizeiliche Todesermittlungen. Ärztl. Praxis 46 (1952).

Wehner, B., Die Latenz der Straftaten. Schriftenreihe des BKA Wiesbaden (1957).

Wehner, B., Die Phänomene der Zufallsentdeckung von Tötungsdelikten. Polizeipraxis 8, Nr. 11/12.

Wehner, B., Dunkelziffer und latente Kapitalverbrechen. Polizeipraxis 8, Nr. 13/14.

Wehner, B., Die latente Tötungskriminalität in der Sicht kriminalpolizeilicher Praxis. Polizeipraxis 8, Nr. 17/18.

Wirth, I. u. Strauch, H.J., Tod durch Erdrosseln. Probleme der polizeilichen Todesermittlung. Kriminalistik, 48, 717-722 (1994).

Wirth, I. u. Strauch, H.J., Immer aktuell – Verwaltungssektionen. Eine alte Forderung neu gestellt. Kriminalistik, 46, 705-709 (1992).

Sachverzeichnis